Historias de ángeles que ocurrieron de verdad

DIANA COOPER

Historias de ángeles que ocurrieron de verdad

777 mensajes de esperanza e inspiración

EDICIONES OBELISCO

Si este libro le ha interesado y desea que le mantengamos informado
de nuestras publicaciones, escríbanos indicándonos qué temas son de su interés (Astrología,
Autoayuda, Ciencias Ocultas, Artes Marciales, Naturismo, Espiritualidad, Tradición…)
y gustosamente le complaceremos.

Puede consultar nuestro catálogo en www.edicionesobelisco.com.

Colección Angelología
HISTORIAS DE ÁNGELES QUE OCURRIERON DE VERDAD
Diana Cooper

1.ª edición: marzo de 2016

Título original: *True Angel Stories. 777 Mesages of Hope and Inspiration*

Traducción: *Francisca Tomás*
Maquetación: *Marga Benavides*
Corrección: *M.ª Ángeles Olivera*
Diseño de cubierta: *Enrique Iborra*

© 2013 Diana Cooper
Compilado y editado por Elizabeth Ann Morris
(Reservados todos los derechos)
Primera edición de Findhorn Press
© 2016, Ediciones Obelisco, S. L.
(Reservados los derechos para la presente edición)

Edita: Ediciones Obelisco, S. L.
Pere IV, 78 (Edif. Pedro IV) 3.ª planta, 5.ª puerta
08005 Barcelona - España
Tel. 93 309 85 25 - Fax 93 309 85 23
E-mail: info@edicionesobelisco.com

ISBN: 978-84-9111-075-0
Depósito Legal: B-4.436-2016

Printed in Spain

Impreso en España en los talleres gráficos de Romanyà/Valls S. A.
Verdaguer, 1 - 08786 Capellades (Barcelona)

Introducción

Los ángeles son seres de luz que tienen una resonancia en una frecuencia más allá de nuestro espectro normal de audición y visión. Los ángeles están en todas partes y han estado siempre a nuestro alrededor. A medida que la vibración del planeta y de las personas continúa su rápido ascenso, cada vez más y más personas son capaces de conectar con ellos.

Este libro ofrece una recopilación de historias increíbles de personas que han escuchado a los ángeles cantar, que los han visto o que han recibido de ellos mensajes o signos, así como cientos de ejemplos inspiradores de su presencia. Asimismo, ofrecemos visualizaciones y ejercicios que te ayudarán a conectar con las maravillas de los reinos angélicos.

La primera de las 777 historias sobre ángeles del libro es la de mi primera experiencia angelical. Desde entonces, cada día he disfrutado, caminado y hablado con los ángeles y me han ayudado siempre. Espero que si lees este libro de principio a fin o le echas un vistazo abriéndolo por una de sus páginas y leyendo la historia que hay en ella, te ilumines con la energía del ángel y, de esta manera, también puedas conectar con su apoyo, guía e inspiración. Para aquellos de vosotros que ya estáis viviendo con la conciencia de los ángeles, la energía de las historias contenidas en este libro mejorará aún más tu conexión.

El reino angélico consta de ángeles, arcángeles y otros seres con diferentes roles. He sido bendecida con la capacidad de conectar con ángeles, arcángeles, fuerzas (que incluyen los ángeles del nacimiento y de la muerte y los señores del karma), tronos (que son los encargados de los planetas y las estrellas, incluida Lady Gaia), querubines y serafines (que cantan la frecuencia de la creación en torno a la deidad). Comparto algunas de estas historias en este libro.

Los unicornios pertenecen al reino angélico, e incluimos algunas historias sobre estos caballos blancos que han ascendido a la categoría de iluminados. Su energía, y su luz, es muy pura y apacible, y es maravilloso que hayan vuelto ahora a la Tierra para ayudarnos, por primera vez, desde la caída de la Atlántida.

Los elementales también forman parte del reino angélico, y actualmente muchas personas se conectan con ellos. Estos pequeños, pero poderosos seres también se han convertido en parte de mi vida diaria.

El planeta está en transición, y como muestra, nuestra ascensión de la cuarta a la quinta dimensión. Esto significa que cada uno de nosotros tenemos que ocuparnos de temas que no estaban resueltos. Los ángeles siempre están dispuestos a ayudarnos, pero tenemos que pedírselo. Las historias que he escogido demuestran cuánta asistencia, sanación y orientación está disponible en los ángeles.

Espero que disfrutes con este libro y que te permita sentir y beneficiarte de la presencia de los ángeles.

SOBRE LA ESCUELA DIANA COOPER

LA ESCUELA DIANA COOPER se fundó en 2003. Desde entonces, ha crecido hasta convertirse en una organización con más de 700 maestros en todo el mundo. Somos una organización sin ánimo de lucro con una visión:

> *«Capacitar a las personas para difundir la luz de los ángeles, la ascensión y los sagrados misterios del universo».*

Y nuestra misión:

> *«Nos dedicamos a apoyar la creación de la nueva edad de oro en el planeta. Todas nuestras actividades se alinearán con este propósito».*

Nuestros programas de formación de maestros y nuestros talleres se basan en varios de los increíbles libros de Diana. Como la conciencia del planeta aumenta, queremos asegurarnos de que podemos apoyar a tantas personas como sea posible para entrar en la nueva edad de oro con la sabiduría y la comprensión que necesitan para convertirse en seres de la quinta dimensión.

Nuestros programas de enseñanza necesitan difundirse para apoyar esta idea. Todos los beneficios del libro van a ir a la escuela. Estos fondos posibilitarán un cambio y nos permitirán llegar a muchas más personas en todo el mundo.

Disfruta de tu viaje con este maravilloso libro. Sus numerosas historias traerán inspiración, alivio y, sobre todo, un profundo «saber» universal, que todos somos parte del plan divino y los milagros suceden cuando nos conectamos con los ángeles y los sabios.

Si quieres informarte sobre la Escuela Diana Cooper y su trabajo, por favor, visita nuestra web *www.dianacooperschool.com.*

Abrimos nuestros corazones y te invitamos a que te unas a nosotros en nuestro trabajo. Juntos crearemos una nueva edad de oro en el planeta Tierra.

Tuya en el divino servicio,
Namaste
ELIZABETH ANN
Directora, Escuela Diana Cooper

Agradecimientos

Queremos agradecer especialmente a las siguientes personas su gran dedicación, su intenso trabajo y su visión en la realización de este libro:

Karin Finnigan, Jillian Stott, Penny Wing, Karelena McKinlay, Barbara Howard, Carol Deakin y Rosalind Horswell.

También queremos dar las gracias a todas las personas que aportaron sus historias. Éstas inspirarán y elevarán a muchas personas en todo el mundo.

NOTA: las historias presentadas por un maestro de la Escuela Diana Cooper llevan las iniciales EDC después del nombre de la persona.

PARTE I

Historias verdaderas sobre los ángeles

CAPÍTULO 1

Las experiencias de Diana

Desde mi primera experiencia con un ángel, he estado en contacto constante con ángeles, elementales y unicornios. Ha sido un viaje maravilloso y radiante, aunque durante la travesía he tenido que enfrentarme a muchos desafíos, pruebas y peligros. Sin embargo, he renacido con un sentido de confianza, fe y gratitud. Sé que mis ángeles siempre están conmigo y que me han ayudado a avanzar, desde el victimismo a ser dueña de mí misma. También sé que, incluso cuando me desafían, los ángeles siempre están ahí para ayudarme a salir victoriosa.

Así que, con la esperanza de que te colme de confianza, fe y gratitud, que te capacite para ser maestro, he compartido algunas de mis historias en este capítulo e incluido muchas más a lo largo del libro.

MI PRIMERA APARICIÓN ANGELICAL

Mi primer despertar a los ángeles fue hace muchos años. Creo que es importante que sea la primera historia de ángeles que aparezca en este libro.

～

Con una depresión profunda, y sin ninguna experiencia espiritual, convoqué al universo pidiendo ayuda. Dije: «Si hay algo por ahí, muéstrate. Tienes una hora». Inmediatamente, un hermoso ángel dorado de un metro ochenta y tres se detuvo delante de mí y me sacó de mi cuerpo físico.

Volamos juntos y me mostró muchas cosas. Finalmente, volamos juntos por encima de una sala llena de gente con auras arcoíris y el ángel me dijo que estaba sobre el estrado. Cuando me trajo de vuelta, había pasado, exactamente, una hora.

Tras esa experiencia todavía me sentía, a veces, desesperada y desesperanzada, pero ahora sabía que había ángeles a nuestro alrededor, para ayudarnos.

UNA SEÑAL DE LOS ÁNGELES

Me costó mucho tiempo aprender que los ángeles están constantemente tratando de recordarnos su presencia y enviándonos señales una y otra vez.

~

Esto ocurrió algunas semanas después de que el ángel se acercara a mí por primera vez. Me sentí rechazada de nuevo y pedí una señal. Miré hacia arriba y vi que en el cielo había unas manos enormes, dispuestas como para elevarme. Podía verlas claramente y supe que era un mensaje de los ángeles para decirme que me estaban ayudando, lo que me proporcionó un gran consuelo.

LOS ÁNGELES TERRENALES

Cuando las señales que me dieron no me sacaron de mi estado negativo, los ángeles aparecieron con una acción directa.

~

Transcurrían las semanas y mi vida estaba, poco a poco, fragmentándose, pero todavía me preocupaba por todo. Un día estaba sentada al fondo de una sala escuchando a una oradora. ¡No sabía de lo que estaba hablando y me consumía la ansiedad! Pedí a los ángeles que, por favor, me ayudaran. Al final de la charla un desconocido vino a hablar conmigo. Me dijo: «Siento entrometerme en sus pensamientos, pero no pude evitar sintonizar y los ángeles me pidieron que le dijera que todo va a salir bien».

¡Bien! Le di las gracias, pero seguí preocupada. Algunos días después, estaba mirando un escaparate, de pie, con la lluvia empapándome, lo que mostraba mi estado de ánimo. «De nuevo, necesito ayuda», murmuré.

Una vez más, un desconocido se me acercó y me dijo: «Me han comentado que le diga que todo va a salir bien». ¡Las mismas palabras! Y esta vez me lo empecé a creer.

LOS ÁNGELES Y EL AGUA - AGUA DE LA BAÑERA

El agua es un elemento maravilloso, porque transporta amor y aumenta la frecuencia de aquel que está dentro del agua o tocado por ella.

Hacía muy poco tiempo que me había cambiado de casa y estaba empezando una nueva fase de mi vida. Me metí en la bañera y pedí orientación sobre las clases que estaba impartiendo. Para mi sorpresa, una voz angelical respondió, como un pensamiento áureo, directamente en mi mente: «Queremos que hables de los ángeles a la gente».

Estaba aterrorizada y respondí que no quería hacerlo, ya que la gente pensaría que estaba loca. El ángel, entonces, pronunció unas palabras que nunca he olvidado: «¿Quién está haciendo tu trabajo? ¿Tu ego o tu ser superior?».

Estuve de acuerdo en que lo haría. Salí de la bañera y me senté en la cama, y tres ángeles de pie, frente a mí, me informaron sobre los reinos angélicos.

LOS ÁNGELES Y MI LIBRO

Cuando los ángeles quieren que se haga algo y todo el mundo está dispuesto, ¡sucede rápidamente!

Envié mi libro sobre los ángeles a Findhorn Press (en aquel momento, llevaba el título de *A Little Light on Angels,* aunque ahora se llama *New Light on Angels*). Thierry, el propietario de la editorial, me llamó y me dijo que le gustaría publicar el libro. Le comenté que sería perfecto sacarlo a tiempo para Navidad, pero él se rio y me dijo que eso era imposible. Le contesté que si los ángeles querían que el libro saliera para Navidad, lo organizarían para que así fuera.

Media hora después, Thierry me volvió a llamar y me dijo que, después de todo, podían publicar el libro en seis semanas. ¡Cinco semanas después, tenía las últimas galeradas en mis manos!

UN ÁNGEL EN MI AURA
Cuando los ángeles te utilizan para dar un mensaje a otras personas, pueden ocurrir milagros.

Se acababa de publicar mi libro *A Little Light on Angels* y me invitaron a que participara en el programa de televisión matinal *Richard and Judy*. Cuando estaba a punto de salir en antena me preguntaron si podían tomar una fotografía de mi aura.

Le pregunté a mi ángel si quería colocarse para salir en la foto y, para sorpresa de todos, mi ángel y mi guía, ambos, aparecieron en la fotografía del aura. Se podía ver la cabeza redonda del ángel, una barra de oro alcanzando a mi guía y los rayos de luz dorada cayendo a través de la imagen.

Como resultado, el programa recibió 114.000 llamadas... Me pidieron que volviera al día siguiente porque mucha gente quería hablar de sus experiencias con ángeles –¡experiencias que nunca se habían atrevido a contar antes! Puedes ver esa fotografía en *www.dianacooper.com*.

ÁNGELES EN LA NOCHE
Al dormirnos o al despertarnos, estamos más receptivos a los mensajes de los ángeles.

Hace muchos años fui al monte Shasta, en California, ya que me había dicho que debía asistir a la ceremonia de Wesak para hablar acerca de los ángeles. La primera tarde en el hotel recibí una llamada de mis editores, Findhorn Press, para decirme que me habían concertado una entrevista con Dawn Fazende, el editor del periódico local, *Mount Shasta News*.

Durante la madrugada, los ángeles me despertaron. Me dijeron que iba a ser una reunión muy importante y me indicaron algunas cosas específicas que debía decir. Anoté todo lo que me dijeron.

Al día siguiente, al llegar al restaurante tenía una gran curiosidad por saber qué iba a pasar. Inmediatamente, ocurrió una cosa extraordinaria. Dawn y yo nos estrechamos la mano, y no podía soltarla. Entre nosotras latía una enorme energía. Pensé: «Dios mío, ésta es una señora poderosa», y luego supe que ella había pensado lo mismo de mí. Nuestra comida duró toda la tarde.

Resultó un encuentro sumamente importante: Dawn fue fundamental para alcanzar un acuerdo para que pudiera hablar en la ceremonia de Wesak del año siguiente. Como siempre, estaba asombrada y agradecida a los seres de luz.

MI PRIMERA CHARLA: 2.000 PERSONAS
Si te sientes nervioso, pide ayuda a los ángeles.

Mi libro *Angel Inspiration* estaba vendiéndose como rosquillas en las tiendas. La gente compraba varios ejemplares. Esto me dio seguridad en mí misma. Tenía que hablar ante un gran público en la conferencia de Wesak. No tenía experiencia para hablar ante tanta gente antes de esto, así que no podía entender por qué me sentía tan tranquila y en calma, incluso cuando llegó el momento de hacer mi presentación. Mientras recorría el largo pasillo hasta la tarima, sentí las alas de mi ángel envolviéndome y abrazándome. Era mágico. Estaba totalmente relajada, como si los ángeles hablasen a través de mí. Más tarde, mi guía Kumeka me dijo que había tenido una experiencia en la séptima dimensión en el escenario.

MIGUEL EN EL CAMINO A CASA
Una de las mayores energías que puedes tener es la fe. Aquella noche confié en el arcángel Miguel para ayudarme.

Había pasado la noche con amigos y, cuando iba a irme, las carreteras estaban cubiertas de capas de hielo. Mis amigos me sugirieron que me quedase esa noche, pero yo quería llegar a casa; así pues, puse toda mi fe en el arcángel Miguel.

Le dije: «Por favor, por favor, Miguel, las condiciones son malas, necesito una protección extra para llegar a casa sana y salva». Ocurrió una cosa extraordinaria –era como si una luz azul resplandeciente se hubiera encendido delante del vehículo–. Brilló durante el camino, delante de mí y a ambos lados, y se quedó allí hasta que llegué a la carretera principal. Miguel me mostró su luz para reconfortarme.

EQUIPAJE
*El arcángel Miguel es muy especial. Protege y cuida de todo,
¡incluido el equipaje!*

~

Mi maleta estaba siendo trasladada de un avión al otro, así que le pedí al arcángel Miguel que la vigilara y se asegurara de que llegara al avión correcto. Mientras estaba esperando en Heathrow, aparecía maleta tras maleta, pero no había señal de la mía. Esta situación me ponía muy nerviosa y, mentalmente, le dije: «Te pedí que te ocuparas de mi maleta».

Claro como el agua, pacientemente, me contestó: «Y lo hice. Está llegando».

En efecto, unos minutos más tarde, mi maleta apareció.

LOS ÁNGELES ENCUENTRAN LA CASA DE MIS SUEÑOS
*Anota exactamente lo que quieres antes de pedírselo
a los ángeles.*

~

Siempre me ha gustado el mar y siempre he deseado vivir a unos veinte minutos de la costa, pero a poca distancia de una autopista que me llevara a los aeropuertos y a Londres. Cuando decidí mudarme, anoté este deseo junto a una descripción de mi casa ideal. Miré en el mapa y pensé que Bournemouth reunía mis necesidades.

Comenté esto con una conocida y ésta llamó a una amiga que vivía en Bournemouth. En menos de media hora su amiga, Dee, me llamó por teléfono para decirme que me podía quedar con ella y que me llevaría a visitar los alrededores para buscar casas en venta. Le estaba muy agradecida.

Encontré una casa que cumplía todos los requisitos de mi lista y fuimos a verla. Era perfecta, pero decidí que era demasiado grande y demasiado cara y –no sin pena– la dejé pasar. Y sabía que dejar pasar algo, si no es para tu bienestar, era muy importante.

A las cuatro de la mañana, me despertó una voz que decía: «Diana, ésa es tu casa». Cuando bajé a desayunar, Dee vino corriendo a la habitación y me dijo: «¡Diana, un ángel me ha despertado a las cuatro en punto y me ha dicho: "Dile a Diana que ésa es su casa"!».

Así que, aunque creía que era la única casa que había visto y que no podía pagarla, la compré. Me encanta.

VIVIR EN LA CASA DE MIS SUEÑOS ES POSIBLE
Esto es lo que sucedió a continuación.

～

Cuando me trasladé a mi nueva casa, sólo tenía 2.000 libras en mi cuenta bancaria. En mi primer día en la casa, me llegaron facturas por un total de 10.000 libras. De pie, en la cocina, dije en voz alta: «Ángeles, si queréis que viva en esta casa, traedme el dinero para pagar las facturas esta semana. Si no llega el dinero, pondré la casa de nuevo a la venta». Lo decía en serio. El monto total llegó esa semana.

LA HABITACIÓN DE METATRÓN
Dedica un lugar especial a un determinado ángel
y él te protegerá.

～

Tengo una bonita habitación en mi casa, que decidí dedicar a Metatrón. Quería pintar las paredes de color naranja pálido, y la hornacina, donde está mi altar, de naranja intenso. Compré la pintura y me sentí muy contenta. Pero mientras caminaba de un lado a otro de la habitación me entraron dudas. «¡Ay, Dios! –me dije a mí misma–. Espero haber escogido los colores correctos». Alta y clara, llegó la voz de Metatrón: «Lo hiciste. ¡Yo los escogí!». Me encanta esta habitación. Cuando el sol brilla, las paredes naranjas tienen un aspecto muy cálido y acogedor.

EL CANTO DE LAS HADAS
Y LOS ELEMENTALES

Un melodioso sonido agudo es la clave para
el reino elemental.

～

Mientras caminaba a través del bosque, un hada encantadora vino, se sentó sobre mi hombro y empezó a cantar. Era sencillamente hermoso: alto y dulce, como ningún otro canto terrenal. Me sentí muy alegre –e imagina cómo me sentí a continuación, cuando cientos de hadas y otros elementales se unieron y también cantaron–. Fue un melodioso sonido agudo y, más tarde, aprendí que ése es el sonido clave del reino elemental. Puedes leer la versión completa de esta historia en mi libro *The Keys to the Universe*.

UN MILLAR DE ÁNGELES

¡Hay mil pétalos en el chakra de la corona que significan mil
lecciones que aprender!

～

Un día, mientras estaba visualizando el loto de muchos pétalos de mi chakra de la corona, me acordé de mi estancia en el *ashram* del líder espiritual Amma, en Kerala (India). Solía levantarme temprano para escuchar a los swamis cantando los mil nombres de Dios. Duraba más de una hora y era emocionante escucharlo. Mientras recordaba esto, sentí que los mil pétalos se convertían en una y otra hilera de ángeles por encima de mi cabeza. Mentalmente, les pedí que cantaran los mil nombres de Dios. No los cantaron uno a uno, tal como esperaba, sino todos juntos, y los repitieron siete veces. Encima de mi cabeza sentí como un retumbar sónico de energía. ¡Guau! La energía angelical es impresionante.

ÁNGELES «OM»

Puedes hacer «om» y pedir a los ángeles que hagan «om» contigo. Ellos enviarán su vibración hacia ti, aunque no puedas sentir que está ahí.

~

En una ocasión, los ángeles me pidieron que hiciera «om» en mi chakra de la corona y me indicaron que iban a cantar conmigo. Empecé a hacer «om» mientras me concentraba en mi corona y ellos me acompañaban con el más sublime canto. Abrieron hasta tal punto mi chakra que más tarde sentí como si mi cabeza se hubiera partido en dos. Sé que mi centro de la corona se abrió a un nuevo nivel, que permitió que fluyese más luz a través de mí.

ALAS DORADAS

A veces, una visión o experiencia llega como caída del cielo y es sobrecogedora en su gloria.

~

En una zona tranquila del bosque de mi localidad, donde no hay caminos principales, me quedé en silencio, mirando los hermosos árboles. De repente, sentí cómo unas alas salían de mis hombros. Eran oro puro y podía sentir que eran enormes —tenían unos treinta metros de envergadura—. Irradiaban tanta luz que estaba segura de que todo el mundo en el bosque la vería. Permanecí allí asombrada y en éxtasis.

Entonces, pensé que debía utilizar esa energía, así que dirigí la energía de las alas en varias direcciones para abrazar a las personas que la necesitaban. Por último, la dirigí a Siria y la visualicé abrazándose y llevando la paz a la gente de allí. La experiencia se desvaneció, pero la impresión de esas alas duró más de una hora. Fue tan especial que no logré contárselo a nadie durante varios días.

GOBOLINO

Los duendes son los elementales de la quinta dimensión, de buen corazón y extremadamente sabios. Dedican sus vidas a ayudar al planeta.

~

En otros libros explico historias de mi amigo duende. Aún sonrío cuando pienso cómo me enseñaba, de manera tan sencilla, la unicidad de cada uno de nosotros.

Cuando saltó de un árbol y caminó a lo largo del camino del bosque conmigo, le pregunté sobre sus relaciones con los otros elementales y con los seres humanos. Si esperaba que me dijera que las hadas tenían una tarea más fácil o que otros elementales eran perezosos, estaba muy equivocada. Su respuesta a todo fue: «Somos iguales, pero diferentes».

¡Qué increíblemente sencillo! Esto se aplica a todas las culturas, religiones, países, razas y a cualquier persona, de cualquier color, que refleje un aspecto diferente de lo divino. Siempre llevo sus palabras en mi corazón.

EL SENTIDO DEL HUMOR DE UN DUENDE

Los elementales y todos los seres de alta frecuencia tienen un gran sentido del humor y les encanta cuando reímos.

~

Estaba caminando en África, cerca de un lago, con Gobolino, mi amigo duende de la historia anterior, que tiene un travieso, pero inocente, sentido del humor. Vimos una gran ave acuática que se sentaba en un poste en el lago, durmiendo con la cabeza bajo el ala. Gobolino me dio un codazo para que hiciéramos el sonido de los elementales. Debo decir que sentí curiosidad, así que comencé a emitir su melodioso sonido agudo. ¡Me sorprendió cuando el pájaro se despertó con una sacudida y miró a su alrededor con asombro!

LA PERSISTENCIA DEL ARCÁNGEL GABRIEL

Cuando los ángeles quieren que hagas algo, van a organizarlo, así que ¡déjate llevar por la corriente!

~

Recibí una llamada de teléfono de Paivi, el organizador de una feria espiritual en Finlandia, pidiéndome que hablara en la feria, pero ya tenía reservada esa fecha. Estaban decepcionados; recuerdo claramente las palabras de Paivi: «Pero eso no es justo. Sé que querías venir».

Esa mañana, mientras daba un paseo, el arcángel Gabriel siguió diciéndome: «Tienes que ir a Finlandia». Al final, comenté con desesperación: «De acuerdo. Si quieres que vaya, por favor, cancela el evento que tenía e iré a Finlandia».

¡Cuando llegué a casa tenía un mensaje que decía que el evento para el que tenía reservada la fecha había sido pospuesto! Así pues, pude ir a Finlandia para hablar en la feria de Paivi.

ÁNGELES Y ELEMENTALES CANTAN MI NOMBRE

Eliges tu nombre para llevar la vibración de la esencia del viaje de tu alma. Entonces, tú, telepáticamente, la impartes a tus padres, a menudo antes de nacer. Cada vez que tu nombre se pronuncia con amor y alegría, hace que te maraville la idea de ser tú mismo. Cuando tu nombre se canta con amor, especialmente si lo canta alguien de los otros reinos, eres realmente bendecido.

~

Era uno de esos días. Alguien había dicho una cosa muy desagradable y me sentía molesta y deprimida. A la mañana siguiente, todavía estaba triste y decidí ir a pasear al bosque de mi localidad. Era una hermosa mañana y dije en voz alta: «Naturaleza, por favor, llévate estos sentimientos negativos y cámbialos». Me di cuenta de que había una hada sentada en mi hombro. Entonces, muchos elementales me rodearon y cantaron mi nombre con mucho amor y cariño. Después, los ángeles se unieron a ellos. Un unicornio añadió su luz. El cielo estaba vertiendo olas y olas de amor en mí mientras todos cantaban mi nombre una y otra vez. Me dieron un mensaje: «Perdona a la persona que eras entonces y regocíjate con quien eres ahora». Dos horas después, todavía podía sentir amor en mi corazón y no recordar siquiera que fue lo que me había molestado.

AYUDAR A LOS NIÑOS HACIA LA LUZ

Cuando miras o visualizas un orbe a tu alrededor, su energía se absorbe en tu aura.

~

Mientras caminaba por la naturaleza, respirando el orbe rosa brillante del arcángel Chamuel y de la Madre María a mi alrededor, un elfo corrió hacia mí rodeado de seis niños pequeños. Me di cuenta de que eran almas en pena que no habían pasado al otro lado. Cuando vieron la luz de María y el arcángel Chamuel rodeándome, los niños corrieron hacia mí, excepto uno, que, por el contrario, huyó corriendo. Me arrodillé y los entregué, uno a uno, a la luz y sus madres los recogieron.

Recuerdo particularmente la resplandeciente y alegre mirada en el rostro de un niño pequeño, rubio, de más o menos dos años, vestido con un traje de marinero cuando vio a su madre. Seguí caminando, pensando en el niño que se había escapado. Casi inmediatamente, el elfo reapareció, asiéndole con firmeza por el hombro y tranquilizándole. Esta vez, cuando el niño vio la luz también corrió hacia mí y fue recogido por su madre y su padre.

ÁRBOLES QUE SANAN

Cuando bendices y aprecias a los árboles, las flores y otros aspectos de la naturaleza, ésta responde y te ayuda de maneras de las que puede que nunca seas consciente.

Estaba en el bosque cuando, de repente, tuve un pensamiento sobre un bebé que se moría y del dolor de su familia. No sabía de dónde venía ese pensamiento, pero tuve la sensación de que fui recogiendo las emociones de una familia de la localidad. El dolor se hizo más y más intenso y decidí pedir ayuda. El dolor se hacía insoportable por minutos. Entonces se fue.

Mi guía Kumeka me dijo que había recogido el dolor de la pérdida de una familia de la localidad cuyo bebé había muerto, y luego los sentimientos de pérdida de cada bebé y niño que había perdido en mis vidas pasadas regresaron a mí. Los árboles me quitaron el dolor. Después de que me abandonara este intenso y casi insoportable sentimiento de pena, me sentía indescriptiblemente libre, y con profunda gratitud, agradecí a los árboles que hubieran transmutado mi dolor.

CONOCER A PAN

Pan es un maestro poderoso de la novena dimensión, a cargo de la naturaleza. Él y el arcángel Purlimiek trabajan juntos para ayudar al reino de la naturaleza.

~

Paseaba por un bosque cercano cuando observé un enorme ser entre los árboles. Telepáticamente, le pregunté quién era y él contestó: «Pan».

En realidad, no sabía qué decir, así que intenté agradecerle todo lo que hizo por el rayo de luz. También era muy consciente de todas las cosas que los hombres le habían hecho al mundo natural. Me quedé plantado, enviándole agradecimiento, hasta que por último se retiró, dejándome con una profunda sensación de paz.

PROTECCIÓN ANGELICAL PARA VOLAR

A muchas personas les preocupa volar —los ángeles nos pueden ofrecer confianza y tranquilidad, como ilustra esta historia.

~

Estaba de vacaciones en Tailandia y desde la playa se podía ver cómo despegaban y aterrizaban los aviones del aeropuerto local. Estaba intrigada al ver que las fotografías que había tomado mostraban decenas de orbes de ángeles de la guarda y algunos ángeles del arcángel Gabriel alrededor de los aviones. Los ángeles de la guarda eran tan prominentes que sabía que sus cargas —los pasajeros— debían estar nerviosos.

Esto se debía a que sus ángeles se quedaban cerca y mantenían la energía, ayudándoles a sentirse seguros. ¡Si la gente se diera cuenta del enorme apoyo y ayuda que tenemos cuando estamos volando, los pasajeros nerviosos se sentirían mucho mejor!

EL ÁNGEL DE LOS ANIMALES Y MI PERRO

Preocuparse por las personas —o por los animales— que te importan les envía energía negativa. En su lugar, pide a los ángeles que los rodee de luz.

~

Mi pequeña y hermosa perra, *Venus*, iba a ser esterilizada. Cuando me la llevé para dar un buen y largo paseo antes de llevarla al veterinario, le pedí al arcángel Fhelyai (el arcángel que se ocupa de los animales) que cuidase de ella. Le oí decir: «Voy a estar con ella. Todo irá bien». Fue un gran alivio escuchar eso y fui capaz de confiar en que la operación iría bien, como ocurrió.

SANAR LA RELACIÓN CON TU PADRE

Si conectas con los ángeles, ellos van a utilizar su energía para sanar o cambiar a los demás a través de ti, sin que te des cuenta.

Anita, mi contable, era una persona encantadora, brillante y jovial. Un día vino a comer conmigo antes de ir a visitar a su padre. Éste es el correo electrónico que me envió un par de días más tarde.

∿

¡No sé si te diste cuenta de que fue más que un almuerzo entre nosotras! Si te acuerdas, yo iba de camino a casa de mi padre.

Hacía 40 años que se fue de casa sin dar ninguna explicación. He pasado muchas horas trabajando con mi niña interior, eliminando el dolor, la ira, la tristeza, etc. Mientras estábamos almorzando, los ángeles me estaban enviando la sanación a través de ti para, al final, compensar, liberar, dejar ir y perdonar todo ese episodio de mi vida. Cuando vi a mi padre ese día, me sentí independiente y no irritada, lo cual no era normal. No hubo enojo, simplemente aceptación y comprensión. No me di cuenta de lo que había ocurrido hasta la mañana siguiente. El espíritu es muy bueno planificando cosas.

Así que este correo electrónico constituye un gran agradecimiento por la sanación y en cierto sentido por el almuerzo.

ANITA

CAPÍTULO 2

Los ángeles de la guarda

Todo el mundo tiene un ángel de la guarda que te acompaña desde el nacimiento y que es el que tiene el plan divino de su vida. No importa lo que hagas, tu ángel de la guarda te ama incondicionalmente y está siempre contigo. Los ángeles de la guarda te susurran continuamente lo que es mejor para tu bienestar y tratan de guiarte. He visto muchas fotografías que muestran orbes de los ángeles de la guarda, junto al oído de alguien haciendo sugerencias.

Te alientan para que tomes las mejores decisiones, lo organizan para que conozcas a personas con las que necesitas encontrarte y te reconfortan y ayudan en todo lo que pueden. Dado que tienes libre albedrío, tu ángel de la guarda no te puede salvar de una experiencia de la cual puedes aprender. Sin embargo, sí te salvará del peligro o de la muerte si no ha llegado tu hora.

MI ENCUENTRO CON MI ÁNGEL DE LA GUARDA

Me encanta esta historia de Karin, que ilustra cómo tu ángel de la guarda te ama, independientemente de lo mal que te sientas.

~

A pesar de que era una maestra de reiki y sanadora, y siempre supe que era psíquica, nunca sentí ninguna conexión con los ángeles hasta que decidí practicar con el programa *Transforma tu vida,* con Elizabeth Anne Morris.

Me preguntó si quería encontrarme con mi ángel de la guarda y me llevó a través de una meditación guiada. ¡Estaba aterrorizada! ¡En realidad, pensaba que los ángeles no querían conocerme! En lo más profundo de mí misma, sentía que no era digna de ser amada y que no iban a venir.

Sin embargo, esta increíble maestra trajo ángeles de sanación a mi corazón ¡y lo sentí! Tuve una fuerte sensación física de mi respiración calmándose, de una luz de algún tipo que me envuelve y de la pena de mi corazón disminuyendo.

El nombre «Harold» vino a mi mente. Vi al ser más bello, y lo que es lo más sorprendente, era ver reflejado en sus ojos el amor que sentía por mí. Mi vida cambió en ese momento. Me di cuenta de que el amor estaba ahí, si lo quería. Todo lo que tenía que hacer era cerrar mis ojos y pedirle a Harold que viniera.

KARIN FINEGAN EDC

ARROPADO POR UN ÁNGEL

Tu ángel de la guarda te toma de la mano y te apoya siempre que estás en apuros.

～

Cuando me quedé embarazada, mi compañero y yo estábamos emocionados, pero a las once semanas empecé a tener pérdidas y me dolía la espalda. Me fui a la cama mientras mi compañero llamaba al doctor, cerré los ojos y me vi a mí misma en una camilla de hospital atravesando algunas puertas. Me decía a mí misma que me mantuviese en calma, que todo iba a salir bien.

La habitación empezó a parecer «suave» y me sentí rodeada de una sensación cálida y de amor. Todos mis miedos desaparecieron y estaba tranquila y a salvo, como si estuviera protegida por la ternura. Supe que, pasara lo que pasara, no iba a estar sola.

Fui para una revisión y me quedé toda la noche. Soñé que vi el perfil de un feto iluminado con una luz eléctrica azul, pero el feto se separaba de mí y, en ese momento, me desperté. Tuve una pérdida. Estaba muy alterada, pero de alguna manera sabía que todavía estaba en ese nido de calma, paz y amor.

A la mañana siguiente, me llevaron en una camilla a través de esas puertas que había visto en mi imaginación. Una calma interior me acompañó días después de esto. Estoy segura de que la presencia era mi ángel de la guarda, que me ayudó en un momento difícil.

Karen Spring-Stocker

UN ÁNGEL DE LA GUARDA CREÓ UNA DISTRACCIÓN

Esta chica fue bendecida cuando su ángel de la guarda la protegió. Los ángeles trabajan de muchas formas para mantenernos a salvo, incluso de nuestros propios errores.

Tenía poco más de veinte años, iba a casa, cansada después de haber estado toda la noche fuera, y me pasé mi estación de tren. De manera estúpida, acepté que me llevara un desconocido. Todo iba bien hasta que traté de salir y me di cuenta de que no estaba segura.

De repente, los dos, el conductor y yo, nos giramos atraídos por el sonido de alguien que caminaba hacia el vehículo. Se acercaba un hombre con sombrero de copa. La luz del poste de la calle parecía que brillaba sobre él. Logré salir del automóvil y llegar a casa a salvo.

Al día siguiente, me extrañaron dos cosas. Aunque parecía que el «hombre» se aproximaba al vehículo, nunca llegó a él ni lo adelantó. Regresé al mismo sitio y me di cuenta de que no había ningún poste eléctrico. Únicamente puedo concluir que mi ángel de la guarda creó la distracción para mantenerme a salvo. Le doy las gracias por eso.

Anon

EL ÁNGEL DE LA GUARDA Y MI MISIÓN EN LA VIDA

Si pides algo que es para tu máximo bienestar, tu ángel de la guarda se aproximará y se asegurará de que suceda.

Encontré un anuncio para un curso de Diana sobre la ascensión. Estaba tan contenta que inmediatamente la llamé por teléfono, pero Diana me dijo que lo sentía mucho, pero que el curso estaba completo. Le pedí a mi ángel de la guarda que se asegurara de encontrarme una plaza si era por mi máximo bienestar. Dos días más tarde me llamaron por teléfono para decirme que, si la quería, ahora había una plaza libre. Le agradecí a Eleonor, mi ángel de la guarda, su ayuda y, desde entonces, nunca me he arrepentido.

ELOISE BENNETT EDC

ÁNGELES QUE ME CUSTODIAN

Nuestros ángeles de la guarda nos protegen siempre y,
cuando lo sentimos, es maravilloso y reconfortante.

Hace pocos años que he descubierto a los ángeles. Siempre estuve buscando señales físicas, como plumas, por ejemplo, pero con el tiempo, me di cuenta de que necesitaba tener más fe.

Un día estaba durmiendo en mi habitación, en la que también está mi altar. Sentí que había otra persona en ella y pude ver una gran figura sentada en la mesa cercana. Me olvidé de todo ello y seguí con mis cosas.

Un día más tarde, cuando estaba arreglando mi cama, encontré dos plumas blancas en mi manta. Eran de un blanco tan puro que supe que las habían dejado mis ángeles.

MELODY CHOPHLA

CAMINAR CON MI ÁNGEL DE LA GUARDA EN LOS ALPES SUIZOS

Tus ángeles de la guarda te indicarán
cuándo hay peligro, de modo que puedas
reaccionar para evitarlo.

Me fui solo a hacer senderismo a los Alpes suizos. Las rutas están muy bien señalizadas y eran fáciles de seguir. Cada día le pedía a mi ángel de la guarda que velara por mí y que me dijera si había algo que no fuera seguro. Mi intuición —mis ángeles— siempre me lo hacen saber.

Un día iba por una ruta que pasaba entre dos montañas hacia un valle. Mi intuición comenzó a reaccionar y me asusté. La sensación se intensificó y, después de comer, regresé a través de la montaña.

Algunos días después, seguí otra ruta hacia el valle y había un altiplano con una mina abandonada. No tenía ni idea del peligro que podía entrañar, pero tenía que escuchar a mi ángel de la guarda.

EL GLEESON EDC

UN ÁNGEL RECONFORTA A UN PACIENTE

Cuando alguien tiene fiebre, es capaz de ver más allá del velo que nos separa de los reinos espirituales, como en esta historia.

~

He creído en ángeles desde que era una niña, pero me desalentaron y me dijeron que no debía hablar acerca de ellos, dado que algunos de ellos podían ser malignos. Hace algunos años, estaba en el turno de noche en el hospital, donde era enfermera, y tenía un paciente con una fiebre muy alta. Lo estaba refrescando con toallas húmedas y me quedé al pie de su cama para ver cómo seguía. De repente, levantó su mano y dijo: «¡Ahí está mi ángel!». No pude ver el ángel. Temblé un poco a causa de mis recuerdos de niñez, pero me di cuenta de que el paciente se sentía profundamente reconfortado por esa presencia angelical.

MONA LISE DAMKJÆR

LA TRANQUILIDAD DE SABER QUE MI ÁNGEL DE LA GUARDA ESTÁ CONMIGO

En la siguiente historia, Sharon comparte cómo su ángel de la guarda la salvó de un accidente.

~

Sé que mi ángel de la guarda está conmigo y, sin duda, esto ha impedido, en varias ocasiones, que llegara a sufrir daños graves. Una vez, mientras estaba conduciendo a las dos y media de la madrugada, me dijo que me aproximara al semáforo con precaución aun cuando estaba en verde –justo en el momento en que un automóvil pasó a toda velocidad cruzando el semáforo en rojo. Me previno de un grave accidente de tráfico.

SHARON

SALVADA DE UN LADRÓN

*Sharon, de la historia anterior, y cómo su ángel de la guarda
también la salvó de sufrir un robo.*

Estaba en España, cuando mi ángel de la guarda me avisó de que tenía que ser más cuidadosa y mantenerme en guardia con un hombre que estaba sentado cerca de mí, en un chiringuito de playa. Luego supe que este hombre era un ladrón. Por suerte, estaba preparada: desde que mi ángel me avisó, tomé todo mi dinero, mis tarjetas de crédito y las llaves de mi bolso y lo puse, a salvo, en mis bolsillos, y le di a mi hijo algunas de mis cosas para que las cuidara. El ladrón no me sacó nada. Es tan reconfortante saber que mi ángel está siempre conmigo.

SHARON

SALVADA POR MI ÁNGEL DE LA GUARDA

*Tu ángel de la guarda te salvará si no es tu momento para evitar
que sufras algún daño o mueras.*

He creído en mis ángeles de la guarda desde que era niño. Siempre he reconocido sus intervenciones a favor de mi seguridad y bienestar, y un día importante mi ángel de la guarda me salvó la vida.

Mientras caminaba al trabajo, iba escuchando música. Llegué a un cruce y miré a ambos lados antes de pasar. Vi un vehículo que venía derecho hacia mí y a gran velocidad –¡demasiado tarde para reaccionar!–. En mi mente, me imaginé a mí mismo atropellado por el automóvil, volando por los aires y cayendo mucho más lejos en la carretera.

Sin embargo, mientras el vehículo se aproximaba, sentí que algo me empujaba hacia atrás, hacia el pavimento. Me di cuenta de que esta increíble fuerza era mi ángel de la guarda, Geranum, que me había empujado para salvarme. Supe, sin ninguna sombra de duda, que mi ángel de la guarda me salvó la vida.

Espero que mi historia inspire a otros para que encuentren y trabajen con sus ángeles de la guarda.

EL

LOS ÁNGELES NOS HABLAN A TRAVÉS DE NUESTRA VOZ INTERIOR

Tu voz interior es el susurro de tu ángel de la guarda.

Estaba sola en casa cuando empecé a sentir náuseas. Una voz interior me dijo que llamara a mi hermano. La voz era muy insistente. Cuando mi hermano respondió, la voz interior me dijo que le explicara que estaba teniendo un infarto, pero no era capaz de hablar y mi hermano estaba a punto de colgar cuando, finalmente, logré gritar mi nombre. Cuando llegó a mi casa, ya me había desmayado.

Después, mi hermano me dijo que si hubiera llamado diez minutos más tarde, ya se hubiera ido a trabajar. Para mí fue un milagro de mi ángel de la guarda.

VIVIEN BARBOTEAU

AYUDA CON MI VISADO

Si tengo cualquier tipo de problema, lo primero que hago es pedir ayuda a los ángeles.

Íbamos a Egipto el 11 de noviembre y necesitaba un visado, y me dieron uno en el aeropuerto de Heathrow. Con cuidado, lo guardé en mi riñonera y la cerré. En El Cairo estábamos haciendo cola para entregar los visados y, para mi espanto, cuando busqué el mío había desaparecido. Busqué en mi riñonera dos veces, busqué en mi bolso, aunque sabía que no lo había puesto ahí. No estaba en ningún sitio. «Oh, ángeles, ayudadme. Realmente necesito ayuda», murmuré. Entonces añadí, en voz alta y a nadie en particular: «He perdido mi visado». Una mujer que estaba detrás de mí, me habló: «Oh, me dieron dos por error. Tome, puedo darle el que me sobra».

DIANA COOPER

ÁNGELES QUE AYUDAN A ENCONTRAR EL VESTIDO PERFECTO

A los ángeles les encantan las ceremonias y las bodas; desde luego, son algo muy especial.

Mi único hijo, Simon, se iba a casar y era imperativo que a mí se me viera muy bien ese día especial. Llevaba muchas semanas buscando un vestido, pero no tuve suerte y me comenzó a entrar el pánico. Simón dijo: «Mamá, ¿por qué no les pides a tus ángeles que te ayuden?». Y así lo hice.

Una amiga me comentó que conocía una tienda en la que podríamos encontrar algo interesante. Nada más entrar, vi un vestido azul hielo, con accesorios plateados. Me encantó y me quedaba perfecto.

Cuando llegué a casa, mi vecina me pidió que se lo enseñase. Al sacar el vestido, comentó: «¡Qué logo tan bonito en la espalda!». Miré y me quedé atónita. Tejidas en la tela había un par de alas de ángel. Impresas en la etiqueta estaban las palabras «Tema ángel». Me di cuenta de que los suaves pliegues del vestido se asemejaban a alas cerradas.

Mi hijo se casó en una iglesia con más de 70 estatuas de ángeles en altorrelieve. ¡Estábamos rodeados y bendecidos por su presencia en esta ceremonia sagrada!

SUSAN VENUS

NOMBRES DE ÁNGELES DE LA GUARDA

Los ángeles llevan y traen mensajes de Dios. Tu ángel de la guarda tiene un nombre que es una vibración que te ayuda a conectarte. Saber el nombre de tu ángel ayuda a personalizar la relación.

Siempre he creído en los ángeles y hablo con el mío con bastante regularidad. A veces es un simple «buenos días» o, si algo me preocupa, puede ser una conversación larga. Una noche, acostada en la cama, le pregunté a mi ángel su nombre. Cuando estaba a punto de dormirme, escuché una voz que decía: «Nicolás». Me quedé sorprendida. Salí de la cama y comprobé ese nombre en el índice de la última página de mi Biblia. Describía a Nicolás como un diácono, miré eso y decía: «Mensajero de Dios».

ANON

LAS MARAVILLAS DE MI ÁNGEL DE LA GUARDA

He aquí una seductora historia de milagros y magia
con un ángel de la guarda.

Mis padres se divorciaron cuando tenía dos años, dejando a mi madre criando a dos niños sola. Yo era un soñador con una gran imaginación, creía en milagros, y éstos sucedían casi a diario cuando era joven. Podía sentir y escuchar a mi ángel de la guarda. Sin embargo, necesitaba ser el hombre de la casa. Renuncié a mi niñez y dejé de soñar despierto.

El tiempo pasó rápidamente y ahora soy un joven de 22 años y trabajo como barman. Conocí a un cliente habitual que me resultaba familiar. Le pregunté qué quería tomar, se rio y dijo: «Ya lo aprenderás». No importaba lo que le preguntara, siempre me contestaba: «Ya lo aprenderás».

Me contó una historia acerca de un niño que solía tener mucha imaginación, pero que renunció a ella para cuidar a su madre. Me explicó cómo ese niño había crecido y había olvidado todo lo que sabía, enterrando su poder y olvidando cuál era su propósito en la vida.

Este joven, cuando tenía unos 20 años, recibió la visita de su ángel de la guarda. El ángel le mostró milagros que iban más allá de toda creencia humana, le devolvió la fe y salvó la vida de ese joven. Llegó a la conclusión de que una vez que estas cosas habían sucedido, el ángel abandonaría al hombre, porque era hora de salvar a otra alma de una vida de tristezas.

En esa época yo tomaba drogas y salía de juerga todas las noches. Había llegado al punto más bajo cuando él se presentó. Me dijo: «Si sigues así, te quedan dos semanas de vida. Necesitas escoger. Vivir o morir, escoge». Desapareció… y ésa fue la última vez que lo vi.

Escogí vivir.

Años después, recordé la historia y ¡me produjo una grandísima impresión! Estoy seguro de que ése había sido mi ángel de la guarda en carne y hueso. Llegó a mi vida, hizo todo lo que dijo que debía hacer, me salvó la vida y desapareció. ¡Estaba alucinado! ¿Era mi ángel de la guarda? Te dejo que hagas tu propia reflexión.

KEITH LEON

LOS ÁNGELES DE LA GUARDA SE COMUNICAN ENTRE ELLOS

Los milagros suceden cuando tu ángel de la guarda le habla a alguien más. No obstante, es importante reconocer que ¡los ángeles nunca aprueban conducir rápido!

~

Mi marido y yo estábamos llevando a nuestro hijo al aeropuerto de Gatwick. Mi marido iba conduciendo muy rápido, pues temíamos que nuestro hijo fuera a perder su vuelo. No nos dimos cuenta de que habíamos entrado en una zona de velocidad máxima de 80 km/hora, hasta que vimos una señal que decía COCHES DE POLICÍA CAMUFLADOS EN ESTA ZONA –y sí, lo siguiente que vi es que nos sacaban fuera de la carretera–. Le pedí a nuestro ángel de la guarda que le hablara al ángel de la guarda del policía para que fuera menos estricto, que le explicara nuestro error y nos dejara seguir nuestro camino.

Mi marido fue a hablar con el policía y, milagrosamente, regresó al vehículo casi inmediatamente. Le dejaron ir con una amonestación. Mi hijo tomó su vuelo y llegó a salvo.

ANGELA INWARD

LA PRIMERA VEZ QUE SENTÍ EL AMOR DE MI ÁNGEL DE LA GUARDA

Si no estás destinado a sufrir, tu ángel de la guarda te ayudará.

~

Llevaba casada seis meses y teníamos muchas responsabilidades, incluyendo una hipoteca y facturas por pagar. Durante el día, tenía un empleo a jornada completa y, por la noche, también trabajaba como bailarina.

Una noche, mi compañero y yo discutimos, me fui de casa en pijama y me metí en el automóvil.

Estaba lloviendo a cántaros, y mientras circulaba por la carretera, tomé una curva demasiado rápido y sentí cómo perdía el control del vehículo. De repente, fue como si me hubieran quitado el volante de las manos y el automóvil se enderezó y todo continuó bien. Mi corazón latía con fuerza y me recuerdo pensando: «¡Tengo un ángel de la guarda que me acaba de salvar!».

Angela Inward

APRENDER DE MI ÁNGEL DE LA GUARDA

Tu ángel de la guarda te protege, pero se espera que aprendas de lo que haces.

Disfruto con los deportes de aventura y mi ángel de la guarda siempre me ha cuidado. Cuando era joven, mis amigos y yo estábamos jugando en las afueras del bosque cuando decidimos escalar un muro alto que estaba cerca. Cuando llegamos arriba, vimos un prado.

No quería seguir por el muro, así que cuando vi una cuerda cerca, decidí balancearme y lanzarme al otro lado, como Tarzán. Cuando tomé la cuerda, con mi peso, se rompió y caí a diez metros de altura. Mi caída fue muy suave, por lo que supe que mi ángel de la guarda me recogió. Me di cuenta de que a pesar de que mi ángel de la guarda me salvó, tenía que empezar a responsabilizarme de mis acciones.

Martina Maria Seraphina Kammerhofer EDC

LOS ÁNGELES CALMAN A LOS ELEMENTOS

Puedes pedir a tu ángel que suavice el tiempo. Los ángeles pueden hacer tu viaje más agradable.

Viajaba de Grecia a Italia, ida y vuelta, en transbordador. En ambos viajes, el mar estaba picado y la mayoría de nuestro grupo estaba mareado. Íbamos a volver a hacer de nuevo la misma travesía y estábamos espantados. Le pedí a mi ángel de la guarda que tuviéramos un viaje tranquilo.

Antes de nuestro viaje, comprobé la previsión del tiempo. Indicaba vientos fuertes, pero desde que subimos al barco hasta que llegamos a Venecia, el mar estuvo tranquilo. Nadie se sintió mareado. Ocurrió lo mismo en el viaje de vuelta. Le agradecí a mi ángel de la guarda, de todo corazón, su ayuda.

DANIELA GABRIEL LEVENTOPOULOS

CAPÍTULO 3

Señales de ángeles

L os ángeles nos recuerdan su presencia y nos guían de muchas maneras. Puedes escoger tu propia señal personal y pedir a los ángeles que te anuncien su presencia utilizando esa señal. Me gustan estos ejemplos que la gente ha aportado. Espero que este capítulo os inspire para buscar mensajes angélicos en sus múltiples y diferentes formas.

CONFÍA EN LAS SEÑALES

Los ángeles nos envían señales constantemente. Algunas veces, creer en ellas es la parte más difícil.

Iba caminando por el bosque y pedí que me mandaran una señal que me indicara que un proyecto iba hacia delante. Al instante, vi un arcoíris. Me dije: «Bueno, ha estado lloviendo, por tanto, es natural ver un arcoíris! El arcoíris brilló como si hubieran encendido una luz y, de repente, un segundo arcoíris apareció. Esto si es más o menos la señal, pensé, pero me gustaría algo más definitivo. Cuando estaba pensando eso, unas nubes rosadas aparecieron en las copas de los árboles, sólo en una parte del bosque. «¿Eso pretende ser una señal?», pregunté, tras lo cual las nubes rosadas desaparecieron y luego reaparecieron en una parte diferente del bosque. «Bueno, dame una señal más para estar segura –imploré–. «Algo así como un caballo o un unicornio». En ese momento, vi con mi tercer ojo un auténtico ciervo blanco. Todos los ciervos, por definición, son de confianza, así pues, me reí. A la mañana siguiente, en el campo que estaba junto al bosque, había un caballo blanco. Nunca he visto uno allí, ni antes ni después.

Diana Cooper

LIBRO DE ÁNGELES

Algunas veces nuestra conexión con los ángeles se origina por algo que alguien dice. También hay muchos libros sobre ángeles que te van a permitir aprender cómo forjar tu conexión.

∼

Fue una de mis hermanas la que me contó que todos tenemos un ángel de la guarda. Empecé a comunicarme con mi ángel personal. Algunas veces me despertaba en medio de la noche y sentía movimiento en el dormitorio. Mi hermana me dijo que parecía que había establecido contacto.

Estaba un día en una librería y, de repente, me sentí guiada hacia la sección de libros espirituales, en la que encontré y compré el libro de Diana Cooper *A Little Light on Angels*.

Desde entonces mi vida cambió. Los ángeles me han ayudado a sanar mi vida y ahora estoy empezando a entender quién soy.

Sylvia Stein

ÁNGELES EN LA PELUQUERÍA

Sonrío al pensar en los ángeles bendiciendo el cabello de Kari cuando se lo lavó.

∼

El otro día estaba en la peluquería y la peluquera era muy dulce y servicial. Cuando mi cabello estaba seco, le pregunté si me podía recomendar un buen acondicionador de pelo. Se volvió hacia las estanterías y escogió una botella rosada. Le pagué y regresé a casa. Imaginad mi embeleso y placer cuando leí la marca del acondicionador: «¡Enjuague de ángeles!».

Kari Nygard edc

PIEDRAS EN FORMA DE CORAZÓN

*Buscar formas de establecer señales que tengan
sentido para ti.*

~

Mi grupo de mi taller de ángeles estaba discutiendo sobre las señales de los ángeles y les conté cómo podían establecer sus propios signos para que los ángeles se comunicaran. Una estudiante quiso que su signo fueran piedras con forma de corazón, ya que vive cerca de la playa. Unas semanas más tarde tenía un regalo para mí: una hermosa piedra con forma de corazón.

Había estado en la playa y pidió a los ángeles que la ayudaran a encontrar piedras de esa forma para la gente que quería. Abrió los ojos y vio la piedra.

SUSIE

UN CARIÑOSO CORAZÓN EN LA NIEVE

*Escribir automáticamente es una maravillosa forma de conectar
con los ángeles.*

~

Conecto con los ángeles utilizando la escritura automática —ellos me envían mensajes, que escribo en mis meditaciones—. Un invierno tuvimos una fuerte nevada donde yo vivo, en Alemania, y mi marido descubrió un punto sin nieve en nuestra terraza, con forma de «corazón». Mi ángel Samuel me escribió que ésta fue su amorosa señal para mí y, desde entonces, siempre firmo nuestra correspondencia con las palabras: «¡Tu amoroso "corazón de nieve" Samuel!». ¡Qué fabuloso fue!

CAROLINE

CORAZÓN DE NIEVE

*Los ángeles utilizarán cualquier medio a su alcance
para dejar mensajes.*

~

Vivía en el lago Tahoe, en Nevada, y estaba pasando una temporada difícil y depresiva. Un día de invierno iba caminando con mucho esfuerzo por una nieve alta hasta las rodillas con mi perro. Iba llorando y rezando, alternativamente, pero mi perro se estaba divirtiendo mucho en la nieve.

Cuando me paré para acariciarlo, vi un perfecto corazón «tallado», de 45 centímetros, en la nieve. Me sentí querida, protegida y mucho más tranquila de lo que me había sentido en mucho tiempo. No había pisadas alrededor y supe que los ángeles me estaban indicando que estaban allí por mí.

Mis lágrimas ahora eran lágrimas de alegría. Caí arrodillada, me reí, di las gracias y me sentí bendecida. En un segundo me transformé, gracias al mensaje de los ángeles. Todavía me emociono hasta llegar a llorar cuando recuerdo eso.

CATHERINE

NUBES DE ÁNGELES

Las NUBES DE ÁNGELES se forman cuando un ángel ha descansado en el cielo. La condensación se forma alrededor de su alta frecuencia, dejando su huella para que todos la vean. ¡Sigue mirando al cielo!

ÁNGELES EN EL CIELO
*Las siguientes dos historias ilustran de forma muy bella
las nubes de ángeles.*

Me fui a la Provenza francesa para Año Nuevo. En Nochevieja, nos sentamos bajo los árboles de la plaza del pueblo para tomar café. Tomé una hoja y escribí lo que deseaba para el año que empezaba —ofrecer amor, luz y esperanza a los demás a través de los ángeles y no hacer daño a ningún ser vivo.

Más tarde fuimos a dar un paseo por las montañas. Le pedí a Belleza, mi ángel, que viniera conmigo y disfrutara del paseo. Miré hacia arriba y había una hermosa nube con forma de ángel encima de nosotros. ¡Qué hermoso momento!

SUSIE COOPER

NUBES DE ÁNGEL

Iba un día caminando y me sentía muy preocupada al pensar en algunos problemas de mi vida. Cuando miré hacia el cielo, vi que había algunas nubes con forma de ángel. Inmediatamente me sentí mejor, sabiendo que me estaban cuidando.

MARGO GRUNDY EDC

UNA NUBE ROSADA ALADA

El rosa es el color del amor.

La forma más significativa en la que los ángeles muestran su presencia es a través de las «nubes de ángel». Llegan como mensajes de seguridad y en respuesta a mis preguntas, o antes de un suceso dramático en mi vida. Algunas veces, también aparecen en días más normales, solo para que sepa que están ahí.

Después de pedir ayuda en un momento particularmente difícil, vi una nube de ángel rosada con alas, de cinco metros de altura, encima de mi casa.

SUE

UNA PUESTA DE SOL SANADORA

Cuando necesitas sanación o inspiración, recuerda mirar hacia las nubes para recibir mensajes angelicales.

Un grupo de sanadores y yo le hicimos una sanación a un amigo nuestro que tenía cáncer. La sanación era potente y pudimos sentir la presencia de los ángeles. Luego, cuando me fui a dar un paseo, me sentí muy agradecida, ya que todavía podía sentir su presencia.

¡Vi una espectacular puesta de sol! El cielo cambió a rosado y, una después de otra, las nubes cambiaron de forma hasta que todas parecían ángeles. Mi corazón gritó «gracias» y entonces todas las nubes se juntaron hasta formar un enorme corazón.

WENCHE MILAS

UNA SEÑAL DE DICHA

Esto es un recordatorio de la importancia de dedicar cada día algún tiempo a la práctica espiritual.

~

Cuando fui «presentada» a los ángeles se produjo un cambio de vida. Me sentí inspirada en cuanto al futuro y no podía esperar para empezar mi «nueva vida» con los ángeles. A pesar de esto, todavía necesitaba encontrar «pruebas». ¡Busqué tan intensamente plumas que casi le hubiera arrancado una a un pájaro! Creía que me llevaría varios años ser suficientemente digna para que los ángeles se manifestaran ante mí —y, entonces, un día entendí el significado de aquellas palabras mágicas: tiempo divino.

En mi sala de meditación, tenía un rincón especial en donde había una cortina y una vela. Una mañana entré y vi que la cortina estaba bañada de luz —la vela ardía por sí misma—. ¡Iluminó la cortina entera! Estaba exultante; mis ojos se llenaron de lágrimas cuando me di cuenta de que era la señal de mis ángeles.

Después de todo, me lo merecía. ¡Todos nos lo merecemos!
Ángel – GRACIAS, GRACIAS y GRACIAS,

MARIET

OM ANGELICAL

Om (u ohm) es el sonido de la creación, cantado por el serafín alrededor de la Deidad. Es un sonido sacro y eleva la frecuencia de todos y de todo cuando se canta. Se utiliza en meditación para elevar la conciencia y centrar nuestra concentración.

~

Salía de mi terapia personal, sintiéndome bien conmigo misma y, mientras caminaba hacia el metro pensaba: «Necesito meditar o hacer algo para mantenerme "centrada", pero no estoy muy segura si lo estoy haciendo bien».

Me subí al metro y delante de mí había un chico con un enorme O.H.M. escrito, con rotulador, en su mano. Ahí estaba mi respuesta. Gracias ángeles.

CAROLINE FRANKS

UN CAMIÓN DE MUDANZAS
CON SIGNIFICADO

*Los ángeles llamarán tu atención sobre las palabras en anuncios
publicitarios, camionetas, periódicos, camisetas, en un libro –en
cualquier parte– para contestar a tus preguntas o para inspirarte.
¡Sigue buscando!*

~

Estaba sentada en el automóvil en un semáforo, en una calle muy transitada, «meditando» sobre la vida. Estaba preocupada y estresada, y les pedí a los ángeles una señal de que estaban conmigo. Cuando me puse en marcha vi una frase en un gran camión de mudanzas, que decía: «¡NO TE VAMOS A ABANDONAR!». Me tuve que reír –ésa era realmente una señal.

Angela Cumminskey edc

PIDE Y TE SERÁ CONCEDIDO

¿Qué señal más evidente que una pequeña estatua de ángel?

~

Durante un período terriblemente estresante, rezaba mucho para que Dios me enviara un ángel que me llevara lejos, porque todo lo que yo quería era poner fin a esta vida. En aquel momento, trabajaba como reflexóloga y, en una ocasión, mi último paciente del día fue un chico encantador. Me di cuenta de que llevaba un paquetito, y cuando lo miré supe exactamente lo que contenía. ¡Me había traído el ángel por el que había rezado esa mañana!

Me reí y supe que los ángeles estaban trabajando conmigo. Le di las gracias al chico por su regalo. A partir de entonces, encontré plumas por todos los lados. Algunas tardes sentía a alguien acariciándome la cabeza. Por último, un hombre llegó a mi vida y supe que había sido enviado por los ángeles porque en nuestra primera cita, ¡me acarició la cabeza! Ahora estamos casados y llevamos diez años juntos.

Colleen Kerr

TODO ESTÁ EN EL NOMBRE

*Susie estaba realmente decidida a conseguir
el mensaje correcto.
Los ángeles le enviaron una señal inequívoca
de que tenía que venir a nuestra escuela.*

Había estado fascinada por los ángeles durante mucho tiempo. Tenía información sobre varios cursos de formación sobre ángeles, pero no podía decidirme sobre cuál elegir.

Mientras conducía hacia casa, pedí a los ángeles que me enviaran una señal. Estaba en el semáforo y me di cuenta de que había una tienda a mi derecha. Mientras continuaba hacia mi casa, una voz en mi cabeza dijo: «Acuérdate de que cuando estás buscando una señal tienes que estar atenta porque la respuesta puede venir de formas muy diferentes». Empecé a pensar: «¿Qué acabo de ver mientras estaba esperando en el semáforo?». Regresé al mismo sitio.

Miré hacia la tienda con atención y su nombre, escrito en letras doradas, era «Coopers». Como pieza central había un atril dorado ¡con forma de ángel! Era un mensaje tan claro que inmediatamente reservé mi plaza en el curso de formación de la Escuela Diana Cooper. Los ángeles siguen apoyándome, incluso me ayudaron a encontrar el dinero para el curso. Los ángeles continúan apoyándome hasta el día de hoy.

SUSAN RUDD EDC

UN PAR DE ÁNGELES

*Ésta es una historia conmovedora sobre ángeles que
expresan simpatía por una pareja separada
por una enfermedad.*

Mi mujer fue ingresada en un hospital psiquiátrico a causa de una demencia avanzada. Apareció de repente y su deterioro llegó muy rápido y apenas podía valerse por sí misma. En casa tenemos un espejo en el recibidor de la entrada con dos ángeles de terracota a cada lado. Un día, llegué a casa del trabajo y me encontré a uno de los ángeles en el suelo, roto.

Lo más extraño es que el tornillo y el agujero en la espalda del ala del ángel todavía estaban intactos, por lo que ninguno de los dos podía haber hecho que el ángel cayera y se rompiera.

ANON

ÁNGEL COMO REGALO DEL PADRE

Aquí una maravillosa historia nos recuerda
nuestra unicidad.

～

Hace dos años me despidieron y lo viví como la oportunidad de trabajar como sanadora. Mi padre (que era pastor protestante) y yo solíamos bromear sobre sus ángeles y mis ángeles, a pesar de que los dos sabemos de verdad que ambos son uno y lo mismo.

Un día me dijo: «Tengo algo para ti» y me dio una manta muy bonita, con una imagen de un ángel con sus alas abiertas. Mis padres compraron esa manta en Jerusalén hace muchos años.

Me comentó: «Aquí está uno de mis ángeles para que trabaje con los tuyos». Utilizo esa manta en mi sala de sanación.

SARAH

SIEMPRE CONMIGO

Los ángeles nos recuerdan su presencia de muchas maneras.
Es especialmente hermoso cuando dejan una huella
de su fragancia especial.

～

Los ángeles están siempre enviándome pistas y recordatorios de su presencia. Algunas veces es una fragancia inexplicable o un libro que cae de la estantería delante de mí o unas las luces que parpadean: aparecen de muchos modos insignificantes. A menudo pienso que tienen bastante sentido del humor. Pero siempre considero que están preocupados por mis intereses.

ALICIA

PLUMAS DE ÁNGELES

A MENUDO, LOS ÁNGELES DEJAN una pequeña pluma blanca para que la gente sepa que están cerca. Puedes encontrarlas en cualquier sitio: en automóviles cerrados, caídas en el quicio de la puerta, en un vendaval, cuando todo lo demás ha sido barrido por el viento… Algunas veces los ángeles traen muchas plumas, si es lo que tú necesitas.

UN EJERCICIO EN CLASE

Cuando sabemos que los ángeles están con nosotros y apoyándonos, eso nos da la fuerza y la energía necesarias para continuar.

⁓

Llegué a casa del trabajo con nieve, la limpié de la entrada de los automóviles y me arrastré, exhausta, a mi clase habitual de ejercicios. Tumbada en el suelo, estaba concentrada en levantar mis piernas cansadas arriba y abajo mientras el profesor contaba 19, 20… Para mi sorpresa, vi algo que subía por los aires en un remolino justo encima de mis pies. ¡Una plumita! ¡Eso es ser bendecida! Eso me dio energía y mis piernas se volvieron a sentir bien.

Kari Nygard edc

UNA PLUMA OPORTUNA

Me reí cuando leí esta historia.

⁓

Mi sobrino Bryan y su mujer estaban viendo la televisión, donde salía una señora que hablaba sobre ángeles. Bryan, que es un machista, afirmó: «La señora que habla de los ángeles en la televisión tenía razón, hasta que dijo que los ángeles nos dejan plumas –¡bueno, eso es una tontería!».

Tan pronto como lo dijo, cayó una pluma entre él y su mujer. Mi sobrino exclamó: «ME LO CREO, ME LO CREO».

Margaret Grundy edc

¿CÓMO LLEGÓ ESO AHÍ?

Algunas veces, los ángeles solamente quieren recordarte que están ahí.

~

Un día pasó una cosa extraña. Me levanté, me vestí y conduje hacia el trabajo. Desayuné en el bar y después me fui al baño. Para mi sorpresa, enganchada en mi cremallera, había una pluma blanca. No me lo podía creer, no estaba allí cuando me vestí. No había ninguna explicación lógica para que eso estuviera allí. Siempre he creído en Dios y en los ángeles y supe que eso era una señal.

ROZ JORDAN

PLUMAS BLANCAS EN LUGARES INVEROSÍMILES

*También he tenido esta experiencia. Una pequeña pluma blanca se
quedó atascada en un sitio imposible o con viento,
decidida a atraer tu atención.*

~

Estaba paseando por la playa intentando encontrar un sitio tranquilo para reflexionar sobre mi vida. Miré hacia abajo y vi una pluma blanca que parecía estar atascada en el camino.

Aún más emocionante fue cuando, hoy, he tomado el automóvil para hacer un viaje corto. He mirado hacia arriba y he visto una plumita en el espejo retrovisor. Había estado lloviendo y, en lugar de que desapareciera la pluma, el agua de lluvia parecía que la había pegado al espejo. ¡Señales definitivas!

HILARY ALEXANDER

NO HAY QUE PREOCUPARSE

*Éste es un ejemplo de una pluma de un ángel que se lleva las
preocupaciones de alguien para permitir que entre lo nuevo.*

~

Siempre siento que los ángeles están conmigo y, si estoy viviendo un momento triste o me siento un poco deprimida les hablo y les pido señales de que están cerca. La semana pasada estaba saliendo del banco un poco estresada y preocupada por el dinero y, mientras miraba hacia arriba, una pequeña pluma blanca cayó en mi hombro. Entonces supe que me estaban protegiendo y que no debía preocuparme.

Elisabeth Finegan

UN ENCUENTRO ESPECIAL

Los ángeles escogen cuidadosamente el momento en el que están dejando sus plumas.

Diana Cooper y su amiga vinieron a mi tienda y compraron algunas joyas. Después de irse, sentí un calor repentino a mi alrededor y tuve el mejor día de ventas en semanas. Decidí mirar en su web y me quedé fascinada.

Cuando llegué a casa encontré una pluma blanca que no estaba allí antes. Era muy extraño –acababa de ver un vídeo en la web de Diana sobre las plumas blancas.

Colin Carter

SIEMPRE A TU SERVICIO

Los ángeles están con nosotros siempre, incluso cuando estamos realizando las tareas más rutinarias.

Mi hijo de dieciséis años organizó una fiesta justo antes de Navidad. Después de que todos los invitados se marcharan, empecé a recoger las cosas; estaba limpiando el piso cuando vi una pluma blanca flotando en el aire. Me di cuenta de que los ángeles estaban ahí, apoyando a los jóvenes y a mí. Me sentí contenta y bendecida, y les di las gracias.

Kari Nygard EDC

PLUMAS DE ALEGRÍA FLOTANDO EN EL AIRE

Algunas veces no puedes olvidar el hecho de que los ángeles están llamando tu atención hacia sus mensajes y la sensación maravillosa que traen.

Estaba tratando de escribir una carta difícil y sincera; había decidido rechazar una oferta de trabajo. Mientras pensaba para encontrar las palabras adecuadas, noté una luz blanca parpadeante encima de mi hombro izquierdo. Me di la vuelta y vi una pequeñísima pluma blanca.

Tenía sensaciones de pura alegría recorriendo mi cuerpo de arriba abajo. La pluma flotaba en el aire hacia arriba hasta que llegó al techo y desapareció. Mis ojos se inundaron de lágrimas.

DAVID MILLS

UNA PLUMA EN EL ORDENADOR PORTÁTIL

Sí, ¡los ángeles también nos ayudan con nuestros ordenadores!

Encontré una pequeña pluma debajo de mi ordenador portátil. Cómo llego allí, no lo sé. ¡Pero a lo mejor mis ángeles sí! Justo una pequeña señal para avisarme de que están por los alrededores.

KARALENA MACKINLAY EDC

PLUMAS EN EL APARCAMIENTO

Dondequiera que vayas busca, porque puede que los ángeles estén tratando de decirte que están ahí.

Una noche salí para ir a buscar comida para llevar a un restaurante chino. Cuando bajé al aparcamiento, para mi sorpresa, había una gran pluma blanca en el suelo delante de mi vehículo. La levanté y tuve una sensación cálida. Supe que era una señal de los ángeles.

ANON

ÁNGELES EN UNA LIBRERÍA

Me encanta esta historia. Demuestra cómo los ángeles trabajan incansablemente para llamar nuestra atención sobre algo o para ofrecernos una prueba.

Estaba echando un vistazo en una librería cuando un libro cayó de una estantería y aterrizó en mis pies. Era *A Little Light on Angels*. Compré el libro. Poco tiempo después, mi marido y yo asistimos a una velada con Diana Cooper.

En el camino de vuelta, le pregunté a mi marido qué pensaba. Dijo que era interesante, pero que estaría más convencido si una pluma blanca apareciera en un sitio en el que habitualmente no ves ninguna.

A la mañana siguiente, mi marido fue a la cocina y encontró una hermosa pluma blanca en medio del suelo. ¡Ahora está convencidísimo!

GLYNIS

UNA PLUMA PARA EL VALOR

Todos hemos tenido que hacer o decir algo que requiere valor. Los ángeles nos ayudarán.

~

Mi amiga y yo queríamos cambiar nuestras vidas y pensamos que emprender un nuevo negocio sería una buena idea. Después de pensarlo detenidamente, mi marido y yo nos dimos cuenta de que no iba a funcionar. Estaba muy preocupada por cómo se lo iba a tomar mi amiga, así que le compré unas flores y fui a visitarla. Me preguntaba cómo empezar. En ese momento, flotando de la nada, llegó una pluma blanca, grande y suave. ¡Ésa era mi señal! Los ángeles estaban diciéndome: «¡Ahora!». De repente le dije que había cambiado de idea. Ella lo entendió y me contestó que no había ningún problema. Esa pluma no podía haber venido de ningún sitio, ¡excepto de los ángeles!

WENDY STANLEY EDC

MEDICAMENTO PARA LA TOS

¡No es sorprendente que los ángeles le dieran a Truda una pequeña pluma blanca para decirle que tenía el medicamento correcto!

~

Truda iba a ir a visitar a su amiga Heather pero, antes de salir de casa, hablaron por teléfono y Truda le comentó que su marido Terry tenía tos.

Heather le dijo que buscara un medicamento específico para la tos, y añadió bromeando: «No te voy a dejar entrar en casa hasta que te cures esa tos». Así que Truda fue a la farmacia y encontró el medicamento correcto para la tos. Cuando salía de la farmacia, una pequeña pluma blanca cayó en su mano.

TAL COMO SE LO CONTARON A DIANA COOPER

NO ESTÁS SOLO

Nunca estamos solos, ¡pero algunas veces necesitamos una insinuación de los ángeles para acordarnos!

Un amigo me regaló un pin en forma de ángel. La tarjeta que lo acompañaba decía: «¡Resiste!». Estaba pasando un momento difícil, pero esto me hizo darme cuenta de que tengo apoyos, incluso aunque algunas veces sienta que estoy haciendo todo yo solo. Luego, camino a casa, una pequeña pluma blanca llegó flotando desde el cielo. Dije: «Gracias». Ahora sé, a ciencia cierta, que no estoy solo. Los ángeles, al igual que mis amigos, están ahí para mí.

ANON

LA PLUMA DEL ARCÁNGEL METATRÓN

No son solamente nuestros ángeles los que nos dan plumas, sino también los arcángeles y los unicornios. Me encantó recibir esta pluma del arcángel Metatrón.

Durante la tarde del 10 de noviembre de 2011, tuvimos acceso privado a la pirámide de Luxor, en preparación para el 11 de noviembre. Realizamos una meditación muy intensa para llenar el templo de luz y cantamos, con buen tono, una canción y rezamos.

Al final, caminé en silencio por el templo y mentalmente le pregunté a Metatrón: «¿hemos hecho bastante?». Al instante, una pluma blanca cayó delante de mí, como si fuera una piedra. Aterrizó en mi pie y todos los que estaban a mi alrededor la vieron. Supe que Metatrón me estaba diciendo que habíamos elevado la energía y lo habíamos hecho muy bien.

Diana Cooper

UN CÍRCULO DE PLUMAS

Algunas veces, una pluma no es suficiente para darnos el empujón que necesitamos.

Era una época de mucho estrés en mi trabajo y hacía algún tiempo que quería dejarlo. La decisión era difícil porque tenía un buen sueldo y una buena pensión, pero no era feliz. Mientras caminaba hacia mi trabajo, estaba sumida en mis pensamientos acerca de este dilema, cuando me encontré de pie, en un círculo de plumas blancas, grandes y pequeñas.

Me sentí completamente a gusto y supe que debía dejar mi trabajo y hacer lo que siempre había querido hacer: terapias holísticas. Ésa fue una señal de los ángeles. Llegué a mi trabajo y presenté mi dimisión. Fue la mejor decisión que he tomado en mi vida y fue gracias a los ángeles.

Esther

PLUMAS Y EL NOMBRE DE TU ÁNGEL

¡Ángeles simpáticos!

Siempre he creído en los ángeles y me he sentido protegido y ayudado por ellos, pero nunca experimenté nada físicamente «real» de ellos. A la mañana siguiente de haber asistido a un taller de ángeles, iba caminando a mi trabajo y ¿qué es lo que cayó sobre mi cabeza? Una pluma blanca. La tomé mientras caía y escuché el nombre de mi ángel. ¡Genial!

Darren

UNA LLUVIA DE PLUMAS

Y, algunas veces, ¡cae una lluvia de plumas!

Antes de salir para la escuela donde iba a tener lugar el taller que yo dirigía, me conecté con los ángeles y recé una oración. Cuando salí por la puerta, varias plumas blancas cayeron a mi alrededor, aunque no había pájaros en las inmediaciones.

Marjetka Novak edc

PLUMAS BLANCAS

Si sabes que los ángeles han utilizado un pájaro para traerte plumas, da las gracias y bendice al pájaro.

~

Últimamente, he estado un poco deprimida a la espera y con la esperanza de tener una nueva relación. En el jardín delante de mi casa había muchas plumas blancas. Me sentí verdaderamente bendecida por este mensaje. ¡Gracias, ángeles!

Alison Benstead

UN MENSAJE FRATERNAL

Aquí, los ángeles envían plumas dos veces, para consolar y tranquilizar.

~

Mi hermana Frances murió después de una batalla contra el cáncer. Tenía marido y dos niños pequeños. Toda la familia fue para estar con ellos el día antes del funeral.

La casa estaba llena y en un estado caótico, y yo necesitaba un sitio tranquilo. Me fui al baño para estar solo y me encontré a mi otra hermana, que también estaba allí. Tuvimos una charla tranquila, hablamos sobre nuestros sentimientos. Me contó que el día anterior se sentía triste cuando, de repente, se dio cuenta de que había una pequeña pluma blanca frente a ella. Sintió que era un mensaje de Frances para decirle: «Estoy bien». Mientras me estaba contando esto, ¡otra pequeña pluma blanca flotó suavemente hacia abajo!

Anon

RODEADA DE PLUMAS BLANCAS

*Cuando realmente lo necesitamos, los ángeles hacen todo lo que
pueden para recordarnos su presencia.*

Un día, mientras conducía a casa desde mi trabajo, con un millón de cosas en la cabeza, me sentí estresada y sin apoyo. Una amiga me contó que había encontrado una pluma blanca y que supo que los ángeles estaban con ella.

Mientras aparcaba y salía del vehículo pensé: «¿Cómo es que todavía no he visto una pluma blanca?». Todo el mundo las ve. Me giré hacia el automóvil y no podía dar crédito a mis ojos. Había conducido en un enorme círculo de plumas blancas. Estaban en el suelo, todas rodeando mi vehículo, ¡aunque no había ni un solo pájaro! Aún más extraño, miré otra vez y habían desaparecido.

Karin Finegan EDC

CONSUELO Y APOYO

*Los ángeles siempre encontrarán una manera de tranquilizarte y de
reconfortarte cuando estés afligido.*

Estábamos en la víspera de la investigación sobre la muerte de mi padre y me sentía atemorizada. Mis hermanos vinieron para reconfortarme y asegurarse de que estaba afrontándolo bien. Fui al baño y la tapa del inodoro estaba cerrada. La levanté y encontré una gran pluma en el fondo de la taza. La ventana estaba cerrada, ¿cómo podía haber llegado hasta ahí? Corrí escaleras abajo para preguntar si alguien había puesto una pluma en el baño. ¡La respuesta fue un no unánime! En ese momento entendí que la habían puesto los ángeles para decirme de que todo iría bien.

El día de la investigación, a pesar de que fue muy emotiva, salió mejor de lo que yo esperaba. ¡Gracias, ángeles!

Zoe Louise Hodgkinson

PRUEBA DE ÁNGELES

¡Pide y te darán una prueba!

~

Como maestra de ángeles, enseñé a mis estudiantes que las plumas blancas son una señal de que los ángeles están alrededor. Normalmente, nunca he sentido la necesidad de pedir una prueba de su existencia; sin embargo, un día lo hice y pedí una señal. A la mañana siguiente, mi marido me dijo: «Será mejor que vengas a ver esto». El jardín de atrás estaba lleno de plumas blancas. Nunca he visto tantas, ni antes ni después. ¡Gracias, ángeles!

BARBARA HOWARD EDC

UNA PLUMA EN EL AUTOMÓVIL

A los ángeles les encanta tranquilizarnos y, ciertamente, ayuda, si nosotros aceptamos el mensaje y nos relajamos.

~

Salía de casa para acudir a una reunión importante; estaba muy nervioso. Cuando me metí en el vehículo para irme, vi una pluma en medio del parabrisas. Me puse muy contento porque sabía que esto era una señal para hacerme saber que la reunión iba a salir bien.

ANON

ÁNGELES Y ARCOÍRIS

Los ARCOÍRIS son un mensaje de esperanza y promesa del universo. Es la energía del sobresalto del corazón cuando ves uno que permite a los ángeles abrir nuevas puertas y disponer algo bueno para ti.

ARCOÍRIS DE INSPIRACIÓN

Cuando ves un arcoíris sabes que la energía angélica lo ha puesto ahí.

~

Mientras estaba en Londres, de vacaciones con mi hermana, los ángeles me prepararon una sorprendente excursión a Stonehenge, Glastonbury y

Avebury. Cuando regresábamos a Londres nos topamos con la hora punta del tráfico, pero los ángeles nos pusieron un precioso arcoíris. Nos recordó su presencia, incluso en una ciudad tan ocupada. Fueron una de las mejores vacaciones que jamás he tenido.

LILA NORVAL EDC

UN DOBLE ARCOÍRIS
Y UNA DOBLE SEÑAL

Cuando los ángeles te ofrecen una señal y, además, añaden un arcoíris, estás bendecida por partida doble.

~

Asistí al curso de enseñanza «2012». Nos pidieron que fuéramos al jardín para escoger una piedra y yo elegí una con manchas gris oscuro. Mientras meditábamos en círculo, se colocaron las piedras en el centro y, al acabar, las recogimos para sintonizar las «energías de amor» con las que ahora estaban cargadas. Las manchas oscuras de mi piedra habían tomado la forma de un ángel. Con profunda gratitud, les agradecí a los ángeles la señal.

En ese momento, vimos un doble arcoíris espectacular. Agradecimos a los ángeles esa hermosa visión y acabamos el curso con la sensación de que algo bueno nos iba a ocurrir en 2012.

WENCHE MILAS

TRIPLE ARCOÍRIS

Los arcoíris reflejan los colores de los arcángeles y se utilizan para radiar luz y energía. Ofrecen promesa y esperanza.

~

La primera vez que hablé con mi ángel de la guarda fue después de separarme de mi marido. Justo antes de ir al juzgado para llegar a un acuerdo económico, en el que mi exmarido estaba litigando para que no me quedara con la casa, vi un potente y brillante arcoíris triple por encima de mi casa. Lo tomé como una señal de los ángeles de que me iba a quedar con la casa. Mi ex aceptó minutos antes que entráramos a ver al juez. Ahora, el arcoíris es mi signo espiritual. Ya he visto que un arcoíris del revés para mí fue un signo de esperanza en el futuro.

Alison Benstead

ARCOÍRIS DE TODOS LOS TAMAÑOS

Los ángeles responden a un saludo cálido abriendo una nueva oportunidad de oro.

Iba conduciendo en un largo viaje por trabajo, cuando vi un minúsculo arcoíris a lo lejos. Dije: «Hola, ángeles» y, en ese momento, giré en una curva. Para mi sorpresa, ¡el minúsculo arcoíris se había convertido en un doble y completo arcoíris! Sus colores eran tan intensos en contraste con el cielo oscuro, que quitaban el aliento. Me paré en cuanto pude para poder admirar aún más el arcoíris. Agradecí a los ángeles su maravilloso mensaje y llevé su luz conmigo el resto del día.

Cheryl

SIETE ARCOÍRIS DE AMOR

El siete es un número espiritual: cuando ves siete de cualquier cosa, es un signo de suerte.

Después de un viaje para ver a la familia, iba conduciendo hacia casa, en Escocia, con mi hija. Tras cinco años difíciles y exigentes, sentíamos que, al fin, íbamos a casa para empezar una nueva vida. Nos sentíamos contentas mientras hablábamos del futuro. ¡Entonces vimos siete arcoíris! Los ángeles nos estaban comunicando que todo iba a salir bien. Tenían razón; nuestra vida va mejorando día a día. Nos acordaremos siempre de ese día y agradecemos a los ángeles su hermoso mensaje.

Seonad

ARCOÍRIS MÁGICO

Los ángeles vuelan porque se toman las cosas a la ligera.

Solía hablar con los ángeles. Podía escuchar sus comentarios y también sus consejos. Era un privilegio. Un día, había un grupo de ángeles a mi alrededor, así que les pregunté: «¿Nunca os reís o sonreís? ¿Siempre sois tan serios?».

Uno contestó: «No siempre. Sí, lo hacemos…». Otro dijo: «Sí, sí, nos reímos y sonreímos…».

Al final del día, mi marido y yo salimos para ver la puesta de sol. De repente, señaló al cielo y dijo: «Mira, un arcoíris». Era el arcoíris más perfecto que he visto en mi vida. Para mí está claro: cada vez que un ángel se ríe, el cielo lo muestra en forma de arcoíris. Estoy muy agradecida por esto.

Beatriz Boysen

ÁNGELES QUE TRABAJAN CON NOMBRES Y NÚMEROS

LOS ANTIGUOS reconocían que cada número trabajaba en una frecuencia que afecta a las personas, las situaciones y los acontecimientos. Por esta razón, el día de tu nacimiento tiene semejante impacto en tu vida. Dado que cada letra está conectada con un número, tu nombre también tiene una vibración que, cuando se pronuncia, comunica a la misión de tu alma que siga adelante.

Naturalmente, los ángeles usan los números para enviarte mensajes o llamarte la atención sobre algo. Los números maestros son particularmente significativos y la energía se ve reforzada si son triplicados.

— El 11 es el maestro sobre tomar las riendas de tu vida, por eso es el momento de tomar responsabilidades en todas las situaciones y relaciones de tu vida y, si así lo deseas, cambiarlas.
— El 22 es el maestro de obras. Construye sobre cimientos sólidos para participar en la creación de la vida que quieres. Mantén tu visión y pide a los ángeles que te ayuden a manifestarla.
— El 33 es el número de la conciencia cristiana, así que si ves este número, asegúrate de que trabajas con la luz de amor incondicional de Cristo.

- El 44 es el número de la Atlántida Dorada. Trae la energía de esa era dorada a tu vida y vívela como ellos lo hicieron en la quinta dimensión.
- El 55 es la vibración de Metatrón, así que sintonízate con él y elévate por encima de las actitudes mundanas, trabajando para una mayor iluminación.
- El 66 te recuerda que eres un ser cósmico y que puedes influir en los cielos.
- El 77 es la vibración del cielo, así que conéctate con los reinos angelicales.
- El 88 es la vibración de tu YO SOY presencia o mónada, o sea, sé quién eres realmente.
- El 99 significa que has dominado las lecciones de la Tierra.

NÚMEROS DE MATRÍCULAS DE VEHÍCULOS

El 111 trata de tomar responsabilidades y aceptar la oportunidad de comenzar de nuevo, en un nivel más alto.

~

Me he dado cuenta de que cuando estoy conduciendo, continuamente, veo el número 111 en la matrícula de algún automóvil. Para mí es la confirmación y una señal de que los ángeles están conmigo.

GILLIAN WEBSTER

ÁNGELES EN EL BANCO

1133 significa pasar a un nivel más alto y actuar con amor; así pues, para esta señora era una apertura a la conciencia de la abundancia.

~

Mientras pagaba una factura en el banco, me di cuenta de que el importe era un número especial, el 1133. Era un mensaje especial de los ángeles. Dije: «Gracias por estar conmigo, ángeles, incluso cuando pago mis facturas». Esto fue una revelación, ¡que me hizo pagar mis facturas con placer!

KARI NYGARD EDC

UNA BASE SÓLIDA

El 22 te recuerda que debes construir una base sólida. Esto puede referirse a un negocio o a una relación, o a cualquier cosa que estés creando.

En estos últimos años, los ángeles han estado comunicándose conmigo a través de números. Continuamente veo el 22 o el 22:22, así como el 11:11. Cada vez que miro un reloj digital siempre aparece un número doble.

Hace poco conocí a alguien con quien sentí una conexión entre nuestras almas muy fuerte, así que pedí a los ángeles que me ayudaran a abrir nuestros corazones al amor y la compasión y que me permitieran buscar una manera de iniciar una conversación. Justo en ese momento cayó flotando una pluma blanca.

Me subí al autobús, miré por la ventana y ¡vi dos autobuses número 22 y un hermosísimo arcoíris en el cielo! Tomé esto como una señal de que los ángeles estaban conmigo y haciendo todo lo posible para ayudarme.

Veevee

NÚMEROS ANGÉLICOS

Cuando entendemos y prestamos atención a los números, podemos inspirarnos de verdad, como se ilustra en esta historia.

Justo antes de Navidad, pasé por correos para comprar sellos. Tomé mi número para hacer cola y me quedé fascinado cuando vi el número: 111. Me sentí bendecida por la presencia de los ángeles.

El día de Navidad me levanté y miré el reloj digital: eran las 11.22. Eso era especial para mí y dibujó una gran sonrisa en mi cara.

Kari Nygard edc

LOS NÚMEROS PUEDEN GUIAR NUESTRO DESTINO

¡Confía en la orientación angelical y pasa a la acción!

Me desperté de un vívido sueño con el número 882 en mi cabeza. La definición del 882 era: «Cuando una puerta se cierra, una ventana se abre». Confía en tu intuición para mantener una abundancia estable en estos momentos».

Eso tenía mucho sentido, ya que estaba buscando formas adicionales para ayudarme económicamente.

Actuando de manera intuitiva, alquilé un espacio de mi salón de belleza a otra terapeuta. Cuando me llegó la hora de dejar mi negocio, ella tomó el relevo en el pago del alquiler. Siempre me sorprende cómo funciona todo a la perfección cuando confiamos en la orientación angelical.

JILL WEBSTER EDC

EL PODER DEL TRES

Los ángeles muchas veces nos presentan oportunidades tres veces.

Vi un anuncio para asistir a un taller sobre los ángeles, pero no fui. Unos cuantos meses más tarde vi otro anuncio, pero tampoco fui. Después vi un anuncio para hacer un taller con Diana Cooper y supe que no quería perder otra oportunidad. Me siento muy feliz de haber asistido a ese curso. Se ha convertido en una gran pasión para mí, y el amor que siento por los ángeles y que recibo de ellos es increíble.

MARGO GRUNDY EDC

SIGNIFICADO ESPECIAL

777 es un número muy espiritual.

¡Me siento como si estuviera en mi propia *Celestine Prophecy*! Les he estado pidiendo a los ángeles que me ayuden a montar mi negocio y un día me encontré en una tienda a la que no suelo ir. El dueño empezó a hablarme de las múltiples oportunidades de las redes sociales para hacer contactos. Dejé la tienda y vi un vehículo que se acercaba con el número de matrícula 777. Después vi otro automóvil con el mismo número. En mi biblia numerológica, el número 777 significa: «Felicidades, estás en una buena racha. Conserva tu estupendo trabajo. Espera a que ocurran más milagros».

Les pedí confirmación (confío cuando recibo un mensaje tres veces, ¡eso quiere decir que va en serio!). Mientras conducía hacia casa, otro vehículo se aproximó con el número de matrícula 777.

Los ángeles me estaban susurrando: «Pon fin a la lucha y baila con la vida»… ¡Síííí!

JILL WEBSTER EDC

CONFIRMACIÓN DEL ARCÁNGEL GABRIEL

Los ángeles utilizan la tecnología para decirte si algo está bien.
En esta historia, el arcángel Gabriel hace sonar el teléfono tres veces.
Tres es un número espiritual.

Subí al monte Shasta con un grupo de la Escuela Diana Cooper. El guía me pidió un canto para atraer al arcángel Gabriel, pero la energía en ese momento particular no me pareció buena, así que no acepte.

¡Entonces, me sentí culpable! ¿Estaba abandonando al grupo? Aún peor, ¿estaba abandonando al arcángel Gabriel?

Comenzamos a subir más arriba por la montaña. Cuando paramos, me di cuenta de que ése era el lugar perfecto para conectar con el arcángel Gabriel. Mientras lo hacía, mi teléfono sonó tres veces. ¡Había estado muerto desde que llegamos! Supe que era el arcángel Gabriel que estaba de acuerdo en que era el lugar donde debía hacer las invocaciones.

Todos experimentamos una energía muy profunda y hermosa. Cuando terminé, el teléfono sonó tres veces más y supe que era el arcángel Gabriel que me estaba agradeciendo mi trabajo.

ROSEMARY STEPHENSON EDC

NOMBRES DE ÁNGELES

EL ARCÁNGEL MIGUEL SE MANIFIESTA

Independientemente de lo desafiantes que sean las cosas, Miguel
siempre está preparado para ayudarnos a cambiar.

La magia del arcángel Miguel me ayuda y estoy contenta. Cada febrero tengo que hacer un viaje que me causa pavor; un grupo de clientes muy difíciles tienen que quedar muy satisfechos. Este año decidí llevar conmigo mis cartas del arcángel Miguel para que me dieran valor.

Mientras el avión aterrizaba empecé a ver los números 11, 111, 1101… mirara por donde mirara. El arcángel Miguel apareció, rodeado de mucho color azul. Ésa fue mi señal. Tomé mi carta y decía: «DIOS SE HACE CARGO». Casi lloré de gratitud. Mis clientes no pudieron encontrar ni un solo error en el evento.

¡Tres hurras azules para el arcángel Miguel!

Smita Raghani

SEÑALES REPETIDAS
Mira siempre las señales en los vehículos. ¡Podrían ser un mensaje para ti!

Birinder es una buena amiga mía. Quería verme y dijo a los ángeles: «¡Recordadme que llame a Diana porque sigo olvidándome!».

Al día siguiente vio una camioneta aparcada fuera de su casa con el letrero D COOPER. A la semana siguiente vio tres camionetas seguidas con el mismo nombre. ¡Recibió el mensaje! Esa tarde me llamó y dejó un mensaje diciendo: «¿Cuándo vienes a Yorkshire? Me gustaría verte».

Le devolví la llamada y le dije: «¡Llego mañana!». Fuimos capaces de quedar para cenar y compartimos una maravillosa velada. ¡Gracias, ángeles!

Diana Cooper

LA PALABRA ESCRITA
¡La respuesta está en el nombre!

Un día me sentía un poco triste, así que salí a pasear con mis perros. Mientras dábamos la vuelta a la manzana vi un libro de bolsillo en la acera. Lo tomé y vi que el título era *Angel*.

Penny Wing EDC

GABRIEL AYUDA

Busca el nombre de la persona que te ayuda. A menudo es una señal
(los ángeles siempre se esforzarán para enviar a la persona adecuada).

❧

Mi marido y yo teníamos que ir al concesionario para arreglar unos papeles con respecto al préstamo para el vehículo. Me preocupaba no obtener el resultado que queríamos. Así que pedí a los ángeles que nos ayudaran. Cuando llegamos al concesionario, el ayudante vino hacia nosotros y pude ver su nombre en la etiqueta; ponía GABRIEL (no hace falta decir que era muy servicial y que todo terminó bien).

Penny Wing edc

MIGUEL

El gran ángel protector Miguel manda a sus homónimos volando
para bendecirte con protección angelical.

❧

Los ángeles me han dado muchas señales para asegurarme que están siempre ahí para guiarnos y protegernos. No me gusta ir en avión y la última vez que tuve que hacerlo le pedí a mi ángel de la guarda que me tomara de la mano. También le pedí al arcángel Miguel que protegiera a todo el mundo en el avión y, mentalmente, pregunté si Miguel estaba con nosotros. En ese momento, el auxiliar de vuelo me ofreció una bebida. Me di la vuelta para mirarle y mis ojos se dirigieron hacia su credencial: ponía ¡MIGUEL!

Sylvia Stein

PIDE Y LLEGARÁ UNA SEÑAL

Cualesquiera que sean tus intenciones o miedos, si piensas sobre los
ángeles o simplemente en la palabra «ángel», ellos harán todo lo
posible para iluminarte y ayudarte.

❧

Pido a los ángeles protección cuando estoy viajando, especialmente cuando tengo que volar. Cuando reservé mi asiento para un vuelo corto, envié una pequeña plegaria a los ángeles y, cuando me senté, me di cuenta de que la señora que estaba a mi lado leía un libro que se llamaba *Angels*.

KARI NYGARD EDC

EL NOMBRE DE UN ÁNGEL
Si pides una señal, los ángeles te enviarán,
de alguna manera, un «ángel».

Fue un día tranquilo en la cafetería de mi propiedad; estaba preocupada por mi negocio. Les dije a los ángeles: «Por favor, enviadme una señal de que esto va a mejorar». Más tarde, una mujer encantadora vino y pidió la carta para comer. Ya había estado antes y volvió porque no había nada como este restaurante en toda ciudad. Dijo que la comida y el servicio a la clientela eran excelentes y, además, le encantaba la decoración.

Me recuerdo pensando lo maravilloso que era ese comentario y agradecí a los ángeles que la hubieran enviado. Le pregunté su nombre y contestó: Ángel. ¡Qué hermosa señal!

KARIN FINEGAN EDC

CAPÍTULO 4

Los ángeles te despiertan

E l año 2012 marcó el fin de una era cósmica de 260.000 años, y energías nuevas de alta frecuencia empezaron a llegar a nuestro planeta. Es el fin de lo viejo y el comienzo de un nuevo camino espiritual del ser. Muchos de los que han estado psíquicamente dormidos han empezado a despertar a la comprensión de los mundos angélicos más allá de nuestro físico, algunos gradualmente y otros de forma mucho más dramática. Los ángeles también nos envían experiencias para despertarnos si, sonámbulos, vamos hacia una relación equivocada, un trabajo o un camino erróneos.

TU VIDA NUNCA VOLVERÁ A SER LA MISMA
He aquí una historia acerca de la forma más hermosa en que un hombre conoció a los ángeles y despertó a los mundos angélicos.

Era una hermosa mañana de primavera. Me desperté de mi sueño y escuché una amable voz que decía: «Jason, tu vida nunca más será la misma». Miré alrededor y vi estrellas de plata rodeando mi habitación. Estaba conmocionado, no esperaba que sucediera nada como esto –pero sentí tristeza y alegría al mismo tiempo.

Mientras estaba desayunando vi a un ser transparente. Cuanto más lo miraba, más claramente veía que ese ser era bello como los colores de los rayos del sol. De repente, desapareció.

No sabía que iba a ver muchas cosas desde el reino celestial –y hasta hoy mismo continuo viendo cosas maravillosas–. A partir de ese día, mi despertar espiritual ha crecido tanto que ahora simplemente lo acepto.

Jason Lambe

VISIÓN MARAVILLOSA

Momentos como éste cambian, realmente, la vida.

~

Voy a compartir un momento que cambió mi vida. Un día, en 2007, me despertaron a primera hora de la mañana. Al lado de mi cama había dos ángeles de la mano sonriendo. Estaba llorando mirando a esos seres increíbles de los que emanaba tanto amor. Se presentaron a sí mismos con unas centelleantes y doradas luces angelicales. Éste es un momento que cambió mi vida para siempre.

Anon

INFARTO CEREBRAL

A veces, nuestras almas ponen nuestra salud a prueba
como llamada de atención.

~

Había habido muchos intentos de despertarme y ésta era la última llamada. En el año 2008, había sufrido un ictus y tenía una parálisis grave. Pedí al arcángel Miguel y al arcángel Rafael que me acompañaran en esta dura experiencia.

Llamé a mi marido para que viniera de inmediato con una ambulancia. Llegué al hospital a tiempo para que los doctores me administraran el medicamento TPA, que hizo desaparecer mi parálisis. Los médicos y las enfermeras me pusieron el nombre de La dama del milagro bendecida por Dios.

Hasta entonces había sido una adicta al trabajo y nunca me ponía a mí misma como prioridad. Los doctores me dijeron que no podía volver a mi anterior trabajo. Ésta fue mi llamada de atención para comenzar a realizar lo que vine a hacer aquí.

Deb Haack

A LITTLE LIGHT ON ANGELS

Los ángeles pueden conectarse contigo a través
de un libro.

~

Asistí a un taller nocturno organizado por un amigo. Una de las asistentes tenía un libro que irradiaba mucha energía; se trataba de *A Little Light on Angels*, de Diana Cooper.

Lo compré y lo leí. Fue como si se hubiera abierto una ventana y hubiera entrado el sol a raudales. ¡Fue una revelación!

Mi marido leyó el libro y sintió lo mismo. Les dimos las gracias a los ángeles y también la bienvenida a nuestras vidas. A la mañana siguiente, encontramos debajo de la cama un montón de plumitas blancas. ¡No cabíamos de dicha! Ciertamente, los ángeles estaban a nuestro lado. Recogí las plumas y todavía las tengo guardadas en una pequeña bolsa.

Ése fue el principio del viaje más maravilloso que pueda soñarse.

CAROL DEAKIN EDC

LA LLAMADA AL DESPERTAR

De vez en cuando los ángeles vienen para despertarnos.

~

Recibí una llamada del despertador angelical. Mi vida era previsible y segura, pero sabía que había alguna cosa que faltaba. En las primeras horas de una mañana, entré en un estado alterado de conciencia. Sentí que me elevaba hacia el cielo, con dos ángeles a cada lado. Permanecí sumisa, sintiéndome a salvo e incondicionalmente amada. Me encontré de pie con mis dos acompañantes en una hermosa sala, rodeada de pinturas maravillosas que cubrían paredes y techos.

No se dijo nada en este lugar; no obstante, entendí todo lo que tenía que entender. Mis brillantes compañeros me recalcaron que éste era un lugar de espera donde se originó una gran belleza. Fue creado por corazones y «manos» celestiales y está a la espera de un canal adecuado para ir hacia el mundo. Los ángeles me dijeron que recibiría alguna cosa de este lugar sagrado.

Me mostraron rápidamente la forma en que mi vida se iba a desarrollar y evolucionar. Cuando me desperté supe que mi vida tenía que cambiar, y ese mismo día empecé a dar un giro a mi vida.

DIANE HALL

LEVÁNTATE Y ESCRIBE

*Escuchar y actuar según nuestra intuición
puede abrir nuevas puertas.*

Empecé a meditar, pero las respuestas a mis preguntas todavía no eran definitivamente claras. Entonces escuché una voz en mi cabeza diciendo: «Levántate y escribe», y así lo hice. Sentí que escribir era la cosa más natural del mundo.

Cuando somos suficientemente afortunados para ser orientados de manera amorosa, lo único que tenemos que hacer es escuchar la llamada y empezar a caminar por la senda que ha sido preparada con tanto amor para nosotros. Todo amor y gratitud a los seres celestiales y divinos, mensajeros angélicos, que inspiran todos los tesoros terrenales…

DIANE HALL

EL PRINCIPIO

*A menudo, sintonizarse a través del reiki inicia a las personas
en su viaje espiritual.*

El reiki inició mi viaje espiritual. El día en que sintonicé con mi maestra de reiki, mi hija vino a mi casa para preguntar a mi maestra de reiki si conocía a algún profesor de ángeles, ya que quería asistir a un taller de ángeles. «Sí –contestó–. Hay una mujer, que se llama Mildred Ryan, que es una excelente profesora de ángeles». Hablando de un plan divino, conocí a Mildred y todavía tengo su número.

Llamé por teléfono a Mildred y le pedí información sobre talleres de ángeles para mi hija. Yo me iba a Dublín el siguiente fin de semana y Mildred me dijo que nos podríamos encontrar y me daría la información. Esto ocurrió en marzo.

No me preguntes cómo pasó, pero en septiembre estaba en Dublín empezando el curso de capacitación para profesores sobre ángeles y ascensión en la Escuela Diana Cooper. Los ángeles y Mildred hicieron un gran trabajo al ficharnos. Es una de las mejores cosas que he hecho en mi vida.

SUE WALKER EDC

ES EL MOMENTO DE DESPERTAR

Hay muchos avatares en el mundo que llevan consigo un nivel alto de luz y dedican sus vidas a los demás.

~

En uno de los libros de Diana Cooper sobre los ángeles leí acerca del avatar de la Madre Meera y decidí visitarla. La noche anterior a mi visita no podía dormir y decidí no ir. En ese momento escuché una voz angelical que decía «Krystyna». La voz transmitía tanto amor que tenía que ir a ver a la Madre Meera. Creo que los ángeles me llamaron y me guiaron para que fuera.

KRYSTYNA

ÁNGELES DELANTE DE MIS OJOS

Cuando uno está en una frecuencia más alta, como en meditación o en una visualización dirigida, puedes abrirte lo suficiente como para ver ángeles y otros seres.

~

Un amigo estaba dando una charla acerca de los ángeles en un acto. Una señora estaba fascinada, ya que era la primera vez que asistía a algo parecido. Se encontró a sí misma escuchando la charla sobre los ángeles y la ascensión. Preguntó cómo podían ser los ángeles «para ella» y mi amigo la invitó a que participara en una meditación. Cuando terminó, la señora dijo: «¡Guau!». Cerré mis ojos y respiré tal como nos dijo. Entonces, ¡un ángel muy grande estaba exactamente allí, delante de mis ojos!

ANON

LEER UN LIBRO

Ahora, muchas personas están teniendo un despertar muy amable.

～

Fue Diana quien me ayudó a despertar. Sus libros tienen tanto sentido para mí, y en ellos hay muchas cosas que yo ya conocía. Haberlos leído, sencillamente, me impactó, porque en sus escritos se confirmaban mis creencias y verdades. Ya no estoy confundido ni me siento extraño. ¡Todo es perfecto!

Toni Bale

RELÁJATE Y DISFRUTA DE LA VIDA

Algunas veces, los ángeles nos alejan de nuestro camino y nos asustan con el fin de despertarnos ante el hecho de que vamos corriendo por la vida y nos falta el objetivo del viaje.

～

Un fin de semana, iba conduciendo al trabajo y me pasé de la salida de la autopista y, de pronto, me encontré en una carretera rural. Conducía rápido, giré en una curva y vi a un camión grande que venía hacia mí.

Me las arreglé para frenar «progresivamente», pero el camino estaba mojado y embarrado y me vi obligado a desviarme hacia la cuneta, sobre la hierba.

Sorprendentemente, el vehículo no dio la vuelta y el camión pasó. Salí ilesa, pero descompuesta. Di un gran GRACIAS a mi ángel de la guarda y al arcángel Miguel por su protección.

Angela Inward

UN ÁNGEL HUMANO CAMBIA MI VIDA

Algunas veces hemos de tocar fondo para que los ángeles puedan enviar a alguien para que nos toque y nos despierte.

～

Mi marido me dejó hace tres años. Mis hijos estaban destrozados. Se fue a vivir con su novia, así que las cosas empeoraron porque dejó de pagarme la pensión de manutención de los chicos. Lloré días y días.

Encontré la meditación, a los ángeles y a personas extraordinarias. Leí el maravilloso libro de Diana *Light Up Your Life* y me inspiró. En una meditación a la que asistí, había un ser sentado en el suelo cerca de mí, que apoyó su cabeza en mis rodillas. Sentí que era un ángel y me dio mucha fuerza y seguridad. Me mostró que todo iba a ir bien. Todavía tengo esta impresión, que llevo conmigo aun cuando las cosas son difíciles. Realmente me reconforta saber que estoy apoyada por los ángeles.

CAROLINE CAMERON

PARTIR

Los ángeles pueden darnos el valor para cambiar
lo que parecen situaciones difíciles

Una señora encantadora vino a mi taller sobre los ángeles. Era tranquila y no habló mucho durante todo el día, pero estaba profundamente conmovida por el encuentro con su ángel de la guarda. Sintió un amor tan profundo que comenzó a llorar. Unos meses más tarde, me enteré de que se había ido de casa, hizo las maletas y dejó atrás una relación abusiva. Dijo que nunca había sentido tanto amor y se dio cuenta de que los ángeles realmente la amaban incondicionalmente. Más tarde, conoció a un compañero encantador y, desde entonces, han estado juntos.

ANON

CAPÍTULO 5

Ayuda angelical

Los ángeles siempre están a nuestro alrededor, tanto si puedes verlos o sentirlos, como si no. Cuanto más les pidas ayuda, para ti o para otras personas, más cerca estarán de ti.

Siempre puedes ayudar a un lugar, una persona o una situación enviando ángeles, y cosas milagrosas pueden ocurrir. Sin embargo, los ángeles nunca interfieren en lo que podría ser la lección de una persona. En estos casos, la energía que enviaste será utilizada para ayudar a otra persona. Oraciones, peticiones o la energía enviada a los ángeles nunca se desperdician.

SINTONIZAR CON LOS ÁNGELES

Los ángeles utilizan muchas y diferentes maneras para conectar con nosotros. Podemos verlos, escucharlos, sentirlos, oler su esencia, o saber que están ahí. Aprende a empezar a confiar en tu propia y única conexión, tal como muestra esta historia.

Cuando al principio empecé mi viaje espiritual consciente, pasé mucho tiempo «tratando de ver» a los ángeles y a los seres sabios. Asistí a los talleres de lectura del aura y a un sinfín de cosas, pero todo sin resultado. Simplemente, no podía ver a los ángeles. Naturalmente, como tantos otros, pensé que había fracasado, pero seguí intentándolo.

Después, un día, asistí a un taller con mi hermana, que era alguien totalmente nuevo en lo relativo a todos los conceptos angelicales. Al instante, fue capaz de ver ángeles, ¡sin intentarlo!

Me quedé totalmente abatida. Me senté y entonces un milagro, una voz en mi cabeza dijo: «Elizabeth Ann, ¿por qué no nos escuchas y nos prestas atención? Puedes escucharnos, puedes sentirnos y sabes que estamos ahí. ¿Qué más necesitas?».

Ésta fue una de mis más valiosas lecciones. Tan pronto como permití que mis ángeles se conectaran conmigo a su manera, comencé a crecer en sabiduría y confianza. Ahora siempre digo a los demás que estén completamente abiertos a los mensajes de los ángeles. Haz honor a tu propia y única conexión y deja que te guíen, apoyen e inspiren.

Elizabeth Ann edc

CONFIAR EN TU INTUICIÓN
Es importante aprender a confiar en tu propia intuición.
Cuando la escuchamos y actuamos en consecuencia,
nuestro camino se puede ampliar de verdad,
como ilustra este ejemplo.

~

Mucha gente me pregunta cómo empecé a trabajar con los ángeles y a enseñar sobre ellos. Desde luego, no tuve ningún pensamiento consciente de hacerlo; nunca había leído un libro sobre los ángeles, pero había leído uno llamado *A Little Light on the Spiritual Laws,* escrito por Diana. Me encantó, así que cuando mi profesor de reiki dijo que Diana iba a ir a Glasgow en 2001 para dar una charla, acepté ir.

Durante el taller, Diana mencionó que su guía, Kumeka, le dijo que necesitaba empezar a capacitar a otras personas para enseñar sobre los ángeles. ¿Hay alguien interesado en convertirse en maestro? Al instante, mi mano se levantó. No supe por qué y mis amigas también se quedaron perplejas. Me dijeron: «No sabíamos que estuvieras interesada en enseñar sobre los ángeles». «¡Yo tampoco!», contesté.

Nunca pensé que tendría alguna posibilidad de asistir a la formación de los profesores, ya que debía haber mucha más gente con más experiencia. No obstante, estuve en el primer programa de profesorado y ahora estoy orgullosa de ser la directora de la Escuela Diana Cooper.

Huelga decir que mi intuición es mi mejor amiga y que nunca dudo de ella.

ELIZABETH ANN EDC

AYUDA CON EL PAPELEO

Este simple ejemplo ilustra cómo los ángeles te van a ayudar con cualquier cosa, aunque parezca trivial.

Un día tenía mucho trabajo de oficina. No estaba de humor y estaba pensando que era demasiado y que no me gustaba hacerlo. Recuerdo haber invocado a los ángeles. Les pedí: «Por favor, ayudadme a que haga este trabajo de oficina con alegría y agilidad». Empecé mi trabajo y, de repente, hacerlo me pareció bastante fácil.

Al finalizar el día me sentía orgullosa del resultado y de la cantidad de trabajo que había hecho. ¡Gracias a los ángeles!

CORNELIA MOHR EDC

LOS ÁNGELES AYUDAN CON UNA ENTRADA PARA UN CONCIERTO

Cuando nos mantenemos en nuestra visión, los ángeles encuentran un camino para nosotros.

Después de leer *Angel Answers,* empecé a hablar con mis ángeles y a pedirles ayuda. Cada vez que hablaba con ellos, sentía una gran sensación de amor.

En una ocasión, no logré reservar entradas para ver cantar a mi hija en un concierto de Navidad, en una catedral. Las entradas estaban agotadas, pero decidí ir y probar de todas las maneras. La mujer que estaba esperando delante de mí devolvió su entrada y dijo: «Tengo dos entradas que no voy a utilizar, tal vez alguien las quiera». Pedí una de las entradas y vi a mi niña cantar.

Era tan feliz, y podía sentir el amor de los ángeles casi como «burbujeando» dentro de mí. Les di las gracias. Cuando se lo conté a mi hija, sonrió y también dio las gracias.

Donna Poole

ASISTENCIA ANGELICAL PARA VIAJES
Ten fe en los ángeles y siempre sucederán cosas milagrosas.

~

Mientras me registraba para un vuelo de Johannesburgo a Ciudad del Cabo, descubrí que la compañía no tenía ninguna reserva a mi nombre. Resultó que, por error, en lugar de haber reservado un viaje de vuelta, ¡había reservado dos viajes de ida de Ciudad del Cabo a Johannesburgo!

Era un fin de semana largo y todos los vuelos estaban llenos. Estaba llorando porque tenía que ir a Ciudad del Cabo para hacer un taller. Me fui del mostrador y les pedí a los ángeles que, por favor, me ayudaran porque estaba desesperada.

Me acordé del dios hindú Ganesha, que elimina los obstáculos y le pedí que eliminara aquellos que estaban en mi camino. Mientras lo hacía, la señora del mostrador se fue para un descanso y me arriesgué a presentar mi billete otra vez. La señora que la había sustituido me dio otro billete y, además, tenía un asiento en la ventanilla, lo que siempre pido. La señora que estaba sentada a mi lado me dijo que su hermana no había podido viajar en ese vuelo, ya que había un *overbooking* de más de 20 personas. Es ahí donde me di cuenta de que tenemos semejante sistema de apoyo a que sólo tenemos que pedir.

Carol de Vasconcelos EDC

AYUDA PERMANENTE
Si la intención es buena, los ángeles encontrarán
una manera de ayudarte.

~

Ordeñaba vacas para ganarme la vida, pero con la introducción de las nuevas regulaciones europeas de agricultura me quedé sin empleo. Como recientemente había obtenido la calificación de maestra de ángeles y ascensión, me dijeron que fuera a las oficinas de servicios sociales en Waterford.

¿Puedes imaginarte la reacción de alguien pidiendo, y obteniendo, fondos para iniciar su propio negocio poniendo en marcha talleres sobre ángeles y enseñando reiki? Bueno, con la ayuda de Liam Murphy, es exactamente lo que pasó. Me pagaron el seguro y conseguí financiación para formación permanente en la EDC. Ángeles tanto humanos como etéreos han estado siempre ahí para ayudarme a difundir la luz.

Sue Walker EDC

ÁNGELES QUE AYUDAN A ENCONTRAR EL LUGAR PERFECTO

¡Sólo pide!

~

Cuando me convertí en maestro de docentes en la EDC, quise encontrar el lugar perfecto para mi primer curso. Mis ángeles me orientaron para que fuera al Centro de Retiro St Non's, en St Davits, y concerté una cita para ir a visitarlo. Tomaron mi reserva, pero me dijeron que el quinto fin de semana no podían alojarnos porque era Domingo de Ramos.

Le conté a la monja que iba a dejar en manos de los ángeles que me encontraran el sitio idóneo para ese fin de semana. En ese momento, sonó el timbre de la puerta y la monja fue a abrir. Otra monja apareció, irradiando una luz increíble, y dijo: «No me parece justo que tengan que ir a otro sitio para pasar su último fin de semana. ¡La energía no va a ser buena!». Y entonces agregó: «Déjemelo a mí. Encontraré la manera de que puedan quedarse todos aquí». ¡Y lo hizo y nos lo pasamos de maravilla!

Eloise Bennet EDC

ÁNGELES DE LA FELICIDAD Y LA ALEGRÍA

Para cualquiera que da clases o realiza talleres o es parte de un grupo, he aquí una maravillosa historia sobre invocar a los ángeles para cambiar el ambiente.

~

Estaba dirigiendo un curso de reiki. El primer día, el grupo parecía bastante depresivo y no participaba mucho. A la mañana siguiente, durante la meditación, pedí a los ángeles que entraran y ayudaran a todo el mundo a que sintiera alegría y felicidad en sus corazones. También les pedí que predominara en el grupo un ambiente feliz. Cuando concluimos la meditación, el ambiente había cambiado drásticamente y era mucho menos serio y más feliz.

MARJETKA NOVAK EDC

UN ORDENADOR ESTROPEADO

¡Sí, también hay ángeles informáticos! Mucha de nuestra tecnología se descarga a través del programa Sirio, así pues, invoca a los ángeles de Sirio para este tipo de ayuda. También es una buena idea bendecir tu ordenador cuando lo usas y enviar luz a través de internet. Cuando elevas la frecuencia de la World Wide Web,[1] ayudas a todo el mundo.

⁓

Hace algunos meses, mi ordenador se estropeó. Por desgracia, no tenía una copia de seguridad. Traté de arreglarlo, pero sin resultado, y llame a un técnico. Un día antes de que viniera, pedí a mis estudiantes que hicieran un grupo de oración para salvar mis datos perdidos.

Juntos, pedimos a los ángeles que repararan el ordenador. Cuando vino el técnico, todo estaba arreglado, como si nada hubiera pasado. Estoy en deuda con mis estudiantes y con los ángeles.

MARJETKA NOVAK EDC

ÁNGELES DEL PASAPORTE

Si se lo pides a los ángeles, te mantendrán tranquilo y aligerarán tu camino mientras tomas las medidas necesarias.

⁓

---

1. WWW o red informática mundial. *(N. de la T.)*

Adela, una amiga, se estaba preparando para viajar a España con sus dos hijos. El vuelo era a las 18:00 h de la tarde; así pues, a las 12:30 h de la mañana comprobó los pasaportes y fue entonces cuando descubrió que el pasaporte de su hija de tres años no estaba al día. Tenía menos de seis horas para renovarlo e ir al aeropuerto y, normalmente, los trámites para sacarse un pasaporte tardan unos diez días.

Inmediatamente, llamó a los ángeles para que la ayudaran. Se apresuró a sacar fotos nuevas, rellenó los formularios, consiguió que los sellaran y de ahí pasó al mostrador para tramitar el pasaporte.

Tuvieron el pasaporte a las 15:45 h. Llegaron a tiempo para facturar y recoger la tarjeta de embarque. Adela y su esposo recuerdan lo tranquilos que estaban en medio de todo esto.

La mediación angélica continuó. Un guardia de seguridad los vio con el cochecito de la niña, las maletas y los dos niños pequeños y los puso al principio de la cola. Adela está muy agradecida por la ayuda celestial.

CATHERINE MCMAHON EDC

LLEGA A CASA A SALVO

Ésta es una historia muy conmovedora
de una extranjera enviando ángeles para ayudar
a una persona enferma.

~

Ann me explicó esta historia. Estaba de vacaciones en las islas Canarias con su madre, Una, cuando Una se puso muy enferma y fue hospitalizada durante tres semanas. Ann estaba convencida de que su madre iba a morir. Todo lo que quería era llevar a su madre a Irlanda antes de que falleciera. Después de varias discusiones con la compañía de seguros, le permitieron que viajara a Dublín con una ambulancia aérea.

Antes de irse, Ann conoció a una mujer y le contó su historia. La mujer le dijo que iba a invocar a los ángeles para que ella y su madre llegaran a casa de manera segura. Ann se lo agradeció, pero no creía en los ángeles. Cuando estaban llegando al aeropuerto de Dublín, Ann miró a su madre y vio que estaba sonriendo. Más tarde, en el hospital, Ann le preguntó: «¿Estabas contenta de volver a Dublín?»

Una le respondió: «¿Has visto a todos esos ángeles en el aeropuerto?». Ann cree de verdad que los ángeles viajaron con ellas ese día y que su madre tuvo el privilegio de verlos.

CATHERINE MCMAHON EDC

UN ÁNGEL LA MANTUVO ESTABLE

Estoy segura de que todos tendríamos más valor para probar cosas si estuviéramos absolutamente convencidos de que los ángeles están con nosotros, sosteniéndonos y protegiéndonos frente a los daños.

~

Mi marido me compró una bicicleta nueva y, como hacía muchos años que no había montado en una, lo mínimo que podía decir es que me sentía inestable. Me caí dos veces pero, después de un rato, hice progresos y ¡era capaz de mantenerme en la bicicleta durante unos minutos!

Pedaleaba por un camino rural y empecé a ganar velocidad. Estaba yendo directa a una valla de alambre de púas, muy deprisa, y sabía que estaba perdiendo el control, pero no podía parar. A menos de un par de centímetros de la valla, me paré. Estaba completamente inmóvil y ¡sentada muy segura en la bicicleta! Estoy segura de que me detuvo y mantuvo estable un ángel. Cada vez que paso por ese sitio, me paro, sonrío y doy las gracias a mis ángeles.

EVELYN

UNA EXPERIENCIA EN LA QUINTA DIMENSIÓN

En los momentos de agotamiento o desesperación, nos abrimos a los mundos espirituales y, a menudo, es cuando tenemos experiencias inolvidables.

~

Estaba contratada para cantar en la cima de una montaña, a 2.000 metros. Llegar allí implicaba un ascenso de cuatro horas y media y tenía que hacer frente a un gran esfuerzo. Mis piernas me temblaban y sentía miedo. A pesar de todo, me las arreglé y esa noche mi actuación tuvo mucho éxito. Me sentía muy conectada con el cielo, los pájaros y las otras montañas.

A la mañana siguiente, cuando empecé el descenso, sentí que mis piernas temblaban otra vez. Alguien estaba conmigo, así que no entendía por qué me sentía tan nerviosa. Por aquel entonces, estaba leyendo un libro acerca de la quinta dimensión y pensé en eso y me pregunté qué podría ayudarme. De repente, me desplomé. No podía respirar bien. Le pedí a mi amigo que fuera a buscar agua a un arroyo. Mientras esperaba, llamé a mi madre y me dijo que iba a invocar a los ángeles y a Cristo para que me ayudaran.

Sentí como si me estuvieran levantando y vi a Jesús delante de mí. Esbocé una sonrisa. Me sentía «elevada» y las personas que se aproximaban en dirección contraria me miraban extrañadas. Bajé la montaña paso a paso y, cuando finalmente llegamos al vehículo, fuimos al médico solamente para que me hiciera una revisión.

Esa noche, en la cama, me pregunté a mí misma: «¿Qué ha sido lo que me ha pasado hoy?». Me sentía en paz. Me sorprendí pensando: «Si hoy he vivido en la quinta dimensión, entonces ¡no quiero dejar de hacerlo nunca más!».

Jo-ann Serina Andre

LOS ÁNGELES TOCAN EL CLAXON
Mantén la intención e invoca a los ángeles.

❧

Estaba en el asiento de atrás de mi vehículo, que estaba aparcado, con mi hija durmiendo en mi regazo. No quería despertarla, pero no podía moverme. No podía usar el teléfono ni leer, y menos aún tocar el claxon para atraer la atención de mi hijo.

Estaba verdaderamente incómoda, así que envié un pensamiento muy fuerte: «Por favor, ángeles, si estáis aquí, ¡enviadme a Erasmo aquí abajo!». Después de un momento, lo vi bajando las escaleras corriendo hacia mí.

Me dijo: «He escuchado el claxon». Y yo le contesté: «Bueno, realmente quería tocarlo pero no podía moverme». Estaba francamente impresionada.

Cinzia Taffuri

LOS ÁNGELES Y LOS REGALOS
Comprar regalos es mucho más fácil cuando pides
a los ángeles que te ayuden.

~

Durante un curso de formación, algunos de nosotros fuimos a buscar un vestido de ceremonia. Antes del viaje, los ángeles me dijeron que un cristal me estaba esperando, pero no sabía dónde estaba. Me fijé en el letrero de una tienda, que decía ISIS. Sabía que Isis tenía un vínculo con la Atlántida Dorada, así que entré en la tienda. Vi una bella bola de cristal de cuarzo, transparente, que tenía una energía increíble y decidí comprarla.

En ese momento, mi amiga se me acercó y me dijo: «También me hubiera gustado esa hermosa bola de cristal». Mientras estaba esperando para pagar, me fijé en una bola de cristal de color turquesa. Recibí el mensaje de que éste era el cristal que me estaba esperando, así pues, la compré y le di la otra a mi amiga.

ALEJA DANIELA FISCHER EDC

SINCRONICIDAD
La orientación angelical está siempre presente, aunque, a menudo,
no captamos el mensaje hasta que se repite. Entonces, ¡debemos
prestarle atención!

~

Había estado trabajando a media jornada enseñando acerca de los ángeles y llegué a la conclusión de que eso era mi pasión y mi verdadera profesión. En el fondo de mi corazón, sabía que debía dejar mi otro trabajo, pero unas dudas odiosas me hacían aferrarme a él.

Solía echarme las cartas de ángeles cada día y, durante siete días consecutivos, me tocó la carta de enseñanza y de aprendizaje. «Ok», pensé, pero continué sin hacer nada. Entonces, un día, decidí tomar dos cartas y ¿adivinas qué? ¡Las cartas de enseñanza y de aprendizaje me salieron dos veces! ¡Sólo había dos pares de cartas iguales en todo el juego! Tenía estas cartas desde hace cinco años y nunca me di cuenta de eso. No tengo ninguna explicación de por qué tenía dos cartas iguales en el mismo juego; no obstante, capté el mensaje.

Entregué mi carta de dimisión ese mes y, desde entonces, he vivido mi pasión de trabajar con los ángeles. Cuando ellos quieren que seas consciente de algo, hacen lo imposible para asegurarse de que les prestes la atención debida.

ELIZABETH ANN EDC

MOSTRAR LA CASA PERFECTA

Recuerda pedir a los ángeles que te ayuden a mostrar lo que necesitas.
Si es para tu máximo bienestar, estarán encantados de ayudarte,
como ilustra esta historia.

Necesitaba una casa para mi hijo Kingsley, nuestro gato Jasper y para mí. Les dije a los ángeles exactamente lo que quería. Lo más importante es que el precio tenía que ser razonable, que yo pudiera pagarlo pero, durante un tiempo, esto parecía imposible. Puse mi fe en los ángeles y seguía diciéndoles lo que necesitábamos. Entonces, la casa perfecta estuvo disponible: luminosa, espaciosa, en una calle tranquila lejos del tráfico y podía ver las copas de los árboles desde mi habitación. Más importante aún, podía pagarla, y todos nos sentimos, inmediatamente, en casa.

CHRISTINE MARSHALL

EL ÁNGEL DE LA GUARDA

Esta historia es un recordatorio encantador de que nuestro ángel
de la guarda está siempre a nuestro lado, listo y dispuesto
para ayudarnos.

Estaba totalmente absorto jugando con mi consola DS cuando escuché tres golpes perceptibles en la puerta. Fui a la puerta de entrada y a la puerta de atrás, pero no había nadie. Esto me desconcertó bastante, así que, cuando más tarde estaba escribiendo a mi ángel de la guarda, Joachim, le pregunté si alguien había tratado de llamar mi atención. Respondió: «Era yo. Quiero que sepas que estoy aquí, contigo. A veces piensas que estoy fuera de tu alcance, pero no lo estoy». Esta respuesta hizo que me diera cuenta de que mi ángel de la guarda está realmente a mi lado, ¡aun cuando no estoy pensando en él! Es sorprendente, reconfortante y tranquilizador saber esto; no solamente para mí, sino también para todo el mundo.

ANON

LOS ÁNGELES CONTESTAN
A LAS ORACIONES

Los ángeles escuchan y llevan ante Dios CADA UNA DE NUESTRAS ORACIONES. Si una oración es para el máximo bienestar, el tiempo es correcto y procede de tu corazón, será respondida. Si es un grito desde el fondo de tu alma, los ángeles también te contestarán. Recuerda siempre el poder de la oración. Da lo mismo si estás rezando a Dios o a los ángeles.

SABÁTICO
Cuando pedimos claramente lo que queremos o necesitamos, lo imposible se torna posible.

Una mañana temprano me desperté mientras la luna estaba descendiendo tras las ramas del árbol que había delante de mi ventana. Hablé con los ángeles sobre Paul, mi marido, que estaba agotado de su viaje y desgastado y desmoralizado por cuestiones de trabajo.

Paul quería dejarlo y me dijo que necesitaba un año sabático. Les pedí a los ángeles que le ayudaran y guiaran para conseguir su máximo bienestar. A la mañana siguiente, había una pequeña pluma en su almohada.

El primer día del nuevo trimestre, el director de la escuela le llamó para charlar y le ofreció una jubilación anticipada tras el acuerdo de un pago ¡que equivalía aproximadamente a un año sabático! Dieciocho meses más tarde, empezó un nuevo trabajo de profesor en una escuela de arte en París.

SUSIE COOPER

HOGAR, DULCE HOGAR

La siguiente historia ilustra de qué manera escribir
tu visión para que los ángeles sepan que tienes muy claro
lo que quieres.

~

Estaba viviendo con mis cinco hijos en Edimburgo, donde me trasladé tras la muerte de mi marido. ¡Estaba desesperada por regresar al campo! Necesitaba la paz y la quietud de una zona rural.

Escribí una lista de deseos: un sitio bonito, en el campo, un *cottage*[2] o una granja, con dependencias para que pueda trabajar y enseñar desde casa, un jardín hermoso, una energía especial para poder trabajar con la naturaleza y una comunidad bien unida, cercana. Cada día les pedía a los ángeles que me ayudaran. Puse mi casa a la venta y recé para poder venderla con rapidez. Al cabo de seis semanas tenía un comprador. Y después vi el sitio perfecto. El precio se ajustaba a mi presupuesto, aunque también había otras personas interesadas.

Pedí a mis ángeles que me ayudaran. Imaginé a mis ángeles rodeando la casa y el jardín y cuidándolo todo para mí. Cada día me visualizaba viviendo allí y trabajando desde el *cottage*. Hice mi oferta y me imaginé a mí misma consiguiendo la casa ¡y a todos los ángeles regocijándose! Me puse muy contenta cuando me enteré de que era la orgullosa propietaria de Ugston Mill. No solamente tuve mi preciosa casa nueva, sino que también hice un buen negocio, pues me permitió reservar un dinero para invertirlo en el centro de sanación que había visualizado. Los ángeles hicieron un trabajo increíble. ¡Les estaba tan agradecida!

Jilly Greig EDC

UN NIÑO FORMULA UN DESEO

A los ángeles les gusta la pureza y la inocencia de los niños; escuchan
con absoluta confianza y comprensión.

~

---

2. Casas de campo inglesas, con techos de paja. *(N. de la T.)*

Una niña que conozco me dijo con alegría que había pedido a los ángeles que le ayudaran a entrar en la Nightingale House cuando se cambió de colegio. «Y lo hicieron» –me dijo la niña, con su carita radiante de alegría–. Pero sé que si no hubiera sido algo bueno para mí, los ángeles no me hubieran concedido mi deseo». Estaba asombrada de su comprensión y fe.

TAL COMO SE LO CONTARON A DIANA COOPER

REZAR A LOS ÁNGELES PARA LA PAZ
Los ángeles responden a las oraciones para el bienestar de la comunidad.

Una organización decidió protestar contra la decisión de nuestra alcaldía de construir una mezquita en Dudley. Cuando oí que un grupo opositor planeaba hacer, al mismo tiempo, una manifestación pacífica contra ellos, me preocupé.

Recé a los ángeles para que el día fuera lo más pacífico posible. Estoy segura de que otras personas también rezaron por todo el lugar y de que, ese día, se sentían de otro mundo. Antes, durante y después de la protesta, el ayuntamiento de Dudley anunció su decepción de que la ciudad debe soportar el peso del miedo al otro y también afirmó que nuestra comunidad es multicultural e indivisible.

Todos podemos vivir en paz, y estoy muy agradecida a los ángeles por iluminar este hecho y proteger a nuestra comunidad ese día.

JEEVAN

AYUDA ANGELICAL EN LA VENTA DE UNA CASA
Los ángeles responden a una oración para una amiga. Cuando la oración no es egoísta, tiene energía adicional.

Una amiga había tenido problemas para vender su casa y estaba haciendo todo lo posible para evitar la expropiación. Escuché que uno puede pedir ayuda a los ángeles, así que les pedí que la ayudaran a vender su propiedad. Al día siguiente, me llamó para decirme que, después de 18 meses a la venta, había vendido su casa. ¡Estoy tan emocionada! Eso prueba, realmente, que existen los ángeles.

VALERIE CRAIG

UNA JUBILACIÓN FELIZ

Otro ejemplo de alguien rezando por el bienestar de otra persona.

Mi madre vivía en una zona que había cambiado bastante desde que se trasladó allí hace diez años y se estaba convirtiendo en un barrio peligroso. Aunque estaba aislada, se resistía a mudarse, ya que tiene 80 años. Les pedí a los ángeles que me ayudaran porque estaba preocupada. La convencí, aunque ella era reacia, de que enviara una solicitud para un piso en un edificio de viviendas protegidas. Le ofrecieron exactamente el piso que ella quería en el edificio de viviendas protegidas. Estaba a dos puertas de su mejor amiga y ¡tenía su propia puerta de entrada! Además, el día que fue a firmar el contrato del piso, descubrí que le habían ofrecido el último que había.

La mudanza se realizó sin ningún problema. Está muy contenta en su nueva casa. Tiene renovadas ganas de vivir y se ha inscrito en el club de taichí. Gracias a los ángeles, mi madre puede ser feliz en sus últimos años.

ANDREA BENN

RESPALDADA Y SERENA

*Cuando pedimos ayuda para los demás, nuestras oraciones forman
una cadena con los demás, como un puente de luz, que le permite que
los ángeles ayuden.*

Asistí a las exequias de una amiga que había muerto súbitamente. Su sobrina estaba tratando de leer un panegírico, pero estaba muy afectada y llorando. Era obvio que no iba a poder hacerlo. Silenciosamente, les pedí a los ángeles que la apoyaran y, en segundos, recuperó su compostura y nos entregó una hermosa lectura. ¡Somos tan afortunados de tener a los ángeles entre nosotros!

EVELYN

HACERSE CARGO DE TODO
Cuando dejamos de lado las preocupaciones y el control
y confiamos en que los ángeles se ocupen de todo, ellos trabajan
en nuestro nombre.

~

El hijo de mi marido, Dave, emigró en 2004 con su compañera, Tracy, a Nueva Zelanda. Por aquel entonces, ya había encontrado y trabajado con su ángel de la guarda. Cuando llegaron a Queenstown, nos enviaron un mensaje electrónico para decirnos que habían llegado bien, que se estaban instalando en su alojamiento y que no nos preocupáramos, que los ángeles estaban encargándose de buscarle un trabajo.

Los ángeles le encontraron un trabajo que precisaba su formación profesional. Ellos velan por Dave, ayudándole a progresar en su trabajo, y ahora tiene una buena profesión que le encanta.

JILLIAN STOTT EDC

UNA CALDERA ROTA
Cuando pedimos ayuda, no siempre llega en la forma que esperamos,
pero los ángeles siempre se aseguran de que funciona bien.

~

Mi caldera se rompió y me preguntaba cómo podría pagar una nueva. Trabajo en un centro de sanación, y cuando lo abrimos ese día, se lo conté a mi amiga, que pidió ayuda a los ángeles. Media hora después, estaba haciendo una sanación angélica cuando escuchamos ruido de una colisión. Un camión de basura había chocado contra una enorme pared, que cayó sobre mi vehículo y lo hizo trizas.

Pero todo terminó muy bien: con el dinero del seguro, pude comprarme un automóvil y una caldera nuevos. ¡Y nadie resultó herido!

ANNE FEARON

CITA EN EL TRIBUNAL

Esta oración llegó de un centro todavía tranquilo,
lo que la hacía muy potente.

~

Llevaba un año luchando con un caso judicial muy desagradable. Cada vez que íbamos al tribunal, el caso se posponía y tenía que pedir de nuevo un día libre en el trabajo. Me sentía muy frustrada, ya que nadie en el sistema jurídico parecía entender mi problema.

En esta ocasión, sin embargo, en vez de frustrarme me senté e hice una meditación silenciosa pidiéndoles a los ángeles que terminaran el caso con un veredicto que fuese justo para todos. Mi caso concluyó ese día con un veredicto que me fue más favorable.

Anónimo

LOS ÁNGELES ME DEVUELVEN LA CONFIANZA EN MÍ MISMO

He aquí otro ejemplo de oración que proviene de un tranquilo lugar,
que fue contestada y confirmada.

~

La enseñanza siempre fue algo natural para mí y nunca tuve dudas sobre ello, pero un día me pidieron que enseñara mi oficio a varios grupos en distintos países. Por alguna razón tenía miedo de hacerlo. Me temblaban las manos y me sentía estresada. La gente no lo podía entender –normalmente, yo era extrovertida y segura–. Seguí, con la esperanza de vencer el miedo, pero cada vez era peor y, de mala gana, decidí dejarlo.

Una señora en Nueva Zelanda me preguntó si quería ser su «asistente» en su conferencia anual. Sin dudar un momento, le dije que sí.

La mañana de la conferencia me levanté temprano para pedir ayuda. Me senté tranquilamente en un banco y dije: «Si alguien está escuchándome, necesito ayuda y la necesito ahora, porque en dos horas, voy a estar frente a mucha gente».

Me di cuenta de que había una línea de luz dorada encima de mi cabeza. La estiré hacia abajo a través de mi cuerpo y pies. Estaba en una burbuja de quietud. Me recuerdo pensado en el reiki y en los ángeles.

Cuando me presentaron ante la audiencia en la conferencia, mi primer pensamiento fue: «Ahora, en cualquier momento, ¡empezaré a temblar!», pero mis manos estaban tranquilas. Empecé a disfrutar tanto que hice reír a la audiencia.

Un milagro había ocurrido y lo sabía. Había sido acariciada por los ángeles.

MAISIE

PERDIDA EN ITALIA

Cuando pedimos a los ángeles con calma, de alguna manera,
siempre envían ayuda.

~

Estaba en Italia, de vacaciones con mi madre. Volamos a Nápoles, recogimos nuestro vehículo de alquiler y viajamos hacia el extremo más alejado de Italia. Hacía un espléndido día soleado. Aparcamos y nos dedicamos a merodear por los alrededores, pero cuando decidimos volver al automóvil, ninguna de las dos se acordaba de dónde estaba el aparcamiento. No reconocíamos nada y empezamos a sentir un poco de miedo. Nadie hablaba inglés y parecía que no había nadie que pudiera ayudarnos.

Me sentí inspirada y le dije a mi madre: «¿Por qué no le pides a tu ángel de la guarda que nos ayude a encontrar el aparcamiento?». Ella se sintonizó con él y se lo pidió.

Al cabo de unos minutos, un italiano alto, moreno y guapo, con ojos resplandecientes, apareció. En un inglés perfecto nos preguntó si podía ayudarnos. Conocía el lugar que buscábamos y nos ayudó a regresar.

JACQUELINE MARY PIPER EDC

VIAJE A FINDHORN

Sin importar el miedo que nos dé el reto, si nos relajamos y confiamos
en los ángeles, ellos encontrarán una manera de ayudarnos.

~

En junio de 2008, planeaba visitar Findhorn en transporte público. Fue un viaje largo y potencialmente estresante, pero un atento conductor de autobús me dijo que iba a tomar un desvío para que yo pudiera alcanzar un enlace con otro autobús que salía antes.

Me dejó en el sitio donde debía esperar a que llegara el siguiente autobús. Mientras veía desaparecer el autobús, me di cuenta de que me había dejado el bolso en el autobús, con mi dinero, mi teléfono, ¡con todo!

Llamé a los ángeles para que me ayudaran. Otro autobús llegó y le conté al chofer mi historia. Me sugirió que llamara al depósito, pero le recordé que no tenía ni teléfono ni dinero. Me contestó que regresaría en una hora y media, con o sin el bolso.

No tenía ninguna otra opción que esperar. Otro autobús apareció y, para mi sorpresa, era el primer autobús que tomé, con el chófer amable. Se fijó en que había dejado mi bolso en el asiento y había tomado un desvío para venir a entregármelo. ¡No me lo podía creer! Le abracé y le di las gracias. ¡Qué lección de confianza! Gracias, ángeles maravillosos.

ROSEMARY

MENSAJES DE CONFIANZA

En la siguiente historia, la oración del escritor fue contestada. Es un recordatorio de que se debe confiar.

Hace poco tiempo, Indonesia vivió dos desastres naturales: un tsunami, seguido de una erupción volcánica. Cuando veo desastres como éstos, siempre trato de rezar por la gente y por las familias afectadas.

Mi hermana, su compañero y su hija se habían ido a Bali de vacaciones. Tuve que hacerme a la idea de que podía haberles pasado algo. Recé a los ángeles para recibir noticias suyas; les envié mensajes electrónicos y los llamé, pero en vano.

Pedí que me enviaran una señal y, tres días después, «vi», como en una visión, una playa tranquila, con un agua azul turquesa. Me detuve a escuchar y miré otra vez. No había nadie en la playa; sin embargo, estaba tranquila, cálida y bellísima. No había ningún miedo y nada malo había pasado.

Allí estaba mi respuesta: ¡mi familia estaba a salvo! Mi lección es que tengo que confiar en estos mensajes y estar agradecida por mi conexión.

Mensajes como éste son un extraordinario recordatorio de nuestro hogar celestial.

STEPHANIE DUCKWORTH PORRAS

ORACIONES RESPONDIDAS EN LA IGLESIA

Los ángeles saben lo que necesitamos, ¡no lo que queremos!

~

En un momento muy difícil de mi vida, encontré la paz asistiendo a la iglesia y rezando a Dios. Un día estaba rezando, con la cabeza inclinada, y cuando miré hacia arriba me asusté. Había un hombre en el asiento que estaba delante de mí. Se había dado vuelta, así que me estaba mirando.

Él acababa de salir de un centro de desintoxicación para alcohólicos y necesitaba dinero para quedarse en un hostal esa noche.

Le di cinco euros, así no tendría suficiente dinero para emborracharse. Guardé mi monedero y cuando me volví para mirar, ¡no había nadie! Corrí hacia la salida de la iglesia, maldiciendo a Dios, gritando que no era una alcohólica.

En menos de un mes, estaba en un centro de desintoxicación para alcohólicos.

No he bebido nada en seis años. Me tomo cada día como viene y sé que estoy en ese lugar de mí misma del que antes estaba tan distanciada.

MAURA

PENSANDO EN TI

Todos estamos unidos telepáticamente, juntos en un océano de amor.

~

La mujer de mi mejor amigo me llamó por teléfono para decirme que a Brian sólo le quedaba un mes de vida. Hablé con él por teléfono y le dije que le volvería a llamar. Decidí enviarle una postal que decía, simplemente: «Pensando en ti». Al día siguiente, recé a los ángeles para que lo abrazaran y le dijeran que cerrara sus ojos y les pidiera a los ángeles lo mismo. No quería que sufriera más. El viernes siguiente, le escribí lo que había hecho y le envié la postal. El domingo por la tarde, la mujer de mi amigo, me llamó para decirme que Brian había fallecido ese viernes. Les di las gracias a los ángeles por responder a mi petición.

SANADORES EN ACCIDENTES DE TRÁFICO
Los ángeles son conscientes de la visión completa y se aseguran de que todo el mundo esté en el lugar adecuado, en el momento correcto.

Mi marido y yo íbamos caminando por nuestro pueblo en Grecia, para hacer nuestras compras. Mientras nos acercábamos a una pequeña carretera, vimos un vehículo que giraba y una moto que se dirigía hacia él. El conductor del automóvil no vio al motorista hasta que ya era muy tarde y el motorista trató de evitarlo pero derrapó. El motorista se golpeó la cabeza contra el parachoques. No llevaba el casco, cosa bastante normal en Grecia.

Llamé a los ángeles para que ayudaran al conductor y al motorista. Sorprendentemente, el motorista, aunque al principio tuvo problemas para levantarse, ¡estaba perfectamente! Pedí a los ángeles que ayudaran a traer paz y calma a la situación, ¡ya que el motorista estaba muy enfadado con el conductor! Cuando comprobamos que ambos estaban BIEN, nos alejamos y le dije a mi marido: «Ésta es la segunda vez que somos testigos de un accidente. ¿Por qué estamos presentes cuando suceden los accidentes?».

Mi marido contestó: «Porque teníamos que estar ahí con nuestras energías sanadoras y tu ángel de la energía para asegurarnos de que todos estuvieran a salvo y bien». ¡Les di las gracias a mis ángeles por su ayuda y apoyo en todo momento!

LOS ÁNGELES Y LA VENTA DE MI CASA
Si invocas a los ángeles, y es el buen momento para que te mudes, ellos van a encontrar el camino para que puedas vender tu casa.

Mi casa en Portugal había estado en venta durante cuatro años. Mi marido había fallecido en junio de 2010 y yo quería, desesperadamente, volver a los Países Bajos.

Me registré en nueve agencias inmobiliarias. Pero era un mal momento para vender –¡ninguna oferta!–. Decidí pedir a los ángeles que me ayudaran. Ese viernes por la tarde un hombre vino a mi casa. Era un agente inmobiliario buscando una casa para un cliente. La casa le gustó mucho.

Le pregunté cómo sabía que mi casa estaba en venta. Yo vivía en una colina y él me contó que había conocido a un anciano con un bastón, debajo de la colina. Le preguntó al hombre si conocía casas que estuvieran en venta por la zona y el hombre lo dirigió hacia mi casa. ¡Conozco a cada una de las personas que viven en el camino y ¡no hay ningún anciano con bastón! La casa se vendió rápidamente y pude regresar a los Países Bajos.

ALIDA WIJENBERG

TODO LO QUE TIENES QUE HACER ES PEDIR
Es realmente así de simple. Pide y ten fe, y los ángeles se ocuparán de que todo salga bien.

Después de una semana muy ocupada, el viernes por la noche, sin darme cuenta, dejé las llaves de casa en el trabajo. Llamé por teléfono al propietario para que me diera una copia de las llaves, y quedamos que me las dejaría en su buzón, en Clifton Terrace, una de las calles más empinadas y largas de la colina en Christchurch, Nueva Zelanda.

Esa noche era la cena de Navidad de la compañía, así que no tenía mucho tiempo. Tomé el autobús que me llevaba hasta el principio de Clifton Terrace. Mientras caminaba por la calle, larga y empinada, me sentí hambrienta y tambaleante, pedí a mis ángeles que enviaran a alguien que me llevara en automóvil. En ese momento, un vehículo se detuvo y la conductora se ofreció a llevarme. Silenciosamente, di las gracias a los ángeles.

Bajando esa colina con las llaves en la mano era como estar caminando en una nube rosa y mullida. –¡Me sentía tan amada! ¡Todo lo que tuve que hacer fue pedir!

LEESA ELLIS EDC

SALVADO POR LOS ÁNGELES DEL TRÁFICO

NOS LANZAMOS a las carreteras a gran velocidad y con un tráfico intenso. Nuestros ángeles trabajan muy intensamente para asegurarse de que llegamos a salvo. Antes de salir de viaje, recuerda siempre pedir protección al arcángel Miguel.

ENVUELTA EN ALGODÓN

Aun en las circunstancias más peligrosas y extremas, los ángeles nos susurran y nos ayudan a sobrevivir.

Iba conduciendo por una carretera rural con una amiga cuando un automóvil que venía hacia mí perdió el control y nos dimos un golpe en la cabeza a unos 112 km/h.

En el instante en que me di cuenta de lo que iba a pasar, una voz me dijo que me relajara y que cerrara los ojos. En ese momento, chocamos. Escuché un ruido muy fuerte y suponía que iba a salir disparada por el parabrisas. Ocurrió todo lo contrario.

Me sentí como si estuviera envuelta en algodón: todo pasó con movimientos lentos y me sentí totalmente a salvo. Aunque fue un impacto violento; mis gafas terminaron en el maletero del vehículo y había una grieta circular en el parabrisas, causada por mi cabeza.

No sufrí lesiones ni en la cabeza ni el rostro. Sólo tenía algunos cortes y hematomas y, al día siguiente, me dieron de alta en el hospital.

Los ocupantes del automóvil que circulaba detrás pensaron que, teniendo en cuenta la gravedad del choque, nadie habría sobrevivido.

Sé que me estaban cuidando esa noche. Antes de esto, no sabía nada sobre ángeles, pero ahora valoro totalmente, respeto, confío y acepto el trabajo que hacen y trato de darles las gracias cada día.

ALFIE HENWOOD

VIAJE SEGURO GRACIAS A MIS ÁNGELES

Aquí vemos otra vez cómo los ángeles nos cuidan en las autopistas.

Iba conduciendo por una autopista congestionada y tuve el presentimiento de que debía reducir la velocidad, pero tenía muchas ganas de llegar a casa, así que lo ignoré. De repente, sentí una presión empujando hacia arriba de DEBAJO del acelerador, forzándome a pisar el freno y sacar el pie del acelerador. En ese momento, un camión derrapó y se deslizó por delante de mí. Ahora tenía tiempo de frenar y parar, pero hubiera sido aplastada bajo el camión si no hubiera sentido esa presión en el acelerador. Doy las gracias a mis ángeles cada día.

LESLEY SORRIDIMI

LOS ÁNGELES VELAN POR MÍ EN LA CARRETERA
Los ángeles hacen que los milagros ocurran.

～

Un domingo por la mañana, iba conduciendo por la M40 hacia Londres para asistir a un curso. Era un hermoso día de sol y estaba deseando hacer el taller. De repente escuché una gran explosión. Recuerdo que miré por el espejo retrovisor, pero no veía tráfico por ningún lado. Cuando la autopista giró hacia la derecha y yo giré el volante, el vehículo no podía controlarse. Choqué contra una zona reservada, a mucha velocidad, agarré el volante y llamé gritando a los ángeles: «Aún no estoy lista para irme, todavía tengo cosas importantes que hacer, ¡necesito ayuda AHORA, por favor!».

A pesar del choque contra la zona reservada, de dar vueltas en la calzada, darme contra el arcén y detenerme en el carril contrario, estaba conmocionada, pero ilesa. Mi neumático reventó y el automóvil estaba hecho un desastre, pero los ángeles me salvaron, por ello, les estoy y les estaré muy, muy agradecida.

JILLIAN STOTT EDC

LOS ÁNGELES DE LAS TORMENTAS DE NIEVE
Pide siempre a los ángeles su protección, ¡especialmente en condiciones peligrosas!

～

Había conducido tres horas, con mi nieta de 15 años, para asistir a un curso sobre ángeles. Pasamos un día estupendo pero, cuando nos íbamos, cayó una tormenta de nieve, así que pedí a los ángeles que nos protegieran y que nos guiaran a casa a salvo.

También necesitábamos repostar, así que fui a una gasolinera. Debido a la tormenta de nieve, calculé erróneamente adónde iba y giré demasiado lejos del carril. Había un camión cerca de nosotras y, fácilmente, podríamos haber terminado debajo de sus ruedas, pero en vez de eso, mi nieta y yo sentimos nuestro vehículo como si fuera empujado fuera del camino, hacia el carril correcto.

Mi nieta dijo: «¿Qué ha sido eso?» a lo que, alegre, pero temblorosamente, respondí: «Los ángeles nos han empujado fuera del camino». Sin parpadear, se puso a leer como si nada hubiera ocurrido. Estos incidentes hacen que me dé cuenta de toda la ayuda que nuestros ángeles nos ofrecen cuando los invocamos.

ELAINE

GUIADOS HACIA LA SEGURIDAD

¡Otra fascinante historia de un milagro desarrollándose!

Mi amiga se dirigía a trabajar en automóvil por la autopista y, a medida que se acercaba a su salida, veía que los vehículos de delante iban reduciendo la velocidad.

De repente, un automóvil se atravesó delante de ella y pensó que iba a estrellarse, así que pidió ayuda y cerró sus ojos, esperando el impacto. En lugar de eso, el vehículo se detuvo y cuando abrió los ojos, estaba en el arcén de la carretera, sana y salva.

Su ángel había despejado la carretera y guiado sus manos para conducir a salvo. Cuando llegó al trabajo, me contó lo que le pasó y me dijo que no podía entenderlo. Le expliqué lo que los ángeles habían hecho. Intervinieron en su vida, ya que no era el momento en que tenía que morir. Ahora se ha convertido en una gran creyente en los ángeles.

JANIS ATWOOD EDC

MANOS ANGÉLICAS SE PONEN AL VOLANTE

*Es extraordinario pensar que los ángeles pueden hacerse cargo y hacer
lo que para los humanos es imposible.*

~

Hace algunos años, mientras conducía de Londres a Birmingham, les
pedí a los ángeles que me mantuvieran a salvo. Cuando llegué a mi salida
de la autopista, me sentí muy nerviosa; era la hora punta y nunca había
estado en Birmingham.

Miraba las señales y me preguntaba si ése era el cruce correcto. Por un
momento, desvié la mirada de la carretera y, cuando volví a mirar, vi ho-
rrorizada que los vehículos que estaban delante de mí habían parado y
estaba rodeada de autobuses enormes. Pisé el freno, pero no pude parar
tan rápido como el camión de delante, así que esperé el golpe de metal
contra metal. En ese momento, «me retiraron» el volante de las manos y
mi vehículo se fue de lado a lado hasta que se detuvo, a un centímetro del
camión que estaba delante de mí.

ANNA KNIGHT

UN DESVÍO ANGELICAL

Otro milagro en la carretera gracias a los ángeles.

~

Después de asistir a una boda, iba conduciendo por la M6 de regreso a
casa cuando un vehículo se precipitó al otro lado de la calzada hacia el sur
y aterrizó encima de los automóviles que había delante de mí. Entonces,
un segundo vehículo hizo lo mismo.

Todo lo que podía ver y oír eran los frenos y las luces de los frenos y
muchos automóviles detrás de mí. Pensé: «¡Ya está! ¿Cómo salgo de ésta?».
Invocar a los ángeles me ayudó; frené e incliné mi cabeza hacia abajo,
esperando el impacto.

Repentinamente, algo hizo que levantara la vista y un hueco se abrió
delante de mí. Zigzagueé entre los vehículos y conseguí llegar al arcén e ir
hacia la vía de acceso de la M6. Cuando me paré estaba en shock total.

Fue entonces cuando miré hacia atrás y me di cuenta de lo afortunada
que había sido. Había un accidente en cadena, con muchos muertos y

heridos. Lloré y les agradecí a los ángeles que me hubieran guiado a salir ilesa.

Rosemary Stephanson edc

PROTEGER EL MOTOR DEL VEHÍCULO

Siempre puedes pedir a los ángeles que cuiden de tu automóvil.

Llevé mi vehículo a que le hicieran la revisión, sabiendo que ya me había pasado de plazo. El mecánico empezó a cambiar el aceite y dijo que la revisión se había hecho con mucho retraso y que apenas quedaba aceite en el motor.

Empezó a darme un sermón acerca de lo que habría podido pasar y lo caro que me habría costado un nuevo motor.

Mientras el mecánico terminaba de hablar, yo estaba pensando: «Gracias, ángeles, por proteger mi automóvil y proporcionarme el tiempo para poder hacer la revisión», cuando, de repente, y como confirmación, una pequeña pluma blanca salió planeando de debajo del automóvil. Flotó por el suelo del garaje y se deslizó fuera de la puerta.

Susan Rudd, edc

EL MOTOR SE APAGA SOLO

Los ángeles intervendrán siempre si no ha llegado nuestro momento.
La siguiente historia es un ejemplo de esto.

Iba en el automóvil con mi tía y mi tío, y estábamos viajando a aproximadamente 112 km/h cuando, de repente, un ciervo enorme se cruzó delante de nosotros. Sorprendentemente, el motor se apagó solo y el vehículo empezó a perder velocidad con rapidez.

Tuvimos la suerte de que sólo le golpeamos la parte trasera del ciervo. Si hubiéramos chocado de frente, habríamos salido disparados a través del parabrisas y todos habríamos muerto. Supimos que nuestros guías y ángeles estaban allí para ayudarnos.

Sam Little

MI SALVAVIDAS

He aquí la historia de un ángel poniendo, físicamente, a alguien
fuera de peligro.

~

Una vez salí del vehículo en una calle bastante transitada, muy preocupada, y sin mirar si venían automóviles. Estaba a punto de cruzar la calle
cuando, de repente, fui físicamente empujada hacia atrás, hacia mi vehículo, por una fuerza que no vino de ninguna parte. Al mismo tiempo, un
automóvil pasó como un rayo. Si no hubiera recibido ese empujón, que
me apartó del peligro, me hubieran atropellado y herido o, incluso, podría
haber muerto. Me sentí profundamente aliviada. Sonreí y le di las gracias,
al instante, a mi ángel de la guarda. ¡Mi salvavidas!

ALICIA

LOS ÁNGELES SALVAN A UNA FAMILIA DEL PELIGRO

Me dieron escalofríos cuando leí esta historia.

~

Nunca olvidaré el día en que mis hijos estaban en peligro. Estaban en el
automóvil de mi hermana cuando empezó a rodar hacia el filo de un barranco muy escarpado. Tan pronto como llamé a los ángeles, el vehículo
se detuvo. Vi a los ángeles agarrando la parte trasera del automóvil para
que no cayera al barranco hasta que las ruedas estuvieron, de nuevo, firmemente en el suelo. Todo el mundo estaba sorprendido, ¡pero yo sabía
cómo había sucedido!

DANIELA SORAYA SHANTI MARCINNO EDC

PROTEGIDA Y AYUDADA PARA SENTIRSE SEGURA

Los ángeles nos protegen del peligro y buscan muchas
formas para ayudarnos.

~

Al día siguiente de una alerta de huracán, iba por una ruta para bicicletas
en medio de un bosque, en Minnesota. Había habido unas tormentas
terribles, pero había comprobado la ruta y las bicicletas con antelación y
todo parecía estar en orden. Cuando empecé el camino, el cambio de

marchas se rompió —ni siquiera lo había tocado—. Paré para comprobarlo y, mientras lo hacía, un árbol inmenso cayó en el camino delante de mí. Los ángeles me protegieron.

JEEVAN

MI HERMANA VELABA POR MÍ

Los espíritus de nuestros seres queridos siempre están con los ángeles.

Estaba a mi aire, dando clases a un grupo espiritual con una amiga cuando mi vecino me llamó para decirme que la alarma de casa había empezado a sonar y regresé a casa. En el camino, tenía que atravesar una rotonda enorme que estaba particularmente transitada, ya que era hora punta.

Cuando llegué a mi salida, señalé que iba a salir, pero el vehículo siguió dando vueltas a la rotonda como si otra persona lo estuviera conduciendo. Cuando miré por encima de mi hombro, vi un automóvil rojo que venía directamente hacia mí y luego cambió de dirección. Miré al conductor, que tenía su mano tapándose la boca, ¡como si no se pudiera creer que no hubiéramos chocado!

Llegué a casa, apagué la alarma y continué mi viaje. Mi amiga y yo hablamos de lo afortunadas que habíamos sido. El vehículo rojo hubiera chocado por su lado y podría haberla matado. En ese momento, la canción de Michael Jackson «I'll Be There» sonó en la radio y las dos empezamos a llorar. Sabíamos que habíamos sido protegidas.

Al día siguiente, llamé a mi compañía telefónica y me pusieron en el tono de espera. Estaba pensando en el incidente de la noche anterior. Les pedí a los ángeles que nos habían salvado la vida que quería darles las gracias personalmente.

Cuando el asistente de la compañía telefónica volvió a retomar la línea me dijo: «Disculpe por haberle hecho esperar, Sarah». Le contesté: «Perdón, ¿qué es lo que ha dicho?» y él me respondió: «Disculpe, quise decir Nicola, ¡no sé de dónde me ha venido ese nombre!». Yo sí lo sé. Sarah, mi hermana, está en espíritu y allí estaba mi respuesta. Ella fue mi ángel de la guarda esa noche y, por eso, estoy verdaderamente agradecida.

NICOLA FARMER

PREVENIDOS POR LOS ÁNGELES

SI NO HA LLEGADO TU HORA de morir o de que tengas un accidente, tu ángel de la guarda verá la forma de evitártelo. He escuchado historias de seres angélicos que, literalmente, sacaban a personas de una situación peligrosa. En este capítulo hay algunas historias increíbles en las que los ángeles han alertado a individuos o los han ayudado a que realizaran algo para evitarla.

PELIGRO DE INCENDIO

He aquí un par de ejemplos extraordinarios de ángeles salvando vidas
de personas al avisarles sobre el inminente peligro de incendio.

~

Cuando mi hermana y yo éramos jóvenes y vivíamos en Sudáfrica compartíamos una habitación. Una noche de invierno, extremadamente fría, tuvimos que poner un calefactor entre nuestras camas. A la mañana siguiente, temprano, algo me despertó. Vi una figura con una túnica blanca y el cabello largo rubio al lado de mi cama. Me di cuenta de que mi edredón había caído al suelo, encima del calefactor, y había empezado a quemarse. Me levanté de la cama y lo saqué. En ese momento no me di cuenta de que había visto un ángel.

Años después le conté la historia a mi hermana. Pensé que ella estaba dormida cuando sucedió, pero también había visto al ángel. Si no me hubiera despertado, ¡nuestras camas se hubieran quemado! Fuimos salvadas por ese ángel.

Caron

LA MANO EN SU HOMBRO

Y aquí su ángel, literalmente, la zarandeó para despertarla
y salvarla del peligro.

~

Mi sobrina estaba embarazada. Una noche se acostó dejando una pequeña vela encendida a su lado. Aunque estaba sola, se despertó durante la noche con la sensación de que alguien –o algo– le estaba zarandeando el hombro y se dio cuenta de que el edredón estaba ardiendo. Afortunadamente, acababa de empezar a arder y pudo apagarlo, pero si no se hubiera despertado en el momento en que lo hizo habría sido un infierno.

Mi sobrina cree que fue un ángel quien la despertó y le salvó la vida, a ella y a su bebé.

ANNE CONNOLLY EDC

EVITAR ACCIDENTES

Algunas veces me pregunto si, sin nuestros ángeles, ¡podríamos llegar sanos y salvos a nuestros destinos!

La primera vez que me crucé con la obra de los ángeles fue, años atrás, cuando viajaba por una carretera de la costa. Era casi invierno; el sol estaba bajo y la luz del sol incidía en mis ojos. De repente, vi una silueta en la carretera pero, cuando la estaba adelantando, desapareció. Miré a mi izquierda y había un ciclista en la carretera vestido de beis. Estaba totalmente oculto por la luz del sol y le hubiera atropellado si no me hubiera salido de la carretera para adelantar a mi desaparecido amigo ángel.

ALISON BENSTEAD

CONSEJOS DE CONDUCCIÓN

¡Cuando oyes una voz angélica, obedece sin rechistar!

Hace unas semanas iba de camino para visitar a mi madre, viajando sola a, aproximadamente, 80 km/h.

De repente, oí una voz que me decía claramente que me fuera al carril interior y que disminuyera la velocidad. Mientras lo hacía, pude ver que delante de mí había un gran caos; muchos vehículos se habían estrellado unos contra otros. Si hubiera estado en el carril exterior, a la velocidad que iba, yo también me hubiera chocado. Esa voz de los ángeles me salvó.

GLYNNIS

ESCUCHAR A MI ÁNGEL

*A menudo, esa voz silenciosa en nuestra cabeza es la guía de nuestro
ángel de la guarda. Escucharla puede salvarnos la vida, tal como
ilustra esta historia.*

Había salido de compras y la carretera que me llevaba de vuelta a casa obligaba a pasar por una rotonda muy transitada, para llegar a la autopista. Mientras me acercaba a la rotonda, el semáforo se puso en rojo y frené. Cuando el semáforo se puso verde, seguía inmóvil con el pie en el freno. Algo o alguien me dijo que me quedara donde estaba.

Estuve sentado frente al semáforo en verde durante lo que me parecieron años, aunque seguramente fueron sólo unos segundos. El conductor que iba detrás me tocó el claxon para que siguiera adelante y, mientras lo hacía, un camión articulado gigante apareció a gran velocidad y rugió al semáforo en rojo a mi derecha.

De no haber escuchado a mi ángel ese día, definitivamente, me habría matado, dado que estaba por completo en su camino. A día de hoy todavía no lo puedo explicar, sólo puedo suponer que fue mi ángel de la guarda.

Anon

LADRILLOS QUE CAEN

*He aquí otra historia que hace que me dé cuenta
de lo importante que es desarrollar nuestra conexión
con los ángeles.*

Iba conduciendo, con mi hijo recién nacido atado a una sillita en el asiento trasero. Adelanté a un camión muy grande cargado de ladrillos, que iba muy despacio. Cuando paré en el siguiente semáforo, el camión se puso a mi lado, por la izquierda.

En ese momento, oí una voz muy potente en mi cabeza que me gritaba que tenía que pasar el semáforo en rojo y que iba a estar a salvo. La voz continuó gritándome y me di cuenta de que tenía que escucharla, así que pasé el semáforo en rojo.

Cuando miraba por el retrovisor vi que todos los ladrillos del camión se habían caído en el carril en el que se encontraba mi vehículo, delante del semáforo.

Estaba muy alterada y supe que mi ángel de la guarda me había avisado de este peligro inminente. Ahora siempre escucho la voz que me habla.

TRACEY

PONTE LAS GAFAS

A veces, la voz de los ángeles es tan clara que sólo nos queda pasar a la acción.

Un día iba conduciendo a casa. Estaba empezando a anochecer. Normalmente, uso gafas para conducir, pero en esta ocasión no me las puse. Mientras conducía, una voz me dijo: «Ponte las gafas». Así que lo hice. Unos diez segundos más tarde, un vehículo se acercó rápidamente hacia mí ocupando mi carril de la carretera, después de adelantar en una curva.

Si no hubiera llevado las gafas puestas, no hubiera sido capaz de medir la distancia y de ponerme al otro lado justo a tiempo.

ANON

AVISO DE PELIGRO

Esta historia es un recordatorio de la importancia de protegerse uno mismo y a su vehículo mientras se conduce.

Cuando me subo a mi automóvil, siempre deseo tener un arcoíris de protección y que los ángeles me cuiden a mí y a mis pasajeros.

Una noche recogí a mi pareja y a su amigo. Estaba a unos pocos metros de una rotonda que teníamos que cruzar, así que iba despacio. Cuando llegué a la rotonda, una voz muy alta en mi cabeza me dijo: «¡Espera!». Miré a mi pareja, pero sabía que él no había dicho nada. No le hice caso y, como no vi nada, empecé a conducir por la rotonda. Otra vez, la voz alta dijo: «¡Espera!». Así que lo hice.

Mi pareja me preguntó qué pasaba; qué estaba esperando. En ese momento, un vehículo rojo nos pasó a toda velocidad, directo de la rotonda, sin reducir la velocidad. Si hubiéramos estado en la rotonda, hubiera habido una gran colisión.

Sé que fue mi ángel de la guarda quien miró fuera por mí, y se lo agradezco todos los días.

Karin Finegan EDC

UN GOLPE QUE ME HIZO IR MÁS DESPACIO
*Aquí se le advierte a alguien de una manera física
y su reacción le salva.*

~

Cuando viajo, siempre pido al arcángel Miguel que me proteja. Él me envía un destello de luz azul y sé que tengo su protección. Una vez, cuando estaba conduciendo, recibí un golpe fuerte en las costillas que hizo que condujera más despacio. Si no lo hubiera hecho, me hubiera salido de la carretera. Me sentí bendecida y se lo agradecí muchas veces.

Si aprendemos a ver, entonces vemos. Si aprendemos a escuchar, entonces escuchamos. Yo veo y escucho a los ángeles y les estoy muy agradecida por su paciencia y apoyo.

Carina

REDUCE LA VELOCIDAD
*Nuestros ángeles velan por nosotros cuando estamos conduciendo,
y escuchar puede salvarnos la vida.*

~

Hace algunos años, iba conduciendo por la autopista con mi marido y mi bebé. Iba a bastante velocidad por el carril exterior cuando una voz en mi cabeza dijo: «Reduce la velocidad». Lo hice justo en el momento en que un camión apareció por el carril interior delante de nosotros y entró directamente al centro de la autopista.

Por suerte, esa parte de la autopista tenía hierba en el medio, así que el camión disminuyó la velocidad y no terminó al otro lado de la carretera. El conductor logró enderezar el camión y, finalmente, se alejó.

Si hubiera mantenido la velocidad a la que iba, habríamos tenido un accidente terrible. No sé si fue mi guía o mi ángel, pero estoy muy contenta de haberlo escuchado.

CLAIRE SHEARMAN

DARSE CUENTA DE LA MANERA MÁS DURA

Muy a menudo desearíamos haber escuchado a nuestro guía angelical cuando nos damos cuenta de que, realmente, era para nuestro bienestar.

Mi amiga Christine y yo estábamos caminando hacia casa. Pasamos por delante del perro de nuestro vecino, que estaba sentado encadenado frente a su casa.

Christine se acercó a hacerle unos mimos. Me llamaba para que fuera, pero yo dudaba.

Claramente, escuché una voz que decía: «¡Quédate donde estás! ¡No te acerques al perro!». Me lo repitió tres veces. Christine siguió llamándome, así que fui a verlo: ¡y el perro me mordió en la oreja!

Y pensé: «¡Si hubiera tomado nota de la advertencia!».

Desde entonces, me prometí que confiaría en mi intuición y en mis ángeles. Me di cuenta de que la voz era la de mi ángel de la guarda tratando de protegerme. Estoy agradecida a mis ángeles. Fue una lección que nunca olvidaré.

¡Gracias, mis queridos ángeles!

CAROLINE

LLUVIA EN EL CAMINO

Los ángeles te ayudan siempre. Te facilitan la vida y hacen que fluya más cómodamente en todo tipo de formas.

Iba conduciendo a casa y cuando llegué estaba lloviendo un poco. Metí el automóvil en el garaje y, cuando iba a cerrar la puerta, escuché: «Date prisa, te estamos esperando», en un tono de voz más bien crispado. Cerré la puerta rápidamente y me di prisa para atravesar el jardín. Cuando entré en casa, de repente, cayó una tormenta tropical. Un segundo antes y habría quedado empapada.

Caminé hacia la ventana para ver la tormenta, diciendo «gracias».

MARY

GUÍA ANGELICAL

CONSTANTEMENTE, LOS ÁNGELES te susurran el camino que debes seguir. Normalmente, pensamos que son nuestros pensamientos y, algunas veces, lo llamamos intuición, pero por lo general es su voz en tu oído. Los ángeles tratan de encontrar formas de ayudarte para ir en la dirección correcta y para que hagas las mejores elecciones. No obstante, si no los oyes ni les respondes, te darán un empujoncito de otra forma.

CARTAS EMOCIONALES

Si te parece difícil conectar con los ángeles, a veces puede ayudarte mucho usar cartas de ángeles, de unicornios o de orbes para que te guíen.

Un día estaba molesta y sensible y no podía conectarme con los ángeles. Les pedí en voz alta que se conectaran conmigo porque necesitaba su ayuda.

Entré en la habitación donde tengo mis cartas de ángeles y uno de los juegos de cartas estaba en el suelo, lo que era extraño, dado que siempre los dejo ordenados y bien colocados. Lo tomé como una señal, abrí el juego y barajé las cartas.

Mientras lo hacía, dos de ellas cayeron de mi mano al suelo. Las leí y, gracias, ángeles: contenían la información perfecta para ayudarme con mi problema.

Ahora sé que si alguna vez me siento demasiado sensible para conectar con los ángeles en mi forma habitual, entonces puedo usar un juego de cartas para pedir orientación.

MARGARET MERRISON EDC

DAR VUELTAS EN CÍRCULO

Es muy interesante que, después de pedir ayuda a los ángeles, nos demos cuenta de posibilidades que, de hecho, debían estar disponibles antes.

~

Estaba en un automóvil que iba a un día de ángeles en Leeds. No conocíamos la ciudad muy bien, así que usamos nuestro GPS.

Encontramos la zona, pero no pudimos hallar la calle exacta. Le pedí al arcángel Miguel que nos mostrara el camino, e inmediatamente vimos un desvío a mano izquierda que no habíamos visto antes, y encontramos nuestro destino con tiempo de sobra. Le agradecimos a Miguel su ayuda.

Karen Singleton edc

INCITADO A PASAR A LA ACCIÓN

Si estás en sintonía con las plumas de los ángeles, ellos las usarán para asegurarse de que veas una y te incitarán a que pases a la acción, que será para tu máximo bienestar —incluso aunque pienses que no puedes permitírtelo.

~

En los últimos años, las plumas blancas se han manifestado más para incitarme a realizar algunas acciones. En un seminario en Londres, el profesor nos habló de los beneficios de asistir a un curso de formación de una semana.

Miré al suelo y vi una pluma blanca. «¿Cómo has llegado aquí?», pensé, y decidí que debía ser una señal de mis ángeles. A pesar de que deseaba asistir a este curso, el coste era considerable y estaba indeciso.

Me acerqué a la persona encargada de las inscripciones y le expliqué mi problema. Le mencioné la pluma blanca y sonrió. Ella veía frecuentemente plumas blancas y, como yo, las interpretaba como mensajes de sus ángeles.

Saqué mi tarjeta de crédito para pagar —y, de repente, me quedé paralizado de miedo cuando pensé en la reacción de mi padre— «malgastando» una gran suma de dinero en un curso de formación. Pedí asistencia divina: «Ángeles, si se supone que debo asistir a este curso, por favor enviadme una señal». Abrí los ojos e, instintivamente, giré la cabeza. Vi una pequeña pluma blanca planeando sobre el hombro de una mujer.

Era la confirmación que necesitaba; pagué mi depósito. Los ángeles me han ayudado en muchos momentos difíciles y continúan animándome cariñosamente.

DAVID MILLS

IMAGEN DE ÁNGEL

Los ángeles trabajan de diferentes maneras. Algunas veces nos urgen a que hagamos algo. En otras ocasiones nos ofrecen señales inequívocas o incluso nos dan un empujón que nos guía o nos hace pasar a la acción.

Pinté un cuadro en la iglesia de la localidad de Altea, en España, donde vivía. Cuando lo terminé lo colgué en la pared.

Un día se me ocurrió mirarlo y vi la silueta perfecta de un ángel. ¡Yo no lo había pintado! Era demasiado perfecto. Ni siquiera se me hubiera ocurrido pintar un rostro tan hermoso.

Consulté una web sobre ángeles para informarme más. Decía que tenía que pedir a mi ángel de la guarda que se presentara, para que pudiera conocerlo. Pedí: «Por favor, demuéstrame que estás ahí y que estás tratando de decirme algo». Cuando decía esto, la lamparilla de noche se apagó y todo lo que podía ver era una niebla brumosa y estrellas parpadeantes. Dije en voz alta: «Gracias. Sé que estás ahí».

Tuve el impulso de ir a ver a mi médico para que me hiciera una revisión y cuando lo hice descubrí que estaba en las primeras etapas de un cáncer de mama. Realmente creo que mi ángel estaba diciéndome que fuera al médico. Nunca me hubiera molestado en ir si no hubiera sido por ese cuadro y la lamparilla. Desde entonces, siempre le doy las gracias cuando me ayuda.

MARIE ORR

TODO ESTÁ EN LAS CARTAS

Escucha la orientación que te dan las cartas y después pasa a la acción.

~

Mi madre me compró para Navidad un juego de cartas de ángeles. Me encantaron desde el principio. Elegí la misma carta en tres ocasiones diferentes: TALLERES Y SEMINARIOS. El mensaje me estaba instando a que enseñara o asistiera a un taller para mejorar mi crecimiento espiritual.

Les pedí a mis ángeles que me dijeran qué querían decir. Mi madre encontró el curso de formación de maestros de Diana Cooper, que se iba a realizar en mi ciudad natal, en el Reino Unido, en las semanas siguientes. Estábamos las dos muy emocionadas y firmamos para hacer el curso de inmediato.

Susan

LOS ÁNGELES ENCUENTRAN EL CAMINO

*Si estás buscando orientación angelical, tanto si puedes oírlos como si
no, los ángeles encontrarán un modo de acercarse a ti.*

~

Teníamos una amiga muy querida que estaba luchando contra el cáncer. Yo estaba leyendo un libro sobre visualizaciones y había algunas que se utilizaban para curar la enfermedad.

Era como si alguien me susurrara al oído que debía enseñar ese capítulo a nuestra amiga. Algo me instó a echar mis cartas de ángeles y la carta que salió fue IDEA BRILLANTE. No tuve ninguna duda en recomendarle el libro.

Su marido me dijo que era la segunda persona ese día que le había recomendado ese libro. ¡Increíble! Muchas gracias a los ángeles que me orientaron para pasar este libro a una amiga tan querida.

Anon

LOS ÁNGELES ESTÁN AQUÍ PARA MÍ

*Cuando pedimos ayuda, los ángeles buscarán la manera de conmover
a alguien más para que nos ayude.*

~

Leo una carta de ángeles cada mañana y pido a los ángeles que me ayuden, me vigilen y me protejan.

Tuve la gripe y empezó a dolerme la cadera derecha. Mi médico me hizo una radiografía y los resultados mostraron una inflamación en la cadera.

Asisto a clases de yoga y le expliqué a mi profesor el tema de mi cadera y él improvisó una clase especialmente para mí. Me sentí muy conmovida por ello. Después, mientras estaba caminando hacia mi automóvil, una pluma blanca cayó flotando. Creo que fueron los ángeles diciéndome que siempre estarán ahí, que no me preocupe por mi cadera, ya que ellos velarán por mí y me protegerán siempre.

Luisa

RESUELTO EL MISTERIO DE EGIPTO
¡Qué mejor señal para orientarte en Egipto que una pirámide!

Era mi tercer día de un curso de profesores de ángeles. Salimos para dar un paseo de diez minutos por la naturaleza, pidiendo a los ángeles que respondieran a una pregunta durante nuestro paseo.

Pregunté si iba a formar parte del grupo que iría a Egipto con la Escuela Diana Cooper. Los ángeles me guiaron cuesta abajo, donde encontré algunas increíbles rocas cristalizadas.

Empecé a recoger las piedras y una voz interior me orientó para buscar una piedra triangular para formar el ápice de una pirámide. No me costó mucho tiempo, el cristal estaba allí esperando.

Al final de nuestro día, tomé las piezas de roca cristalizada y formé la pirámide en la entrada de mi casa, para acordarme del mensaje de los ángeles y para asegurarme de que, definitivamente, estaría presente en el encuentro del 11 de noviembre, en Egipto. Doy las gracias a los ángeles por su orientación permanente.

Thalia

SENCILLO CONSEJO PARA SALIR
DE LA DEPRESIÓN

Sólo acuérdate de invocar a tus ángeles.

~

Estaba reflexionando acerca de un negocio retador cuando, inesperadamente, recibí un correo electrónico de una maravillosa maestra de ángeles de Sudáfrica, con la lista de talleres que estaba dirigiendo.

Al final de su correo, había firmado con «P. D.: recuerda… invoca a tus ángeles». Y eso fue exactamente lo que hice. ¡Y funcionó! Es verdaderamente así de sencillo, y sé que mis días estarán llenos de amor, alegría, magia y milagros. Gracias.

KIM

NO HAGAS ESE VIAJE

A menudo, los ángeles nos guían a través de la tecnología. Si un correo electrónico no se puede enviar o algo no se puede abrir, pregunta a los ángeles si están tratando de decirte algo.

~

Estaba a punto de reservar por Internet un vuelo en clase turista a Londres. Pedí el billete y marqué el número de mi tarjeta de crédito. En la pantalla de confirmación de la reserva vi que el número de expedición de mi tarjeta de crédito estaba equivocado, así que lo corregí. Vino nuevamente la pantalla de confirmación con otro número errado (extraño). Volví a teclear el número una vez más para volver a ver otro número equivocado.

«Bueno, ángeles, si no queréis que tome ese vuelo, necesitáis ser más claros», pensé; y empecé de nuevo. La página web me pidió mi nombre y me ofreció un menú desplegable.

Cliqué la flecha del menú desplegable y sólo había tres opciones. La primera incluía los dos apellidos de mi madre; la segunda, el apellido de mi abuela materna y la tercera los dos apellidos de mi abuelo materno. Los ángeles no podían ser más explícitos.

Huelga decir que decidí no hacer ese viaje.

ANNA KNIGHT

UNA SEÑAL

Cuando es realmente importante para ti tomar un camino en particular, los ángeles se asegurarán de que recibas el mensaje de una manera que aceptarás y entenderás.

～

Cuando una amiga y yo estábamos tratando de desarrollar nuestro lado espiritual, nos sentimos atraídas por un curso de formación de ángeles. En Internet, encontramos la Escuela Diana Cooper y un maestro en Escocia, así que no debíamos viajar muy lejos. Sin embargo, cuando empezamos a hacer las cuentas con el hotel y los gastos de viaje, nos dimos cuenta de que iba a ser demasiado caro.

Llamé a mi amiga Jean y le estaba hablando de esto cuando Jean me gritó al oído que una gran pluma blanca le había caído delante de la cara. Supimos que debíamos hacerlo y que no debíamos preocuparnos por el dinero. Los ángeles nos ayudarían a encontrar una forma de conseguirlo.

MAIRI BECKETT EDC

LOS ÁNGELES ENCUENTRAN EL LUGAR

Soy una inútil con el tema de las direcciones. Normalmente, lo primero que hago es pedir ayuda a los ángeles.

～

Estaba yendo a una comida con los «trabajadores de luz» y llegué al hotel a la hora exacta, justo para darme cuenta de que estaba en el lugar equivocado. Hice algunas llamadas y me enteré de que el lugar del encuentro se había cambiado. Me dieron una información somera de cómo ir al nuevo hotel.

¿Eran los ángeles que me estaban diciendo que no fuera o esto era un reto diferente? Conduje a la dirección que me habían dado y me encontré atrapada en medio de un tráfico muy denso. Iba a darme por vencida y regresar a casa cuando hice lo que debería haber hecho antes. Dije: «Ángeles, si está bien que vaya a esta comida, llevadme al hotel».

Me dirigí hacia una calle menos concurrida di la vuelta a una rotonda para regresar a casa y justo delante de mí, ¡estaba el lugar! Obviamente, estaba destinada a ir y, de hecho, disfruté mucho.

DIANA COOPER

UN RASTRO DE PLUMAS BLANCAS

Los ángeles guían el camino.

~

Estaba dando un paseo con Diana Cooper en Malvern, y como estábamos ocupadas charlando, nos desviamos del camino. Nos desorientamos un poco sobre el camino de regreso, así que decidimos buscar plumas blancas. Fue increíble: primero apareció una, luego otra y otra más hasta que llegamos otra vez, de forma segura, al camino.

LESLEY SORRIDIMI

PALABRAS SABIAS

Ocurren cosas inesperadas en los momentos más sorprendentes para seguir adelante con nuestras vidas.

~

Estaba en una discoteca con mi novio pero, como él estaba charlando con unos amigos, estaba bailando sola. Otro chico se me acercó y empezó a bailar. Inesperadamente me besó, ¡justo cuando mi novio estaba mirando!

En ese momento, escuché una voz en mi oído diciendo: «Esto va a tener consecuencias», pero allí no había nadie. Creo que era un aviso de mi ángel y sí, tuvo una consecuencia. Mi novio me dejó, pero después me di cuenta de que fue algo bueno para mí porque, en el fondo, sabía que no le quería.

CLAUDIA POSCHL

MUÉSTRAME EL CAMINO

Cuando pides que te muestren el camino, sea metafórica o literalmente, los ángeles te lo enseñan sin falla.

~

He pedido ayuda a los ángeles durante muchos años. Una vez dudaba sobre qué dirección tomar y supe que mi desesperación me estaba haciendo imposible escuchar a mi intuición, así que pedí a los ángeles que me ayudaran.

Les dije de qué manera tenía la intención de ir y les pedí una señal. No pasó nada. Esperé y miré por mi ventana, y vi una pluma blanca pura que flotaba. Entonces, se posó en la rama que estaba delante de mí a la altura de los ojos y sólo cuando dije «gracias» salió volando. ¡No puedo explicar el sentimiento que tuve: fue genial!

LESLEY SORRIDIMI

DIRECCIONES

Cuando pueden, los ángeles envían una señal para guiarte,
como en esta historia.

No estaba segura de qué camino seguir para evitar las obras de la carretera. Tenía poco tiempo, así que pedí a mis ángeles que me ayudaran. Un vehículo cambió de carril y se puso delante de mí; me di cuenta de que su matrícula terminaba en LOW.[3] Así que me guie por eso y tomé el camino de «abajo». ¡No había obras en la carretera! Llegué a mi destino a tiempo. Si tenéis alguna duda, pregunta siempre a tus ángeles: te mantendrán en la dirección correcta.

KARALENA MACKINLAY EDC

TOMAR DECISIONES

He aquí una forma de conectar con los ángeles en busca de ayuda
para tomar una decisión rápida.

Estaba en un concurso de baile y me sentía en conflicto con la idea de competir. El estándar de baile era inferior al competitivo al que yo estaba acostumbrado, por lo que sentía que competir aquí era como hacer trampa. Mi compañero se molestó cuando le sugerí que nos retiráramos.

Le escribí a mi ángel de la guarda. Antes de pasar la página para recibir la respuesta, tenía la contestación: «Ve a por todas».

---

3. LOW significa «bajo». *(N. de la T.)*.

Había planeado dedicar mi baile a una persona especial llamada Preciosa. Poco después, vi a una camarera llevando una credencial con el nombre de Preciosa. Supe que tenía que bailar y disfrutar.

ANON

LOS ÁNGELES DAN CONFIRMACIÓN

MUCHOS DE NOSOTROS necesitamos comentarios positivos que nos digan que vamos por el buen camino. Los ángeles tienen muchas maneras de decirnos que estamos haciendo bien las cosas y que están con nosotros.

CANCIÓN EN LA RADIO

Confía en los ángeles y ellos te recordarán que están contigo.

Mi marido Ian, mi hija menor Vicki, y yo estábamos volviendo a casa después de pasar el día fuera, visitando a mi suegra. Empezó a nevar muy fuerte y el automóvil estaba derrapando por la carretera.

Siempre le pido al arcángel Miguel que proteja nuestro vehículo y todos los demás vehículos, así que estaba segura de que íbamos a estar bien. Ian no estaba tan seguro, pero Vicki estaba tan confiada que hasta se durmió.

Casi a mitad de camino la nieve aflojó. Ian encendió la radio y Robbie Williams estaba cantando a todo pulmón *Angels*. Otro recordatorio de que todo lo que tenemos que hacer es pedir. Los ángeles siempre están con nosotros.

ROSA

UNA MONEDA CAYÓ

Se necesita valor para hacer algo por la primera vez.

Estoy estudiando para ser médium, y estaba esperando para subir al escenario por primera vez. Les pedí a los ángeles que me protegieran y ayudaran. A mi alrededor había sillas vacías y no había nadie excepto un amigo mío, con el que estaba hablando.

Mientras charlábamos oí cómo tintineaba una moneda. Miré alrededor y encontré la moneda en el suelo, cerca de una de las sillas. Estaba muy emocionada. Antes había encontrado plumas y la moneda rara y les di las gracias a mis ángeles. Oír esa moneda cayendo fue fantástico. Huelga decir que mi experiencia en el escenario fue bien.

BELINDA

HUMO DE LA CHIMENEA CON FORMA DE ÁNGEL
Cuando pides a los ángeles que te confirmen que te han oído,
espera lo inesperado.

~

Era un viaje de dos horas conduciendo para empezar la segunda parte del curso de formación de profesores en la Escuela Diana Cooper. Pedí a los ángeles que me protegieran, que hicieran que mi viaje fuera seguro y que me permitiera llegar a mi curso relajada.

Entonces les pedí una señal, para que supiera que me habían oído. Casi inmediatamente empezó a salir humo de la chimenea de la fábrica delante de mí. Entonces se formó una imagen lateral completa con forma de ángel, con alas y aura. La imagen era inconfundible. Fue increíble.

PAULINE GOW EDC

ALETEAR
Cuando los ángeles están presentes, algunas veces, el aire revolotea
mientras mueven las alas.

~

Estaba preparando mi primer taller sobre ángeles. Varias veces tuve problemas de visión, o un pequeño movimiento de aleteo. Pensé que tenía algún problema en los ojos y lo ignoré.

Durante el taller todos los participantes sintieron un aleteo a su lado, así como alrededor de la sala. Entonces me di cuenta de que esos aleteos eran los ángeles. Los aleteos al lado de la gente eran los ángeles de la guarda y los otros eran ángeles que se habían acercado para ayudarme. Supe que estaban allí para darme confianza y decirme que esto es parte de mi camino en la vida.

Margaret Merrison edc

UNA SEÑAL

Algunas veces tienes que hacerlo sin importar el coste. Luego los ángeles encuentran alguna forma de conseguirte el dinero.

Quería ser maestro de ángeles. Me sentía muy atraído hacia ello. Sin embargo, ya me había comprometido a hacer un viaje de vacaciones bastante caro y sabía que no podía permitirme ambas cosas. Recuerdo que miré hacia el cielo diciendo: «¡Si queréis que haga esto, me vais a tener que proporcionar el dinero!».

Ese día, más tarde, recibí una llamada pidiéndome que hiciera un trabajo que no esperaba. Me pagaron casi el coste exacto del curso.

Sabía que estaba siendo divinamente guiado.

Anon

ÁNGELES TERRENALES

Y los ángeles te recuerdan que estás haciendo lo correcto.

Un par de colegas profesores y yo nos reunimos regularmente para hacer meditación y sesiones de sanación para ayudar al planeta. Iba conduciendo para encontrarme con ellos. En el camino, una furgoneta se detuvo delante de mí. Era de una empresa de jardinería y a los lados decía «ÁNGELES TERRENALES».

Mairi Beckett edc

TRANQUILIDAD EN UN LARGO VIAJE A CASA

Los ángeles buscan maneras de darte mensajes que tienen un significado para ti, aun cuando no signifiquen nada para los demás.

La relación entre mi hija y su pareja terminó y ella quería volver a Sudáfrica con mi nieta. Fui para ayudarlas.

Nos preocupaba que su expareja no permitiera a mi nieta salir del Reino Unido, así que le escribí una carta a mi ángel pidiéndole que nos trajese a todos, sanos y salvos, a casa. A pesar de algunas dificultades, logramos subir a bordo de nuestro vuelo.

Cuando el capitán habló por el interfono para presentarse, lo reconocí. ¡Nuestros abuelos eran hermanos! También sabía que era uno de los pilotos de más alto cargo. Entonces supe que mi ángel estaba con nosotros y que mi hija estaba haciendo lo correcto.

Anon

CONFIRMACIÓN INCREÍBLE
Confía en tu instinto.

~

Cuando vi por primera vez una pluma no sabía mucho sobre ellas. Actuando por instinto, le pregunté a mi colega, Mandy, quien me dijo que las plumas eran señales de mi ángel de la guarda.

Mandy me sugirió que contactara con un especialista en ángeles llamado Babs.

En el momento en que me dijo esto, Mandy se volvió hacia mí y me comentó: «David, mira al suelo». Para mi sorpresa, posada en la alfombra, entre nosotros había una pequeña pluma blanca. Supe que tenía que llamar a Babs. ¡Ésta fue una confirmación increíble!

David Mills

LUCES PARPADEANTES
Los ángeles están siempre ahí, escuchando nuestras conversaciones, preparados para decirnos cuando están de acuerdo.

~

Estaba en un restaurante con Diana Cooper hablando de su libro. Ya habíamos perdido un borrador por problemas informáticos. De ahora en adelante, le dije, me aseguraría de guardar siempre una copia de seguridad. En ese momento, las luces del restaurante parpadearon. Diana estuvo de acuerdo y dijo que ella también se aseguraría de guardar una copia. Las luces parpadearon otra vez, nos miramos y nos reímos. ¡Ambas recibimos la confirmación angelical de nuestra idea de guardar copias!

KARIN FINEGAN EDC

PLUMAS DE CONFIRMACIÓN

Tan pronto como te des cuenta del significado de las plumas, los ángeles te las traerán.

∿

Hace exactamente un año invité a los ángeles a mi vida y les pedí vivir en la luz y la paz. En dos semanas, mi vida cambió drásticamente.

Estaba trabajando como cocinero y estaba en la cocina con otro chef, Dave, un hombre con los pies en la tierra de Tyneside.[4] De repente, dio un grito. Un soplete grande se había caído en la freidora. Los dos pensamos que íbamos a morir, pero, finalmente, Dave, para nuestro alivio, se las arregló para recuperar el soplete. Reflexioné sobre lo valiente que había sido Dave. En ese mismo momento conseguí una pluma y se la di.

Más tarde, cuando salíamos del trabajo y nos metíamos en nuestros vehículos, él tocó el claxon y se despidió con la mano. Me dijo: «¡Estaba subiendo a mi automóvil y esto cayó en el asiento del pasajero!». Levantó una pluma blanca perfecta. «Qué significa eso?».

Le dije: «Tu ángel, simplemente, te está diciendo hola». Dave dijo: «Bueno, voy a guardarla aquí». Ambos nos alejamos con una enorme sonrisa. Fue un momento mágico.

KARRIE WALKER

MANOS DORADAS

¡Los ángeles tienen maneras mágicas de decirte que sigas adelante!

∿

---

4. Región del noroeste de Inglaterra. *(N. de la T.)*

Me convertí en un sanador de energía trabajando con sanación magnificada y reiki, y era un maestro profesional.

Le había llevado mis cuentas al contable. No estaba ganando lo suficiente para vivir y, sintiéndome más bien estresada, le dije a mi contable: «Bueno, de alguna manera, no he tenido un año especialmente bueno pero, por otra, ha sido muy gratificante, ¡tal vez debería dimitir!». Al decir esto, sentí un zumbido muy alto en mi oído izquierdo. El contable miró mis manos y dijo: «¡Nunca te des por vencida, tus manos se han vuelto DORADAS!».

Decidí seguir adelante, sabiendo que el reino angélico me estaba apoyando. Continúo manteniendo la fe.

ROWENA BEAUMONT

ROSAS DE COLOR ROSA
Una historia inolvidable.

～

Una señora llamada Mags vino a verme. Su hijo había sido asesinado, dejando mujer y tres niños pequeños. Dos años después, ella seguía en estado de shock y no podía entender por qué Dios había dejado que su hijo muriera.

Las sesiones eran difíciles, su dolor seguía en carne viva. Pedí a los ángeles que me guiaran y me inspiraran, y conduje a Mags en una visualización guiada con los ángeles. Le pedí que permitiera a su corazón sentir la energía de su hijo. Entonces él se puso delante y colocó dos rosas de color rosa en el centro de su corazón. Después de la visualización, Mags se sentó y empezó a llorar. Cada cumpleaños, Navidades, aniversario, día del Padre y Semana Santa siempre va al lugar donde su hijo murió y pone dos rosas de color rosa.

Éste fue un mensaje verdadero de su hijo, a través de los ángeles.

MARIEL FORDE CLARKE EDC

EN FORMA DE CORAZÓN

Tal como hemos visto anteriormente con las formas de la nieve, los ángeles pueden hacer formas con diferentes materiales para confirmar que estamos haciendo las cosas bien.

~

El año pasado organicé un taller llamado *Abriéndose hacia el amor superior con los ángeles*. A una de las participantes le pasó algo maravilloso: cuando se fue a su casa, hizo un ejercicio de liberación para manifestar las cualidades que quería atraer en el amor.

Cuando terminó, una forma de corazón perfecto había aparecido en el *vibhuti* (ceniza sagrada) que había estado utilizando.

ANNABELLA ONTONG EDC

EL BAR DE KATE EN CRETA

Siento que esta historia nos recuerda que debemos pedir la confirmación de los ángeles antes de dar un gran paso.

~

Mi compañero Pete y yo nos mudamos a Creta en 2009. Habíamos planeado un medio retiro y buscar trabajos ocasionales. Sin embargo, nos dimos cuenta de que necesitábamos más para ocupar nuestros días. Entonces, vimos un bar en venta cerca de nuestro pueblo. El propietario admitió que había dejado que el bar se hundiera, pero decidimos reflotarlo y, con cierto temor, empezamos con las cuestiones legales.

Justo antes de firmar el contrato, pedí a los ángeles que me confirmaran que estábamos haciendo lo correcto. Cuando entrábamos en el ascensor para ir a la oficina del abogado y firmar los papeles, había una pluma blanca en el suelo. Era justamente la garantía que necesitábamos.

Éste es nuestro segundo año con el bar y el bar vuelve a funcionar; así pues, gracias, ángeles. Los ángeles están contigo dondequiera que estés y siempre que necesites su ayuda y seguridad.

JANICE ATTWOOD EDC

SER UNO MISMO

Algunas veces, para que seamos nosotros mismos, necesitamos la luz verde de la confirmación.

~

Los ángeles me orientaron para que compartiera mi historia, así que he publicado un blog, invitando a todos mis contactos. Tenía la creencia errónea de que no estaba BIEN aceptar mi yo creativo, pero, al mismo tiempo, sabía que si iba a enseñar a otros sobre a uno mismo, entonces también tenía que estar dispuesta a ser vista por mí misma. Un amigo leyó mi trabajo y me envió un encantador y alentador mensaje. Lo tomé como la luz verde de los ángeles diciendo: «¡Ve a por ello, chica!». ¡Ahora varias personas se han suscrito a mi blog!

Jill Webster EDC

UNA SEÑAL MUY PERSONAL

No hay nada más personal que tu nombre.
Sonreí cuando leí esto.

~

Me sentía bajo mucha presión en el trabajo y me imaginé algunos cambios radicales, pero no estaba segura de que iba por el camino correcto. Me sentía agobiada mientras conducía a casa.

Envié un mensaje: «Por favor, enviadme una señal de que voy en la buena dirección». Un vehículo me adelantó y en su número de matrícula estaban mis iniciales: KF… 1UP. Me reí. Luego, otro automóvil que estaba parado también tenía mis iniciales: KF… UOK.

Mi ánimo cambió completamente. Luego otro vehículo se detuvo delante. Tenía mis iniciales KF. ¡Los ángeles se aseguraron de que iba por el buen camino!

¡Me he dado cuenta de que cuando estoy conduciendo, a menudo, aparecen automóviles con mis iniciales ¡cuando necesito darme una sacudida y dejarme de cavilaciones! Esto siempre me hace reír.

Karin Finegan EDC

LLENAR EL TEATRO

*Cuando tengas una visión, haz todo lo que puedas para conseguirla
e invoca a los ángeles para que te ayuden.*

~

Dirigí una obra teatral para niños: *El patito feo*. La escribí y la produje. Me sentía un poco agotada con todo hasta que un día me di cuenta de que podía invocar a los ángeles para que me ayudaran a llenar el teatro. ¡Qué oportunidad! Ese mismo día, salí del automóvil y, en el suelo, entre mis pies, ¡había una hermosa pluma blanca! ¡Es TAN impresionante tener a los ángeles de acuerdo! ¡GUAU! ¡Todavía siento escalofríos!

JULIE MUELLER

CONFIRMACIÓN EN UNA FOTOGRAFÍA

*Los ángeles encontrarán una forma de decirte que han
escuchado tu grito pidiendo ayuda.*

~

He sufrido dolor crónico durante los últimos cuatro años. Un día estaba llorando de dolor. Miré hacia el cielo y dije: «¿Dónde están todos esos ángeles que se supone están para ayudarme?».

Bajé la mano, toqué mi cámara y la levanté; miré a través del objetivo y enfoqué a uno de los girasoles del florero que había en mi mesa de café. Más tarde miré, y en medio del girasol había una E de color negro. Mi nombre es Eileen. Sabía que era una respuesta de los ángeles.

EILEEN REDMOND

DESINTOXICACIÓN DE MATERIAL

Me reí cuando leí esta historia.

~

¡Tengo la suerte de haber experimentado una desintoxicación de material! Los desintoxicadores (o ladrones) tuvieron la suerte de adquirir equipos electrónicos, artículos para el hogar y mi automóvil. Pedí asistencia divina y en unos pocos días estaba lista para reemplazar mi vehículo.

Le dije al vendedor de automóviles: «Para ser alguien que conoce poco de coches, estoy verdaderamente sorprendida de haber tomado una decisión tan rápida». Él respondió: «No se preocupe; ¡ha tomado la buena decisión!».

Cuando me senté en su oficina me dije a mí misma: «¡Ángeles espero que esté haciendo lo correcto!».

En el momento que puso el contrato delante de mí, una pluma blanca y suave cayó en la línea punteada del documento. Sabía que ésta era la confirmación que necesitaba. Sintiéndome muy bendecida y con mucha gratitud, firmé.

ANBIN EDC

CAPÍTULO 6

Consuelo de ángeles

Dado que los ángeles proceden del corazón de Dios, irradian tal compasión que pueden sanar y consolar a los seres humanos que están en apuros. En mis libros cuento historias de ángeles cantando sobre las personas para que su dolor desaparezca, o envolviéndoles con sus alas o, simplemente, tocándoles cuando están tristes. Los ángeles pueden llevarse nuestro dolor y traernos la paz y el equilibrio de muchas maneras. Las siguientes historias tal vez puedan ayudarte.

CONSEJO AMOROSO

He aquí la historia milagrosa de un ángel que aparece como humano
y da todos los consejos y el consuelo que se necesitan.

Recientemente perdí a un amigo muy cercano y estaba luchando para superar mi dolor. Habíamos reservado unas vacaciones en familia y, aunque era lo último que me apetecía hacer, sabía que tenía que ir por mi marido y mi hijo pequeño.

Fuimos a la playa. Uno de los adivinos me llamó la atención y sentí que quería ir a que me hiciera una lectura. El adivino tomó mi mano. Tenía unos hermosos ojos azules, pelo rubio largo y una piel bronceada. Me habló de mi amigo y me dijo exactamente lo que quería saber.

Mi marido y mi hijo, que habían estado dando vueltas por ahí, reaparecieron y me dijeron que me habían estado buscando por todas partes.

Me volví para dar las gracias al adivino, pero se había ido. Le pregunté a la gente de alrededor si sabía su nombre y cuándo iba a volver. Me miraron como si estuviera loca y me dijeron que allí no había nadie. Yo lo vi, mi marido y mi hijo lo vieron, pero había desaparecido.

Creo, de verdad, que era un ángel que fue enviado para consolarme.

Myra

AMOR TIERNO

Esta historia muestra cómo, en respuesta a las oraciones, los ángeles pueden alejar todos los sentimientos de tristeza, soledad o negatividad, porque tienen formas maravillosas de ayudarnos a sentirnos amados y consolados.

～

He tenido varias experiencias acerca de la presencia de mi ángel; he visto muchas y hermosas chispas opalescentes a mi alrededor. Cuando me siento sola o triste, rezo a los ángeles para que me alejen de esos sentimientos. Mis oraciones funcionan y al día siguiente me despierto sintiéndome más ligera y mentalmente renovada.

Una vez pedí a los ángeles que me dejaran sentirlos conmigo. Mis manos fueron apretadas tiernamente, con tal calor y amor, que mi cuerpo también se acaloró. Mis ángeles están siempre ahí y tus ángeles también están ahí para ti y quieren ayudar de la manera celestial que puedan.

Monica Orosco

TRANQUILIZADA POR UN CONTACTO ANGELICAL

Una pérdida o un duelo es, obviamente, devastador, pero esta historia comparte cómo los ángeles han ayudado a hacer frente a esos sentimientos.

～

En el funeral de mi amiga, su marido me pidió que dijera algunas palabras. Me sentí honrada de que me lo pidiera, pero estaba realmente nerviosa. Justo antes de que el sacerdote me llamara por mi nombre, sentí que alguien me soplaba al lado de mi cuello y el nerviosismo desapareció.

Caminé despacio hacia el púlpito y leí mis palabras con claridad y confianza.

Me sentí impresionada, sabiendo que la sensación del soplo de aire era un toque de confianza de un ángel diciéndome: «Puedes hacerlo».

VIV BARBOTEAU

CONSOLAR A LOS AFLIGIDOS

Sólo saber que los ángeles están ahí, puede ser un gran consuelo.

El final de 2007 trajo tristeza y confusión. Me vi obligada a desprenderme de cosas que me habían proporcionado alegría: animales queridos murieron; mi trabajo de voluntariado de masaje terminó; todas las cosas mecánicas de la casa quedaron en un punto muerto, incluido mi automóvil. Estaba cansada y agobiada. Usé las cartas de los ángeles para que me guiaran y me mostraron que necesitaba desprenderme de algunas cosas si iba a seguir mi verdadero camino. Cada día le pedía al arcángel Uriel sabiduría e inteligencia, y a Rafael curación emocional.

Una noche, bajo la luz de la luna, estaba recostada en mi tumbona del jardín, enfadada y al borde de las lágrimas. Sentí a los ángeles y tres espíritus rodeándome con su amor. Vi cómo una nube con forma de ángel pasaba delante de la luna, iluminándola con una luz plateada, brillante y resplandeciente.

SUSIE COOPER

PAZ Y TRANQUILIDAD

*No es sólo la cuestión de ser tocado por un ángel, sino la forma
en que el ángel tocó al narrador es lo que hace que esta historia
sea tan especial.*

Mi madre había fallecido y yo estaba en un momento difícil, intentado asumirlo. Una noche me despertó alguien tocándome el brazo. Al principio me asusté, pero después me di cuenta de que era mi madre. Me acarició exactamente de la misma manera que yo hubiera querido acariciarla en su funeral, antes de que cerraran el ataúd. A la mañana siguiente vi una luz blanca con un aura brillante alrededor. Me transmitió una sensación de calma y de paz. Me hizo sonreír.

Donna Rue

VISTA RECONFORTANTE

Si los ángeles te quieren reconfortar y recordarte su cariñosa presencia, pueden dejarte una pequeña pluma blanca.

~

Las plumas blancas se han revelado continuamente en mi vida, ofreciéndome consuelo cuando más lo necesitaba. Una mañana, recuerdo cómo me metía en el automóvil sintiéndome todavía angustiado por haber roto con mi novia. En el parabrisas, delante de mí, había una larga y brillante pluma blanca. No pude por menos que sonreír. Esto ha facilitado que mi estado de ánimo sea mucho más positivo.

David Mills

RECONFORTADO EN EL DOLOR

Cada persona encuentra consuelo o pruebas en algo diferente.

~

En uno de mis talleres sobre los ángeles, estaba hablando sobre las señales de los ángeles y la aparición de las plumas blancas. Más tarde, una de las señoras admitió que no estaba acostumbrada a creer en plumas blancas.

Entonces, cuando su hermoso gato anaranjado murió, se encerró en el baño y se sentó allí con su dolor. Una pluma blanca apareció flotando de la nada, cayendo desde arriba, y supo que su gato estaba a salvo, lo que la reconfortó.

Luego, eligió una carta del juego de dioses y apareció una imagen de Yvonne (mi nombre) agarrando un gato anaranjado. Ahora cree en los ángeles y ha capturado con su cámara de fotos sus propias señales de ángeles en las nubes.

Yvonne

LOS ÁNGELES VELAN POR MI HIJA

Me encanta oír a los niños pidiendo a los ángeles
ayuda y protección. Hubiera deseado conocer a los ángeles
cuando era más joven.

~&

Mi hija, de 14 años, se fue de intercambio escolar a Francia. Algunos de los chicos compraron cohetes, réplicas de armas, cigarrillos y vodka. Cuando los profesores lo descubrieron, todos los estudiantes fueron interrogados.

Muchas de las chicas, incluida mi hija, empezaron a llorar. Mi hija se fue a dar un paseo por los jardines del colegio, cuando empezó una tormenta eléctrica. Pidió a los ángeles que protegieran a sus amigas y que a ella la mantuvieran a salvo.

Algo hizo que se detuviera y mirara hacia el cielo oscuro. Vio algo dando vueltas y vueltas en el aire, descendiendo cada vez más. Era una hermosa y perfecta pluma blanca. Cayó delante de ella.

La pluma le hizo sentir que, de verdad, los ángeles la estaban escuchando y protegiendo. Eso le ayudó a pasar un momento muy difícil.

MAI WORTH

TRANQUILIZADOR

En esta historia se abre el tercer ojo de Dawn y ella describe
el proceso de su apertura.

~&

Mi nieto se cayó, accidentalmente, sobre mi frente (el tercer ojo), lo que me provocó una conmoción cerebral. Creo que la conmoción cerebral activó mi tercer ojo, que se abrió completamente.

Al año siguiente, me operaron para extirparme un tumor benigno en el párpado. Durante mi «sueño crepuscular» provocado por la anestesia que me pusieron para operarme, vi la imagen de mi mejor amiga. Me sonrió, haciéndome saber que la operación iría bien. Me sentí reconfortada y supe que los ángeles me estaban cuidando.

DAWN

LOS ÁNGELES Y UNA MADRE E HIJO ANGUSTIADOS

Verde es el color del arcángel Rafael, el ángel de la sanación.

~

Llevé a mi hijo Jack a su revisión anual con el médico. Nos advirtieron de que le debían extraer algunas muestras de sangre para hacerle la prueba de varias alergias. Cuando le extraían la sangre, me puse de pie, detrás de él, acariciando su cabello mientras él lloraba.

En el momento en que la aguja penetró en su brazo, la habitación se quedó en silencio. Jack dejó de llorar y todo estaba en calma. Sus ojos se volvieron de un increíble color verde. Estamos conectamos en el amor y la protección y supimos que los ángeles estaban con nosotros.

Es un «saber» que conservo a día de hoy. Somos muy afortunados de estar caminando con los ángeles y de haber escogido estar aquí, en la Tierra, en esta época tan emocionante.

Taryn Van Der Merwe

UN ÁNGEL TRAE EL ESPÍRITU DEL MARIDO DE MI AMIGA

El acontecimiento que describo en la siguiente historia fue una de mis primeras conexiones con los ángeles y fue un momento muy especial para mí.

~

En la colina cerca de mi casa, en una pendiente alejada, encontré una mata de violetas blancas. Al día siguiente, cuando una amiga vino a tomar el té, supe que tenía que enseñárselas. Le dije que tenía algo que mostrarle, sin contarle de qué se trataba.

En cuanto las vio, su rostro se iluminó. Me sorprendió ver un ángel blanco tan puro con el espíritu de un hombre de pie, al lado de la mata de flores, pero no dije nada. Entonces mi amiga me dijo que una médium le había dicho que su difunto marido la estaría esperando donde crecen las violetas blancas.

Mi amiga se emocionó muchísimo y yo apenas podía creer que los ángeles hubieran traído a su marido para reunirse allí con ella.

Diana Cooper

CONSUELO

Cuando sabes que los ángeles están contigo, hay una gran sensación
de alivio y consuelo.

~

La gente que nos alquilaba la casa se fue de repente, sin previo aviso y, después de ver cómo habían dejado la casa, mi marido y yo estábamos bastante enfadados. Cuando regresábamos a casa, en la puerta del porche, había una pluma blanca en medio del suelo. ¡Qué consuelo!

PENNY WING EDC

EL ÁNGEL ESPECIAL DE UNA FAMILIA

La siguiente historia es sobre un ángel de bronce
que se encontró en un sitio inesperado y tenía una energía
especial para esta familia.

~

Ryan, André y yo fuimos de vacaciones a Namibia. André encontró un ángel de color bronce y oro. Es hermoso y, obviamente, muy antiguo.

Nuestro nieto pequeño, Kevin, había nacido prematuramente cinco semanas antes. Su estado era crítico y André llevó el ángel al hospital. Pasamos el ángel a su alrededor y rezamos. Operaron a Kevin esa noche. Una semana después le dieron de alta.

Cuando cada uno de nuestros hijos se casó, pusimos el ángel en la mesa donde firmaban el registro.

Durante las obras que hicimos en nuestra casa, pusimos el ángel en un lugar seguro, pero luego no pudimos encontrarlo. Los padres de Kevin se iban a casar y Kevin iba a ser bautizado al mismo tiempo.

Le dije a André: «Necesitamos ese ángel con nosotros; sería una bendición para esta pequeña familia especial». ¡André miró en una caja al azar y allí estaba!

Cuando nuestro hijo se casó, nuestro ángel fue con nosotros. El funcionario del servicio de matrimonios dijo: «¡Oh! El arcángel Miguel».

SANDRA

PROTECCIÓN ANGELICAL

*Los ángeles pueden dejar un aroma
para hacerte saber su presencia.*

~

No tuve una niñez feliz; pasé mucho tiempo en mi habitación. Afortunadamente, tenía algunos vecinos encantadores, a los que visitaba con frecuencia. La escalera que llevaba a su departamento tenía un olor único que me hacía sentirme tranquila, querida y protegida.

Cuando tenía unos treinta años, fui a ver a mi médico porque tenía unos lunares en la cara y me aconsejó que me los quitara. La noche antes de mi operación, me sentía muy nerviosa. Enseguida volví a sentir el aroma de mi niñez y me sentí tranquila, querida y protegida. Cuando me dirigía a la clínica, me volví a sentir ansiosa, pero entonces el aroma volvió. Di las gracias a los ángeles porque supe que me estaban protegiendo. No sentí dolor y no se encontró ningún cáncer.

WENCHE MILAS

CRISTALES DE SEGURIDAD

*Los cristales conservan una energía especial y mucha sabiduría. Vienen
cuando los necesitas y desaparecen cuando han acabado su tarea.*

~

Una mañana me sentía un poco triste por circunstancias personales. Mientras me estaba arreglando, vi algo en la alfombra. Era mi piedra lapislázuli, que no había tocado ni movido de su sitio durante años. Fue un mensaje poderoso para mí porque este tipo de cristal te recuerda que siempre hay luz en la oscuridad. Sin duda, me levantó mi estado de ánimo.

KARALENA MACKINLAY EDC

FELIZ Y AGRADECIDA

*Esta historia es un recordatorio para pedir a los ángeles ayuda y guía
cada día y para recordarte que tienes que darles las gracias por lo que
has recibido.*

~

El otro día fui a la terapeuta de masaje de mi localidad. Tuvimos una pequeña charla y me contó su experiencia con los ángeles. Cada día les pedía que la guiaran y ayudaran, especialmente en su trabajo, y cada tarde les daba las gracias por su ayuda.

Me dijo: «En un año hay 365 días y, gracias a los ángeles, la mayoría de esos días me siento feliz».

CORNELIA MOHR EDC

ALGO EXTRA

¡Comprueba siempre si hay plumas!

Estaba realmente muy confundida cuando una relación que tenía terminó de forma inesperada. No lo había visto venir y estaba en estado de shock. Sabía que necesitaba la ayuda de los ángeles, así que los llamé para que me apoyaran. Dos días después estaba en la cola del supermercado; todavía aturdida, cuando la señora de la caja dijo, mientras revisaba mis huevos: «Mire, le ha tocado algo más; hay una pluma ahí».

Sabía que los ángeles estaban haciéndome saber que estaban allí por mí. Fue muy mágico y especial.

GILLIAN WEBSTER EDC

LUZ BLANCA

Algunas veces, la luz angélica viene para dar confianza
y aumentar la energía.

Era una época terrible en mi trabajo y estaba de baja por enfermedad. Durante ese período, mi querido padre falleció. Una mañana no podía dormir y fui a hacerme una taza de té. En el salón había un retrato mío de niña. Una luz blanca brillante cubría la mayor parte del retrato. Lo miré un momento y me acerqué. ¿Qué pasaría si lo tocaba? ¿Se quedaría o se iría esa luz?

Lo toqué esperando que desapareciera, ¡pero no se fue! Estaba sorprendida. Abandoné el salón y cuando regresé, ¡la luz brillante se había ido!

Nunca había visto algo tan bello. Desde entonces, ha ocurrido tres veces. Creo que mi padre está a mi alrededor, asegurándome de que todo va a ir bien y de que siempre estará conmigo.

BERNICE

UNA COLUMNA DE LUZ

Cuando estás desesperada y gritas pidiendo ayuda, los ángeles siempre responden.

Me acababa de mudar y me estaba divorciando. Mi marido anuló todos los pagos y no tenía ni idea de cómo iba a pagar los gastos de la mudanza y, menos aún, de cómo iba a vivir sola. Mi nueva relación se caía a pedazos. Estaba acostada en mi cama llorando de desesperación. En ese momento, sentí que una columna de luz llegaba del techo a mi espalda y alguien me cogía de la mano tranquilizándome. Sentí calidez, paz, fortaleza y positividad: todas las cualidades que necesitaba.

Encontré nuevos amigos y me conecté con personas encantadoras. Descubrí los libros de Diana Cooper. A través de los CD de Diana conocí a mi ángel de la guarda Zacarías y él me está ayudando a sanar mi corazón.

CAROLINE CAMERON

UNA PLUMA EN EL LAVAVAJILLAS

La vida en la Tierra puede ser una experiencia retadora, especialmente cuando estamos creciendo espiritualmente y aprendiendo lecciones arduas.

Era un tiempo de desesperación y estaba sola en casa. Fui a la cocina y saqué los platos del lavavajillas. Más tarde, cuando abrí el lavavajillas, había una pluma blanca, perfecta, en el estante superior. No estaba allí cuando recogí los platos limpios. La pluma no estaba mojada, estaba seca y exquisita en todos sus detalles.

Ésta fue una afirmación de que los ángeles estaban conmigo y eso me proporcionó un gran consuelo. Todavía me produce un enorme consuelo la pluma del lavavajillas, y cuando pienso en ella, sé que no estoy sola.

JANICE

CONSUELO EN EL MOVIMIENTO

Es verdaderamente aterrador sentirse sola y perdida en un país extraño, especialmente cuando eres joven. He aquí un recordatorio de que cuando lees un libro sobre los ángeles te convence para que aceptes su ayuda.

A los 19 años me trasladé a España para aprender español y trabajar como «au pair».[5] En el viaje de autobús que iba desde Madrid a Salamanca estaba extremadamente ansiosa y me sentía perdida. No osaba salir del autobús, ya que no entendía nada y tenía miedo de bajar en la parada equivocada.

Estaba leyendo un libro sobre guías espirituales y ángeles de la guarda. Cuando llegamos a Salamanca, vi las dos torres de la catedral bajo un sol radiante. Inmediatamente supe que todo iba a ir bien y abandoné toda ansiedad. Aquí es cuando empecé a rezar, de forma regular, para pedir protección.

BRITTA

ALAS DE ÁNGELES

LOS ÁNGELES IRRADIAN AMOR desde sus corazones y esta energía es a menudo vista como alas. Cuando te envuelven con esta energía de amor, puedes sentir como si te estuvieran envolviendo con sus alas.

---

5. «Au pair» es una expresión francesa usada para denominar a la persona acogida temporalmente por una familia a cambio cuidar a los niños. (*N. de la T.*)

LOS ÁNGELES ORQUESTAN UN ENCUENTRO

Los ángeles, junto con nuestros guías, organizan
encuentros y sincronicidades.

Tengo una amiga que no había visto a su padre desde que era un bebé. Descubrió, siendo adulta, que su familia, deliberadamente, le había impedido que se reuniera con él. Se sentía muy rabiosa y triste.

Se dio cuenta de que yo vivía cerca, a poco más de un kilómetro de su padre. Los ángeles me hicieron sentir que debería organizar un encuentro en mi casa, dado que era territorio neutral, con ella y con su padre. Congeniaron muy bien y fue para los dos una sanación de corazón y alma.

El padre de mi amiga murió poco después. Más tarde, ella supo por su carta astral que sus almas estaban tan entrelazadas que no habría podido completar su destino si no hubiera tenido una estrecha conexión con él durante su vida.

Diana Cooper

EN EL LUGAR ADECUADO, EN EL MOMENTO CORRECTO

Los ángeles encuentran maneras de asegurarse de que estamos en el
lugar adecuado en el momento correcto.

Fui a una lectura de «flores» y la médium me dijo que contara las flores que estaban abiertas y cerradas y que significarían algo para mí. Les pregunté a mis ángeles y me pidieron que apuntara en mi diario las fechas que coincidieran con el número de flores que tenía. Cuando se estaba aproximando una de las fechas, enfermé con paperas. Me sentía muy mal y no trabajaba, estaba en cuarentena, así que no podía visitar a mis padres.

Mi padre no se encontraba bien; lo estuve llamando cada día mientras estaba enferma. Al quinto día me sentí mejor, pero ese día mi madre me llamó por teléfono para decirme que mi padre había sufrido un infarto. Murió antes de que llegara a su casa. Me di cuenta de que era el día que había marcado en mi diario cuando me leyeron las flores. En ese momento, sentí que los ángeles nos rodeaban a mi madre y a mí, envolviéndonos en las alas de su amor. Si hubiera estado en el trabajo, no hubiera podido ir allí, para consolar a mi madre. Gracias, ángeles, por ayudarme a estar en el lugar adecuado, en el momento correcto.

JANIS ATWOOD EDC

ABRAZADO POR ALAS DE ÁNGELES

Los ángeles nos guían para contactar con la familia lejana, tal como ilustra esta encantadora historia.

Mis padres rompieron traumáticamente poco tiempo después de mi nacimiento y no tuve ningún contacto con mi padre o con su familia. Cuando me casé, tuve un sentimiento muy fuerte de que debería contactar con su familia.

Encontré a su madre y quedamos para vernos. El encuentro fue emotivo, y cuando la miré a los ojos, sentí que, por fin, había encontrado un afecto maravilloso y un espíritu afín.

Me quedé destrozado cuando murió poco tiempo después. Sentí un dolor en mi pecho y lloré. Sentí un enorme abrazo a mi alrededor, como si estuviera rodeado de amor. Era consciente de la sensación de las plumas; era un abrazo angelical y me quitó el dolor. Sé que mi ángel de la guarda me estaba ayudando.

ANON

DAR CONSUELO

Los ángeles no sólo dan consuelo, sino que también ayudan con la realidad física.

Mi madre falleció, y mientras estaba arreglándome para ir al funeral, pedí a los ángeles que estuvieran conmigo todo el día, para apoyarme, protegerme y guiarme.

Durante la misa, coloqué mis gafas de leer demasiado lejos. Había que cantar otra canción y las necesitaba para leer la letra, pero no podía alcanzar mi bolso. En cuanto empezó la canción, cada línea surgió claramente en mi vista, como si hubiera una luz brillante, por lo que pude leer y cantar sin problemas.

Cuando estábamos de pie alrededor de la tumba, me sentí en paz, como si alguien hubiera puesto una capa alrededor de mis hombros. Fue una experiencia increíble. Di las gracias a los ángeles por colocar sus alas a mi alrededor. Se quedaron conmigo el resto del día.

ELIZABETH C

LAS ALAS DEL ARCÁNGEL RAFAEL

El arcángel Rafael es el ángel de la abundancia y de la plenitud cósmica. Él te permite tener en tu aura las cualidades que atraen lo que necesitas para tu bienestar.

Tenía unos treinta y pocos años y estaba viviendo una época muy difícil. Mi marido estaba muy enfermo y no podía trabajar. Teníamos tres hijos de menos de cinco años y no teníamos casi dinero. Teníamos que pagar la hipoteca y estaba desesperada.

Estaba sentada en el baño, llorando, porque todo me parecía muy deprimente, cuando tuve la sensación de que un ser muy grande estaba conmigo en la habitación. Puso sus alas a mi alrededor y sentí el color verde. Me sentí reconfortada y supe que no estaba sola. Tuve ayuda a lo largo de mi camino. Desde entonces, tengo una conexión cercana con el arcángel Rafael. Conseguimos ayuda y todo fue bien.

ALEJA FISCHER EDC

MI ABUELA

Algunas veces tienes el privilegio de experimentar a los ángeles cuando vienen a recoger el espíritu de un ser querido. Ellos también envuelven con amor a los afligidos.

Estaba muy unida a mi abuela; ella era mi roca. No me podía imaginar sin ella. Le encantaba verme. Después del pequeño infarto que sufrió, necesitó cuidados las 24 horas al día durante un tiempo.

Hasta que un día me puse al lado de su cabecero, justo cuando estaba dando su último aliento. Me senté junto a ella y sentí cómo un ángel me bañaba con su amor y me cubría con una manta para consolarme. Los ángeles me estaban diciendo que estaban cuidando a mi abuela y que no tenía que preocuparme. Se la veía muy tranquila. Era un privilegio para mí estar allí, en el momento de la muerte de mi abuela, ya que fue una experiencia muy hermosa.

Rowena Beaumont

UNA NUBE DE ALAS DE ÁNGELES

A veces, un ángel descansa en el cielo, encima de ti, y hay nubes alrededor, dejando una nube ¡con forma de alas de ángel!

En la misa de la tarde del Día de Anzac,[6] acababa de mirar para arriba y, para mi sorpresa, en el cielo había el mayor par de nubes imaginable con forma de ángel. Lo único que podía hacer era mirar y mirar ese magnífico paisaje.

De todos modos, era un día especial, pero ese paisaje lo hizo absolutamente mágico. Todavía me siento muy afortunada de haber visto esas alas. Tenía que escribir esto.

Robyn Lee

APOYO PARA UN FUNERAL

En el momento oportuno, los ángeles envuelven a alguien con sus alas, como una manta de consuelo.

El cuerpo de mi tía se trajo a casa la víspera del funeral. A pesar de mi intensa emotividad, estaba decidido a mantener mis sentimientos bajo control.

---

6. Anzac Day es un día nacional en Australia y Nueva Zelanda que conmemora a todos los que sirvieron y murieron en la guerra. (*N. de la T.*)

Quería escuchar las palabras del sacerdote mientras la bendecía y llevaba hacia la luz. Si hubiera empezado a llorar, no hubiera podido parar. Le pedí apoyo a mi ángel de la guarda y a mi unicornio y era consciente de una fuerte energía que me envolvía en una manta suave. Me sentía totalmente reconfortado y capaz de llorar por mi tía y ser testimonio de un ritual de despedida importante para ella.

ANON

LAS ALAS DE SANACIÓN ME ARROPAN
Cuando los ángeles arropan a las personas, invariablemente, ellas sienten que sus corazones han sido curados.

~

Mi primera experiencia de ver un ángel fue después de haber tenido un accidente de tráfico. Tenía mucho dolor en el cuello y en la espalda y me sentía destrozada.

Estaba acostada en mi cama con dolor cuando me di cuenta de un ruido. Cuando miré al cielo vi a un ángel muy hermoso volando hacia mí. Primero me asusté pero el temor desapareció cuando el ángel aterrizó justo a mi lado y me arropó con sus alas. Me sentí tranquilizada y querida; así como sorprendida de la visita que había experimentado.

SARAH

BIENESTAR Y ALEGRÍA
Éste es un ejemplo de cómo, cuando los ángeles te rodean, te aportan una sensación de paz que, tal vez, sea inexplicable, pero que tiene un valor incalculable.

~

Hace algunos años, durante las vacaciones, sentí, por primera vez, la presencia de un ángel a mi lado. A pesar de que la experiencia fue un poco desconcertante, tuve la sensación de que era cuidada y ayudada. Mis encuentros con los ángeles son algo que realmente no puedo explicar o entender correctamente (¡y está BIEN que así sea!), pero continúan siendo una cálida y tranquilizadora parte de mi vida.

AS, ABERDEN

LAS ALAS DE MIGUEL

*Estar arropada por las alas del arcángel Miguel es la más
maravillosa de las experiencias.*

¡Nunca olvidaré mi primera experiencia con Miguel! Fue durante la meditación diaria, cuando me estaba capacitando en Aura Soma. Un par de las más puras alas blancas de ángel se ciñeron a mi alrededor con tanta fuerza que me faltaba el aliento. Las alas tenían varios centímetros de grosor y podía ver una espada larga y fuerte.

Mi profesor me dijo que había sido bendecida con un «abrazo» del arcángel Miguel y «la gran voluntad había bendecido a la poca voluntad».

Ha habido muchos hechos similares desde ese día; muy a menudo siento el viento de las plumas contra mis brazos, como si estuviera sujeta-da por detrás por alas angelicales.

Wendy

MIGUEL TRAE CONSUELO

*Invoca al arcángel Miguel con intención pura y él hará lo
que sea necesario.*

Estaba haciendo una sanación de reiki a una señora. No lo sabía entonces, pero ella estaba viviendo una relación terrible, como yo. Tal era así, que tuve que tomar un trozo de cuarzo rosado y ponérselo en el chakra del corazón. Le pedí al arcángel Miguel que nos guiara y nos protegiera a las dos.

Entonces vi un par de alas enormes que nos envolvía a las dos y al sofá. La señora empezó a llorar suavemente; obviamente, un desahogo. Ésta fue la experiencia más maravillosa que he tenido jamás. Podía sentir la presencia de Miguel detrás de mí, envolviéndonos a las dos. Todavía se me pone la carne de gallina al pensar en ello.

Lesley Morgan

LAS ALAS DE PROTECCIÓN DEL ARCÁNGEL MIGUEL

Una vez que has sido tocado por el arcángel Miguel, nunca más volverás a dudar.

~

Estaba trabajando en la plataforma y oí a un ser supremo. Entonces, alas gigantes de protección me envolvieron y supe que el arcángel Miguel estaba presente. Una mujer, que estaba a mi lado, empezó a llorar porque yo estaba llorando. Le había dicho que trabajo con los ángeles desde hace años. Sin embargo, por primera vez, sentí su poderosa presencia a mi alrededor. Desde esa noche, nunca he tenido dudas. Estoy sorprendida, incluso ahora, mientras escribo sobre esto.

Monique Guy

LAS ALAS SANADORAS DE RAFAEL

La luz sanadora del arcángel Rafael es de un hermoso color verde esmeralda y siempre tienes una sensación muy especial cuando recibes confirmación de su apoyo angelical.

~

Mientras le estaba haciendo reiki a un cliente, tuve una sensación de que debía invocar al arcángel Rafael por su ayuda. Cuando puse mis manos en su cabeza, mi cliente dijo: «Oh, esas hermosas alas blancas acaban de envolver mi cabeza y puedo ver un color verde esmeralda».

Rafael escuchó mi oración.

Eloise Bennet EDC

ÁNGEL EN LOS PÁRAMOS

Letty se sentía muy conectada al Himalaya de su vida pasada y a otros lugares.

~

Un año después de la experiencia de Letty con el ángel del Himalaya (descrita en un capítulo posterior), una amiga la llevó a Dartmoor, una zona que le gustaba mucho. Su amiga se bajó del vehículo para ir a dar un paseo, pero Letty se sentía demasiado indispuesta para acompañarla.

A decir verdad, se sentía tan mal que no podía mantener los ojos abiertos y decidió cerrarlos y llevar sus pensamientos hacia el Himalaya. Tan pronto como hizo eso, se sintió saliendo de su cuerpo, y no se enteró de nada más hasta que volvió. Cuando regresó, se sintió absolutamente bien.

Cuando su amiga volvió de su caminata dijo que, al principio, se sintió obligada a alejarse del vehículo, pero cuando estaba un poco lejos sintió el sonido de unas alas enormes sobre el automóvil y un ángel volando, en dirección al Himalaya.

TAL COMO SE LO CONTARON A DIANA COOPER

CAPÍTULO 7

Ángeles viajeros

ÁNGELES EN AVIONES Y TRENES

Las siguientes historias nos recuerdan que un pensamiento enviado a los ángeles puede protegernos de las turbulencias en un vuelo. Lo he hecho muchas veces y funciona. Así pues, aquí están las historias que muestran diferentes formas de pedir.

PEDIR UN VUELO SEGURO

Siempre hay centenares de ángeles alrededor de los aviones esperando para ayudarte.

Estaba viajando a una reunión de la Escuela Diana Cooper. Antes de tomar el avión, les pedí a los ángeles, como siempre hago, que el viaje fuera seguro y rápido. Subí al avión y empecé a leer un libro. Después de un rato, atravesamos unas turbulencias y el avión empezó a moverse bastante. Sonriendo para mis adentros, me dije, relajadamente, en mi cabeza: «Necesitamos un centenar de ángeles más aquí, por favor». De inmediato, el avión paró de moverse y el vuelo continuó sin problemas. ¡Gracias, ángeles!

Kari Nygard EDC

153

EL PODER DEL PENSAMIENTO
Envía a los ángeles y todos tus miedos desaparecerán.

~

En un vuelo al monte Shasta, atravesamos muchas turbulencias y me estaba poniendo nerviosa. En lugar de preocuparme, empecé a enviar sanación y pedí a los ángeles que cuidaran de nosotros y que calmaran el avión. Las turbulencias pararon y tuvimos un vuelo tranquilo.

MARGO GRUNDY EDC

LOS ÁNGELES HACEN QUE UN VIAJE EN AVIÓN TRANSCURRA SIN PROBLEMAS
Los ángeles trabajan con el elemento del aire para calmar las turbulencias.

~

En un viaje de Málaga a Bristol nos pidieron que mantuviéramos nuestros cinturones abrochados porque iba a haber turbulencias. La tripulación nos avisó de que esperaban que fueran peor cuando viajáramos sobre el mar. Mi respuesta inmediata fue invocar al arcángel Gabriel para pedirle ayuda. Visualicé millones de ángeles sosteniendo el avión y, entonces, me puse a leer mi libro tranquilamente. Para mí, no fue ninguna sorpresa que las turbulencias se detuvieran y que fuéramos capaces de relajarnos y disfrutar de un viaje tranquilo.

CHRISTINA

UNA INVOCACIÓN AL ARCÁNGEL MIGUEL
Pedir ayuda a los ángeles realmente funciona.

~

Mi sobrina tenía que volar a Nueva York. A ella ya no le gustaba volar cuando el tiempo no era bueno, o sea que, cuando el piloto anunció que había turbulencias y el avión empezó a agitarse, estaba realmente aterrorizada. Se acordó de mi consejo de pedir protección al arcángel Miguel y le pidió que mantuviera el avión estable. Las sacudidas pararon al momento. El vuelo tuvo dos episodios más de turbulencias pero, en cada una de las ocasiones, volvió a pedir al arcángel Miguel que ayudara y pararon instantáneamente. ¡Recibí una llamada de teléfono de ella gritando: «¡Funciona, realmente funciona, Miguel me ayudó!».

Suzan Newman

EL AVIÓN ESTÁ LLEGANDO

Todos los aviones están acompañados por ángeles,
que anuncian su llegada.

❧

Me pareció muy reconfortante la última vez que viajé de casa a Dublín. Cuando el avión estaba aterrizando vi a cinco ángeles llegar y alinearse en formación de «V». Cuando el avión aterrizó, los ángeles se acercaron juntos en su forma de «V». Estaba encantada de saber que son muy organizados y que nos acompañarían en nuestro viaje.

Ann

UN COMPLICADO VIAJE EN TREN

Un suceso puede ser inevitable, de manera que incluso los ángeles no
pueden cambiarlo; pero, si has pedido protección, pueden ayudarte a
salir ileso o, por lo menos, a escapar con el daño mínimo.

❧

Siempre pido a los ángeles que me mantengan a salvo mientras trabajo. En un viaje en tren cerca de Edimburgo, la ventana que había a mi lado estalló y los cristales rotos se esparcieron por todo el vagón; pero, milagrosamente, ninguno de ellos me llegó a tocar. Me habían evitado. Agradecí a los ángeles su protección.

Kari Nygard edc

ÁNGELES EN EL CAMINO

AYUDA PARA EL AUTOMÓVIL

Los ángeles pueden usar el poder de tu conexión silenciosa con ellos
para arreglar las cosas.

❧

Una mañana tenía una cita urgente y me quedé frustrada cuando vi que mi vehículo no se ponía en marcha. Mi marido trató de empujarlo cuesta abajo, por la colina donde vivimos, pero no había un solo atisbo de vida en la batería. Mi marido caminó hasta el garaje más cercano para pedir ayuda, dejándome en el vehículo.

Me conecté con mi ángel de la guarda y le pedí ayuda. Le di la vuelta a la llave del encendido e, inmediatamente, el motor se puso en marcha.

Imaginen la cara de mi marido cuando me detuve a su lado y le dije que subiera; los ángeles lo habían arreglado. Los dos estábamos sorprendidos y se lo agradecimos enormemente. Mientras estábamos conduciendo, ¡en la radio empezó a sonar *Angels*, de Robbie Williams!

Jennifer Thomas

ENVIAR AYUDA EN LA NIEVE

Incluso en circunstancias aparentemente imposibles, en medio de la nada, si pides ayuda, los ángeles te la enviarán. ¡Confía!

Mi hijo me pidió que lo llevara, a él y a sus amigos, a una fiesta. Antes de salir, coloqué la protección alrededor del automóvil. Conduje cuidadosamente, ya que las carreteras estaban cubiertas de hielo e íbamos por una estrecha carretera rural. Un vehículo venía hacia nosotros y me paré para dejar que pasara. Me puse en marcha de nuevo, pero mi automóvil se deslizó hacia una zanja llena de nieve.

«¡Ángeles!», llamé, é inmediatamente un vehículo llegó. El conductor tenía una cuerda, pero tenía problemas para dar la vuelta al automóvil y sacarnos de allí. Entonces llegó otro vehículo, un todoterreno, que era más indicado para tirar de nosotros que el primero.

Todo el mundo se puso a ayudar y, finalmente, el automóvil estaba de nuevo en la carretera. Les agradecí a todos ellos que fueran unos «ángeles» muy serviciales.

Uno de los chicos comentó desde el asiento trasero: «¡Esto es lo que se supone que debería ser, todo el mundo ayudando, juntos, como uno solo!».

Kari Nygard edc

SANO Y SALVO EN EL AUTOMÓVIL GRACIAS A LA AYUDA DE LOS ÁNGELES

Si invocas a los ángeles, ellos pueden susurrar
a otras personas para que hagan lo que sea
para tu máximo bienestar.

～

Una mañana, mientras llevaba a los niños a la escuela, me resbalé con el hielo de la carretera y choqué con mi automóvil. Los niños estaban bien, pero yo estaba un poco alterada al ver los daños de mi vehículo. Inmediatamente, pedí ayuda a los ángeles.

Mientras se reparaba mi automóvil, la compañía de sustitución de mi seguro dijo que me dejarían un vehículo más pequeño, de tres puertas. Con un bebé de dos meses y dos niños pequeños, no era práctico, pero, desafortunadamente, eso era todo lo que me cubría el seguro. Sin embargo, cuando el vehículo de sustitución llegó, ¡tenía cinco puertas! Estaba sorprendida –pero no tan sorprendida y asombrada como cuando encontré una pluma blanca descansando debajo del freno de mano.

El mecánico que reparaba mi automóvil cambió algunas piezas oxidadas y peligrosas que parecía que estaban esperando que sucediera un accidente. Si no hubiera chocado, esto no se habría detectado y hubiera sido la posible causa de un accidente más grave. ¡Gracias, ángeles!

Susan

UNA LECCIÓN DE CLARIDAD

Me reí cuando leí esta historia. Los ángeles nos dan lo
que pedimos, ¡así que tenemos que ser muy claros sobre
lo que queremos!

～

Años atrás pedí a los ángeles que me consiguieran un aparcamiento delante de una tienda de la ciudad. Cuando llegué a mi destino, había un maravilloso espacio, pequeño, justo en el sitio que les había pedido. El problema era que tenía un vehículo familiar y el espacio era demasiado pequeño. Tuve que dar las gracias a los ángeles y, después de todo, encontrar otro lugar para aparcar.

Aunque ahora tengo un automóvil más pequeño, todavía pido a los ángeles, de forma muy específica, un espacio grande de aparcamiento en el que pueda entrar y salir fácilmente. ¡Funciona!

MARGARET MERRISON EDC

DESCONECTAR DE RUIDOS ESTRESANTES
¡Primero pide a los ángeles que te ayuden!

Estaba yendo a un curso de formación para profesores de ángeles en la Escuela Diana Cooper. A los veinte minutos de camino, el vehículo empezó a hacer un ruido chirriante.

El ruido, que pensé que podía ser de la correa del ventilador, continuó y empezaba a ponerme nerviosa. Dado que era un curso de formación para profesores, sabía que necesitaba llegar relajada y concentrada. Les pedí a los ángeles que me ayudaran. Les expliqué la situación y por qué necesitaba un día sin estrés.

Tan pronto como pedí ayuda a los ángeles, el ruido cesó. Les di las gracias por hacer que mi viaje fuera tranquilo y continué, sintiéndome en paz, relajada y preparada para mi formación sobre los ángeles.

PAULINE EDC

MANOS INVISIBLES Y SEGURAS
En épocas de grandes dificultades y de ansiedad, los ángeles hacen todo lo que pueden para allanar nuestro camino.

Durante los últimos 18 meses, mi marido había estado muy enfermo. Necesitaba ayuda constante y yo estaba muy preocupada y agotada. Durante mis múltiples viajes al hospital era como si mi vehículo fuera conducido por manos invisibles y seguras. Siempre encontré un sitio para aparcar delante de casa. ¡Normalmente, es prácticamente imposible estacionar allí!

Cuando el estado de salud de mi marido se agravó, recibí una llamada de emergencia del hospital. Llegué allí sin incidentes, justo antes de que mi marido falleciera. Estaba profundamente emocionada y agradecida a los ángeles, que me ayudaron durante esos meses difíciles.

Erika Bellini

LOS ÁNGELES NOS LLEVAN A CASA

Los ángeles no pueden evitar lo inevitable, ¡pero pueden ayudar a que ocurra en un momento mejor!

Estábamos viajando en una autocaravana desde Francia a casa, en Inglaterra, cuando una rueda se reventó. ¡La otra rueda trasera también estaba a punto de reventarse ¡y sólo teníamos una de repuesto! No fuimos capaces de encontrar una rueda de recambio, así que decidimos arriesgarnos a volver a Inglaterra. Pedí ayuda a los ángeles y que nos llevaran sin peligro a suelo inglés.

Llegamos al Reino Unido. Cuando íbamos a casa, la rueda reventó. Llegó la grúa y puso la autocaravana en el remolque y a nosotros en un taxi.

En la autopista vimos un camión que tenía unas letras grandes, en uno de los lados, que decían ÁNGEL. Mi primera reacción fue «Guau, qué coincidencia», pero entonces me reí de mí misma. ¡Siempre le estoy diciendo a todo el mundo que este tipo de cosas no son coincidencias!

Wendy Overall

DIRECCIÓN ASISTIDA BLOQUEADA

Cuando viajes, pídele siempre al arcángel Miguel que te proteja. Como pudimos ver en la historia de la familia que viajaba a casa desde Francia con las ruedas estropeadas, él puede organizarlo para que, por lo menos, lo inevitable sea manejable.

Mi marido y yo regresábamos de nuestras vacaciones. Justo cuando estábamos acercándonos a casa, la dirección del automóvil se bloqueó completamente. Afortunadamente, fuimos capaces de «deslizarnos» hasta casa. Le di las gracias al arcángel Miguel por mantenernos a salvo.

Barbara Howard edc

LIMITACIÓN DE DAÑOS

He aquí un encantador ejemplo de ángeles que protegen de posibles daños al vehículo de un hombre.

~

Después de haber asistido a uno de mis talleres sobre ángeles, una señora estaba realmente entusiasmada y le habló a su marido sobre eso. Él no estaba convencido. Sin embargo, aceptó el angelito que ella le compró para su automóvil, para mantenerlo a salvo.

Más tarde, su marido estaba dando marcha atrás en un aparcamiento cuando otro vehículo chocó con él por detrás. Se produjo un golpe fuerte, así que él esperaba que hubiese muchos daños. Los hubo, pero todos en el otro vehículo. El suyo apenas tenía un rasguño. No se lo podía creer: parecía imposible. Cuando se metió de nuevo en el vehículo, algo le llamó la atención: su angelito se había partido por la mitad. ¡Ahora está tan entusiasmado con los ángeles como su mujer!

Elizabeth Harley edc

LOS ÁNGELES DEL TRÁFICO

Los ángeles ayudan a que desaparezca el estrés de conducir en medio de un embotellamiento.

~

En una visita reciente a Johannesburgo, alquilé un vehículo. Les pedí a los ángeles que me facilitaran el camino y que me llevaran a salvo a mi destino. Conduciendo por la autopista, con una tormenta bastante fuerte, me pasé de mi salida y tuve que dar la vuelta. Debido al desgaste de la carretera, era una maniobra difícil. Después de esperar un cuarto de hora, sin que hubiera ninguna interrupción en el tráfico que me permitiera entrar, dije en voz alta: «Ángeles, necesito entrar AHORA, por favor».

Un taxi de color amarillo brillante se detuvo a mi lado. El conductor me miró y entró directamente en el tráfico y me di cuenta de que ésa era mi respuesta. Rápidamente lo seguí, me pegué a él y me uní al tráfico. Me eché a reír con un «¡Gracias, ángeles, gracias, gracias!». Poco después estaba en casa disfrutando de una taza de té.

Jenny Hart edc

ÁNGELES SALVAVIDAS

Los ángeles pueden recogerte y darte prisa para alejarte
del peligro, como muestran
las dos historias siguientes.

～

Estaba en Bristol, en un curso de inglés. Una noche, fui a cruzar la carretera, pero calculé mal la velocidad de un vehículo que venía. Mi único pensamiento fue: «Oh, este automóvil va muy rápido, me va a atropellar». De repente, empecé a moverme a una velocidad que no sabía que tenía, y llegué al otro lado de la carretera. El vehículo no me pilló por los pelos. La amiga que estaba conmigo dijo: «¡Pensé que ibas a morir!». Respondí: «¡Yo también!».

En ese momento estaba totalmente tranquila y la bendición de esa situación sólo me chocó años después.

BRITTA

LOS ÁNGELES SALVAN A MI HERMANO

Los ángeles tienen, realmente, el poder de levantarte
y alejarte del peligro al instante.

～

Mi hermano, que vive en Madrid, empezó a cruzar una carretera y estaba aproximadamente a dos metros cuando, de repente, se encontró nuevamente en la acera, viendo cómo un vehículo pasaba a gran velocidad.

BRITTA

AUTOMÓVIL EN LLAMAS

Aquí, el arcángel Miguel se las arregla para que se descubra el fuego
cuando el vehículo está parado. No puede evitarlo,
pero puede limitar el daño.

～

Mientras íbamos en el automóvil, mi marido y yo notamos un olor a quemado y pensamos que alguien estaba haciendo una hoguera. Cuando mi marido entró en una tienda, dejándome en el vehículo, pensé que había visto humo saliendo del capó pero lo descarté, pensando que era el humo que salía del tubo de escape de otro automóvil.

Cuando regresó, le mencioné que había visto humo. Entonces, ¡vimos llamas saliendo de debajo del capó! Afortunadamente, él tenía un extintor y le fue posible de apagar el fuego. En ese momento, ¡vio una pluma blanca en el motor!

Los ángeles continuaron ayudándonos. La compañía de seguros quería dar de baja el vehículo, pero mi marido reclamó y cambiaron su decisión y pagaron la reparación. Gracias, ángeles.

BARBARA HOWARD EDC

LOS ÁNGELES SALVAN MI VIDA

En situaciones extremas, los ángeles se moverán;
la cuestión es salvar tu vida.

~

Mientras me estaba adelantando, una piedra del tamaño de una pelota de fútbol pequeña salió de la rueda del camión de delante. Se dirigía directamente a mi cara. Grité y resoplé en estado de shock y de horror, pero en una fracción de segundo, la piedra viró a un lado, rompiendo mi espejo retrovisor lateral. Sé que, ese día, mi ángel de la guarda me echó una mano para salvarme la vida y le estoy eternamente agradecida por su intervención.

BLENDA BRIGGS

162

CAPÍTULO 8

Ángeles y animales

Los animales se elevan igual que lo haces tú y la forma en que los tratas afecta tanto a su viaje espiritual como a tu ascensión. El arcángel Fhelyai es el ángel protector de los animales: pídele que ayude a animales concretos o a los animales en general. Fhelyai es de un color amarillo brillante, que se vuelve blanco puro si está enfocando energía en un animal en particular. Uno de los ángeles del arcángel Fhelyai estará siempre presente, cuando un animal muera, para apoyarle y reconfortarle. Como también lo hará uno de los ángeles del arcángel Azriel, que vela por todos los nacimientos y las defunciones.

ÁNGELES Y VACAS

Las VACAS llegaron a la Tierra desde Sirio, en tiempos de la Atlántida Dorada, para ofrecer su leche, que entonces era la frecuencia perfecta para los seres humanos, y para traer curación. Necesitan nuestro amor y respeto.

RECONOCER EL PROPÓSITO DIVINO EN EXPERIENCIAS DIFÍCILES

Nada pasa por casualidad. Todo está orquestado por los reinos superiores. Los animales te sirven para estar en el lugar adecuado en el momento correcto.

～

Hace mucho tiempo, mi amigo Sean vivía y trabajaba con los pobres de Brasil. Sean odia toda crueldad contra los animales, así que este suceso le disgustó profundamente. Había estado conduciendo unas ocho horas y era de noche. En Brasil, los animales dormían en las carreteras porque estaban calientes, así que los conductores, viajando en la oscuridad tenían un código: un destello de los faros significaba que, más adelante, no había nada en la carretera, dos señalaban que habían reses en la carretera.

Sean no había visto ningún vehículo durante horas, así que no tuvo ningún aviso; antes de darse cuenta de lo que estaba pasando, había atropellado a una vaca. Estaba profundamente disgustado, dado que le había roto una pata. No tenía ningún medio a su alcance para ayudarla, así que tuvo que dejarla.

Sean seguía disgustado cuarenta años después y no sabía por qué había pasado; había rezado a Dios para que le protegiera durante el viaje y le había pasado ese lamentable incidente. Le sugerí que, posiblemente, Dios o los ángeles le habían puesto la vaca en su camino por alguna razón. Él pensó sobre ello y exclamó: «Oh, Dios mío, un poco más adelante, la carretera se había hundido en un barranco. Pude pasar, pero porque iba conduciendo muy lentamente. Si hubiera ido a la velocidad a la que iba (antes de atropellar a la vaca), hubiera tenido un accidente terrible».

Los ángeles nos ayudan de las maneras más increíbles, incluso si necesitamos años para entender exactamente lo que hicieron.

EL GLEESON EDC

ÁNGELES Y CABALLOS

Los CABALLOS llegaron a la Tierra desde Sirio, para experimentar alegría y libertad. Se ofrecieron a servirnos, con la intención de que se montaran sin silla ni bridas, pero tratamos de controlarlos. No obstante, todavía nos curan y ayudan.

ÁNGELES QUE SALVAN CABALLOS

Cuando nos preocupamos y cuidamos a criaturas que son vulnerables, recibimos «buen karma» y nos pasan cosas positivas.

Un día estaba lloviendo y había lombrices en el campo, fuera de mis establos. No quería que mis caballos las pisaran, así que me pasé diez minutos moviendo a todas las lombrices para que estuvieran a salvo.

Cuando llevé a los caballos al campo, un sonido repentino los asustó y corrieron por el camino, hacia la carretera principal. Estaba aterrorizada de que recibieran un golpe y causaran un accidente, por lo que, rápidamente, recé a los ángeles para salvarlos a cambio de mi gesto de mover a las lombrices. Una gran ráfaga de viento cerró, de repente, la puerta del fondo, poniendo fin a la carrera de los caballos. Los metí de nuevo en el campo y volví para abrir la puerta. Una pluma blanca estaba enganchada en el pestillo de la puerta.

REBECKA BLENNTOFT

UNA CASA DE SANACIÓN

Cuando les pedimos alguna cosa con una intención pura, los ángeles nos ayudaran a conseguirlo, tal como se ilustra en esta encantadora historia.

Las plumas blancas son para mí una señal segura de que los ángeles están conmigo. Tuve dos caballos muy enfermos que tenía que cuidar. Los establos que alquilé se habían deteriorado y recé a los ángeles para que pudiera encontrar un lugar tranquilo y sanador para ellos a un precio razonable.

Un día, cuando iba conduciendo, mi vehículo se abalanzó hacia la izquierda, a la entrada para automóviles de una casa muy grande. La estaba rehabilitando una pareja que, normalmente, vivía en el extranjero, pero, por casualidad, ese día el marido estaba allí. Le pregunté si le podía alquilar los establos y él, inmediatamente, dijo que si, ya que quería que alguien le echara un ojo al lugar.

Era un sitio tranquilo y rodeado de árboles. Cuando trasladé a mis caballos allí, el campo y los establos estaban cubiertos de plumas blancas.

Encontré dos copas en el cuarto de los aperos, con la palabra «DIVINO» escrita en oro.

Rebecka Blenntoft

LOS ÁNGELES CONSUELAN A UN CABALLO

Cuando se trabaja con ángeles, tal como hace Aleja, ellos ayudan a tus animales de manera automática, ya que les transmiten su amorosa resonancia a través de ti.

∼

Tenemos una yegua grande, que suele tener miedo cuando sube al remolque. Estuvimos entrenándola y trabajando con ella y, paulatinamente, se fue calmando con este tema.

La última vez que la metimos en el remolque, salió con pequeñas plumas blancas enganchadas en su manta y alrededor de sus patas. Mi hija dijo: «¡Oh, mamá, mira, hay plumas blancas por todos los lados! Los ángeles están aquí para ayudarnos». Sabía que tenía razón; mi ángel de la guarda y el de mi caballo estaban con mi yegua y la tranquilizaron.

Aleja Daniela Fisher edc

UNICORNIO Y JINETE

Los ángeles te ayudarán a ti y a tus animales a hacer lo más adecuado.

∼

Mi hija tiene un caballo blanco que tiene poderes de sanación y que sé que se convertirá en un unicornio. A los dos les encanta saltar y van a las competiciones de salto ecuestre. En su primera competición, llegamos tarde y las cosas empezaron a resultar muy estresantes, a pesar de que nosotras tratamos de estar tranquilas. Entonces me fijé en dos pequeñas plumas blancas que había en el suelo cerca de nuestro remolque. Se las enseñé a mi hija mayor y le expliqué que los ángeles nos estaban ayudando.

Llegamos al campo de salto cinco minutos antes de su turno. Calentó a su caballo con rapidez y entonces la llamaron por su nombre. Ganaron la competición. Dimos las gracias a los ángeles por su ayuda.

Aleja Daniela Fisher edc

LA MUERTE DE *GEANNY*

Esta historia es un recordatorio conmovedor de la importancia de conversar con tu animal o, si no, de conectarte con él.

~

Geanny era una maravillosa Halflinger, una yegua austriaca de cría. Era cariñosa y amable y particularmente buena con los niños. Con el tiempo, *Geanny* enfermó y sé, por mi conexión con ella, que había aceptado que había llegado el momento de irse. Trabajamos con el arcángel Rafael, la Madre María, el arcángel Fhelyai y la Llama violeta dorada y plateada para que le ayudaran.

Geanny quería esperar a que mi hija estuviera lista para aceptarlo, pero al principio, mi hija no estaba de acuerdo, así que le expliqué lo que *Geanny* había dicho. Todos pedimos una guía superior y le pregunté a Dios si realmente era el momento de que *Geanny* dejara el planeta. Lo era, así que llamamos al veterinario, que aceptó ayudarla a morir esa noche.

Llevamos a cabo una ceremonia maravillosa para ella. Llamé a muchos ángeles para hacer la limpieza y su liberación. El veterinario le dio un sedante a *Geanny* y la colocamos suavemente en el suelo. Entonces, mi hija acarició y acunó su cabeza y vi cómo su alma abandonaba su cuerpo.

Al día siguiente, contacté con el alma de *Geanny* y me dijo que estaba definitivamente bien y feliz. Me agradeció todo lo que habíamos hecho por ella y todo nuestro amor. *Geanny* nos visita a menudo. Su tiempo físico en la Tierra ha acabado, pero estoy segura de que está muy bien haciendo lo que esté haciendo ahora.

ALEJA DANIELA FISHER EDC

ÁNGELES Y DELFINES

UN REGALO DE CUMPLEAÑOS DE LOS DELFINES

Los ángeles trabajan con los delfines.
También con la energía del sonido.

~

Había reservado un viaje en barco para ver los delfines. Coincidió con el día de mi cumpleaños: ¡qué regalo de cumpleaños! Cuando nos pusimos en marcha, el cielo estaba nublado, el mar movido y me temía que no veríamos ningún delfín. Les pedí a mis ángeles que me enviaran delfines y todo el grupo empezó a cantar en voz alta a los mares. Los marineros rieron y dijeron que eso nunca había pasado antes.

¡Funcionó! El viento se calmó, un cielo azul apareció y, con un grito, alguien señaló a un delfín nadando con su bebé. Fue un momento maravilloso y me conecté, de verdad, con los delfines. Les di las gracias a mis ángeles por su ayuda al traerme a los delfines.

GILLIAN WEBSTER EDC

LOS ÁNGELES RESPONDEN
A LA QUIETUD

Ésta es una ilustración profunda de ser plenamente uno con los ángeles de la naturaleza y los animales.

～

Nuestro lugar habitual de dru yoga no estaba disponible, así que, en su lugar, nos dirigimos al río que había cerca para experimentar el yoga en la naturaleza. Encontramos un lugar encantador a la orilla del río. La propietaria de una casa cercana y su perro se dirigieron hacia nosotros, claramente preocupados. Le explicamos nuestras intenciones y se fueron.

El sol brillaba y el río formaba pequeñas ondas. En el campo, una yegua y su potrillo corrían y jugaban alegremente. Vimos un ciervo no muy lejos.

Decidimos hacer una meditación observacional con los ojos abiertos. Empecé mi observación mirando las variedades de arbustos, árboles y flores.

Cuando volví mis ojos hacia el agua, me di cuenta de que había dejado de fluir y que estaba en calma. La yegua y el potrillo estaban mirándonos totalmente quietos. El ciervo se unió a ellos, de pie, completamente inmóviles. En ese momento, un martín pescador apareció. Las abejas zumbaban y el olor a hierba fresca penetraba en el aire.

Justo cuando pensaba que el mundo no podía ser más hermoso, una pluma blanca apareció flotando en el cielo y aterrizó en la palma de mi mano izquierda.

Cuando terminamos, la señora con el perro regresó y nos dijo que volviéramos cuando quisiéramos. Fue un final perfecto para un momento ideal.

MARION CRICHTON

ÁNGELES Y PÁJAROS

TODAS LAS CRIATURAS ALADAS son portadoras de mensajes de los ángeles. Los pájaros vienen de Sirio. Algunos son tridimensionales y pertenecen a un grupo de almas, pero aquellos que están más desarrollados, como águilas, loros y cisnes, han personalizado y son pentadimensionales. Ninguno de ellos está aquí para aprender; todos están para enseñarnos. El arcángel encargado de los pájaros es el arcángel Bhokpy.

LOS PETIRROJOS EN TANTO QUE ÁNGELES

Los pájaros son mensajeros de los ángeles y pueden aportar un gran consuelo.

Pasé un período muy difícil tras la muerte de mi madre. Recogí flores y bulbos de su jardín y me los llevé a casa y, aproximadamente seis semanas después, pensé que era mejor que los plantara. Me sentía desconsolada, las lágrimas inundaban mi cara. Mi dolor era terrible.

En ese momento, un petirrojo se posó en la valla, cerca de la puerta. Giró su cabeza hacia un lado y me miró con sus pequeños y brillantes ojos. Fue increíble y muy bonito; voló directo a mí. Sé que me lo enviaron para decirme que mi madre estaba muy bien donde estaba. Me sentí mucho mejor. Los ángeles adoptan diferentes apariencias.

SUE WALKER EDC

PLUMAS...

Aquí hay una manera muy positiva y hermosa de mirar la muerte de un pájaro como la transición hacia algo realmente bueno.

Un día me desperté y encontré cientos de plumas en mi jardín. Después, hallé tres más de camino a mi estudio. Miré por la ventana y vi otra pluma blanca que venía del cielo. Me pregunté qué querrían decir todas esas plumas. A la mañana siguiente, mientras iba a la oficina, una bandada de palomas voló sobre mi cabeza. Una de ellas cayó a mis pies. La levanté y murió en mis manos. ¡Había de buscar el significado! Encontré un libro de símbolos, que decía que pájaros y plumas eran un símbolo para: *algo nuevo en mi vida, el espíritu de la vida, el alma, la transición de un mundo o estado hacia otro.* Unos días después, un hombre nuevo llegó a mi vida; un sanador espiritual.

Wenche Milas

MENSAJES DE LOS PÁJAROS

Ésta es una maravillosa historia de pájaros que traen el amor de los ángeles para ayudar a un padre querido a morir y para reconfortar a los afligidos.

~

Mi padre, la persona más amable y atenta del mundo, murió. Había una ola de frío extrema, con temperaturas que llegaban a los −6°C. Mi padre adoraba a los pájaros y los alimentaba y se ocupaba de ellos en cualquier parte del mundo donde se encontrara.

Estaba sentada con mi familia, cuando empezamos a escuchar el canto increíble de un pájaro, como un coro al amanecer, sólo que ésta era una noche helada de invierno. A la noche siguiente, el canto empezó de nuevo, exactamente en el mismo momento, y duró dos horas.

Creo que éste fue un mensaje de los ángeles para decirnos que todo iba bien y que mi padre era feliz. Los ángeles todavía se presentan ante mí como pájaros. Las golondrinas, que mi padre amaba, vuelan sobre mi cabeza. Hay petirrojos y otros pájaros en el jardín que están tan domesticados que casi me hablan.

Sharon

UNA PALOMA BLANCA TRAYENDO PAZ

Las palomas traen el amor y la paz de los ángeles. En esta historia,
Elizabeth recibió su inconfundible energía.

~

Un día, cuando caminaba a casa, me sentí increíblemente triste y sola. Mi madre había muerto recientemente y, además, había sufrido un accidente de trabajo. Miré hacia arriba y vi una hermosa paloma blanca, posada en una cornisa mirando directamente hacia mí. Era un espectáculo inusual en el corazón de la ciudad. Me sentí flotar de amor y paz, y mi ánimo se recuperó. Miré al suelo y vi, a la altura de mis pies, una perfecta pluma blanca. Ese día, sabía que los ángeles estaban conmigo.

ELIZABETH FINEGAN

CANCIÓN DEL MIRLO

Esta historia conmovedora demuestra la hermosa conexión entre
pájaros y seres humanos, especialmente, cuando están trayendo un
mensaje de los ángeles.

~

Mi madre estaba muriéndose de cáncer y la cuidamos en casa. En la ventana, un hermoso mirlo cantaba a pleno pulmón cada mañana. Mi madre dijo que era su pájaro y no me dejaba cerrar la ventana. Dijo: «Sé que estoy viva cuando le oigo». Mi madre pensaba que era un ángel trayéndole a su difunto marido. Desde que ella murió, un mirlo apareció cada día en mi jardín, cantando.

Seis años después, me cambié de casa. ¿Imaginas lo que pasó? El mirlo me siguió. Cada día, canta fuera, en la puerta del patio, a pleno pulmón. Mi familia y yo decimos «ése es Gag», el apodo cariñoso de mamá. Ella nos mira desde arriba.

ISABELLA KELLY

EL ÁNGEL DE LOS PÁJAROS

Podemos ayudar a los pájaros pidiéndoles a los ángeles que les ayuden.
Pueden evitarles muchos sufrimientos.

~

Un pajarito entró por la parte descubierta de nuestro patio y no pudo encontrar la salida, a pesar de que un lado del patio estaba abierto. Incluso vino un pájaro adulto para tratar de ayudarle y mostrarle el camino, pero fue en vano.

Mi marido y yo tratamos de ayudarle, ya que cada vez se le veía más agitado. Estuvo allí durante horas hasta que por fin hice clic y pedí a los ángeles de los pájaros que me ayudaran. En cinco minutos encontró su camino y se fue volando. Estaba muy emocionada, aunque, al mismo tiempo, no podía creerme que hubiera tardado tanto en pensar que tenía que pedir ayuda a los ángeles.

TILLY

SALVAR A UN PAJARITO
Los pájaros están aquí para enseñarnos, y en esta historia, deliciosa e inspiradora, los ángeles trabajaban con el pajarito para ayudar a Pauline a superar su miedo irracional a los pájaros.

~

Estaba trabajando en mi sala de terapia, en el jardín. En el camino de vuelta a casa, vi al gato de mi madre en mi puerta de atrás. Tenía un pájaro en la boca y caminó hacia la puerta y lo soltó. Parecía sin vida.

Tengo miedo a los pájaros, así que les pedí a los ángeles que me dieran el valor suficiente para tocar el pájaro. Lo levanté e invoqué a los ángeles para que me ayudaran a recuperarlo. Tomé el pájaro en mis manos y le acaricié la cabeza para calmarlo. El pájaro estaba tranquilo. Entonces, le hice una cura angélica. Cuando terminé, tomé el pájaro y lo llevé al jardín. Me miró a los ojos y voló. Una pequeña pluma caía delante de mí. Vi esto como un agradecimiento por parte de los ángeles.

PAULINE

ANIVERSARIO
Los espíritus de nuestros seres queridos nos visitan a menudo en aniversarios y en otras celebraciones. Los pájaros van a actuar a menudo como los mensajeros, como en esta historia.

~

Mientras visitaba a unos amigos en un magnífico día de septiembre, estaba de pie junto a un arroyo que había en su jardín, mirando a los pajaritos que volaban sobre él. Estaba encantada con su hermoso canto. Uno de ellos, se acercó lo suficiente como para que lo tocara.

Inesperadamente, la canción «There's One More Angel in Heaven» vino a mi mente. Este día era el aniversario de la muerte de mi hija. Me sentía tan conmovida y tan privilegiada por haber tenido esa experiencia.

Vivien Whitehead

CONFIRMACIÓN DE QUE UNA NIÑA ES FELIZ

La pérdida de una hija es particularmente devastadora y,
a menudo, difícil de aceptar.

Un amigo me llamó por teléfono para hablarme del funeral de su nieta de tres años. En el momento que contesté el teléfono, un verderón se paró en el cable telefónico que había fuera de mi ventana. Tenía una rayita brillante dorada de plumas, que centelleaba y resplandecía como oro puro a la luz del sol.

Sabía que era un mensaje de la pequeña para decir que estaba bien en el cielo. Como para confirmarlo, tan pronto como terminamos de hablar por teléfono, se fue.

Diana Cooper

PLUMAS VOLANDO

Me encanta esta historia, porque creo que la pluma aterrizando en el
corazón de Penny fue un agradecimiento de los ángeles por su trabajo
en la sanación animal.

Mientras regresaba a casa en tren de un taller de sanación animal, vi algo blanco volando a través de la ventana. Se movió de un lado al otro, y aun cuando traté de agarrarlo, no pude. Después de unos minutos aterrizó justo en mi pecho; era una pequeña pluma blanca.

Penny Wing edc

MARGARET Y SU HEMBRA DE PAVO REAL

Cuando realmente quieres ayudar a un pájaro, pide ayuda a los
ángeles y los milagros ocurrirán.

~

Asistía a la clase de pintura sobre cerámica de Margaret. Mientras iba a su cocina para limpiar mis pinceles, me fijé en su hembra de pavo real y me impresionó su tranquilidad. Margaret dijo que la hembra estaba sola y necesitaba un compañero. Le comenté a Margaret que mi misión era encontrarle un compañero para su ave.

Ese domingo por la tarde, mientras estaba estirada en mi jardín, para mi sorpresa, escuché un pavo real. Allí, en el jardín de mi vecino, había un hermoso pavo real macho.

¡Guau, aquí estaba el pavo real para Margaret! Traté de dirigirlo hacia casa de Margaret pero se fue volando. Le pedí al arcángel Fhelyai que me ayudara a juntar el pavo real macho con el pavo real hembra de Margaret.

Margaret tenía una empleada llamada Lucky, que era muy buena atrapando gansos, así que sabía para ella no iba a ser ningún problema cazar el pavo real. Me costó sólo tres minutos dirigirlo a la veranda, donde Lucky pudo cazarlo.

Todas mis plegarias fueron contestadas por los ángeles.

LINDA SQUAIR EDC

LOS ÁNGELES AYUDAN
A UNA PALOMA TORCAZ

Los pájaros son altamente evolucionados y ningún
animal puede matar a un pájaro sin su permiso.

~

Escuché un terrible graznido y salí corriendo para descubrir que Jasper, el gato, había cazado una paloma torcaz tan grande como él. La sujetaba por el cuello y no la dejaba ir. Tan pronto como me vio, corrió con ella y se metió en medio de un seto. No podía ver al gato, pero podía escuchar al pájaro aleteando.

Pensé que tenía que darme por vencida ante lo inevitable, pero rápidamente pregunté: «¿Ángeles, puedo ayudar a ese pájaro de alguna manera?». Inmediatamente, las palabras llegaron a mi cabeza: «Toma la vara larga que hay en el huerto y métela en el seto».

Corrí a hacerlo y debí de asustar al gato para que lo soltara. Para mi sorpresa, el pájaro voló sin ninguna dificultad fuera del seto y se elevó hacia el cielo. Les di las gracias a los ángeles.

Diana Cooper

BENDECIDA POR UN PÁJARO

Qué maravillosa bendición pedir ayuda en la activación de un zaguán y recibirla en una manera magnífica.

~

Hace poco me mudé a una casa más pequeña. La escogí por su hermoso jardín, que tiene una increíble energía elemental y un zaguán.

No estaba segura de lo que tenía que hacer para activar o conectar el zaguán, así que un día me senté tranquilamente y pedí a los ángeles que me ayudaran. Esa misma tarde, un poco más adelante, un halcón grande voló al centro del zaguán. Tenía un pájaro pequeño en el pico. El halcón empezó a arrancar todas las plumas blancas de su presa. Rápidamente, el centro de mi zaguán estaba lleno de plumas blancas. Entonces, el halcón recogió su cena y se fue volando, dejando una hermosa capa de plumas.

Me di cuenta más tarde de que el halcón estaba honrando y bendiciendo mi zaguán. Le di las gracias al halcón, al arcángel Purlimiek y al arcángel Fhelyai por bendecir mi jardín.

Ahora, mi jardín es un lugar de profunda inspiración y conexión con los ángeles y las energías elementales.

Elizabeth Ann EDC

ÁNGELES Y GATOS

Los GATOS SON ORIGINARIOS de Orión y son sanadores. Son muy psíquicos y cuidan del hogar. Ayudan a que aumente la frecuencia de tu casa. He aquí algunas maravillosas historias sobre ángeles y gatos.

MANOS EXTRA CUANDO LAS NECESITAS
Ésta es una historia tierna.

~

Nuestro gato, *Ginger,* se estaba mordiendo la punta de la cola y ¡qué trabajo era vendársela! No tenía a nadie para ayudarme con *Ginger.* Llamé a los ángeles diciendo: «Ángeles, por favor, ayuda. Si no me ayudáis, ¡voy a tener que cortarle la cola!».

¡Qué milagro! De repente, mi gato se tranquilizó y se echó al suelo quieto y calmado y me fue posible vendarle la cola sin más problemas. Les di las gracias a los ángeles, ya que, ¿quién más podría haberme ofrecido semejante ayuda? Ahora confío más y creo que los ángeles vendrán cuando los llame.

Jenny

BUSCAR A *JASPER*
Si un animal se ha perdido o ha desaparecido,
pide a los ángeles que los guíen hasta casa.

~

Me mudé de casa con mi enorme gato atigrado *Jasper* y esa misma mañana desapareció. Todo el día estuve saliendo a la calle y al jardín llamándolo, pero no había rastro de él. Entonces recordé a los ángeles. Les pedí que trajeran a *Jasper* a casa y en cinco minutos apareció y se sentó a lamerse con aire despreocupado.

Christine

EL DECESO DE *TIMBLE*
En la triste muerte de una mascota, los ángeles vienen
a recoger su espíritu.

~

Timble tenía 17 años y medio cuando el veterinario descubrió que tenía un grave problema de tiroides. Yo había esperado que muriera de manera natural y así no tendríamos que dormirlo. Sin embargo, al final, no tuvimos ninguna elección.

Mi hija y yo estábamos con *Timble,* que estaba echado en nuestras rodillas. Estaba muy tranquilo. El veterinario le puso la inyección. Después de unos pocos minutos, podía sentir un zumbido alrededor de mi cabeza y en mi mano, y entonces *Timble* murió. Nos sentamos y lloramos.

La casa parece vacía. ¡Nos dejó definitivamente! Aunque estamos contentos de que su espíritu esté en un sitio mejor. ¡Qué placer que nos procuró cuando vivía con nosotras y cuán afortunadas fuimos!

RUTH PEACE

LA PRESENCIA DE *TIMBLE*

Ésta es una encantadora secuela de la historia anterior.

~

Les pedí a los ángeles que me mostraran una señal de que *Timble* estaba con ellos. Esperaba una pluma blanca. Encendí un poco de incienso y miré cómo cambiaba y se desplazaba el humo y, de repente, el humo se retorció hacia mi izquierda y ¡formó una cara de gato! Me preguntaba si realmente estaba viendo las cosas, pero se movió y se convirtió ¡en una cara de gato más grande! ¡Qué sorpresa y qué increíble!

RUTH PEACE

EL MOMENTO ADECUADO PARA MORIR

Siempre es muy difícil decidir cuándo poner a nuestras queridas mascotas la inyección para ayudarlas a morir. Si lo haces antes de que sea el momento de irse del animal, te ganas un karma en el sentido de que tu corazón se cierra un poco. Pero si tomas tu decisión con honestidad y entregas tu mascota a los ángeles para que la cuiden, ellos se asegurarán de que muera bien y no te ganes un karma.

~

Tenía una hermosa gata de color pardo que era muy especial para mí. Vino con nosotros cuando el gato del amigo de nuestro hijo tuvo gatitos. Mi hijo no paraba de pedir uno, pero yo le había dicho que ya teníamos un perro, ¡y que era suficiente!

Sin embargo, una noche tenía que recoger a mi hijo en casa de su amigo. Me pusieron un pequeño bulto de piel en mis manos. Me enamoré de ella y volvió a casa con nosotros. Creé un vínculo con *Dip,* la gatita. Sí, ya sé que es un nombre extraño, pero nuestro perro se llamaba *Lucky* (suerte): ¡Lucky Dip![7]

Cuando *Dip* tenía 15 años, le salió un bulto en la pata y el veterinario dijo que era canceroso. Sabíamos que había llegado casi su hora, ¿pero cuándo es el momento justo? Sentí como que estaba jugando a ser Dios con su vida. Le di un montón de medicinas pero seguía estando mal y yo sabía que era el momento de llevarla al veterinario por última vez.

Mientras nos íbamos a casa muy disgustados, para mi sorpresa, una pluma blanca pequeña y mullida aterrizó en el capó de nuestro vehículo. Esto era muy especial porque el automóvil estaba en movimiento, lo que obviamente creaba corrientes de aire a su alrededor, y aun así, la pluma se quedó allí, como si estuviera pegada al capó, unos buenos cinco segundos antes de salir volando. Lo tomamos como un signo de que hicimos lo que teníamos que hacer y que *Dip* estaba a salvo, sin dolor y cuidada por los ángeles. Nos proporcionó un gran consuelo.

MARGARET MERRISON EDC

PROTECCIÓN DE GATOS

Los gatos son sabios, iluminados, seres relajados de Orión pero, sin embargo, ¡los ángeles todavía tienen que ayudarlos!

∿

A *Lucy* le gusta dormir fuera. Es una gata pacífica y, generalmente, se las arregla para evitar problemas. Una primavera, sin embargo, estuvo apareciendo con arañazos y las orejas desgarradas. Yo estaba preocupada, ya que no lograba persuadirla de que se quedara dentro por las noches.

Le pedí al arcángel Miguel que la protegiera. Le pedí que le pusiera un manto de invisibilidad a su alrededor que la hiciera invisible sólo para sus

---

7. *Lucky Dip* es una expresión inglesa que, en español, se traduce como «algo elegido al azar». *(N. de la T.)*

enemigos. A partir de esa noche no volvió a tener más arañazos. ¡Simple, pero efectivo!

Elizabeth Harley edc

GATOS Y MARIPOSAS

Los ángeles utilizarán animales para cambiarte el estado de ánimo, si les pides que lo hagan.

∾

Me sentía muy baja de ánimo. Mientras tendía la ropa de la lavadora, la gata de la casa de al lado me rozó las piernas. Me paré para mimarla y, ante mi sorpresa, ¡en la punta de su nariz había una pequeña pluma blanca! Le di las gracias a ella y a los ángeles por haberme levantado el ánimo. En ese momento, una hermosa mariposa voló entre la ropa. ¡Me quedé sin palabras! Me sentí llena de amor y felicidad.

Cheryl

ÁNGELES Y PERROS

LOS PERROS SON ORIGINARIOS de Sirio. Los perros domésticos están aprendiendo a ser amigos fieles y compañeros y, dependiendo de cómo los tratas, les afecta enormemente en su camino de ascensión. Cuando los tratas como a iguales, que han venido a la Tierra para experimentar diferentes cosas de ti, su luz de ascensión resplandece.

VENUS SE PIERDE

Siempre pido a los ángeles que cuiden a mi perra Venus, *especialmente, si vamos al bosque. Ésta es la historia de una vez que se perdió.*

∾

Mi perra *Venus* conoce nuestro bosque cercano hasta el más mínimo recoveco y no me preocupaba si desaparecía, dado que sabía que encontraría su camino de vuelta. Sin embargo, en esta ocasión, estaba visitando a una amiga y estábamos paseando por bosques que eran diferentes al nuestro. *Venus* se quedaba a mi lado, lo que era bastante inusual, hasta que, de repente, ya no estaba allí. Mi amiga me esperó mientras desandaba el camino que habíamos hecho.

La llamamos y silbamos durante un tiempo, pero no obtuvimos respuesta. Empecé a alarmarme, ya que se estaba haciendo de noche. Tendría que invocar a los ángeles para que la trajeran de vuelta. Invoqué a su ángel de la guarda y a los arcángeles Miguel y Fhelyai, y les pedí que la guiaran hacia mí.

Apenas había hecho la petición cuando escuché su ladrido que venía del medio del bosque. Seguí gritando su nombre hasta que una mancha blanca corrió a lo largo del camino hacia mí. Nunca había visto su mirada tan aliviada de haberme visto, tal como, por cierto, lo estaba yo misma de verla.

DIANA COOPER

LOS ÁNGELES Y LAS MASCOTAS QUE MUEREN

Es doloroso cuando tu mascota muere, pero espero que esta historia te traiga algún consuelo.

∽

Cuando estaba visitando al veterinario con mi perro, había una pareja en la sala de espera que estaba descompuesta, ya que le iban a poner a su perro una inyección letal. Les pedí a los ángeles que les ayudaran y recibí esta visión. Vi a la pareja en la habitación. Sus ángeles estaban de pie a su lado con los brazos alrededor. Un ángel blanco puro se acercó y recibió el espíritu de su perrito. Los ángeles también eliminaron la tristeza que había alrededor de esta pareja.

Me sentí un privilegiado por haberlo visto y sé, sin duda alguna, que los ángeles existen. Espero que esto pueda dar alguna esperanza a otros.

ANON

LOS ÁNGELES ME HAN TRAÍDO A MI PERRO PARA QUE ME VEA

Los ángeles traen de visita el espíritu de los animales, así como de los seres humanos, cuando están separados.

No me gusta dejar a mi perrita *Venus* porque estamos muy unidas. Inevitablemente, tuve que irme dos semanas muy lejos, a Sudáfrica, y era mucho tiempo para dejarla sola. Una noche estaba sentada en la cama pensando en ella y enviándole mi amor, pidiéndole que tuviera paciencia hasta mi regreso.

Al final, salí de la cama para hacer algunas fotografías por la ventana y filmé muchos orbes. En una de las fotografías se veía el orbe de un ángel llevando el espíritu de *Venus*. Los arcángeles Miguel y Metatrón estaban protegiendo a mi perrita. Los ángeles la traían para visitarme mientras yo estaba fuera. ¡Fue una enorme alegría y consuelo para mí!

DIANA COOPER

JUNO Y LA PUERTA ABIERTA

Pide al arcángel Miguel y al arcángel Fhelyai que protejan y cuiden a tu perro.

Comparto mi vida con *Juno,* un cachorro mezcla de labrador y collie (su madre es una perra collie y su padre un perro labrador). Los ángeles lo guiaron hacia mí. Es amable, pero tiene miedo de las personas, porque fue brutalmente golpeado por su anterior dueño.

Un día, mientras estaba trabajando, recibí un mensaje de texto de una amiga de mi mismo edificio de apartamentos. ¿Había sacado a pasear a *Juno,* y no estaba en el jardín?

Mi amiga admitió haber dejado la puerta del jardín abierta. Estaba preocupada, ya que *Juno* también se asustaba del tráfico y nuestra calle era transitada. Otra amiga me había enseñado a decir: «Acepto todo lo que me llega», así que decidí que lo haría. Mientras lo repetía, una tranquilidad me invadió y recordé que parte de nuestro jardín era un poco salvaje y pensé que *Juno* podía estar escondiéndose allí. ¡Resultó que sí lo estaba!

Mientras le daba las gracias a Dios y a los ángeles, me acordé de que esa mañana había pedido a los ángeles que protegieran a *Juno* mientras volvía. Ahora tengo una confianza total en los ángeles. Ellos hicieron lo que les pedí.

EL GLEESON EDC

UNA VIDA DE PERRO

A veces se necesita tiempo para que la gente empiece a escuchar a los ángeles.

~

Mildred ama a los animales. Consiguió su querido perro de un campesino que mantenía a sus perros encadenados fuera. Decidió continuar visitándolo con la esperanza de verter luz sobre la situación. Continuamente les pedía ayuda a los ángeles.

Uno de los perros murió y, en la siguiente visita, Mildred pensó: «Espero que no quieran otro perro, ya que también lo encadenarían». Pero el viejo campesino me anunció: «Tenemos un perro nuevo. Quiere verlo».

Era un cachorro pastor alemán. Para deleite de Mildred no estaba encadenado y le estaba permitido entrar. Aun mejor, lo trataban respetuosamente. «¿Adivine qué nombre le hemos puesto?», dijo el campesino. «¡*Ángel!*». Mildred supo que los ángeles estaban ayudando.

TAL COMO SE LO CONTÓ MILDRED RYAN A DIANA COOPER

TELSA, EL BÓXER

Como nosotros, los animales están en un viaje eterno para alcanzar las frecuencias más altas. Ellos también se reencarnan tantas veces como sea necesario, generalmente en la misma gente.

~

Estaba dirigiendo un curso de sanación en un monasterio con mi hermosa bóxer, *Telsa*. Normalmente, ella se quedaba a mi lado obedientemente, pero se puso a correr hacia el monasterio, sabiendo claramente adónde iba. Sin mirar atrás, *Telsa* fue directamente al guía –un hombre encantador, sabio y espiritual– y se quedó a su lado.

El guía me dijo que conocía a mi perra de una vida anterior en el monasterio y que, cuando los franciscanos lo habían construido, tenían un bóxer. El guía me mostró una fotografía que había en el libro sobre el monasterio en el que aparecía el perro con los monjes.

Rosemary Stephenson EDC

LOS ÁNGELES SALVAN A UN PERRO

Cuando quieres a un animal de verdad y haces todo lo posible para ayudarle, los ángeles te apoyan y ayudan. Tu devoción permite que los milagros ocurran.

Adopté a un cachorro de una perrera cuando descubrí que tenía moquillo y debía ser sacrificado. Mi corazón se desgarró. Después, nuestro perro de tres años se contagió y tres veterinarios nos aconsejaron que le pusiéramos la inyección letal. Mi marido no estaba de acuerdo y le dábamos al perro, aparte de antibióticos, un brebaje de hígado y ajo, vinagre de sidra de manzana y miel. Le hice reiki y recé muchas oraciones.

Una noche me di cuenta de que había alguien en el sofá junto a mí. Me pareció ver algo blanco, pero cuando giré mi cabeza no vi nada. Dije: «Vale, sé que estás aquí. Gracias».

El domingo nuestro perro estaba bien otra vez. El virus no le llegó a la cabeza. La dieta, el reiki, la oración y un ángel cuidándole; todo ayudó.

Littlie

UNA CALAVERA DE CRISTAL Y *TELSA*

Confía en el instinto de tus animales. Ellos son guiados angelicalmente y saben qué hacer.

Edwin Courtenay le prestó a Rosemary Stephenson su calavera de cristal favorita, Cora. Rosemary no estaba del todo segura con la calavera, así que la puso en la habitación de invitados. Se preguntaba qué es lo que iba a hacer *Telsa*, su perra bóxer, con ella.

Telsa se detuvo en la puerta, moviendo su cabeza de lado a lado mientras la examinaba. Entonces, caminó hacia ella y la miró cuidadosamente durante un minuto, antes de volver con Rosemary y de sentarse a mirarla. Rosemary sintió que estaba segura, así que se arrodilló y miró fijamente a la calavera de cristal. Al hacerlo, sintió que se descargaba información en su conciencia.

TAL COMO SE LO CONTÓ ROSEMARY STEPHENSON A DIANA COOPER

MENSAJE DE UNA MASCOTA
DESDE EL MUNDO ESPIRITUAL

Tus animales te aman y, una vez muertos, quieren vigilarte desde el mundo de los espíritus y protegerte, si es necesario, tal como hacen los seres humanos que te quieren.

∼

Asistí a un taller de Carol Deakin. Imposible explicar cómo me cambió la vida ese taller. ¡Regresé a casa volando!

Cuando llegamos a casa me tumbé en la cama para saborear la experiencia. Me estiré para recoger mi cajita de joyas. No sé por qué. Dentro había un maravilloso collar de jaspe que mi hermana me había enviado y del que me había olvidado por completo.

A la mañana siguiente, otra vez sin saber por qué, me acerqué a la repisa de la ventana para recoger dos grandes jades de Dalmacia, que mi madre me había regalado. Busqué el significado de jade en mi libro de cristales para ver qué significaba y una foto de nuestro adorado perro, que había muerto, se deslizó entre las páginas. Su nombre era *Jasper*.[8] Los pelos de la nuca se me erizaron. *Jasper* estaba tratando de decirme algo.

El mensaje era: «Protégete tú mismo –cuando te abres a la luz–, protégete contra la oscuridad». Ahora, pedir a los ángeles protección cada día es una parte natural de mi vida.

TINA GRAY

---

8. En inglés, *jasper* significa «jade». (*N. de la T.*)

184

CREAR UN HOGAR TRANQUILO PARA UN CACHORRO

Siempre me preguntan qué se puede hacer espiritualmente para ayudar a los animales que son tratados cruelmente. Esta historia ilustra cómo los ángeles pueden ayudarte a ayudarlos.

~

Una pareja española con un cachorro joven se mudó cruzando la calle, delante de mi casa. Podía ver en su patio, que no tenía sombra al mediodía, donde dejaban al cachorrillo todo el día. Yo hablaba cada día con el cachorro y le acariciaba el hocico cuando lo pasaba por debajo de la valla. La pareja tampoco salía a pasear con él. Me enteré de que los habían denunciado a la policía por maltratarlo.

Decidí pedir a mi ángel de la guarda que hablara con los ángeles de la guarda de los dueños para decirles cómo debían tratarlo y que entendieran que el cachorro quería amor, atención y paseos. Lo hice cada día y envié mucha sanación. Unos días después, vi que el dueño le daba agua y comida, le hacía mimos y lo sacaba a pasear. Me gustaría agradecerles a los ángeles su ayuda.

Sheralyn Taylor

SIGNOS DE OBEDIENCIA DE LOS PERROS

Éste es un ejemplo práctico de cómo el arcángel Fhelyai puede ayudar.

~

Nuestro perro, *Lui,* es tranquilo y amistoso. Cuando lo saco de paseo suele irse lejos, pero llamo al arcángel Fhelyai para pedirle ayuda y *Lui* vuelve. Cuando llamo a Fhelyai, siempre cae una pluma del cielo.

Rama Regina Margarete Brans

ÁNGELES E INSECTOS

Los INSECTOS están en un lugar evolutivo diferente al nuestro, así que su banda de frecuencia es distinta a la nuestra. También están aquí para experimentar. Su grupo de almas son cerca de 1.000. Algunas son tridimensionales, otras tetradimensionales y otras pentadimensionales.

EL ARCÁNGEL DE LOS INSECTOS

Nuestro planeta no podría sobrevivir sin insectos. Y el arcángel
encargado de ellos tiene que trabajar mucho para ayudarles.

~

Los ángeles han traído mucha alegría a mi vida. Durante una meditación me presentaron al arcángel de los insectos, cuyo nombre es arcángel Preminilik.

Me enseñó a amar y respetar a cada insecto que veo porque cada uno de ellos tiene una función y tenemos muchas lecciones que aprender de esas hermosas criaturas. Él dice que los insectos juegan un rol vital en la supervivencia de la Madre Tierra y necesitan ser honrados por todos los seres humanos.

LINDA EDC

BELLA MARIPOSA

Cuando un pájaro, una mariposa o un animal hacen algo tres veces
significa que están enviando un importante mensaje.

~

Hace algunos años, estaba enferma. Mi sistema inmunitario estaba afectado y fue duro, pero me aportó el combustible que necesitaba para iniciar una transformación profunda y un despertar espiritual. Me pasé un tiempo sola, aprendiendo a cocinar comida sana para curar mi cuerpo, escribiendo en diarios para curar mis emociones y dando muchos paseos por la naturaleza. Un día vi una hermosa mariposa con colores vivos. Obviamente, quería llamar mi atención. Se posaba en las flores y arbustos que había delante de mí. Más tarde, la misma mariposa apareció fuera de mi dormitorio.

Cuando me desperté al día siguiente, todavía estaba allí, así que me arrodillé a su lado y le pregunté si era mi ángel de la guarda, y que si era así, ¿podía volar hacia mí? La mariposa voló a mi alrededor tres veces para asegurarse de que había entendido el mensaje. A partir de ese momento, nunca he dudado de que los ángeles me guían y protegen.

JILL WEBSTER EDC

LA CONFERENCIA DE LAS AVISPAS

*Un ejemplo de que podemos comunicarnos con las avispas
y de que ellas responderán, especialmente,
si convocamos a los ángeles.*

~

Había un nido de avispas fuera de nuestro establo y siempre que las ventanas estaban abiertas, se metían y asustaban a los caballos. Invoqué al ángel que se ocupaba de los insectos y le dije que las avispas tenían que quedarse fuera del establo, si no, las arañas iban a dar buena cuenta de ellas. Al principio, no me tomaron en serio y siguieron viniendo.

Hablé con las arañas y les pedí que mantuvieran el establo libre de avispas. No pasó mucho tiempo. Una avispa se quedó atrapada en la telaraña mientras otras dos avispas volaban a su alrededor. Entonces, aceptaron quedarse fuera y no han vuelto; todavía tienen y viven en un nido que hay en la pared de fuera. Ahora todos vivimos felices, cada uno en su propio espacio. Humanos y animales podemos vivir juntos pacíficamente.

Aleja Daniela Fischer edc

LOS ÁNGELES DESPLAZAN A LAS ABEJAS
DE FORMA SEGURA

*Al igual que los ángeles susurran a los seres humanos qué es lo mejor
que hay que hacer, también guían a los animales,
pájaros e insectos. Aquí, a las abejas.*

~

Tenía un nido de abejas en el lugar donde hacíamos el compost y no quería hacerles daño, pero necesitaba sentirme segura. Nadie estaba dispuesto a desplazaras, así que se lo pedí a los ángeles, explicándoles que no quería hacerles daño.

Esperé un día y después fui a mirar. Las abejas se habían trasladado y el nido había caído en el compost. Los ángeles nunca te abandonan o dejan de sorprendente.

Marion

MOMENTO CÓSMICO

*Ésta es una historia inspiradora acerca de observar la verdadera
belleza en los insectos.*

En el 11 del 11 de 2011, estaba en el templo de Luxor. Me senté con
muchas más personas en preparación y meditación. No sabía qué esperar,
pero tenía la esperanza de que algo increíble me iba a pasar.

Unos minutos antes del 11.11.11, una mosca aterrizó en mi boca y
pensé: «¡Oh no!». Posiblemente, me estaban diciendo que no estaba preparada. La mosca no se movió y me di cuenta de que ella también formaba parte del gran cambio de conciencia. A medida que avanzábamos en el
momento cósmico, se volvió dorada y tuve la visión de todas las moscas
ascendiendo y volviéndose doradas.

Fue un momento muy especial, que permanece siempre conmigo
como un recordatorio acerca de que no se tiene que presuponer o juzgar
nunca.

ELIZABETH ANN EDC

CRIATURAS DE DIOS

*Todo en este planeta tiene un propósito y es parte del plan divino.
Siempre olvidamos esto cuando pensamos en animales concretos o
insectos que vemos como menos atractivos. Esta historia ayuda
a abrir nuestras percepciones.*

Estaba en Sudáfrica ayudando a Diana en su gira. Estábamos alojadas en
un hostal muy bonito, con vistas al mar cerca de Ciudad del Cabo.

Me acuerdo de una tarde mirando el espectacular paisaje, cuando una
rata apareció en la hierba delante de la ventana de mi habitación. El propietario del hostal estaba horrorizado e, inmediatamente, dijo que debían
«acabar con ella». Les pedí que no lo hicieran porque estaba segura de que
tenía algún significado que yo viera esa rata.

A la mañana siguiente, cuando descorrí las cortinas, la rata estaba
tumbada en la hierba. Para mí estaba claro que había muerto. Salí a comprobarlo y, mientras lo hacía, vi un hermoso arcoíris encima de su cuerpo.

Mientras lo miraba, empecé a darme cuenta de su gran belleza —realmente resplandecía con el sol de la mañana—. Llamé al arcángel Fhelyai y le pedí que la ratita ascendiera. Entoné un canto de amor mientras veía su alma, que ascendía desde su cuerpo. Fue una experiencia fenomenal y abrió mi compasión por todas las criaturas del planeta.

ELIZABETH ANN EDC

VIAJE A SHIRDI

Cuando estamos verdaderamente alerta a la guía angelical, puede llegar de muchas formas, como muestra esta historia.

Estaba viajando en automóvil hacia Shirdi, en la India. Recé a los ángeles y al dios hindú Ganpatiji para que nos protegieran, a nosotros y al vehículo. Después de conducir durante dos horas, se nos pinchó la rueda. No podíamos encontrar un garaje, así que saqué el gato hidráulico para cambiar la rueda, pero se había trabado y no pudimos utilizarlo.

Recé al arcángel Miguel y al maestro ascendido Shirdi Saibaba para pedirles ayuda. Un hombre apareció de la nada, arregló el gato hidráulico y cambió la rueda. Se negó a cobrar nada, y en vez de eso nos pidió que ofreciéramos un coco en el templo de Saibaba, en Shirdi.

En ese momento vi una mariposa muy bonita. Sabía que eran los ángeles diciéndonos que habían enviado a ese hombre. Cuando encontramos un garaje, el mecánico nos dijo que una fina varilla de hierro había causado el problema. Si no hubiéramos parado, habríamos tenido un accidente. Les di las gracias a los ángeles, al señor Ganesha y a Saibaba por sus bendiciones y su apoyo.

SAMEETA EDC

CAPÍTULO 9

Ángeles por doquier

Hay ángeles por todos los lados. Si invocas a los ángeles para ayudarte o los envías para que ayuden a otros, docenas de ellos pueden venir a ti. Los ángeles siguen a todo aquel que se haya encarnado en la Tierra para visitar o ayudar a gente. Se reúnen en puntos de alta energía y esperan en las esquinas de las calles para retener la energía. Somos afortunados de que tantos ángeles estén aquí, ahora, esperando para ayudarnos.

MUCHO AMOR DILUYE LA RABIA

Pide a los ángeles que viertan amor sobre alguien que está triste, mal o enfadado y ellos lo pueden transformar.

Una señora que viene a mi trabajo solía gritarles a mis compañeros sin razón alguna y, en cuanto aparecía, empezaban a sentirse tensos. Les pedí a los ángeles que me ayudaran a verter amor sobre esta señora.

Estaba en la recepción, cuando la señora volvió. Vino hacia mí con palabras enfurecidas y, cuando estaba a mi lado, les pedí a los ángeles que vertieran amor sobre ella. Se paró y se quedó callada, y entonces salió del edificio. No ha vuelto.

Ahora sé que ha sentido amor, por lo menos, una vez en su vida.

ANNE LUNDQVIST

LLAMA VIOLETA

*La siguiente historia es un recordatorio de que una persona
irritada puede dejar una desagradable energía en casa
de alguien, lo que puede hacer que se sienta mal. Los ángeles de la
Llama violeta del arcángel Zadkiel transmiten energías
bajas para que las más altas puedan llegar. Si pides que
la Llama violeta dorada y plateada venga y la visualizas,
las energías bajas serán transmutadas y reemplazadas
por las más altas.*

Una amiga mía médium me llamó por teléfono y me dejó un mensaje. Tenía problemas con su casero y estaba en un estado deplorable. Sentía que su casa se le había llenado de odio y rabia después de su visita. Se sentía mal por la atmósfera que se respiraba. Les pedí a los ángeles que limpiaran la energía de su casa.

En pocos minutos me llamó para decirme que la energía había cambiado y que se sentía mucho más liviana y radiante. Le pedí también a San Germán, el guardián de la Llama violeta, que usara la llama para ayudar a limpiar la negatividad. Me siento afortunada de tener a los ángeles trabajando conmigo y de haberles pedido que enviaran amor y luz por todo el mundo.

SARAH

IDENTIDAD

Todo lugar sagrado y toda casa o edificio tiene su propio ángel.

Letty estaba muy conectada con el Himalaya y estaba segura de que había vivido otras vidas allí. Una vez, en una meditación de grupo, se encontró a sí misma en un ensueño en el que estaba en el Himalaya en la cima de una de sus montañas.

Empezó a meditar sobre el ángel del Himalaya; estaba totalmente absorta y se convirtió en parte de la energía del ángel. Experimentó una completa identificación con él, aunque conservaba todavía su propia identidad. Incluso podía ver su cuerpo físico por debajo de ella.

Cuando, al final, abrió los ojos, sabía que había tenido una experiencia muy profunda.

TAL COMO SE LO CONTARON A DIANA COOPER

FE

Ésta es una historia de fe que convierte lo imposible en posible.

❧

Mi hijo se ha perforado la oreja. Yo no estaba entusiasmada con el tema; sin embargo, le ayudaba a limpiarse la oreja con regularidad. Al cabo de dos semanas, me dijo: «¿Mamá, puedes guardarme esto?». Se había quitado el pendiente. ¡Se suponía que tenía que quedarse con el pendiente en la oreja seis semanas! Sería muy difícil ponerlo de nuevo porque su oreja estaba muy hinchada. Le eché un vistazo y me di cuenta de que no había posibilidad de que eso sucediera.

«Lo siento, querido; pero no volverás a ponerte el pendiente», le dije.

Él me contestó: «¿No puedes pedírselo a los ángeles?». «¡Oh no, dime que pida cosas que son posibles, no cosas que son imposibles!». No quería que su fe en los ángeles se resquebrajara. Pero le dije que iba a probar.

Los dos pedimos a los ángeles y, ante mi gran sorpresa, el pendiente entró a la primera.

ELIZABETH HARLEY EDC

TEN CUIDADO CON LO QUE PIDES

Todos hemos oído el refrán «¡Ten cuidado con lo deseas porque se podría cumplir!». He aquí un ejemplo. Cuando pidas, tienes que ser muy claro sobre lo que realmente quieres.

❧

Compré una copia de *The Celestine Prophecy*. Empecé a leerlo en el metro del centro de Londres, seguí leyéndolo en la zona de las salidas del aeropuerto y proseguí en el avión de regreso a Glasgow. ¡Estaba totalmente imbuida en él! Antes de que me diera cuenta, el capitán había anunciado que, en diez minutos, aterrizaríamos. Me quedaban 50 páginas y no quería dejar de leer.

Envié una oración a los ángeles pidiéndoles poder terminar el libro antes de aterrizar. Casi inmediatamente, el capitán habló por el intercomunicador otra vez y pidió disculpas; habíamos perdido el último intervalo de aterrizaje e íbamos a ser desviados a Edimburgo. Todo el mundo refunfuñó y se quejó y, en el momento en que me di cuenta de lo que había pedido, me tuve que reír. ¡Por lo menos pude terminar mi libro!

Karin Finegan edc

EL PENDIENTE DE ÁNGEL
Los ángeles tienen maravillosas formas de hacer que las cosas pasen en el momento ideal para ayudarte.

~

Visité a mi hermana en Australia. Se había mudado allí hacía poco y estaba nostálgica. Me había puesto mis pendientes de alas de ángel, de plata, para el viaje y, esa noche, en casa de mi hermana, los coloqué en un lugar alto para que no se perdieran. Al día siguiente, no pude encontrar uno de ellos. Todavía no había aparecido cuando tenía que partir. Mi hermana quería encontrarlo, pero yo le dije: «Teniendo en cuenta que es un pendiente de ángel, aparecerá cuando lo necesites».

El día de Navidad llevó ropa a la habitación, se sentó en su cama y lloró con mucha melancolía porque extrañaba su casa. Entonces se dio cuenta de que encima de la ropa estaba el pendiente de alas de ángel, y recordó lo que yo le había dicho. Estaba realmente encantada. Los ángeles le habían alegrado el corazón.

El Gleeson edc

LOS ÁNGELES APOYAN A UNA MADRE
Todos tenemos lecciones que aprender y, muy a menudo, se trata de dejar ir y entregar una situación a los ángeles para que el bienestar llegue.

~

Mi hijo se enamoró, pero yo sabía que esa chica no era la apropiada. Mi hijo se fue a vivir con ella y perdió interés por su familia, sus amigos y también estaba perdiendo la confianza en sí mismo y su trabajo. Desesperada, les rogué a los ángeles que rompieran esa relación.

Le pedí a mi hijo que visitara a un terapeuta y que si sentía lo mismo hacia ella después, respetaría su decisión de estar con ella. Después de dos sesiones volvió a casa conmigo. Aunque fue pasajero, porque ella le amenazó con acabar con su vida si no regresaba con ella. Mi hijo decía que no podría perdonárselo si le pasara algo.

Les pedí a los ángeles y guías de mi hijo que se conectaran con los ángeles y guías de su novia para ayudarles a ambos a darse cuenta de que esa relación no les estaba beneficiando. Les pedí que el resultado fuera para el mayor bienestar de ambos. Hice esto bajo las Leyes de Grace.

Tres meses después, mi hijo llegó a casa y me dijo que había venido para quedarse. Bendecí a los ángeles. Mi hijo encontró su verdadera alma gemela y se casaron.

Mariel

BONITO Y ROSA

*Los ángeles te empujan a través de todas las formas
posibles de las cosas.*

～

Mientras estaba de compras, entré en una tienda y vi una mesa repleta de cosas en oferta. Vi un brillo de labios bonito y lo tomé para mirarlo. Nunca me interesó ese tipo de maquillaje, pero algo me dijo que tenía darle la vuelta y lo hice; y me quedé perpleja cuando leí la etiqueta: POLVO DE ÁNGEL. ¡GUAU! Gracias ángeles. Como puedes adivinar, lo compré, ¡con una gran sonrisa en mi cara!

Kari Nygard edc

INSPIRACIONES POÉTICAS ANGELICALES

*Éste es un maravilloso ejemplo acerca de cómo Liz usó sus propias
experiencias para guiar e inspirar a otras personas a través de su poesía.
Una vez que entendemos que siempre hay un propósito más elevado en
todas nuestras experiencias, podemos crear un futuro positivo.*

～

Me diagnosticaron cáncer a la edad de 22 años y, acto seguido, sufrí depresiones durante años. Nada parecía ir bien y tuve muchos problemas. Mi vida cambió cuando me embarqué en un curso de terapias y me formé como sanadora de reiki.

A través del reiki me sentía conectada con los ángeles. He desarrollado mis habilidades durante los últimos diez años, leyendo acerca de los ángeles y sanando y participando en talleres.

Un día sentí una enorme sensación de paz y de calma bañándome y entonces fue cuando empecé a escribir hermosos, intuitivos, emocionales y significativos poemas. Durante un período de seis meses escribí más de 200 poemas.

Sabía que estos poemas ayudarían a otras personas y sentí una necesidad urgente de compartir lo que había escrito. Conocí a una mujer que tenía su propia editorial y que quería publicar mis poemas. Los ángeles me ayudaron porque mi libro fue publicado al cabo de seis semanas.

LIZ EVERETT

CIRCUNSTANCIAS

Los ángeles pueden mostrarse ante ti de muchas y diferentes maneras.
Y cuando te quieras conectar con ellos, aparecerán todo
tipo de regalos angelicales.

Quería conectarme más con los ángeles y compré libros, juegos de cartas y casetes para aumentar la energía de mi casa. Más que ver a los ángeles, empecé a sentir ruedas de energía de forma cónica que fluían hacia arriba desde el centro de mi corazón.

Entonces, un amigo mío me trajo algunos regalos. Uno de ellos era un encantador carillón: tres ángeles de cristal con alas doradas, instrumentos musicales en sus manos y tres tubitos grabados que servían para hacer ruido. Así que más ángeles llegaron a mi vida.

KRYSTYNA NAPIERALA

EL PRESIDENTE OBAMA

*La elección de Barack Obama en 2008 creó una ola de entusiasmo
en todo el mundo que empujó a la Tierra dentro en su camino de
ascensión. Él es el cuadragésimo cuarto presidente de Estados Unidos
y 44 es el número que vibra con la Edad Dorada de Atlántida.
Obama era un sacerdote de la Atlántida y se entrenó allí
para su papel presidencial en esta encarnación.*

Cuando Barack Obama tomó posesión de su cargo, sentí una sensación
de entusiasmo entre los Trabajadores de la Luz. Encendí una barrita de
incienso, hice de mi cocina un sitio sagrado para ver la ceremonia, y apagué las luces.

Mientras el presidente Obama se preparaba para hacer su discurso, vi
(con mi tercer ojo) un sombrero violeta de estilo «ruso» en su cabeza,
protegiendo su tercer ojo y su centro de la corona. Me sentí emocionada
mientras hablaba. Sentí una presencia angélica a su alrededor y alrededor
de toda la gente de Washington DC.

Sé que tiene una tarea difícil para mantener a flote la fe de la gente en
él, así que marqué un punto de frecuencia para mandarle, a él y a la gente a su alrededor, luz angelical.

SUSAN

NAVIDADES PERFECTAS CUANDO CONFIÉ EN LOS ÁNGELES

Si quieres un día feliz, déjate ir y confía en los ángeles.

Era la anfitriona de la comida de Navidad de mi familia. En el pasado, me
habría preocupado y estresado ante la llegada de 15 personas, pero sabía
que mis ángeles iban a ayudarme.

Había alquilado sillas y vajilla en un servicio de banquetes a domicilio,
pero cuando fui a recoger mi pedido, las sillas estaban desgastadas y la
vajilla se había agotado.

¡Faltaban dos días para Navidad! Tomé un profundo aliento y confié
en que mis ángeles me iban a ayudar. Me di la vuelta para irme y, de la

nada, apareció la asistente y me dijo que tenía platos de cristal y 15 sillas rojas con dorados. Estaba encantada y me llevé todo a casa.

Mi único mantel no hacia juego; sin embargo, tenía un sari de seda rojo que había comprado días antes que iba perfectamente. Un amigo apareció con un regalo para mí –un centro de mesa de vidrio rojo deslumbrante. Mi cuñada trajo unas galletas navideñas saladas que le iban perfectamente con el colorido general. Todo el mundo pensó que la mesa estaba muy bonita; sabía que los ángeles habían traído todo.

MAIRI BECKETT EDC

EL ÁNGEL DEL DÍA DE LA BODA

Hay una razón para todo y los ángeles organizan sincronicidades y la elección del momento oportuno en nuestras vidas.

Peter y yo nos casamos en octubre de 2001 y cuando estábamos en la iglesia, que está en una zona muy especial, en Abbey Fields, nos dimos cuenta de que una de nuestras invitadas todavía no había llegado. Éramos conscientes de que los ángeles siempre están presentes en una boda, y siempre hay un ángel designado el día de la boda para ayudar a la pareja a lo largo de su matrimonio. Nuestra ceremonia era muy especial y podíamos sentir su presencia angélica. Nuestra invitada, que se había retrasado, nos dijo que cuando se estaba acercando a la iglesia un maravilloso arcoíris doble apareció en el cielo, en el mismo momento en que el matrimonio era bendecido.

Si nuestra invitada no se hubiera retrasado, no nos hubiéramos enterado del arcoíris doble que los ángeles trajeron a nuestra boda.

JILLIAN STOTT EDC

LA SENDA DEL TESORO

Sigue las plumas y los ángeles te guiarán para que cumplas tu sueño.

Durante mi curso de formación de maestros con Diana Cooper, no tenía ni idea de cómo vestirme para las ceremonias angélicas. Un día, decidí ir a para buscar algo que fuera adecuado. Algunos de nosotros fuimos de compras y unos cuantos encontraron algo rápidamente, pero yo no hallaba nada especial y se estaba haciendo tarde. Vi una pluma blanca y dije: «Chicas, los ángeles están aquí». Entonces vi una pluma grande y dije: «Los arcángeles están aquí».

Seguí las plumas y, al mirar hacia arriba, allí estaba la tienda más bonita, con el vestido exacto que estaba buscando. Todavía me lo pongo con orgullo, sabiendo que los ángeles me guiaron directamente a la tienda.

CAROL DE VASCONCELOS EDC

UNAS VACACIONES ANGELICALES

Los ángeles están siempre con nosotros, pero algunas veces convierten
una ocasión especial, como por ejemplo unas vacaciones,
en algo aún más especial.

Los ángeles son unos seres de luz magníficos. Son parte de mi vida y me conecto con ellos siempre. Recientemente, visité a mi hermana en Londres. Los ángeles me asistieron en todo, incluso con mi solicitud de visado. Pude recoger mi visado, sólo tres días después de presentar mis documentos, lo cual es inaudito. Mientras estábamos en Londres, los ángeles siempre nos proporcionaron un cómodo aparcamiento, lo que llevó a mi hermana a decirme: «¡Debes habérselo pedido a los ángeles!».

LILA NORVAL EDC

SIGNOS

Las coincidencias son organizadas por tus guías y ángeles
para que prestes atención.

¡Me encuentro con montones de signos! Mi hermana, mi madre y yo siempre vemos plumas blancas por todas partes. ¡Mi madre encontró dos plumas blancas en su habitación, debajo de una silla y ¡no tiene pájaros ni ventanas! Mi madre no creía en los ángeles hasta que sus padres murieron

199

y empezó a ver arcoíris con frecuencia y plumas blancas en los lugares más diversos.

ANON

IR MARCHA ATRÁS CON EL VEHÍCULO
Esta historia fue un recordatorio para mí, para que invoque a los ángeles cuando doy marcha atrás con el vehículo.

～

No podía ir marcha atrás con el automóvil porque el terreno era desnivelado. Después de intentarlo varias veces, sin éxito, me sentí frustrada pero entonces me acordé de los ángeles. Apagué el motor y, con tranquilidad, les pedí que me ayudaran a ir marcha atrás con el vehículo. Entonces, retrocedí sin problemas por el terreno desigual.

ANON

LOS ÁNGELES DE LA CASA Y DE LA LIMPIEZA
Esta historia es un recordatorio sobre la conectividad de todas las cosas.

～

Recibí orientación de que necesitaba elevar la frecuencia y trabajar con la energía en mi casa. Llamé a mis ángeles limpiadores de casas para que me ayudaran. Mientras estaba limpiando las habitaciones, los ángeles de mi casa me enseñaron que las habitaciones pueden verse como diferentes chakras.

Me fijé que los amigos, la familia y yo permanecíamos en algunas habitaciones chakras más que en otras. Con la intención pura, les dije que invocaran a los ángeles de limpieza del aura para desempolvar sus auras con plumeros dorados de auras y, después de eso, barrer con sus escobas doradas. Más tarde, me llamaron para que supiera que las cosas habían cambiado positivamente.

También he notado un cambio positivo en mí misma; me siento más saludable y feliz de trabajar con los ángeles encargados de cada chakra en mi cuerpo físico y en mi casa.

MARION EDWARDS EDC

INTERVENCIÓN ANGELICAL

Las casualidades no existen. Los ángeles y los guías organizan todas
«las coincidencias» y sucesos «casuales».

~

En nuestra visita a Legoland, mientras estábamos en una atracción en el parque, alguien tomó, por error, la mochila de mi hermana. Invoqué a los arcángeles Chamuel y Miguel para que intervinieran y mi hermana recuperó su mochila con todas sus pertenencias, incluida su cartera y su teléfono móvil.

LILA NORVAL EDC

UN ÁNGEL APARECE

Es más fácil para los ángeles conectarse con nosotros si estamos
trabajando con las energías de sanación y en una vibración pura.

~

Le acababa de hacer una sesión corta de reiki a mi madre y estábamos sentadas juntas en el suelo hablando sobre los ángeles y sobre lo que significaban para nosotras. De repente, un ángel apareció delante de mí, al lado de mi madre. No había color, sólo una silueta negra. No me asusté, sólo me sorprendí.

KATIE CURTIS

ENERGÍA MARAVILLOSA

Cuando pidas sencillamente energía, la recibirás.

~

Una noche, mientras rezaba, le pedí al Creador que enviara una columna de luz blanca para que me cubriera de la cabeza a los pies y me protegiera. Me vi rodeado de una energía palpitante. Me quedé absolutamente inmóvil y la palpitación continuaba, bajando por mi chakra del corazón y moviéndose hacia mis pies. Mi mente estaba llena de dicha. Seguí agradeciendo la energía. Fue una experiencia maravillosa y estoy muy agradecido.

ANON

OBJETOS PERDIDOS

LOS ÁNGELES DEL AMOR nos ayudan a encontrar objetos perdidos o desplazados. Si por alguna razón el objeto no reaparece, confío en que los ángeles siempre tienen razón.

ANILLOS DE BODA
Los anillos de boda son muy valiosos y personales.

Una noche, cuando estaba nadando, el agua fría hizo que mis dedos se contrayeran y mis anillos de boda se deslizaron y cayeron en el agua oscura y turbia. No pude encontrarlos.

Le pedí a mi ángel de la guarda que me ayudara y ¡ocurrió un milagro! A la mañana siguiente, mi hijo vino a nuestra habitación y exclamó: «¡Mamá, he encontrado tus anillos en el lago!». Los anillos estaban uno al lado del otro, relucientes entre las piedras. Espero que esta historia te haga tener fe en los ángeles, porque están, realmente, a nuestro alrededor para ayudarnos.

AULIKKI JUURINEM

ÁNGELES DE GRAN AYUDA
He aquí otra persona que, inesperadamente, encuentra su anillo
de boda después de pedírselo a los ángeles.

Después de ir de compras con una amiga me di cuenta de que había perdido mi anillo de boda. Debo haberlo dejado en los aseos del centro comercial, cuando me lavaba las manos. Volvimos y buscamos por todos los lados, pero en vano. Estaba muy enfadada. Puse algunos anuncios de recompensa, pero no esperaba volver a ver mi hermoso anillo.

Les pedí a los ángeles que encontraran mi anillo. Más tarde, una señora me llamó; ¡lo había encontrado!

RENE

DINERO PERDIDO

Los ángeles tienen formas inesperadas de mantener
las cosas a salvo para ti.

～

Acababa de trabajar en mi sala de terapia en el jardín. Llegué a la casa y dejé mis llaves y mi chaqueta. Entonces me di cuenta de que el billete de 50 euros que llevaba en la mano había desaparecido. Regresé a la sala de terapia, pero no había ni rastro del billete. No había viento, así que sabía que si se me había caído en el jardín, seguiría allí. Volví a comprobar que no estuviera en la sala de terapia varias veces.

Les pedí a los ángeles que me ayudaran y decidí dar toda la vuelta al jardín otra vez para una última revisión. Miré debajo de mi automóvil y cuando me agachaba sentí un rasguño en mi estómago. Para mi sorpresa, el billete estaba metido en el cinturón de mi pantalón. ¡Nunca noté nada! Nunca podré agradecerles bastante su ayuda a los ángeles.

PAULINE

MANTENER LAS LLAVES
A SALVO

Las sincronicidades están organizadas
por los ángeles.

～

Iba caminando por mi calle cuando vi a un hombre recogiendo un juego de llaves. Me preguntó si eran mías y le dije que no. Le sugerí que las pusiera encima de la pared, por si su propietario volvía a buscarlas.

Les pedí a los ángeles de las cosas perdidas que ayudaran a juntar a las llaves con su propietario. Más tarde, ese mismo día, me di cuenta de que había un hombre buscando algo y le pregunté si había perdido sus llaves. Se sorprendió y me dijo que sí. Caminé hacia la pared y le di las llaves. Me dio un enorme abrazo y me dijo que era un ángel.

Sonreí y les di las gracias a los ángeles. ¡Me alegró el día!

RUBY GOURI

AYUDANTES CELESTIALES

Qué experiencia tan asombrosa sentir a un ángel tomarte de la mano
y guiarte hacia lo que tienes que encontrar.

~

Mi hija y su amiga querían que las sintonizara con reiki. Para la preparación, tenía que limpiar la sala con salvia, pero no encontraba mi rama de salvia. Les pedí a los ángeles que me ayudaran. Escuché: «Está detrás». Miré hacia atrás pero no la encontré. Les pregunté a los ángeles otra vez.

Una vez más me dijeron «está detrás». «De acuerdo, pero ¿detrás de qué?», dije. Entonces sentí que alguien guiaba mi mano hacia un estante y, detrás de una caja con esencias de flores, ¡estaba la rama de salvia! Le di las gracias al ángel ayudante.

CATHERINE MCMAHON EDC

SANA Y SALVA

¡Los ángeles ahorran tiempo cuando se solicita su ayuda
para devolver una tarjeta de débito!

~

Perdí mi tarjeta de débito cuando salía del banco, pero no me di cuenta hasta mucho después, cuando estaba en una tienda. Les pedí a los ángeles que la encontraran, y para cuando volví al banco, ya la había entregado alguien. La cajera del banco, que trabaja en mi pueblo, me reconoció y me la dio. Entonces, pude darle un cheque que me había olvidado de pagar, ¡evitando así una cola enorme!

ALISON

ENCONTRAR UNA FACTURA

Tengo una sensación de asombro cuando veo la forma en que los
ángeles mueven los objetos y llaman tu atención sobre cosas,
para ayudarte cada vez que los invocas.

~

Una amiga había tenido hacía poco un bebé. Yo estaba juntando artículos para su *baby shower*[9] y, mientras doblaba un par de pantalones en la canastilla, me di cuenta de que tenían un pequeño desgarrón. Necesitaba el tíquet de compra para que me devolvieran el dinero, así que dije: «Bueno, ángeles, necesito ese tíquet, sé que podéis encontrarlo».

Más tarde, me fijé en un folleto que salía por debajo de la cama. Lo recogí y ¡debajo estaba el tíquet! Gracias, ángeles.

CATHERINE MCMAHON EDC

CRISTAL PERDIDO

Después de pedir ayuda a los ángeles para encontrar algo, mira de nuevo donde ya buscaste antes.

Mi esposo perdió su cristal especial. Lo buscamos, pero fue en vano. Les pedí a los ángeles que me ayudaran y algo, al lado de las macetas, me llamó la atención. ¡Era el cristal! Habíamos mirado en ese mismo sitio muchas veces y no estaba allí, pero ahora sí. Una vez más, los ángeles habían respondido a nuestras súplicas.

KARALENA MACKINLAY EDC

OBJETOS PERDIDOS

Cuando medites y conectes con los ángeles o arcángeles, posiblemente ellos te guiarán hacia lo que estás buscando.

Mi marido restaura vehículos clásicos deportivos de la marca Triumph y es un apasionado de su hobby. Un día llegó muy nervioso. No encontraba la llave que necesitaba para acabar el trabajo. ¿Podía ayudarle?

La buscamos durante dos días y, de repente, se me ocurrió pedirle al arcángel Gabriel su ayuda. Me enviaron una visión rápida de algo cayen-

---

9. En Norteamérica, *Baby shower* es una fiesta muy común que se le hace a una mujer embarazada para regalarle cosas para el bebé.

205

do en el compartimiento del motor. Así que le dije a Gabriel: «¿Por favor, dime dónde está?».

La llave estaba atascada en un saliente del motor. Gracias, arcángel Gabriel, gracias.

Jenny Hart edc

ENCONTRAR LAS JOYAS PERDIDAS

La fe y la confianza hacen que lo imposible se convierta en posible.

~

Mis amigas y yo estábamos en una boda bailando con mucha energía la danza de las Tierras Altas de Escocia. Cuando nos preparábamos para irnos, una de mis amigas se dio cuenta de que la piedra preciosa más grande de su nuevo anillo no estaba. Era un regalo especial de su marido y se puso a llorar. Le dije que lo iba a encontrar y les pedí a los ángeles que me guiaran hacia la piedra preciosa. Caminé hacia donde había estado la banda de música y allí estaba la piedra preciosa. Nadie se podía creer que la hubiera encontrado tan pronto, y mi amiga y su esposo estaban sorprendidos y agradecidos.

Karin Finegan edc

PENDIENTE PERDIDO

*Los ángeles devuelven los objetos perdidos cuando
es el momento adecuado.*

~

Perdí uno de mis pendientes de ángel. Estaba muy enfadada porque tenía un gran valor sentimental para mí. Miré por todos los lados, pero no tuve suerte. Perdí la esperanza y guardé el otro para colgarlo en el árbol de Navidad. Meses después, abrí la puerta de casa y encontré mi pendiente en el quicio de la puerta. Estaba colocado como si hubiera sido suave y cuidadosamente depositado allí. Estaba deslucido, pero sin ningún deterioro. Me quedé sorprendida y muy agradecida. El mensaje es «nunca pierdas la esperanza».

Karalena Mackinlay edc

AFIRMACIÓN POSITIVA

Cuando hacemos afirmaciones positivas, los ángeles toman
esa energía y te ayudan.

Mi hermana y yo estábamos cuidando a nuestra madre, que estaba en el hospital. Un día regresé a casa del hospital en taxi y, a la mañana siguiente, no pude encontrar mi monedero. Mi hermana no lo había visto y la compañía de taxis dijo que no lo había dejado en el vehículo. Repetí constantemente la afirmación «mi monedero ha sido encontrado».

Cuando fui a casa de mi hermana, mi monedero azul brillante estaba tirado en el césped que bordeaba su casa. Todo mi dinero y mis tarjetas de crédito estaban intactos. Mi hermana vive en una calle muy transitada cerca de una escuela, una tienda y una parada de autobuses. Mi amigo me dijo que los ángeles habían escondido mi monedero con sus hermosas alas.

Trish Thorpe

SIGUE TU INSTINTO

Los ángeles nos urgen para que revisemos los sitios más improbables.

Antes de que mi hijo se fuera a Sudáfrica, no pudo encontrar los paquetes de cigarrillos que se había traído de Tailandia. Le dije: «Se lo pediré a mis ángeles de búsqueda», fui a su habitación y abrí el armario. En el primer estante había una caja de zapatos vacía; instintivamente, la moví y, oh milagro, ¡los cigarrillos estaban detrás!

Angela

ÁNGELES DE BÚSQUEDA

Algunas veces, los ángeles nos guían para vaciar y limpiar mientras
nos ayudan a encontrar objetos perdidos.

Estaba buscando mi libro para estudiar sobre las causas de los pies fríos de un cliente. El libro no estaba donde se suponía que debía estar, así que invoqué a mis ángeles de búsqueda. Me llevaron a mi sala de curación y el resultado fue una «limpieza». Cuando ya había hecho lo necesario para despejar la sala, mi libro de cabecera apareció. Gracias una vez más a mis ángeles maravillosos.

ANGELA

MI ANILLO DE DIAMANTES
Los ángeles trabajan de muchas maneras.

~

Mi abuela me regaló el anillo de diamantes de mi bisabuela y yo le estaba enormemente agradecida. Un día lo metí en el bolsillo de mi pantalón mientras cocinaba. Cuando, más tarde, fui a poner el anillo en mi joyero, mi bolsillo estaba vacío. ¡El anillo había desaparecido!

Les pedí al arcángel Chamuel y a los ángeles del amor que me ayudaran. Mi voz interior me dijo que confiara y eso es lo que hice. Meses después decidí limpiar debajo de mi cama. Cuando terminé, ¡vi algo que brillaba en la esquina! ¡Era mi anillo! No tengo ni idea de cómo había llegado allí.

Empecé a bailar y a cantar. Sabía que los ángeles lo estaban celebrando conmigo porque sentí esa felicidad «pura». Les di las gracias a Chamuel y a los ángeles por su ayuda.

JENNIFER LEA

BRAZALETE DE ORO
Algunas veces, los ángeles lo organizan para que los objetos valiosos
nos sean devueltos de forma especial.

~

Mientras estaba comprando me di cuenta de que mi brazalete de oro (un regalo de cumpleaños de mis padres, por mis 18 años) me faltaba. Volví sobre mis pasos hasta el automóvil. Ni rastro de mi brazalete. Decidí preguntar en el mostrador de servicio al cliente de la tienda.

Una señora se puso detrás del mostrador. Le pregunté sobre mi brazalete y ella me lo dio y se fue. Nunca me habló, ni me pidió ninguna identificación. Tuve una sensación sobrecogedora de que no era una «señora común», sino alguien «especial».

BERNICE

ENCONTRAR LAS GAFAS DE MI MARIDO
Rezar es muy poderoso y efectivo.

~

Durante un período sabático que pasamos en un barco de vela, a mi marido se le cayeron unas gafas al agua. Mientras él buceaba y buscaba, yo rezaba a los ángeles. Tras dos o tres intentos, mi marido encontró sus gafas. Es una prueba de que las oraciones funcionan. Les agradecí a los ángeles su ayuda.

BRITTA

LOS ÁNGELES ORGANIZAN EL TIEMPO

EL TIEMPO PUEDE PARECER LÍNEAL pero, de hecho, no lo es. Cuando tu conciencia es tridimensional, el tiempo pasa lentamente. Cuando elevas tu frecuencia a la quinta dimensión, el tiempo vuela. En la séptima dimensión, que es la de la energía angélica, el tiempo no existe; todo pasa simultáneamente. Los ángeles pueden utilizar estas frecuencias para alterar tu idea del tiempo, como verás en las siguientes historias.

PARADA INESPERADA
Aunque al principio pueda parecer que te están causando problemas y puede que organicen cosas para que llegues tarde o pierdas una conexión, los ángeles siempre trabajan para que obtengas el máximo bienestar.

~

Estaba volando de Sudáfrica al Reino Unido. La agencia de viajes reservó mi vuelo con escala en Ciudad del Cabo. Cuando llegué a Ciudad del Cabo y fui a embarcar para Londres, me dijeron que habían vendido billetes de más y que no podría volar hasta el día siguiente, con lo que de repente tenía algo más de tiempo pasa pasar en Ciudad del Cabo. Mi primo me invitó a comer con él, su mujer y su hermana. No los había visto desde hacía 25 años y nos lo pasamos de maravilla. Sentí que había una razón para ese encuentro, pero no supe entender cuál.

Tres meses más tarde, a mi primo le diagnosticaron un tumor cerebral maligno. Como nos habíamos visto hacía poco, me sentí mucho más dispuesto para comunicarme con ellos durante este difícil momento. Le estoy muy agradecido a mi ángel por organizar esa escala.

Anon

SACAR DE APUROS

*Sé que los ángeles estaban haciendo esto para mi
máximo bienestar.*

~

Estaba en la carretera, yendo a una reunión en Londres y tenía que recoger a alguien por el camino. Le pedí al arcángel Miguel que protegiera mi viaje, como hago siempre, lo que fue una suerte. Mientras conducía por la carretera M25, que conozco muy bien, iba escuchando el audio del libro *The Time Traveller's Wife*.

Le eché un vistazo al reloj y me dije a mí misma que quedaban exactamente 10 minutos para llegar al cruce 11 y que iba bien de tiempo. En lo que me pareció una fracción de segundo, miré a mi alrededor y no sabía por dónde andaba. ¡Caí en cuenta de que estaba más lejos, en la autopista en Kent! Sabía que no había estado conduciendo inconscientemente. Me habían transportado fuera del tiempo y esto lo había provocado el audio de *The Time Traveller's Wife*.

Logré encontrar la dirección correcta y llegué a recoger a mi amigo a tiempo. Más tarde, mi guía, Kumeka, dijo que los ángeles me elevaron y me pusieron más abajo de la autopista porque, si no, me habría visto envuelta en un accidente en la vía de acceso. Dado que no estuve allí, el accidente no ocurrió. Una vez más, sólo podía dar las gracias a los ángeles y asombrarme de las cosas increíbles que ocurren en el universo.

Diana Cooper

SINCRONIZACIÓN PERFECTA

Cuando trabajas con los ángeles, confía en ellos para hacer que las cosas sucedan en el momento adecuado.

～

Mary tiene una gran relación con los ángeles. Ella es también una maravillosa sanadora y sintoniza en todos los momentos importantes para enviar sanación o retener la luz. Dado que ahora tiene ochenta y muchos años, necesita una cuidadora dos veces al día. El Domingo de Conmemoración,[10] ella y su amiga querían enviar la luz a las 11:00, durante los dos minutos de silencio, así que estaba muy enfadada al saber que su cuidadora sólo podía venir una vez ese día, a las 10:45 h.

Para su sorpresa y placer, otra cuidadora llegó inesperadamente a las 10:15 h. Hizo lo que era necesario ¡y entonces se dio cuenta de que se había equivocado de persona!

Ese error no solamente significó que Mary pudo sintonizarse y enviar su luz a las 11:00 h sino que ¡tuvo la oportunidad de hablarle a esa cuidadora de los ángeles y de cómo trabajan entre bastidores para ayudarnos!

TAL COMO SE LO CONTÓ MARY A DIANA COOPER

ÁNGELES DE REPARACIÓN

Cuando tienes una visión y la sigues expresando a los ángeles, ellos te ayudan a llevarla a cabo.

～

En noviembre de 2011, había unas tormentas bastante intensas en Escocia. Por esa época, mi madre estaba en España, pero su propiedad en Escocia estaba perfecta. Hubo más tempestades en diciembre y mi madre recibió un mensaje electrónico de un vecino para decirle que la cerca de su casa se había caído. Los amigos y vecinos estaban teniendo problemas para conseguir que les fijaran las cercas; con la cantidad de daños causa-

---

10. En Gran Bretaña, el *Remembrance Sunday* (Domingo de Conmemoración) se celebra el domingo más cercano al 11 de noviembre para conmemorar a los caídos de guerra, llevando prendidas amapolas rojas de papel o de plástico. *(N. de la T.)*

dos por las tormentas, las empresas de reparaciones estaban saturadas de trabajo.

Mi madre les pidió a los ángeles que le ayudaran a encontrar una empresa que arreglara su cerca rápidamente.

La empresa que reparaba las cercas le hizo un presupuesto y le fijó la cerca en una semana, mientras que algunos de sus amigos estaban todavía esperando los presupuestos. Sin duda alguna, los ángeles le echaron una mano.

PAULINE GOW EDC

TOMAR UN TREN

¡Si tienes el tiempo justo, pide a los ángeles que te ayuden a alcanzar la conexión!

Una amiga vino de visita, viajando en tren. El día que se iba, teníamos mucho tiempo antes de que saliera su tren y decidimos hacer algunas compras por el camino. Más tarde, nos dirigíamos en automóvil a la estación, pero me equivoqué de salida. Era sábado por la mañana y había mucho tráfico. Mi amiga y yo rezamos a los ángeles para que llegáramos a la estación a tiempo. Llegamos tres minutos antes de la salida del tren.

CORNELIA MOHR EDC

UNA ESPERA MUY CORTA

Deja a los ángeles que te ayuden a escoger el sitio correcto o, mejor aún, a librarte de la espera.

Teníamos que ir al ayuntamiento y normalmente tienes que hacer una enorme cola. Les pedí a los ángeles que aceleraran el proceso. Teníamos que ir a dos ventanillas y cuando fuimos a la primera no había nadie esperando, pero después de terminar nosotros ¡había una cola de diez personas! En la segunda ventanilla, sólo esperamos diez minutos y, de nuevo, cuando salimos, había diez personas esperando.

PENNY WING EDC

JUSTO A TIEMPO

Siempre hay una razón espiritual cuando te pierdes. A menudo es
porque los ángeles quieren tu energía particular
en un lugar específico.

Los ángeles me han ayudado muy a menudo a llegar a un lugar en el momento perfecto. Hace poco, iba conduciendo a Glastonbury, a una reunión de profesores, y quería estar allí antes de que llegaran. Salí con 45 minutos de antelación (de acuerdo con mi GPS) y les pedí a los ángeles que me ayudaran a llegar con el tiempo suficiente.

Sin embargo, el GPS me dirigió hacia el campo y empecé a dar vueltas en círculo; no podía encontrar la carretera correcta. Ya sentía que iba a llegar tarde y me preguntaba por qué estaba pasando esto. Les expliqué a los ángeles que quería llegar antes que los profesores, para poder darles la bienvenida.

Felizmente, un hombre con un perro vino caminando hacia mí, así que abandoné la tecnología y le pregunté cuál era el camino. Me dio unas indicaciones perfectas. Cuando conducía hacia el aparcamiento, en Glastonbury, adelanté al autobús con los profesores bajando. Así que había llegado a tiempo para recibirlos. Los ángeles me dijeron que habían querido que yo pusiera energía dorada en ese pedacito de campo, así que al final todo fue divinamente perfecto.

DIANA COOPER

LLEGAR A TIEMPO PARA TOMAR UN VUELO

Los ángeles distorsionarán el tiempo para ayudarte, así que invócales
si necesitas tomar un avión o un tren.

Viajaba con regularidad desde Glasgow a Londres. Un viernes por la noche, el metro se retrasó y llegué a la estación de metro de Heathrow sólo 20 minutos antes de que saliera el último vuelo. Llevaba sólo equipaje de mano y sabía que si podía alcanzar el vuelo todo iría bien. Si lo perdía, tendría que pagar un hotel y otro billete de avión, así que estaba desesperada.

Elevé una oración silenciosa pidiendo ayuda. Mantuve la visión de mí misma caminando hacia el avión. Los ángeles deben haber hecho que el tiempo se parara. Llegué a la puerta del avión diez minutos antes de que despegara. Cuando lo conté, nadie podía creerse que sólo tardara diez minutos en llegar al avión. Envío mis gracias a los ángeles.

KARIN FINEGAN EDC

LOS ÁNGELES ACELERAN EL TIEMPO

Los ángeles pueden cambiar el tiempo, como muestra esta historia.

Conduciendo de regreso de casa de mi hija, salí de un cruce y, mientras lo hacía, un todoterreno grande venía muy rápido por la esquina. Pensé: «Ay, Dios mío», pero, de repente, me di cuenta de que mi vehículo estaba bastante más lejos, delante del otro vehículo. Sólo podía haber sido la ayuda de un ángel, ya que cuando yo salía del cruce, el todoterreno iba en línea recta para chocar contra el mío. ¡Y nunca lo he olvidado!

ANON

HUMOR ANGÉLICO

TODOS EVOLUCIONAMOS, los seres de alta frecuencia tienen un maravilloso sentido del humor. ¡Los mantiene ligeros! Siempre se dice que los ángeles vuelan porque se toman a sí mismos a la ligera. Aquí hay algunas historias que ilustran su sentido de la diversión y del placer.

HUMOR ANGÉLICO

Esta historia me hizo reír de verdad. Por cierto, ¡tienes que ser cuidadoso con lo que pides!

Encuentro esta historia muy divertida dado que me muestra: *a)* ¡a ser cuidadoso con lo que pides!, y *b)* que los ángeles tienen sentido de humor.

Una noche estaba en casa de mis abuelos. Coloqué mis gafas sobre el libro en la mesilla de noche y les dije a mis ángeles: «Ángeles, si realmente existís, haréis que mis gafas desaparezcan».

Una petición realmente estúpida, ya que ¡no puedo ver casi nada sin mis gafas! Me levanté a la mañana siguiente y ya no estaban. Me reí durante días (a pesar de que no podía ver) y ¡mi madre no se podía creer que los ángeles hubieran escondido mis gafas! Estaba convencida de que las iba a encontrar, y sí, unos días más tarde, aparecieron (¡gracias, ángeles!) ¡en la misma habitación, debajo de una mesa!

Caroline Franks

HISTORIA ANGELICAL ADOLESCENTE
*Una deliciosa historia sobre la forma
en que los ángeles nos ayudan.*

La nieta de mi marido es menor de 14 años y no le permitimos que vea películas para adultos. Quería ver una película en el cine en la que actuaba Angelina Jolie, pero era para mayores de 16 años.

Intentó todos los trucos habidos y por haber para ver esa película. Les pedí a mis ángeles que me ayudaran a ser fuerte. En cada estallido de rabia, yo le proponía otras opciones, por ejemplo, ver *Hogar, dulce hogar*, *Kung Fu Panda* o una película con Will Smith.

El joven que vendía las entradas me preguntó qué película iba a ver. Me giré hacia Justine y le pregunté qué película y ella respondió, de mala gana, *Kung Fu Panda*. Estaba absolutamente furiosa conmigo y enfurruñada y se fue a la fila de atrás, mientras que yo me senté hacia el medio de la sala de cine. Les pasé mis preocupaciones a los ángeles y me senté y disfruté de la película. Cuando me encontré con Justine y nos disponíamos a salir, los títulos de crédito aparecieron en la pantalla y vi que una de las voces de los actores no era otra que la de Angelina Jolie. Le di un abrazo a Justine y dije: «Muchas gracias. Escogiste una película genial, que yo he disfrutado mucho y tú pudiste escuchar la voz de Angelina Jolie. ¡Qué especial era eso!».

Ella dijo: «Ouma Faye, siento mucho mi comportamiento».

Quería compartir cómo los ángeles ayudan en cada situación, sin importar lo ínfima que te parezca.

FAYE MOOLMAN

SALTAR ALREDEDOR

Los ángeles nos cuidan, pero se supone que nosotros usamos nuestro sentido común.

~

Les conté a mis hijos que tienen un ángel de la guarda que siempre les protege. Un día, mi hijo de 12 años, que había estado jugando en el jardín con la cama elástica, entró a casa resoplando. Me dijo que sus ángeles de la guarda ¡no habían hecho bien su trabajo! Se había caído y se había hecho daño. Les envié una pregunta: «Ángeles, ¿qué puedo hacer para contestarle?».

Entonces las palabras salieron solas: «¡Tienes que aprender a cuidar tu cuerpo!». Gran perspicacia la de los ángeles.

KARI NYGARD EDC

VERDADES RELIGIOSAS

Los ángeles tienen una manera perfecta y divertida de responder a las preguntas.

~

Iba conduciendo, camino a las tiendas, cuando una camioneta me adelantó y vi que en la puerta trasera estaba escrito el nombre BAUTISTA. En la siguiente rotonda, había un camión grande delante de mí con el nombre NAZARETH en la cubierta. Segundos después, me dirigí hacia el aparcamiento, y la camioneta que había a mi lado tenía una pegatina grande de la Santísima Virgen María. Me reí porque el día anterior había reflexionado sobre algunas verdades religiosas y ésa es la respuesta que recibí.

ANN QUINN

LOS ÁNGELES ME PONEN A PRUEBA

Éste es un ejercicio de desarrollo espiritual que todos podemos practicar; pero, en este caso, los ángeles están haciéndolo muy divertido.

∼

Un día estaba curando a mi hija mayor, que es médium. Dijo que el arcángel Rafael y el arcángel Miguel estaban con nosotros. Le dije que ya lo sabía. ¡Entonces me comentó que los arcángeles me querían preguntar en qué lado estaban! Así que se lo dije.

Mi hermano Pat, que está en el mundo de los espíritus, vino y sentí su presencia con mucha intensidad. Entonces, mi madre, mi abuelo, mi abuela, madrina, mi padre y mi padrastro, todos ellos, en el mundo de los espíritus, se acercaron, seguidos del arcángel Gabriel.

¡Estaba impresionado! Entonces, empezaron a intercambiarse los sitios. Me estaban poniendo a prueba para ver si podía sentir dónde estaban; ¡y estaban divirtiéndose! A pesar de que no los podía ver, sabía exactamente dónde estaban todos. Fue un día realmente increíble.

Anon

LLAMAR O YODEL[11]

Me moría de la risa cuando leí esta historia.

∼

He creído en los ángeles desde que era una niñita, y siento que tengo una conexión muy próxima con el arcángel Miguel. Un día le pedí que contactara conmigo. Le dije que quería una llamada o ¡incluso un yodel! Me reí cuando vi al día siguiente una gran camioneta fuera de mi casa con la palabra YODEL escrita en un lateral.

Tracey

---

11. Cantar a la tirolesa *(N. de la T.)*

LOS ÁNGELES DEL AMOR

*No hay nada como un mensaje musical de los ángeles
para sentirte bien.*

~

Una mañana me sentía gruñona, cansada y estresada por mi trabajo. Dije: «¡Ángeles, ayudadme, ayudadme, ayudadme!». Hice una meditación angélica corta, para sentir su presencia. Salí para ir a trabajar, sin estar contenta todavía, y ¡sin desear ningún ruido en mi viaje! Encendí la radio. Sonaba una canción, «Who Loves You Pretty Baby». Mi humor mejoró y sonreí, dije gracias, y escuché atentamente. En mi mente vi a los ángeles bailando con la música. Ese día estuve contenta y en absoluto estresada.

CAROLYN

PLUMAS DE ÁNGEL

*Así que pides plumas y ¿qué esperas? Tenemos que estar listos
para reír con los ángeles.*

~

Mi amiga Deborah estaba enfadada porque sus ángeles nunca le dejaban plumas, a pesar de que continuamente les pedía que le dieran una. Sin embargo, los ángeles enseguida hicieron que le cayera una lluvia de plumas, cuando sus hijos cortaron una de sus almohadas y las plumas llenaron su casa. Deborah estaba molesta pero su marido se rio y dijo: «Has estado pidiendo plumas durante meses, así que ten cuidado con lo que pides». Los ángeles siempre encontrarán un camino para mostrarte que están contigo; ¡sólo que puede no ser del modo que estabas esperando!

ELOISE BENNET EDC

VOLANDO CON SOPHI

*Me encanta esta historia de la risa escandalosa y el gran sentido del
humor del ángel de Carol.*

~

218

He realizado muchas meditaciones pidiendo que nuestros ángeles de la guarda nos eleven. Siempre me disculpo con Sophi, mi ángel de la guarda, por ser tan pesada.

Durante una meditación nos pidieron levitar (con la ayuda de nuestro ángel de la guarda) hasta el templo. Tuve una visión clara de Sophi, radiante en blanco, de pie, a mi espalda, tres veces más grande y más fuerte que yo. Me reí en voz baja mientras le dejaba que me llevara a lo alto de una montaña. Cuando salimos del templo, le pregunté a Sophi si podíamos dar algunas vueltas antes de descender. Me acuerdo de su cara de felicidad, su sonrisa profunda mientras pasábamos zumbando por los cielos, antes de aterrizar ligeras como plumas. Siempre está cerca. Gracias, cielo, por los ángeles de la guarda.

Carol Coppinger EDC

CARTAS DE ÁNGELES

Nosotros, en realidad, conocemos las respuestas ¡y nos sorprendemos cuando los ángeles nos dicen lo mismo!

Estaba en un momento de mi vida en el que tenía que tomar algunas decisiones sobre relaciones personales y estaba un poco perdido. Decidí tirarme las cartas de ángeles. Lo gracioso fue que pensé que sería típico si las cartas que me tocaran fueran la del perdón (ya que estaba enfadado con cierta persona) y la de las opciones. Para mi sorpresa, me salieron las dos.

Anon

UNA PLUMA DE ÁGUILA

Cuando hablamos con la gente sobre nuestros ángeles de la guarda pasan las cosas más increíbles.

Mi ángel de la guarda se llama Nicolás, y le pido señales constantemente. Un día, cuando tenía que ir a un despacho de abogados para firmar documentos, le pedí una pluma de águila. El despacho estaba decorado con arte indígena y vi una pluma de águila y le pregunté al abogado: «¿Ésa es una pluma de águila?». Dijo que sí, y que podía tomarla. Empecé a llorar porque no podía creer lo que había pasado. Le hablé de Nicolás, y terminamos conversando dos horas sobre ángeles. ¡Un día sorprendente!

ANON

PAVOS Y PLUMAS

Invoca a los ángeles y las plumas llegarán, abundantes y rápidas.

~

Estaba llevando a mi hijo y a mis sobrinas a una clase de tenis. Había tenido unas palabras con las chicas antes de salir porque les había pedido que limpiaran su habitación y encontraron muchas excusas para no hacerlo. El ambiente estaba caldeado, pero a la única persona que me iba a afectar era a mí, así que les pedí a los ángeles que me ayudaran a levantar el ánimo. Mientras conducía por una carretera comarcal, apareció un camión de granja y, de repente, hubo un aluvión de plumas, en su mayoría blancas, dirigiéndose hacia mí. Supe que los ángeles lo habían orquestado todo. Los ángeles, indudablemente, hicieron lo que les pedí. Mi humor cambió inmediatamente, y ¡tuve que reírme!

PAULINE

PERLAS QUE CAEN

Los ángeles tienen una deliciosa manera de usar la naturaleza
para proporcionar pruebas.

~

Mi grupo de ángeles estaba discutiendo sobre señales angélicas y les conté cómo establecer las suyas. Una de las estudiantes preguntó si podía tener perlas como símbolo. Hubo muchas risas cuando le dije que los ángeles, probablemente, ¡no estarían dando sus propias joyas! En lugar de eso, podría ver el nombre de «perla» en un anuncio, en una tienda de venta de perlas, etc.

Al día siguiente, me envió un mensaje para decirme: «¡Los ángeles me han bañado de perlas hoy!». Había habido una tremenda granizada y, mientras conducía, ¡las piedras de granizo parecían perlas cubriendo la carretera!

SUSIE

CREO EN LOS ÁNGELES

Plumas que van y vienen.

~

Sentí curiosidad por los ángeles. Nunca he tenido una experiencia personal, pero había leído cosas y quería pruebas. Una noche «reté» a los ángeles para que me mostraran que existían. A la mañana siguiente una canción de Abba, «I Have a Dream», concretamente la frase «creo en los ángeles», sonaba en mi cabeza.

Me preguntaba si sólo era mi inconsciente. Entonces vi una pluma blanca; estaba encantada de que hubieran contestado a mi llamada.

Puse la pluma en una caja de chucherías. Más tarde, cuando abrí la caja, ¡la pluma había desaparecido tan misteriosamente como había llegado!

Ahora, los ángeles se comunican conmigo a menudo, a través de letras de canciones, ya sea en mi mente o en la radio. Me siento afortunada de recibir su tierna guía.

JANE

NOS PUSIERON LOS APARCAMIENTOS
UNO AL LADO DEL OTRO

Los ángeles organizan sincronicidades para recordarnos
que se ocupan de nosotros.

~

Conocí a Lila durante un taller y nos llevábamos bien; quedamos en vernos para tomar un café en un centro comercial, con muchas áreas de aparcamiento en diferentes niveles. Como siempre, les pedí a los ángeles del aparcamiento que se ocuparan de mi plaza de aparcamiento seguro, cerca de la entrada.

Lila me estaba esperando en la cafetería. Más tarde, le pedí que viniera conmigo a mi automóvil porque tenía un regalo para ella.

No podíamos dar crédito a nuestros ojos cuando vimos que nuestros ángeles nos habían guiado a las dos al mismo nivel, ¡y a plazas de aparcamiento que estaban una al lado de la otra!

Con los ojos llenos de lágrimas de amor, nos reímos por el sentido del humor de los ángeles y sus habilidades de sincronización.

HETTIE VAN DER SCHYFF EDC

SIGNOS ÚNICOS

El sentido del humor de los ángeles realmente brilla en esta historia.

En un taller angélico que estaba dando, estábamos hablando acerca de configurar signos individuales para los ángeles. Yo ya tengo un signo personal, pero me puse de pareja con uno de los estudiantes para hacer el ejercicio.

Escuché a mi ángel de la guarda reírse y decirme: «¡Pero tú ya tienes tu signo!», «¿qué quieres ahora, un chupete?». Vi la imagen de un gran chupete de toffee con espirales brillantes y coloreadas. Pocos días después, estaba comprando en la ciudad con una amiga. Nos atrajo una tienda que no habíamos visto antes. Su nombre era Chupete, vendían bolsos y monederos y ¡en uno de los bolsos me sorprendió ver unas alas de ángel!

SUSAN RUDD EDC

LIENDRES O ÁNGELES

Me maté de la risa cuando leí esta historia.

Hace cinco años nos mudamos a Francia. Sentía energía alrededor de la parte superior de mi cabeza, como si fueran alfileres y agujas. Me pasaba muy a menudo, así que le dije a mi marido que los niños debían tener piojos en la cabeza y los habían traído a casa. Les puse loción antipiojos, a pesar de las protestas de los niños.

Después, los niños dijeron: «¡Eres tú, mamá, a ninguno de nosotros nos pica la cabeza!». No tenían ningún piojo. Mucho después vi un programa de televisión sobre los ángeles y me di cuenta de que había estado sintiendo energía angélica. Todavía siento la misma sensación, ¡pero ahora sé que no son piojos!

ANN

SUEÑOS

LOS SUEÑOS son estados especiales, cuando el «censor» que protege tu mente consciente está relajado y puedes recuperar información de tu inconsciente. En estos momentos, tú también eres apto para los mensajes que vienen de los ángeles y de los mundos espirituales. Éstos pueden ser momentos importantes.

ADVERTENCIA DE LOS ÁNGELES EN EL SUEÑO
Tu ángel de la guarda, de él o de ella, puede presentarse en tus sueños
y también te ayudará en esos momentos.

Soy una gran soñadora y documento mis experiencias en mi libro de sueños. Una noche, mi sueño empezó con alguien que me estaba tocando.

La persona estaba de pie detrás de mí y nunca le vi la cara, pero se presentó como Daniel, mi ángel de la guarda. Con sus manos, presionó mi espalda, mis costados y mis hombros. Me estaba proporcionando fuerza adicional en una época muy difícil.

Daniel me dijo que me había protegido durante muchos años, a mí y a mi familia, pero que ahora no tenía la posibilidad de proteger a mi padre. Me enseñó el corazón de papá. Me desperté sin saber qué hacer con esa experiencia.

Unas semanas más tarde, ¡mi suegro sufrió un derrame cerebral y lo llevaron al hospital! Yo estaba convencida de que el ángel me estaba advirtiendo sobre mi padre. Nunca pensé que podía ser mi suegro, aunque siempre he pensado en él como si fuera mi propio padre. Imagino que por eso el ángel sólo dijo «padre». Supe que el encuentro con mi ángel de la guarda fue real cuando los médicos diagnosticaron que el derrame cerebral había sido causado por una obstrucción de su corazón a la cabeza.

ELLOUISE

UN ÁNGEL DEL ARCOÍRIS

Cuando ves un ángel en tus sueños es tan real y significativo como cuando ves uno cuando estás despierto.

~

Hace algunos años me trasladé a un apartamento en una zona muy espiritual. Empecé a tener sueños. En un sueño, mi ángel de la guarda vino hacia mí. Tenía unas enormes alas de suaves colores del arcoíris y dos pares de alas pequeñas, a cada lado, que aleteaban. Fue tan conmovedor para mí que lloraba cada vez que se lo contaba a alguien.

CATHY BOLTWOOD

VISITA EN MIS SUEÑOS

Los seres queridos que han muerto, algunas veces, se conectan con nosotros en nuestros sueños.

~

Desde que era joven, he soñado con ángeles que me visitaban mientras dormía. Los sueños parecían reales y me decían cosas que me hacían creer que eran ellos los que realmente venían de otro mundo. ¡Es imposible que no crea en los ángeles cuando los he visto!

ANON

GUÍA A LA ABUNDANCIA A TRAVÉS DE UN SUEÑO

La falta de honradez crea karma y cuando das la espalda a ese oscuro camino, los ángeles te apoyan totalmente, como ilustra esta historia.

~

Tuve una experiencia angélica y recibí guía divina a través de un sueño. Tenía un apuro financiero y está tratando de ver cómo podía obtener fondos adicionales. Me di cuenta de que podía reclamar algunos reembolsos, pero sólo si tenía las facturas convenientes, cosa que no tenía. Un colega me sugirió que usara facturas falsas, pero no me decidía.

Durante una cena de trabajo, escuché a los directores hablando sobre las facturas falsas y sobre cómo la dirección iba a tomar medidas parar acabar con esta práctica. Esto confirmó mi decisión.

Esa noche invoqué a los arcángeles Gabriel y Miguel para que me dieran claridad y valor, y al arcángel Uriel para que me dirigiera en mis inseguridades financieras.

Los arcángeles Miguel y Gabriel estaban en mi mesilla de noche esa noche y les pedí que me mostraran el buen camino. Tuve un sueño en que el director financiero y el de recursos humanos me pedían que enviara una solicitud para un adelanto de sueldo y un préstamo libre de intereses.

Escribí un mensaje electrónico al director financiero y al de recursos humanos pidiendo ese adelanto. En dos minutos obtuve la aprobación de los dos.

Piu Banerjee

UN NUEVO ÁNGEL EN UN SUEÑO
He aquí un recordatorio de que nunca
estás sola.

En una época de desesperación, y sintiéndome sola, pedí conectarme con mi ángel de la guarda. Por la tarde, me eché la siesta y tuve un sueño maravillosamente lúcido. Una mujer estaba sentada a mi lado. Estaba llena de compasión y puso su mano en mi frente. Tenía el cabello corto y oscuro e iba vestida como de la década de 1930. Estaba rodeada de una luz apacible. Me recordó que no había estado sola durante mi época difícil. Supuse que ése era un nuevo ángel trabajando conmigo. Me desperté tranquila, sosegada y ya no me sentía sola. Me siento afortunada de poder contactar fácilmente con los ángeles.

Norma Parfitt

SOÑAR CON UN UNICORNIO

Cuando sueñas con un unicornio, ha llegado para tocar tu alma y ayudarte en tu viaje.

～

Tuve un sueño vívido en el que estaba paseando por un camino en el bosque. Delante de mí, había un unicornio de color blanco dorado y brillante. Se giró y me miró y sentí una maravillosa sensación de paz y amor.

SHARON RALPH

EL NOMBRE DE MI ÁNGEL

Cuando estás dormido, estás más abierto a la guía angelical.

～

Dos semanas después de que, cuando estaba durmiendo, viera en mi sueño a un bellísimo ángel, su nombre me llegó: Bellísimo. Y ahora le llamo Bella.

CATHY BOLTWOOD

TÚ ÁNGEL ESTÁ CONTIGO

Cuando sueñas con una pluma, es un mensaje de los ángeles, al igual que cuando ves la pluma físicamente.

～

Tuve un leve accidente de tráfico y estaba enfadada y alterada. Esa noche soñé con gran una pluma blanca en una papelera. La pluma era tan grande como la papelera. Había oído que las plumas significaban que los ángeles están a tu alrededor, pero no estaba segura, así que envié un mensaje a la revista *Spirit and Destiny*. Me confirmaron lo que pensaba.

Más tarde, iba conduciendo y la radio de mi automóvil pareció cambiar de emisora. Escuché la letra de «Your Angel Is With You» una y otra vez. Nunca había escuchado la canción antes y estoy segura de que era una señal de que los ángeles estaban conmigo.

BEKI

CONTAR BENDICIONES

Cuando deseas algo, los ángeles pueden ofrecerte algo todavía mejor.

~

Leí acerca de un coro de ángeles cantando sobre alguien mientras dormía, y yo realmente deseaba que los ángeles cantaran sobre mí. Invoqué a mi ángel de la guarda pero no pasó nada.

Algunas semanas después, una tarde me quedé dormida. De dos rincones de la habitación emanaban hermosas espirales de resplandeciente luz blanca. Se alzaron en arcos masivos y aterrizaron en mi tercer ojo, donde explotaron delicadamente como las alas de mariposa.

La luz era alegre y juguetona, como si quisiera mostrarme cómo debía ser el amor. Me sentí emocionada hasta las lágrimas y me sentí completamente a salvo. Una voz repetía: «Los ángeles velan tu sueño».

PIP

NOMBRES DE ARCÁNGELES EN LA NOCHE

Cuando los poderosos arcángeles quieran atraer tu atención hacia ellos, se aproximarán cuando tú estés «disponible».

~

Me levanté una noche mientras estaba medio dormida y fui a la cocina. Sabía que había estado soñando con un ángel. Dos nombres me vinieron a la mente: Metatrón y Sandalfón. Nunca había oído nada sobre ellos y no sabía quiénes eran, pero sabía que era importante, así que escribí los nombres. Ahora sé quiénes son y todo tiene sentido.

CATHY BOLTWOOD

EL ARCÁNGEL MIGUEL EN UN SUEÑO

Cuando sueñas sobre el arcángel Miguel quiere decir que él estaba contigo.

~

Me fui a la cama y soñé con el arcángel Miguel. No creía en los ángeles hasta ese punto, y no sabía nada acerca de este arcángel. Sin embargo, en el momento en que apareció, me sentí como si estuviera con un viejo

227

amigo. Al día siguiente fui al gimnasio y el dueño me dijo: «El arcángel Miguel quiere ayudarte. ¡Algunas veces eres muy testaruda, no puede ayudarte si no le pides que lo haga y le dejas! ¡Te quiere!». Me quedé muy impactada porque no había ninguna manera de que él conociera mi sueño.

<small>SUSAN ELSAWI</small>

SUEÑO ANGELICAL

Esta historia es un recordatorio de que cuando enviamos amor, sanación, protección o algo positivo a alguien, los ángeles usan nuestros pensamientos para ayudarles.

~

Me fui a la cama temprano para relajarme y pensar en cosas agradables. Me adormecí, sintiéndome tranquila y, entonces, al cabo de un momento, sentí que me levantaban suavemente de mi cama y que me volvían a dejar. Sólo duró unos segundos, pero fue una sensación agradable, como si estuviera protegida.

Le conté a mi madre lo que había pasado y me dijo que les había pedido a los ángeles que fueran a mi habitación y me protegieran, me dieran amor y me mostraran que estaban allí.

<small>LOUISA BOWSKILL</small>

CAPÍTULO 10

Ver y escuchar a los ángeles

VOCES DE ÁNGELES

A medida que aumentamos en frecuencia, más personas están desarrollando sus chakras de la garganta y volviéndose clauriaudientes.[12] Cada vez más de nosotros empezaremos a escuchar las voces de los ángeles y de los espíritus.

TE DICEN QUE LO SUELTES

Cuando oyes la voz del espíritu, de alguna manera,
siempre te ilumina.

Estaba pasando un momento económico difícil. No veía una salida al problema, y cuando, esa noche, me fui a mi cama, sentí pánico y miedo.

Escuché la voz de una mujer diciéndome: «Relájate, no tengas miedo, suéltalo». No estaba seguro de quién era, pero me sentí reconfortado y decidí tener en cuenta su consejo. Caí en un sueño profundo, pero a primera hora de la mañana, me despertó la sensación de unas manos reclina-

---

12. Clauriaudiencia: acto de captar sonidos, música y voces no percibidos por el oído normal. *(N. de la T.)*

das sobre mi cama. Me sentí tranquilo y esperanzado y sentí en ese momento que todo iba a ir bien. Estoy seguro de que fue la voz de mi ángel de la guarda, respondiéndome cuando lo necesitaba.

ANON

EL MOMENTO ES AHORA
A veces, los ángeles atraen tu atención con luces intermitentes, encendiendo y apagando, sin importar si tus ojos están abiertos o cerrados.

～

A veces siento como si hubiera luces intermitentes encendiéndose y apagándose en mi habitación, pero cuando abro los ojos, no hay luces y está oscuro. Entonces oigo una voz suave, pero firme, en mi cabeza, que dice: «¡Levántate!».

FOLASADE LOKO

ÚLTIMO ENCUENTRO
Cuando los ángeles hablan, es importante escuchar y hacer lo que te piden.

～

La hija de Annie, Mary, estaba muy enferma en el hospital. La familia de Annie estaba lejos y me pidió que la llevara al hospital para visitarla. Yo tenía que cuidar a mi madre, que estaba en casa, y a mi nieto pequeño y me sentí estresada, así que le dije: «Lo siento, pero no tengo tiempo». Sin embargo, una voz en mi cabeza me dijo: «Lleva a Annie a ver a Mary», así que metí a todo el mundo en el automóvil y llevé a Annie al hospital. No lo sabíamos entonces, pero ésa fue la última vez que Annie vio a su hija. Mary murió esa noche.

SUE WALKER EDC

EL ÁNGEL DEL PRINCIPADO DE CHELTENHAM

*Operando en una frecuencia más rápida que los arcángeles, están los
principados, que supervisan las grandes empresas, las ciudades
y los grandes proyectos.*

Cuando empecé a enseñar en los talleres de ángeles, me invitaron a Cheltenham para dar una clase a 30 personas. Esto era sobrecogedor, ya que tenía que conducir una gran distancia y eso me ponía nerviosa. Invoqué a la fuerza y al valor del arcángel Miguel y me fui.

Después de crear un espacio sagrado, me senté fuera para centrarme antes de que los participantes llegaran.

Entonces pasó algo increíble. Un ángel enorme, que dijo que era el ángel del principado de la ciudad de Cheltenham, se agachó y me dijo: «Gracias por traer tu luz y enseñanzas a nuestra ciudad. Estamos muy agradecidos». Me quedé encantada y mis penas se esfumaron.

ELOISE BENNETT EDC

EL FIN DE UN MATRIMONIO

*Cuando es el momento de que una relación termine, los ángeles nos
apoyarán cuidadosamente y nos guiarán para asegurarse de que tomamos
la decisión correcta, incluso si no coincide con lo que otros quieren.*

Hace algunos años estaba en un momento complicado con mi marido y nuestro sacerdote. Cuando nos casó, nos pidió que lo buscáramos si teníamos problemas en nuestro matrimonio, y ahora mi marido y el sacerdote estaban tratando de convencerme para que le diera otra oportunidad a nuestro matrimonio.

En mi interior, estaba gritando «NO» y me sentí a mí misma como si estuviera abandonando mi cuerpo. Era demasiado doloroso, me quería IR… Escuché una voz tranquila que me decía: «No te preocupes, todo irá bien». Me relajé, y esas palabras me ayudaron a sobrellevar la situación hasta que mi matrimonio terminó. Estoy eternamente agradecida por la fuerza y el amor que los ángeles nos dan cada día.

LOUISE WEIR

PRIMERA TOMA DE CONCIENCIA

*Cuando tocamos fondo y estamos agotados por la vida, los ángeles
vienen hacia nosotros y nos quitan el pánico, dejándonos tranquilos y
listos para subir nuestro camino de regreso a la vida.*

Estaba pasando por un momento difícil y me sentía mental, física y emocionalmente exhausta.

Una amiga me convenció para que probara el reiki. Llegué y empecé a despotricar sobre mi vida a la mujer, ¡pero estaba en la casa equivocada! Ella, amablemente, me envió a la dirección correcta.

Regresé a mi vehículo y me di cuenta de que lo había cerrado y me había dejado las llaves dentro. Una voz tranquilizadora me dijo: «Cálmate y que no te entré el pánico. Todo va a ir bien, pequeña». Me sentí muy calmada y relajada; sabía que era un ángel. Llamé a mi marido para pedirle ayuda.

Un joven vino y me dijo que podía ayudarme a entrar en el automóvil. La casa a la que había ido al principio era la de su madre. El hijo logró abrir la puerta del vehículo.

Entonces mi marido llegó y no se podía creer el cambio que veía en mí.

Al cabo de unos meses estaba sintonizada con el reiki y conecté con el arcángel Rafael y sus ángeles de sanación. Desde entonces, los ángeles me han guiado.

MAIRI BECKETT *EDC*

ORIENTACIÓN EN EL MOMENTO DEL SUEÑO

*Cuando los ángeles nos dan una orientación específica, generalmente
nos dan la fuerza y determinación para luchar por lo que sentimos
que debe hacerse.*

Me desperté tres noches seguidas con mi ángel diciéndome que tenía que llevar a mi madre al médico porque tenía algún problema en su abdomen.

Lo hice. Cuando nos sentamos en la sala de espera, pedí a los ángeles que me orientaran sobre lo que debía decir. El médico no encontró nada, pero yo estaba tan angustiada que dijo que iba a recomendar que le hicieran un escáner, aunque tardaría un tiempo.

Le pedí que lo derivara a la sanidad privada, y llamó al hospital y me dijo: «La suerte debe estar de su lado; tienen una cita para mañana».

A las pocas horas del escáner me dijeron que llevara a mi madre a un cirujano vascular inmediatamente. Tenía un aneurisma aórtico de triple AAA y la llevaron directamente al quirófano para intervenirla. El cirujano dijo que mi madre había tenido suerte; si no hubiera encontrado el aneurisma, le hubieran quedado unas horas de vida. Una vez más, agradecí a todos los ángeles su orientación.

MARIEL FORDE CLARKE EDC

ÁNIMO ANGELICAL

*Aunque parecen cosas malas, tus ángeles están tratando
de llegar a ti para ayudarte.*

Un Año Nuevo nos fuimos a pasear por el campo a los pies del monte Sainte-Victoire. Encontré un pequeño afloramiento rocoso y me senté con la cara al sol y el pelo al viento y medité. Me sentí estupendamente.

Mi ángel me habló diciéndome que nunca estaba sola; él estaba allí, guiándome, que estaba al filo de algo nuevo. Esa mañana temprano encontré una hermosa hoja y decidí dejarla al lado de la montaña para que los ángeles se la llevaran a Dios. Cuando regresamos al hotel, fui al baño y, allí, en el suelo, delante de mí, había una pequeña pluma blanca.

SUSIE COOPER

MOMENTOS DE NECESIDAD

*Cuando los ángeles están contigo, traen un maravilloso sentido de
calma y paz y un conocimiento de que todo saldrá bien.*

Hace algún tiempo pasé por un período de problemas económicos. No veía la salida y una noche me fui a la cama con una sensación de pánico y miedo.

Escuché la voz de una mujer diciendo: «Relájate, no tengas miedo, déjalo ir». Me sentí reconfortada y decidí seguir su consejo. Caí en un sueño profundo. Por la noche, sentí unas manos debajo de mí apoyándome y reconfortándome y sentí una arrolladora sensación de calma y esperanza. Supe que todo iba a ir bien. Estoy segura de que era la voz de mi ángel ayudándome en mis momentos de necesidad.

Jayshree Naidoo

LA VOZ DE UN ÁNGEL

Cuando puedas oír la voz de tu ángel tratando de ayudarte, realmente, ¡eso hace que tu vida sea más fácil!

~

Una tarde fui al supermercado y aparqué mi automóvil en un lugar diferente al habitual. Cuando terminé de comprar, automáticamente, me fui adonde aparco normalmente. Escuché una voz potente diciéndome: «Aparcamos nuestro vehículo en el lado contrario». Seguí escuchando la voz; se volvió más fuerte y me giré para ver quién estaba gritando. ¡No había nadie! Entonces caí en la cuenta: «Es la voz de un ángel; mi automóvil está aparcado en un lugar completamente distinto».

Marjetka Novak EDC

UN RECORDATORIO DE AMOR

El universo, la Fuente, los ángeles, ellos nunca nos abandonan o renuncian y aquí lo demuestran.

~

Experimentaba una noche oscura del alma. A pesar de que sabía que era eso, me sentía abandonada y dudaba de toda conexión con lo divino y con Dios. Le dije a la Fuente: «¡Me has abandonado!». Escuché una voz atronadora diciendo: «Nunca te he abandonado, te has abandonado tú misma!». Aun sintiéndome en carne viva y desconectada, miré hacia mi salón y vi una hilera de ángeles de color blanco puro. Vinieron para recordarme mi conexión divina cuando más lo necesitaba. Me puse de pie ante su pureza y gracia y les permití que llenaran mi corazón con luz.

Qué ejemplo poderoso de la verdad: cuando la vida se vuelve demasiado grande para tu fe, es entonces cuando tu fe tiene que cambiar. Desde ese momento, mi fe está con los pies en la tierra y enraizada en el recuerdo del amor que los ángeles nos profesan. Todo lo que quieren es que nosotros recordemos nuestra divinidad y verdad.

REV MARIE LOUISE JONES

HORAS EXTRA

Nunca abandones la esperanza. Si tú estás bien, no importa cuán
imposible parezca, el empleo será tuyo.

∼

Estaba trabajando como médico auxiliar en un nuevo consultorio y disfrutaba con ello, así que pregunté si había más horas disponibles. Me dijeron que les gustaría mucho pero que acababan de firmar un contrato de larga duración con otro médico auxiliar. Estaba disgustado, pero lo acepté. Unos días más tarde, escuché un mensaje muy claro de mi ángel de la guarda que me decía que el médico auxiliar no podía hacer el trabajo y que el trabajo era mío. El gerente de la práctica vino a verme y me preguntó si podía hacer más horas, dado que el médico auxiliar no podía trabajar más con ellos. Estaba encantado y todavía sigo trabajando en ese consultorio.

DR. BIRINDER KAUR

SALVADA POR LOS ÁNGELES

Si tu alma no ha aceptado que ha llegado tu momento,
tu ángel de la guarda se asegurará de que vivas.

∼

Un participante de mi taller nos contó una historia de su juventud. Vivía en un sótano que no tenía ventanas y un día, sin que él lo supiera, el calentador de gas empezó a perder. Pensó que oyó a una voz en su sueño que le decía: «Levántate y sal fuera». Al principio, lo ignoró, pero la voz se hizo más alta y siguió hasta que no pudo ignorarla más. A pesar de que los gases le habían afectado, se arrastró fuera y puso la cabeza fuera de la puerta, para que los vecinos pudieran rescatarlo. Su ángel de la guarda le salvó la vida.

Marjetka Novak edc

CON ÁNGELES, TODO ES POSIBLE

Muchos de nosotros hemos vivido situaciones terribles y es un alivio saber que los ángeles están ayudando desde la sombra para arreglarlo todo.

～

Regresé a Suecia con mi hija de un año después de haberme divorciado de su padre. No podía conseguir un trabajo sin tener que dejarla en la guardería. Dado que no tenía trabajo, no podía alquilar un apartamento. Como no tenía apartamento, no podía inscribirla en una guardería. ¡Era una pesadilla!

Finalmente, logré encontrar un apartamento de realquilada y me aceptaron para seguir la educación superior. ¡Sophie consiguió una plaza en la guardería y yo estaba muy contenta! Sin embargo, pronto me di cuenta de que no podría mantener el apartamento. El gobierno me prometió otro pero no había ninguno disponible. La guardería y el liceo (donde estudiaba) estaban en la misma zona. Si me mudaba tendría que abandonar mis estudios, y no sabía cómo iba a arreglármelas con la guardería de mi hija. Me quedaba despierta cada noche dando vueltas y más vueltas. Tres semanas antes de mi desalojo estaba, como siempre, sin poder conciliar el sueño, cuando escuché una bellísima y encantadora voz de mujer diciendo: «No te preocupes, todo va a ir bien».

Me dormí inmediatamente. Dos días después me llegó una carta diciendo que tenía un apartamento cerca del liceo y cerca de la guardería de Sophie.

Kay Gallen-Kallela

GUÍA AMOROSA

He aquí una fascinante historia donde un ángel da un plazo específico para la resolución de un problema.

～

Estaba pasando por una dolorosa separación y estaba luchando para salir adelante. Una noche estaba sentada en mi jardín llorando y pidiendo ayuda. Me sentía cerca de un ataque de nervios. Pedí que la verdad me fuera revelada para así poder tomar decisiones y resolver la situación. Me calmé y escuché una voz que decía: «Vive en paz, mi pequeña, en tres días todo se resolverá».

Sabía que podía confiar en esa información y nunca la cuestioné. Dormí por primera vez en mucho tiempo. Cuando le conté esta experiencia a una amiga cercana, pensó que estaba loca. Exactamente tres días después, la verdad salió a la luz y yo pude tomar mi decisión. ¿Fue un ángel, un guía, un maestro? Poco importa. Le estoy eternamente agradecida y la experiencia fue un aprendizaje. Supe que nunca estaría sola.

CAROL

EL AMOR LO SUPERA TODO

Ojalá supiéramos lo mucho que hacen nuestros ángeles de la guarda para ayudarnos cuando nos sentimos decepcionados o deprimidos.

Estaba muy decepcionada por no poder intervenir en un show. Dado que no tenía mucho éxito en el ámbito laboral, me dolió aún más. Estaba llorando, pero podía sentir olas de amor que se dirigían hacia mí, seguidas por palabras de sabiduría: «Cuenta tus bendiciones» y «El amor lo supera todo».

Desde entonces, este mensaje ha continuado y sé que procede de los ángeles.

STEPHANIE

LA ESCALERA

Si no ha llegado tu momento, tu ángel de la guarda se asegurará de que te llegue el mensaje, como en esta dramática historia.

Cuando era una niña de dos años me caí en una piscina. No había nadie alrededor y me fui al fondo. Una voz muy reconfortante me dijo, claramente: «Abre tus ojos... y ahora dirígete a la escalera». Lo hice y ahora estoy viva.

OLSEN GUAM

INSTRUCCIONES ANGELICALES DE SUPERVIVENCIA

¡Algunas veces tu ángel tiene que trabajar mucho para ayudarte a sobrevivir y curarte! Como en el ejemplo anterior, los ángeles están definitivamente cuidando a Sharon.

~

Eché gasolina en un montón de leña sin saber que todavía quedaban brasas. ¡Los cinco galones de gasolina explotaron! La misma voz calmada que me habló en la piscina cuando era una niña pequeña me dijo que me quitara la blusa, la tirara y que rodara por el suelo. Sobreviví y después me di cuenta de que mis ángeles habían estado conmigo las dos veces. Tengo muy pocas cicatrices y la gente no es consciente de que tuve ese accidente. Todo esto es porque recé a mis ángeles, no sabía sus nombres, pero sabía que estaban allí.

SHARON OLSEN GUAM

UNA MANO EN MI HOMBRO

Un espíritu anclado en lo terrenal es uno que no ha pasado adecuadamente hacia la luz. Muchas veces, su energía es desafiante, y esto puede afectar a las personas sensibles, que necesitan protección angélica.

~

Tuve un año difícil que me hizo sentirme física, emocional y espiritualmente vacía. Parecía que era muy sensible a la negatividad. Le pedí al arcángel Miguel su protección.

Un día quedé para comer con mi mejor amiga. Mientras conversaba con ella acerca de mis preocupaciones, mi amiga me dijo que no se sentía bien, que se sentía vacía y bastante deprimida. Mientras hablábamos vi a un ángel que estaba de pie entre nosotras. Medía unos dos metros e iba todo de blanco. Colocó su mano derecha en el hombro izquierdo de mi amiga y su mano izquierda en mi hombro derecho y, simplemente, dijo: «Estoy aquí, tenéis mi protección». Recibí un empujón de fuerza y consuelo y me sentía conmovida al ver el amor de este ángel por mí.

¡Creo en los ángeles porque he visto uno! Los ángeles quieren apoyarte en tu viaje. Pide que te ayuden y dales la bienvenida.

Theresa Monson

SÓLO TUS PADRES TERRENALES

Mucha gente no se siente querida y se pregunta por qué escogió esos padres en particular. Se puede encontrar más información acerca de este tema en mi libro Transform your Life.

∽

Una noche estaba triste, preguntándome por qué nunca sentí que mis padres se preocuparon por mí o me quisieron. ¿Por qué escogí esos padres? Sentí cómo me llegaba un sentimiento de amor y escuché: «Nosotros somos tus verdaderos padres. Te queremos mucho. Ellos sólo son tus padres terrenales y todo está bien». Lloré porque la sensación de amor que sentí era muy fuerte.

Desde entonces, nunca me he sentido triste pensando en mis padres.

Kay Gallen-Kallela

UN ÁNGEL PRONUNCIÓ MI NOMBRE

¡Guau! qué maravillosa confirmación de los ángeles.

∽

Tras un derrame cerebral, tengo un poco de parálisis y mi marido se ocupa de mí. Se toma algún tiempo de descanso para visitar a unos parientes en Francia y, cuando se va, se ocupan de mí unos cuidadores. La noche antes de que mi marido se fuera de viaje, recé mis oraciones y le pedí a mi ángel de la guarda que me protegiera y que me diera una señal de que estaban allí.

A la mañana siguiente, escuché cómo pronunciaba mi nombre una voz que no reconocí. Pensé que era uno de mis cuidadores, así que les dije que estaba en la cocina, pero nadie vino. Allí no había nadie; sin embargo, yo escuché pronunciar mi nombre claramente. Supe que era la señal que confirmaba mi protección. ¡Qué maravilla!

Vivien Barboteau

EL ÁNGEL ELÍAS

*Carol es una médium que ve y se comunica
con los ángeles a diario.*

~

A lo largo de los años me han ocurrido muchas cosas con los ángeles. Una noche me estaba preparando para ir a dormir cuando un sonido parecía que iba a través de la parte superior de mi cabeza y bajaba por todo mi cuerpo. Era un sonido alto que le habló a mi espíritu. Caí en un sueño profundo.

Mis ángeles me habían dicho que escribiera notas de todo, así que después anoté mi experiencia. Cuando empezaba a escribir, el sonido llegó de nuevo, exactamente igual que antes. Dejé mi diario y entré en la experiencia. Escuché una voz profunda de hombre que parecía que procedía de un lugar mucho más alto y tenía la vibración más alta que nunca había experimentado. Recibí un mensaje poderoso: «Soy el ángel Elías. Tienes que despertar y convocar a todos los ángeles terrestres. Te vamos a guiar. Te queremos mucho. Tú eres la madre de todos».

El mensaje era profundo, me centré en mi respiración, tal como los ángeles me habían enseñado, ya que pone en alineación tu cuerpo, tu mente y tu espíritu.

Carol Guy

VER ÁNGELES

HAY MUCHAS formas de conectar con los ángeles. Las personas que ven a los ángeles están consideradas clarividentes y este capítulo contiene algunos ejemplos fascinantes sobre esto.

UN ÁNGEL SE APARECE A DOS DE NOSOTROS

Lo maravilloso de esta historia es que Hannah-Belle y su marido,
ambos, vieron a este ángel, al que ella describe en detalle.

~

Una mañana de verano estaba sentada en la cama con mi marido tomando un café y charlando sobre lo que haríamos durante el día. El sol se filtraba por la ventana, detrás de Daniel. Se posó en la pared que había delante de nosotros y llegó a la cómoda. Se volvió más y más brillante y pude ver que aparecía una figura. Le di un codazo a Daniel y murmuré: «¿Estás viendo lo que yo estoy viendo?».

Él respondió: «Sí». Nos quedamos allí sin hablar. El ser de luz medía aproximadamente un metro y medio. Podíamos ver sus alas y sus plumas, incluso el aura. El ser de luz se volvió más y más brillante durante alrededor de tres minutos y luego se fue.

Nunca olvidaré las plumas; eran perfectas. Fui una privilegiada por ver eso, especialmente por estar acompañada de mi marido.

HANNAH-BELLE ROBERTS

SANAR A LOS DESCONSOLADOS

En esta historia, Lesley comparte una de las más claras y bellas
descripciones que haya leído jamás sobre un ángel.

~

Mi querida madre había estado muy débil durante algún tiempo, pero aun así fue un shock cuando murió. Ha sido el dolor más terrible que he sufrido. Estaba tumbada en cama y llamaba a mi madre y a Dios. Estaba pidiendo perdón por no haber sido capaz de evitar que muriera y le pedí a Dios que la cuidara. Vi una luz brillante que se movió desde la parte superior de mi cabeza hacia abajo, hacia mi cuerpo, y llegó hasta mis pies. Vi a un ángel muy hermoso, de más de 2,40 metros de altura. Su cabello era blanco plateado y su cara era como de porcelana. Sus ojos estaban cerrados, en profunda concentración. Su ropa estaba llena de pliegues. El ángel tenía una bola de luz en la mano, que brillaba sobre mí.

Vi alrededor de seis a ocho manos tocar su ropa. Tomé eso como un mensaje de sanación. ¿Estaban enviándome un mensaje de que estaban sanando a mi madre, o ayudándome a sanar mi dolor, o ambas cosas? He visto espíritus desde que era una jovencita, pero nunca imaginé que los ángeles fueran reales en el mundo actual. Rezo una oración a los ángeles y arcángeles cada noche, al igual que rezo oraciones por mi querida madre.

LESLEY DARBYSHIRE

PRESENCIA ANGELICAL

¿Qué confirmación y consuelo puede haber más maravillosos, en un momento de pérdida, que ver un ángel?

Recuerdo a mi madre diciéndonos que cuando nuestro abuelo murió, lo pusieron en el cuarto de estar de nuestra casa. Como teníamos visitas, mi madre había cedido su cama y dormía en el cuarto de estar, al lado del ataúd. Por la noche, se despertó y vio una luz muy brillante. Cuando miró al ataúd, había un ángel enorme de pie.

MARGARET GRUNDY EDC

TRAER ESPERANZA

Los ángeles hacen que la magia suceda.

Era 1997 y estaba desesperada. Tenía cuatro niños pequeños, un trabajo a jornada completa, un marido con un trabajo exigente y mi madre (que vivía con nosotros) tenía demencia senil.

Estaba cansada y frustrada. Parecía que no iba a conseguir ayuda para mi madre, a pesar de todos mis esfuerzos. Una noche, no podía dormir; me estiré en la cama sintiendo que ya no podía seguir adelante y me recuerdo diciendo: «Por favor, ayudadme». Al lado de mi cama apareció una luz brillante y un bello ángel plateado vino hacia mí, tomó mi mano y me dijo que todo iba a ir bien. Entonces fui envuelta por una vibración de paz y amor tan poderosa que no puedo describirla con palabras.

Al día siguiente, empezaron a pasar cosas; como por arte de magia llegó la ayuda que necesitaba para mi madre. Esta experiencia poderosa se quedó conmigo y me ha inspirado para trabajar y enseñar a otras personas sobre los ángeles.

ELIZABETH ANN EDC

LOS ÁNGELES DE LOS ACCIDENTES DE TRÁFICO

Si rehúsas escuchar los mensajes de los ángeles, tu alma puede estar de acuerdo en permitir que recibas una llamada de atención más grave.

∼

Tuve un grave accidente de tráfico cuando un joven chocó por detrás. Mi vehículo quedó aplastado y yo atrapada dentro. Sin embargo, cuando la ayuda llegó, estaba ilesa y caminé tranquilamente. La policía y el equipo de la ambulancia estaban sorprendidos y me dijeron que había tenido mucha suerte de seguir con vida. Esa noche me visitaron muchos ángeles. Mientras los veía, me sentía plena de una sensación de gran calma y amor.

Alguien dijo: «¿Qué teníamos que hacer para que pararas?». Estaba inmersa en una relación autodestructiva y en un trabajo muy estresante, de los que tenía que liberarme.

El accidente de tráfico, y el consiguiente dolor de espalda, querían decir que estaría algún tiempo de baja; durante ese tiempo, corté con mi pareja y busqué un nuevo trabajo. El resultado: una nueva vocación y conocer al compañero de mi vida. Estoy convencida de que los ángeles decidieron visitarme esa noche para que tomara medidas positivas.

CAITLIN ALLEN

VER LOS ÁNGELES DE OTRAS PERSONAS

Ésta es la historia de alguien que era muy sensible de niña y no sabía qué hacer frente a su visión clarividente.

∼

He podido ver las auras de la gente desde que era pequeña. Pensé que todo el mundo podía verlas; a los diez años me di cuenta de que no todo el mundo podía hacerlo. Hace diez años, una luz empezó a aparecer al lado de la persona que estaba mirando, o en forma de un cuerpo entero;

siempre con una luz blanca resplandeciente. Empecé a ver siluetas faciales casi como en negativo, lo que siempre pasa cuando parpadeo, como en el flash de una cámara.

He visto algunas cosas increíbles. Por ejemplo, una vez estaba mirando a cuatro personas saliendo del agua, para darme cuenta después de que eran solamente dos y las otras figuras, formas brillantes detrás de ellos, eran sus ángeles de la guarda. Sé que lo que veo son ángeles o guías. Es muy reconfortante.

JENNIFER PALMER

RECORDATORIO PARA VIVIR
Éste es un profundo mensaje de los ángeles para decirnos que estamos aquí para vivir y abrazar cada momento.

Los últimos cinco años han sido los más duros de mi vida. Me he cambiado seis veces de casa y he sufrido trastornos causados por estrés postraumático. Estaba arruinada… ¡seguramente nada podía ir peor! Una mañana me levanté y noté un bulto en mi pecho. Sentí un pánico terrible; siempre he tenido miedo a los hospitales.

El médico me envió a que me hicieran una mamografía. Estaba aterrorizada. Mientras esperaba a que me viera el especialista, sentí como si fuera toda mi vida. Felizmente sólo era un espesamiento del tejido y estaba bien.

A la mañana siguiente tuve una visión. Una figura femenina vestida de blanco con pelo largo que flotaba se detuvo delante de mí y me dijo: «Ayer estabas muerta y hoy tienes de vuelta tu vida». Entonces se fue. Fue una experiencia profunda. Mi ángel vino para decirme que todavía he de estar aquí por un tiempo.

JOAN CHARLES

EL ÁNGEL DE LA SEGURIDAD VIAL
Qué maravilloso que a Candace le fuera posible ver el ángel que estaba protegiendo a su hija.

Cuando mi hija menor estaba estudiando, estaba pasando por una época en la que salía con sus amigas hasta altas horas de la madrugada. Algunas veces bebían demasiado. Normalmente, me estiraba en mi cama hasta que oía su automóvil.

Una noche, mientras esperaba que volviera a casa, tuve una imagen nítida de su vehículo llegando por la calle con un bello ángel blanco recostado en el techo mirando hacia delante, como si estuviera colgando de un trineo. Desde ese momento, supe que mi hija estaba bien. Desde ese día me imagino a ese ángel blanco, al que llamo Bianca, cuidando a mi hija y a su automóvil, manteniéndolos a los dos a salvo.

CANDANCE

ÁNGELES DORADOS Y BLANCOS
Siempre es bueno recibir comentarios de clarividentes sobre lo que ven durante su trabajo espiritual.

∽

Cuando estábamos todos en la sala durante el rodaje de *Cosmic Moment* y Diana tocando la batería al ritmo de Lady Gaia, vi ángeles dorados y blancos en la sala, de pie, para todo el mundo.

LINDA KELLY

LOS ÁNGELES ME CUIDAN
Los ángeles pueden aparecer de cualquier forma que haga que un niño pueda sentirse más cómodo con ellos.

∽

Mi primera experiencia pasó cuando tenía cinco años y tuve un accidente grave. Caí a horcajadas por una alcantarilla y tuvieron que subirme. Cuando volví a casa del hospital, dormí con mis padres durante un tiempo porque me sentía realmente enferma. En medio de la noche me desperté para descubrir tres «monjas» al lado de mi cama. Desperté a mis padres preguntándoles por qué las monjas habían venido, pero ellos no podían ver nada y me dijeron que me durmiera otra vez. Las «monjas» siguieron conmigo mientras me volvía a dormir. Me di cuenta después de que las «monjas» eran ángeles que me protegían y me estaban enviando sanación. Ahora tengo 59 años y nunca he olvidado mi primera experiencia con los ángeles.

LESLEY MORGAN

HUELLA ANGELICAL EN EL CIELO
Katie me mostró un magnífico esbozo
que hizo de este ángel.

~

Estaba en la cocina comprobando que todo estuviera apagado. De repente, vi una mano delante de mí diciéndome que me detuviese. Miré fuera y vi una pintura de un ángel en el cielo. Usaba un casco de caballero y tenía unas alas muy hermosas.

KATIE CURTIS

LOS ÁNGELES TRAEN ESPERANZA
Los ángeles están tan llenos de amor y compasión que vienen hacia
nosotros cuando estamos en apuros.

~

Hace siete años, tuve un incidente terrible en mi trabajo. Cuando llegué a casa empecé a llorar y me negué a hablar con nadie. Me fui a la cama y me metí bajo las mantas. Les pedí ayuda a los ángeles y escuché un coro muy melódico cantando.

Entonces, vi a un ser de 2,40 m de altura en el rincón, bañado en oro. Tenía la sensación de que estaba siendo vigilada. Sabía que había visto a un ángel.

La sensación no me abandonó nunca y sé que podemos invocar a los ángeles cuando estamos en apuros. Siempre insto a los demás a que busquen sus ángeles, en tiempos de necesidad y de alegría, para compartir con ellos nuestra bendición terrenal.

TARA

ÁNGELES EN EL CIELO

Mientras nos estamos despertando o durmiendo, los velos entre los
mundos son finos. Éstos son momentos en los que mucha
gente se conecta con los ángeles.

～

Una mañana, cuando me desperté, todavía estaba oscuro. Miré hacia el cielo y vi un cielo lleno de estrellas, como pequeñas bombillas LED. Cruzando el cielo había muchos ángeles de tamaños diferentes, moviéndose rápidamente en todas las direcciones. Había un ángel enorme en el centro, que estaba inmóvil. Aparecían como siluetas de luz, como un aura. Cerré mis ojos y cuando los abrí todavía estaban allí. Recuerdo que les sonreí y les di las gracias, sintiéndome muy contenta.

La noche siguiente, tuve otra experiencia: vi un ángel enorme sosteniendo una paloma.

Pat Mclure

CALOR, LUZ Y SANACIÓN

Los ángeles y guías aparecen de muchas formas y siempre
es un privilegio verlos.

～

Estaba pasando por un momento problemático. Cuando me fui a mi dormitorio, sentí un calor extremo y una luz sobre mi cabeza. Era increíble sentir lo que sabía que era una sanación en mi cabeza. Esa noche dormí plácidamente. Cuando a la mañana siguiente me levanté y abrí mi puerta, vi a un hombre alto de pie y supe que era mi ángel de la guarda, Poncio. Vaya por donde vaya, veo la letra «P» con el ojo de mi mente. ¡Gracias a los ángeles! ¡Sois absolutamente asombrosos!

Sumaya Essop

SITUACIONES DESAFIANTES

Una vez más, los ángeles aparecen para quitar el miedo
y traer la sanación.

～

Hace siete años me enfrenté a mi propia mortalidad. Tuve que someterme a una operación importante y estaba muy asustada. Tenía dos niños pequeños, así que tenía que superar este difícil momento. Recé como nunca había rezado antes.

Mientras me llevaban al quirófano, vi a mi (difunta) madre y a los ángeles allí. Mi madre dijo que todos estaban allí para asegurarse de que todo iba a salir bien. Cuando me desperté, el equipo de enfermeros quería saber por qué estaba sonriendo. Les conté que los ángeles estaban cuidándome y que me habían dicho que todo iba a salir bien. Los ángeles existen y ayudan cuando se les pide.

Rosa Fraga

EL CANTO DE LOS ÁNGELES Y CANCIONES DE ÁNGELES

DADO QUE LA FRECUENCIA del planeta se está volviendo más liviana, más personas pueden escuchar a los ángeles cantando, o incluso a un coro de ángeles. Por lo general, informan de que se sienten sanados o inspirados.

Si estamos haciendo Om-ing o tarareando durante un taller, podemos escuchar muy a menudo los maravillosos sonidos de los ángeles, mientras toman el sonido de nuestra música hacia frecuencias más elevadas. Continúa mucho después de que hayamos parado, y en ese tiempo la magia y los milagros pueden ocurrir.

SANACIÓN A TRAVÉS DE UNA CANCIÓN
Si quieres conectar con el espíritu de seres queridos y con los ángeles, escucha las canciones que oyes tocar.

Realizamos talleres de duelo. Una joven que asistió, Kali, perdió a su padre hacía diez meses. Durante el taller, la mayor parte del grupo recibió un mensaje, pero Kali no recibió nada. Sentía que el taller le había beneficiado, pero se sentía frustrada. En la ceremonia de clausura, el milagro sucedió.

Seleccioné la canción 7 en el lector de CD. Sin embargo, en el CD sonó la canción 9, «I believe». Cuando terminó, me disculpé por el error y Kali saltó con lágrimas de alegría y gritó que había contactado con su padre. «I believe» era la canción favorita de su padre y se tocó en su funeral. Kali sintió que los ángeles la habían bendecido porque a través de ellos había recibido un mensaje de su padre. Kali irradiaba amor y luz. Cree que su padre seguirá guiándola a través de los ángeles.

MARIEL FORDE CLARKE EDC

SANACIONES ARMONIOSAS

Siempre que se están tocando o cantando armonías hermosas, los ángeles cantan sus armonías maravillosas de sanación sobre las personas presentes.

~

Cuando Truda estaba gravemente enfermo en el hospital, su hijo le llevó su música favorita. Su madre escuchó uno de los CD, *100,000 Angels*, de Bliss. Mientras sonaba la canción no podía parar de llorar porque podía sentir a los ángeles a su alrededor y, en ese momento, supo que se iba a recuperar completamente.

TAL COMO SE LO CONTÓ TRUDY A DIANA COOPER

MELODÍA ANGELICAL

Cuando abres tu mente y conectas con los reinos angélicos, sin importar si crees en los ángeles o no, te abres a la séptima dimensión y puedes escuchar su música.

~

Después de terminar mi formación sobre los ángeles, le pedí a mi buena amiga Stanka que me ayudara a preparar y practicar para impartir mi primer taller, convirtiéndose en mi «alumna». Stanka estaba familiarizada con los libros de Diana Cooper sobre los ángeles. Aunque era un poco escéptica sobre los ejercicios a realizar, los llevó a cabo y practicó algunos de ellos en casa. Mientras lo hacía, escuchó una maravillosa melodía angélica. Nunca la olvidará.

Marjetka Novak edc

ANUNCIAR UN NACIMIENTO

Cada una de las almas que nace aquí es bienvenida y querida.

~

Mi primera experiencia angélica tuvo lugar después del nacimiento de mi tercer hijo. Él estaba durmiendo en su moisés cuando sentí que se movía. Estando tan alerta como se está con un recién nacido, me desperté al instante. La habitación estaba llena de una música inspiradora –trompetas, flautas de pan (zampoñas) y flautas–. Era magnífico y recuerdo que pensé: «Jamás había oído tocar todas las notas en una armonía tan perfecta». La sensación del sonido permaneció conmigo durante años. Mientras me acercaba al moisés, la música desapareció. Tomé a mi bebé en brazos sabiendo que él también lo había oído. Era una bienvenida a casa muy especial y alegre.

Ann

ESCUCHAR MÚSICA ANGÉLICA

Los profesores de la Escuela Diana Cooper fueron al círculo
megalítico de Pipers, cerca de Dublín.[13] Había una energía poderosa
y bella en las piedras. Esta historia es la experiencia
de una de las profesoras.

~

Soy profesora de piano y adoro la música, así que mientras estábamos en el Círculo de piedras, era maravilloso oír a los ángeles cantando una melodía. Cuando regresé al hotel, me eché en mi cama y escuché otra vez la música angelical. De repente, había pasado una hora; era como si los ángeles me hubieran llevado a alguna parte.

---

13. Monumento megalítico. *(N. de la T.)*

Al día siguiente, mientras visitaba la mágica Newgrange,[14] escuché la misma música, pero esta vez era más terrenal, como si la cantasen maestros o ancestros. Parecía como si la sabiduría cósmica me fuera transmitida por el reino angélico y, más tarde, enraizada con música de los que habían sido humanos.

TAL COMO SE LO CONTÓ MARIE MITCHELL A DIANA COOPER

CONFIAR

Cuando los ángeles cantan sobre ti, tal vez sientas amor puro. Es posible también que escuches sus coros, especialmente durante el estado de duermevela, cuando los velos son muy finos.

∽

Una noche, en mi habitación, una luz blanca muy pura empezó a centellear a intervalos regulares y se escuchaba un zumbido detrás; como un ventilador, pero no había aire. Había una sensación de amor intenso, como si me estuvieran cepillando de pies a cabeza con amor; sentía que todo era como debía ser. El mensaje fue CONFÍA. A la semana siguiente, me desperté escuchando un coro de música angelical que iba desapareciendo mientras me levantaba.

ANNETTE O'DONNALL

LA RESPUESTA ESTÁ EN LA CANCIÓN

Pide y la respuesta te llegará de alguna manera.

∽

Una tarde pedí a los ángeles: «Me gustaría reforzar mi intuición, me encantaría escuchar, ver y conocer vuestros mensajes más claramente». A la mañana siguiente, me desperté con una melodía en mi cabeza de la canción que dice: «Silence is Golden, Golden...». De pronto supe lo que tenía que hacer para reforzar mi intuición.

CORNELIA MOHR EDC

---

14. Un monumento funerario. *(N. de la T.)*

251

ESCUCHA LAS PALABRAS

Piensa en los ángeles y agradéceles todo lo que hacen por ti
y ellos se comunicarán contigo.

~

Mientras esperaba en el aeropuerto, en mi camino de vuelta a casa de uno de los talleres angélicos de la Escuela Diana Cooper, comencé a escribir en mi diario, recordando e integrando las aventuras de mi viaje interno y externo. Sentí los ángeles a mi alrededor abrazándome en la luz y el amor. Me sentí agradecida y llena de luz. Escribí:

«Queridos ángeles, cuando llegue a casa y vuelva al trabajo, por favor, seguid apoyándome con alegría, ligereza y serenidad. ¡Gracias!».

Cerré mi diario y me di cuenta de que sonaba música en la cafetería. Asombrada y encantada, tomé las palabras de la canción como una respuesta de los ángeles: «Habla, habla, habla conmigo…».

CORNELIA MOHR EDC

UN CORO DE ÁNGELES

En ocasiones, las personas se sienten asustadas cuando ven o escuchan a un
ángel. A menudo, esto ocurre porque no estamos seguros de lo que está
pasando y nos ponemos nerviosos. Los ángeles entienden nuestras
preocupaciones y harán todo lo posible para tranquilizarnos amablemente.

~

Cuando me fui a la cama a dormir, después de una sesión de meditación, escuché un coro de ángeles, cantando en mis oídos. Me sentí muy tranquilo, pero entonces mi mente consciente se asustó y me desperté, ¡preguntándome qué era eso! Esta experiencia me ha ayudado a sentirme más conectado con los reinos angélicos.

ANON

LOS ÁNGELES ENCIENDEN LA RADIO

Si los ángeles quieren decir algo importante, traerán palabras o
música a través de algo que no se puede tocar.

~

Llegué a casa y me fui con el perro a dar un paseo. Al volver, oí voces que venían de la cocina. Me moví con cautela hacia allí y me di cuenta de que la radio estaba encendida. Muy raramente encendemos la radio y la tenemos enchufada. La canción que empezó a sonar fue «Spirit in the Sky». ¡Qué señal de arriba!

KARELENA MACKINLAY EDC

EL MENSAJE PARA MÍ

Miles de personas pueden oír la misma canción e ignorarla,
pero si está pensada para ti, tú lo sabrás.

Estaba pasando por cierta expansión espiritual y sentía que necesitaba orientación. Durante una visita al centro comercial, estaba sonando una canción en la radio, cuya letra decía: «Envíame un ángel»; una canción que me recordaba mi niñez. Supe, instintivamente, que me estaban ayudando y apoyando.

NADINE OLIVER

CON EL APOYO DE LOS ÁNGELES

Cuando crees que el mensaje de una canción es para ti y actúas,
sabiendo que estás apoyado por los ángeles, tu vida puede
cambiar totalmente.

Trabajaba en una floristería y tenía mucha responsabilidad. Sin embargo, era constantemente rebajada y acosada por los propietarios. Me daban tareas menores hasta el punto de que no entendía por qué me habían contratado.

Una mañana, mientras conducía al trabajo, tenía ganas de llorar; el día anterior había sido terrible. El tráfico era intenso. Estaba medio escuchando la radio del vehículo, cuando pusieron una canción sobre los ángeles. No puedo recordar el nombre, pero las palabras todavía están nítidas en mi mente: «Caminé a una habitación vacía/De repente, mi corazón estalló [...] una orquesta de ángeles, esperándome allí [...] debe haber un ángel, jugando con mi corazón». Estallé en lágrimas, no de tristeza, sino de alegría. Supe que me habían enviado un mensaje para decirme que no estaba sola y que me apoyaban. Dejé la florería y empecé un trabajo cuidando a gente discapacitada.

STEPHANIE BECKHAM

AMOR INCONDICIONAL
He aquí una historia de verdadero amor incondicional.

~

Empecé a leer libros espirituales y un nuevo mundo se abrió ante mí. Mi desarrollo espiritual se aceleró, pero mi marido no se sentía cómodo. Me dijo que se había enamorado de otra persona, que era su alma gemela, pero que no sabía qué hacer. ¡Quería que *yo* se lo dijera, ya que había leído acerca de almas gemelas!

Le dije que le amaba y que si él quería estar con su alma gemela que, bueno, que estaba bien. Yo quería lo mejor para él. Ése fue uno de los momentos más fantásticos de mi vida. Lo que podría haber sido una pesadilla se había convertido en algo muy hermoso. Escuché cantar a los ángeles; era una bendición. Nos envolvieron con sus alas. Esa noche tuve el sueño angélico más maravilloso.

WENCHE MILAS

ÁNGELES CON DISFRAZ
¡Sólo escuchamos lo que necesitamos oír!

~

Una mañana, cuando llegué al trabajo, me fui a mi oficina y encendí la radio. Una canción alegre estaba retumbando y apenas podía dar crédito a mis oídos cuando escuché la letra: «Abre tus ojos […] ángel disfrazado […] abre tus ojos […] ángel de protección». Gracias, ángeles, me dije a mí misma.

KARI NYGARD EDC

CAPÍTULO 11

Bebés y niños

ÁNGELES Y BEBÉS

Los ángeles aman a los niños y a la inocencia pura y brillante que poseen, ya que han abandonado muy recientemente el mundo de los espíritus.

BEBÉS PROTEGIDOS POR ÁNGELES

En esta historia, se le muestra a la abuela una visión de su nieta,
aún por nacer, siendo protegida por los ángeles,
para que pueda relajarse, sabiendo que su niña
está a salvo.

Unos días antes de que mi hija Rosie me dijera que estaba embarazada de mi primer nieta, recibí una imagen clara y fuerte de dos manos de ángeles rodeando a mi nieta, de forma cariñosa, cuidadosa y protectora. Esta visión permaneció conmigo a lo largo de todo el embarazo. Sabía que mi nieta estaría a salvo y protegida por su ángel de la guarda. Hace poco, Rosie dio a luz a su bebe, Jessica.

MARY THOMSON

NACIMIENTO DE UN ALMA VIEJA

Me gusta mucho escuchar a las madres que reconocen a sus bebés tan pronto como les miran a los ojos.

~

Después de dar a luz a mi hijo me di cuenta de que debe haber mucho más en la vida. La comadrona le miró a los ojos y dijo: «¡Guau!, tienes un alma vieja!». Sabía que tenía razón pero no podía explicar por qué.

Entonces Diana Cooper publicó su libro *Discover Atlantis,* que era un tema que siempre me ha interesado, y ahí estaba. ¡Sabía cada palabra que leía!

SANDRA PRATT

EMBARAZADA DE UN ALMA ALTAMENTE ESPIRITUAL

Hay muchas almas en alta frecuencia que se están encarnando ahora para ayudar al planeta y traer una gran luz.

~

Mi marido y yo queríamos empezar a tener familia. Creí que era posible invocar a un alma espiritual más alta para que me escogiera como su madre, así que recé con todo mi corazón. Estábamos muy contentos cuando me quedé embarazada.

Una noche estaba echada en mi cama mirando al cielo raso cuando lo vi cambiar y convertirse en un cielo oscuro y nuboso. Las nubes se abrieron y salieron a raudales luces multicolor que cayeron sobre mi cuerpo. Fue una visión muy hermosa. Apareció una paloma enorme y blanca, abriendo sus alas lenta y graciosamente. Me di cuenta de que estaba embarazada de un alma altamente espiritual. Les di las gracias a los ángeles.

HÉLÈNE GONELLA

NUEVO BEBÉ

El mensaje de mi ángel de la guarda sobre mi nieta me llenó de alegría.

~

Se esperaba que mi nieta fuera a nacer mientras yo estaba en Irlanda, en una reunión de la Escuela Diana Cooper. Secretamente, deseaba que esperara para nacer hasta que yo volviera a casa, pero en la reunión recibí un mensaje de texto que decía que ya había nacido, sana y salva. Entonces, volví a la reunión. Cuando me senté en círculo, me di cuenta de que mi ángel de la guarda no estaba a mi lado. Mientras observaba esto, vino silbando a mi lado, así que le pregunté dónde había estado. Su respuesta me asombró: «¡Le llevé tu amor al bebé!».

Le pregunté por qué Kailani había escogido nacer mientras yo estaba fuera. Su respuesta fue: «No se preocupó porque tienes una conexión tan fuerte con ella, que tu nieta sabe que estás ahí por ella».

Volé a casa y me organicé para ir a verla la tarde del día siguiente, pero por la mañana la escuché llamarme, así que dejé todo y fui a darle un abrazo.

Diana Cooper

LOS ÁNGELES AYUDAN A UN BEBÉ A RECORDAR

Un recordatorio de que si tienes en brazos a bebés recién nacidos, tanto tiempo como sea posible, su energía va a ayudar a los ángeles a conectar con ellos.

Una semana antes de que mi quinto nieto naciera, fui consciente de una gran columna de luz a mi lado. Parecía increíblemente hermosa y poderosa y me dijeron que era la energía de todos los ángeles y de Dios mismo. Taliya nació por cesárea y era un bebé adorable. Durante la primera semana, siempre que la tomaba en brazos, la columna de luz se movía, así que pasaba entre nosotras y yo podía escuchar a los ángeles cantando. Entonces, los ángeles dijeron que debía abrazarla tanto como fuera posible porque estaban ayudándole recordar de dónde vino.

Diana Cooper

AMOR DE BEBÉ

Una increíble historia sobre un bebé comunicándose con su ángel. ¡Qué cercanos están todavía los bebés de las dimensiones espirituales!

Siempre supe que había ángeles, pero una noche se volvieron reales para mí. Mi hijo mayor, Álex, que en ese momento tenía cinco meses, dormía en su propia habitación. Me desperté a las cuatro de la madrugada y escuché una voz femenina en su habitación. Mi primer pensamiento fue que había alguien en la habitación y tenía que ir a «salvar» a mi hijo, pero no podía mover mi cuerpo. De repente, sentí paz y supe que mi hijo estaba bien.

La voz de la mujer hablaba una lengua que reconocí, pero que no podía entender. Era una voz angelical y tuve una visión de un serafín alado al lado de la cuna de mi hijo. La voz dejó de hablar ¡y mi hijo contestó!

Nunca olvidaré esa imagen, ¡fue tan hermosa! Creo que mi hijo estaba teniendo una conversación importante con su ángel. Él todavía conecta con los ángeles y los ve con facilidad. Mis hijos han sido unos profesores increíbles de ángeles en mi vida.

Anu Wyskiel

EL BEBÉ SABE SU NOMBRE
Tu alma escoge tu nombre y, cuando se pronuncia, su vibración dibuja sus experiencias para ti.

Cuando mi madre estaba embarazada de mí, se decidió que si yo era niña me iba a llamar Jane. Todo el mundo lo sabía, incluido mi padre, que estaba lejos, en el mar. Me llamé Jane la primera semana de mi vida, hasta que la secretaria del registro de nacimientos visitó la maternidad. «¿Qué nombre le va a poner a su bebé?», preguntó. Mi madre abrió la boca para decir Jane pero, en cambio, le salió Ann.

De adolescente, todo el mundo me llamaba Anna. Siempre pienso que el pobre ángel de los nombres tuvo que trabajar mucho para asegurarse de que yo tuviera el nombre correcto, aunque, ¡en el último minuto!

Anna Knight

UNA CONCEPCIÓN Y UN NACIMIENTO MILAGROSOS
Los milagros ocurren continuamente y, a menudo, son la consecuencia espiritual de tener la energía correcta gracias a un duro trabajo.

Cuando sostenía a este niño sano por primera vez, un reconocimiento fluyó a través de nosotros desde los reinos angélicos de la creación. Era la primera vez que conocía a Anabelle, la madre del bebé, a pesar de que habíamos hablado dos veces a la semana durante las últimas 40 semanas.

Anabelle había sufrido un aborto espontáneo de una fallida fecundación in vitro y, con 46 años, le dijeron que no le iba a ser posible tener un hijo. Estuve de acuerdo en ayudar a que esta maravillosa mujer se convirtiera en madre.

Recluté a un arcángel para que sanara sus emociones y su cuerpo. Hablábamos dos veces por semana. Llamé a los maestros para que permitieran el resurgimiento de sus órganos reproductores. Después de cinco semanas, Anabelle se quedó embarazada. La llevé dos veces por semana a los reinos angélicos; Anabelle describió la experiencia como «increíble». Con un ángel a su lado, dio a luz a Santino, su hermoso hijo. Soy conocido como su «papi angélico».

Ian Pridmore

CUIDAR

Esta historia conmovedora nos recuerda que cada aborto o pérdida fetal es un bello espíritu que continúa conectado a la familia después de su fallecimiento.

Hace ocho años, tuve un aborto espontáneo. Por aquel entonces, mi hijo tenía 18 meses, así que me mantuve ocupada haciendo un esfuerzo por no afligirme con mis terribles sentimientos de pérdida. Mi cuñada estaba embarazada y yo detestaba el sentimiento de celos que sentía cuando la veía.

Una noche me fui a la cama y lloré mucho. Me desperté de madrugada cuando la luz del pasillo entraba a raudales bajo mi puerta y la puerta de la habitación se abría. Una silueta borrosa se movió hacia mí y una voz me dijo que no tuviera miedo.

La silueta abrió sus brazos hacia mí para poner al descubierto un bebé recién nacido. Era Sarah, mi bebé; le había puesto el nombre cuando la perdí. Sentí una enorme sensación de alivio. La silueta me dijo que era el momento de tomar a Sarah e irse, pero que la volvería a ver y que su bebé estaría a salvo.

Lo siguiente que supe era que mi marido se metió en la cama después de su turno de noche. Corrí a ver a mi hijo; en el momento en que entré en su habitación, sentí una paz profunda y en el suelo había una hermosa pluma de color blanco nieve. Corrí para llamar a mi marido pero cuando regresamos ¡la pluma se había esfumado! He sido afortunada de tener a mi hijo. Los ángeles nos cuidan a todos y a todos los niños espirituales.

ANON

PROTECCIÓN PARA MI BEBÉ

Los ángeles protegerán a tus hijos y les ayudarán a que se sientan felices cuando estás ausente.

Cuando mi hijo tenía siete meses le pedí al arcángel Miguel que pusiera su manto protector a su alrededor para ir a la guardería. Creo que esto lo mantuvo sano y feliz.

Cada vez que mi hijo no era feliz, les pedía a los ángeles que lo bañaran en luz hasta que se calmara. Ahora, que tiene cuatro años, le hablo sobre los ángeles. Tengo un juego de cartas de ángeles para niños, ¡que me encanta a mí también!

BRITTA

NUESTRO BEBÉ NOS DA LAS GRACIAS

El agua es un elemento maravillosamente espiritista y espiritual.

Durante mucho tiempo, mientras navegábamos, los ángeles mantuvieron a la familia y al barco a salvo. Navegar en un día tranquilo es lo más hermoso del mundo. Nuestro hijo tenía dos semanas cuando lo llevamos al barco y, por primera vez desde su nacimiento, me sentí relajada. Esa noche soñé que me reunía con el alma de mi hijo y me agradecía la oportunidad de encarnarse con nosotros. Le di las gracias por unirse a nuestra familia. Ésta es la única vez que recuerdo haber tenido un sueño en el plano más íntimo.

BRITTA

EL DON DE LA ESPERANZA

Ésta es una historia real sobre tres mujeres creando una vibración de sanación tan potente que todas se quedaron embarazadas, a pesar de las dificultades que tuvieron durante mucho tiempo.

~

Tereza, Katrina y Hilary hicieron su formación de maestros de reiki juntas. Al cabo de un año de haber acabado, las tres se quedaron embarazadas, venciendo dificultades que tuvieron durante mucho tiempo. Hillary dijo: «Los maestros provocaron esto para nosotras».

Después de dos abortos, Tereza estaba asustada. «Cuando empecé el curso de maestros hicimos una meditación en la que conocí a un ángel que me dio esperanzas. Eso era en lo que me seguía concentrando».

La única forma de que Katrina pudiera concebir era una fertilización in vitro. «El trabajo me dio un profundo conocimiento de la situación; me ha rodeado de energía sanadora y me ha ayudado a despejar el camino para que me convierta en madre».

Olivia, Thomas y Álex nacieron con seis meses de diferencia entre ellos. Tienen un propósito para estar aquí, ahora. ¡Son una bendición para nosotras y para el mundo!

ELIZABETH HARLEY EDC

MI BEBÉ A TIEMPO COMPLETO

He aquí otra historia inspiradora de un milagro angélico.

~

Hace nueve años estaba muy enferma; tuve ataques epilépticos y dos abortos. Los médicos me sugirieron que no debía tener otro bebé y el neurólogo me previno de que si seguía teniendo esos ataques de epilepsia podía terminar en coma. Mi hermana me sugirió una sanación a través del reiki. Era escéptica, pero decidí probarlo. Mientras continuaba con el reiki, me di cuenta de que estaba cambiando. Empecé a ver ángeles.

Un año más tarde, me quedé embarazada. Seguí haciendo autosanación y vi ángeles a mi alrededor y sentí que derramaban luz sobre mí. Era impresionante. Las palabras no pueden describir el amor, la luz y la paz que sentía. Mi hijo nació en julio, saludable y absolutamente hermoso. La sanación, la guía y el amor de los ángeles me bendijeron con el regalo de tener a mi bebé. Sé que los ángeles siempre están presentes y los milagros continúan ocurriendo cuando permitimos que nos guíen.

Leola Rammble

ÁNGELES CON NIÑOS

A los niños, REALMENTE LES PUEDE AYUDAR que hables con ellos de los ángeles y recordarles que tienen su propio ángel de la guarda. Pase lo que pase, a los niños les encanta saber que su ángel les quiere. Muchos niños ven ángeles o luz acompañando a las personas y es muy reconfortante para ellos saber que esto es normal.

POR BOCA DE LOS NIÑOS
Cuando los niños hablan de ángeles tiene un halo de verdad y a aquellos que estén dispuestos a escuchar les responderán.

~

Cuando mi hijo tenía cuatro años y empezaba en la guardería tuvo un sueño muy potente. Vio ángeles y le echaron polvo de ángeles en los ojos.

Sabía que algo significativo había pasado porque su energía era muy alta. Estaba lleno de luz y no podía dejar de hablar acerca de su sueño y de los ángeles. Estaba contenta y un poco preocupada por la reacción de las maestras de la guardería. Estábamos en 1993 y las personas no tenían una actitud abierta como pasa hoy en día.

Con un poco de inquietud, volví a recoger a mi hijo. Abrí la puerta y empecé a caminar por el sendero del jardín. ¡El lugar estaba animadísimo! Me quedé en la entrada y escuché. TODOS los niños, y parte del personal, estaban hablando sobre los ángeles.

Elizabeth Harley edc

DEJA QUE SEA FELIZ

*Es responsabilidad de los padres poner una protección psíquica
alrededor de sus hijos, ya que les puede ayudar enormemente.*

Cuando recojo a mi hijo Jamie de la escuela siempre le pregunto cómo le
ha ido el día en la escuela y con quién ha jugado. Durante algunos días
me dijo que estaba jugando solo. Yo me sentía triste por él y tuvimos una
charla sobre unirse a los demás y jugar con sus amigos.

A la siguiente mañana, cuando llevé a Jamie a la escuela, le pedí al arcángel Miguel que le protegiera y le ayudara a juntarse con los otros niños
y a ser feliz.

Cuando Jamie salió de la escuela, me pareció que estaba muy contento. Me dio una gran pluma azul real que había encontrado y dijo que era
para mí. Desde ese momento no me preocupé más de Jamie. Desde entonces, cada día le doy las gracias al arcángel Miguel.

CHRISTINA BYRNE

SALIDA ESPIRITUAL DEL ARMARIO

*Algunas veces es difícil compartir tu creencia en los ángeles cuando no
estás seguro de las reacciones de la gente.*

Asistí a la primera formación de profesores del programa de Diana Cooper en 2002. Por aquel entonces, había muy pocos libros sobre los ángeles
en las estanterías y, a pesar de que creía cien por cien en los ángeles, me
sentí un poco reacia a compartir mis ideas, particularmente con personas
de mi trabajo, que, pensaba, podrían ridiculizarme.

Recuerdo claramente que tanteaba a las personas antes de decirles que
era una profesora de ángeles. Bueno, todo esto cambió cuando, a finales
de año, fui a una feria de salud. Había una niña que me dijo que tenía
cuatro años. Me preguntó directamente si creía en los ángeles y le dije que
sí. Entonces, empezó a explicarme cosas de sus propios ángeles de una
manera totalmente directa.

Me di cuenta de que esa niña de cuatro años me estaba enseñando algo
importante. Si ella podía hablar libremente ¿por qué yo no?

Desde entonces, cuando la gente me pregunta qué es lo que hago, les digo con mucho orgullo que soy profesora de ángeles. Estoy segura de que los ángeles me enviaron a esa niña a la feria de salud para que pudiera hablar de mi verdad «angélica». No te sorprenderá saber que nadie ha ridiculizado nunca mi interés por los ángeles; de hecho, casi todo el mundo que conozco está fascinado con mi trabajo.

ELIZABETH ANN EDC

INFANTIL
Ésta es una historia de una abuela sabia y muestra cuánto podemos
ayudar a nuestros hijos o nietos alentándoles.

Mi nieta tenía cuatro años y estaba aprendiendo cosas sobre la imaginación. Me dijo: «Abuela, adivina qué. Esta semana he utilizado mi imaginación y he visto un ángel».

Le dije que yo nunca había visto un ángel, pero que me encantaría verlo. Le pregunté si creía que su ángel podía venir a la sala donde hacía reiki. Ella asintió y fuimos a la sala de reiki. Me dijo que me tumbara en el suelo. Sus ojos estaban bien abiertos y miró alrededor de la sala describiendo lo que veía.

De su descripción se podía deducir que mi nieta no había usado su imaginación. Ella había realmente visto un ángel.

SERENA

PROTECCIÓN CONTRA EL ACOSO ESCOLAR
Los padres y los niños pueden pedirle al arcángel Miguel que los
protejan frente a los acosadores y él lo hará.

Estaba hablando con mi hija mayor por teléfono cuando, de repente, hubo un enorme destello azul que sonó como un cable eléctrico que estuviera chispeando. Supe que era el arcángel Miguel.

Después, una niña pequeña vino para que le hiciera una sanación espiritual y descubrí que estaba siendo acosada en la escuela. Le hablé sobre el arcángel Miguel y le dije que si alguna vez tenía miedo lo podía llamar y él estaría allí de inmediato. En su siguiente visita me dijo: «Creo que he visto al arcángel Miguel». Le pregunté a quién se parecía y lo describió exactamente como yo lo había visto. Estaba muy sorprendido y contento. Era una confirmación de que lo que vi era el arcángel Miguel.

Los padres de la niña fueron al colegio para hablar sobre el acoso. El problema se resolvió y ahora todos son amigos, incluidos los acosadores. Gracias, arcángel Miguel.

ANON

PONER NOMBRE A UN AUTOMÓVIL

Pregunta a los niños. Están tan en sintonía con los reinos angélicos que vienen con las respuestas perfectas. Serafina es uno de los poderosos serafines y trabaja con el arcángel Metatrón.

Recientemente he cambiado de automóvil y he elegido uno de color blanco perlado. Siempre les pongo a mis vehículos nombres angélicos –el anterior era el *arcángel Miguel*– así que me sintonicé y pregunté cuál era el nombre de mi automóvil nuevo. Me dijeron que *Serafina* y, por alguna razón, lo rechacé.

Ese día, más tarde, mis nietas Leah Beth y Nicole vinieron a visitarme. Decidí pedirles que le pusieran un nombre a mi vehículo y les dije que quería un nombre angélico. Nicole (que en esa época tenía tres años) me dijo, inmediatamente: «Tienes que poner a tu coche Serafina». Le pregunté dónde había escuchado ese nombre antes y me dijo que no lo sabía, pero insistía en que era el nombre idóneo. ¡Huelga decir que mi automóvil de color blanco perlado se llama *Serafina*! La pureza y la inocencia de los niños pequeños aportan una vía transparente para la sabiduría e información angelical.

ELIZABETH ANN EDC

SALVAR A MI HIJO

Mi corazón se detuvo cuando leí esta historia.

Una mañana estábamos tumbados en la cama mientras Justin, nuestro hijo de dos años, estaba jugando con la cómoda de cuatro cajones. Quería hacer una casa para sentarse dentro y, cuando estaba abriendo los cajones, de repente, fue empujado como unos dos metros y medio hacia atrás, por una fuerza o ser invisible. Hubo un gran estruendo cuando la sólida cómoda, con sus cuatro cajones, cayó. Si no hubiera sido empujado hacia atrás, como lo fue, la cómoda hubiera caído encima de él. Claramente, no era su momento y lo estaban cuidando desde arriba. Estamos eternamente agradecidos y les doy las gracias a los ángeles por mantener a mi hijo a salvo.

SIOBHAN M.

LOS ÁNGELES CONDUCEN AL HOSPITAL
Ésta es otra historia mágica sobre cómo los ángeles responden a invocaciones de ayuda.

Siempre he creído en los ángeles, y la siguiente experiencia fue realmente milagrosa y siempre estará conmigo.

Mis hijos, de siete y cuatro años, estaban jugando en el parque. La mayor, Eve, subió al sitio más alto del juego, que estaba a unos tres metros del suelo. Cuando aparté la vista un momento, Eve se cayó. Se escuchó un grito agudo y, entonces, gritó que se había lastimado la espalda.

El médico nos envió a urgencias. Les pedí a los ángeles que me ayudaran a llegar al hospital rápidamente y a encontrar un aparcamiento en la entrada por si necesitaba una silla de ruedas. Sentí una presencia asombrosa y me relajé –parecía como si otra persona estuviera conduciendo el automóvil. Cuando llegamos al hospital, había un sitio para aparcar justo en la entrada y ¡con una silla de ruedas cerca! Les di las gracias a los ángeles porque sabía que lo habían hecho ellos. Incluso ahora, cuando recuerdo el enorme amor que sentí ese día, me siento increíblemente humilde.

Eve estaba bien, aparte de unos arañazos. Todo lo que le puedo decir a cualquier persona que esté leyendo esto es «¡pide!».

MICHELLE BACCHUS

LOS ÁNGELES JUEGAN CON UN NIÑO

Los ángeles se acercan a los niños de una manera que sea aceptable
—y juguetona— para el niño.

En mi primer día de colegio, tenía seis años y toda la clase se había portado mal, excepto yo. Me premiaron y fui la única que pudo salir al recreo por la tarde. Me sentía intimidada porque no tenía amigos fuera de los de mi clase, así que me puse a mirar por la ventana, preguntándome qué era lo que podría hacer sola.

Vi cómo un niño de mi edad, que brillaba intensamente, me abría la puerta y ¡quería jugar conmigo! Me divertí mucho. Nunca lo había visto antes por la escuela. Había sido increíble. Entonces sonó el timbre y desapareció. Nunca más lo vi. Él estuvo allí por mí cuando tenía miedo y la única explicación es que él era mi ángel de la guarda.

JEEVAN

UN ÁNGEL BLANCO ENORME

Es natural para una niña asustarse de lo desconocido,
pero ahora, que es adulta, la cara de Katie brilla cuando
habla sobre su ángel.

Cuando tenía siete años, vi una silueta blanca y pura de pie al lado de mi cama. Era enorme, por lo menos medía dos metros, y yo estaba aterrorizada. Cuando tuve el valor suficiente, corrí hacia el dormitorio de mamá y papá. Nunca he olvidado esa asombrosa silueta y seguirá conmigo para siempre. Creo que era mi ángel de la guarda.

KATIE CURTIS

CONFIAR CUANDO ERES UN NIÑO

Esta historia conmovedora nos recuerda lo importante que es hablar
con los niños sobre los ángeles; de esta forma, ellos
pueden pedir ayuda.

Mis padres trabajaban, así que, después del colegio, mi hermana menor y yo íbamos a la casa de la familia, que vivía cruzando la calle hasta que mis padres volvían. El marido nos llevaba al garaje a mi hermana y a mí, de una en una, y abusaba de nosotras. No entendía nada y tenía miedo, y no sabía cómo pararlo.

Un día, mi hermana y yo estábamos caminando a casa desde el colegio. Recuerdo que empecé a rezar pidiendo ayuda, porque no quería volver allí nunca más. Entonces, de repente, una señora angélica se detuvo delante de mí. Era hermosa y había luz a su alrededor. Tenía el cabello largo y dorado e iba vestida toda de blanco. Tenía una voz dulce y bondadosa.

Dijo: «Carol, lleva a tu hermanita a casa, ahora». Eres suficientemente mayor para poder cuidarla. Toma la llave que tu madre te dio y ve a casa. Ahora, tu hermanita y tú estaréis a salvo. No necesitas ir allí nunca más. Nadie os hará daño».

El ángel sonrió y supe que iba a estar a salvo. Llevé a mi hermana a casa y nunca más volvimos a esa casa. Nunca les conté nada ni a mi madre ni a mi padre sobre lo que pasó o sobre el ángel. La razón de que esté compartiendo esta historia ahora es que es importante que los niños sepan que los ángeles están ahí para ayudarlos; que están seguros y pueden confiar en los ángeles para que los guíen.

Carol Guy

UNA HISTORIA DE NAVIDAD

Los ángeles aman a los niños, y esta historia ilustra cómo, dado que ellos están llenos de simplicidad, diversión y risa, atraen de forma natural la energía angélica.

Mis nietas y sus padres vinieron a cenar a casa. Pusimos música de Navidad y nos colocamos paños de cocina en la cabeza para parecer pastores. Encontramos juguetes que podían hacer de ovejas y convertimos la cocina en un establo. ¡Fue mágico! Entonces, colgamos un ángel de papel sobre la luz y les hablé a los niños sobre la luz de Gabriel. La gloria de los ángeles llenó el salón.

Le pusimos a María una capa dorada y colocamos tendido al niño Jesús y lo aclamamos y le dimos las gracias. Todo esto tuvo lugar en una vieja alfombra de carnero, de color marrón. Más tarde, mientras colocaba la alfombra de nuevo en el salón, vi una pluma enorme, blanca y pura. Miré a mi marido y supimos quién la había puesto allí y por qué. Estaba emocionada y sentía como que había recibido un gran abrazo. Las gracias sean dadas a los ángeles.

HANNAH BELLE ROBERTS

CAPÍTULO 12

Los ángeles ayudan con las finanzas

Los ángeles te traen lo que tú crees que te mereces, siempre y cuando lo pidas. Muchos de nosotros nos limitamos a lo que tenemos por inútiles creencias sobre las finanzas. Sin embargo, los ángeles te ayudarán a mostrar abundancia si lo hacemos con el corazón abierto.

FLORES PARA MI ABUELA

Y he aquí una historia conmovedora.

Cuando mi abuela murió, quería comprar flores para su funeral. Como yo estaba divorciada y criando a dos niños sola, el dinero era escaso pero me alcanzó para encargar un pequeño ramo. El día del funeral, sin embargo, mis flores no llegaron y estaba muy enfadada, así que pedí a los ángeles que me ayudaran.

Al día siguiente, fui a la floristería y el dependiente me dijo que había habido una confusión con el encargo. Me devolvió el dinero y me dio un ramo gratis, que envié a mi madre.

Me di cuenta de que mi abuela se habría puesto muy contenta con este resultado. Los ángeles estaban realmente cuidándonos a mí y a mis niños.

Janis Atwood EDC

LOS ÁNGELES TE AYUDAN A ENCONTRAR EL CAMINO

Algunas veces tenemos que esperar por lo que queremos,
pero los ángeles se aseguran de que lo tengamos
cuando es el momento adecuado.

~

Mi intuición me decía que necesitaba una forma de vida más espiritual y que debería estar trabajando, específicamente, con los ángeles. Descubrí la Escuela Diana Cooper y sabía que era perfecta para mí. Sin embargo, no podía pagarla, así que les pedí a mis ángeles que me ayudaran.

Un año después, mi madre murió. Se vendió la casa y se repartió su dinero. Tuve el dinero suficiente para hacer el curso sobre los ángeles. Antes de que muriera, mi madre me dijo que gastara el dinero en mí, porque llevaba muchos años privándome de muchas cosas para poder ayudar a mis hijas. Gracias a mi amorosa madre –y a los ángeles–, ahora soy una profesora cualificada por la Escuela Diana Cooper.

Janis Atwood EDC

BUSCAR TRABAJO

Muchas personas están sin trabajo y pasan por enormes dificultades.
Rezar a los ángeles con el corazón abierto les puede reportar resultados
inmediatos, como demuestra esta historia.

~

Una de las suscriptoras a mis boletines informativos me transmitió este relato después de haber estado sin trabajo desde hacía tiempo y de empezar a utilizar sus ahorros.

«Recé a los ángeles para que alguien me ofreciera un empleo y al mismísimo día siguiente me ofrecieron un trabajo a jornada completa en una empresa cerca de mi casa. Sé que mis oraciones siempre son contestadas, pero esto me sorprendió –me contestaron muy rápido y, además, no tengo ninguna cualificación específica para ese trabajo–. Además, ni siquiera había presentado mi CV para trabajar allí, por lo que decir que me quedé asombrada es poco decir».

Catherine Mcmahon EDC

UNA SOLUCIÓN POSITIVA

Diles a los ángeles lo que quieres y encontrarán el modo de hacer que
ocurra. Esto funciona con cosas grandes, y también con cosas pequeñas.

~

Hice un pedido de una caja de madera de remedios de flores de Bach en la tienda Nelsons en Londres. Poco tiempo después, descubrí una web que vendía las cajas de madera más baratas. Me sentía muy contrariada porque hubiera podido comprar la caja de madera a un precio inferior. No necesitaba dos cajas, pero pedí la caja de madera pensando que podría dar una de las cajas a una amiga. Estaba segura de que todo se arreglaría con la ayuda de los ángeles.

Unos días después, mi caja de madera llegó, pero tres semanas después todavía no había recibido mi caja original de Londres. Estaba a punto de contactar con Nelsons cuando recibí un mensaje electrónico de ellos diciendo que mi paquete había sido devuelto por la aduana noruega y que me lo reembolsaban. Sé que mis ángeles me ayudaron y les envié un gran agradecimiento.

Wenche Milas

ENSÉÑAME EL DINERO

Hay momentos en que necesitamos ser claros y directos cuando
necesitamos algo. Aunque lo que Florianna dice puede parecer brusco,
si se dice como agradecimiento, entonces, los ángeles van a ayudar,
como su historia demuestra.

~

Hace poco, tuve algunos problemas económicos y decidí hacer una liquidación de bienes. Quería vender la propiedad con todo el contenido; en particular, las dos esculturas antiguas de ángeles.

Una mañana que me sentía deprimida, pedí a mi ángel que «¡ME ENSEÑARA DÓNDE ESTABA EL DINERO!». Quince minutos más tarde, una joven pareja vino y compró las dos esculturas de ángeles. Hablando de la ayuda de los ángeles, ángeles ayudándome a vender ángeles, ¡me encanta!

Florianna

LOS ÁNGELES MUESTRAN DINERO

Aquí, los ángeles dan a una madre joven exactamente
lo que pidió, ¡ni más, ni menos!

~

Un domingo, mientras regresaba a casa para comer, estaba cruzando el parque con mis tres hijos. Mi hija de ocho años se estaba portando mal porque no le había comprado algo que quería en el mercado de antigüedades.

Le expliqué que no tenía el dinero necesario y que ni siquiera tenía dinero para ir a la tienda a comprar la comida.

Entonces dije: «De acuerdo, pidamos a los ángeles que, por favor, nos encuentren dinero y así te puedo comprar algo a ti y podré comprar un helado para todos». Mientras caminábamos fuera del parque, encontramos un billete de 50 euros. Saltamos de alegría y les dimos las gracias a los ángeles. Volvimos al mercado para comprar algo a los niños y para comprar un helado. Quedó suficiente dinero para comprar comida para el día siguiente. Lo único que necesitábamos era fe.

Anon

PERFUME DE LOS ÁNGELES

Cualquier cosa ayuda.

~

Estaba preparándome para ir al trabajo y, cuando me puse mi perfume favorito, me di cuenta de que estaba casi vacío. Estaba molesta porque mi marido acababa de llegar de Inglaterra y, de haberlo sabido, le habría pedido que me comprara un poco más –el perfume es más caro en Noruega, donde vivimos.

Me dije a mí misma: «Estoy segura de que alguien va a ir al extranjero próximamente y me puede comprar el perfume». Más tarde, en el trabajo, un electricista vino a mi oficina y me dijo: «Mañana me voy a Inglaterra, ¿quieres que te traiga algún perfume?». ¡Estaba encantada! ¡Gracias ángeles!

Wenche Milas

ÁNGELES SINCRONIZAN MI MUDANZA

Cuando estés preparado para hacer algo que está en el orden divino
correcto, los ángeles se asegurarán de que el dinero esté allí, ¡así que pídelo!

Recibí un mensaje de los ángeles que me decía que era el momento de que me cambiara de casa, del centro al campo, lo que sería perfecto para mi curso de sanación y enseñanza. Aunque el dinero era escaso y no tenía los fondos necesarios. Les pedí a los ángeles que me ayudaran, y al cabo de unos días, me encontré con una amiga que no había visto desde hacía mucho tiempo.

Le expliqué mi situación y se ofreció a prestarme el dinero para mi mudanza. Acepté la oferta. Mi piso se vendió rápidamente; la primera persona que lo vio me hizo una oferta. Los ángeles estaban muy entusiastas para ayudarme con la mudanza y yo tuve la oportunidad de pagarle a mi amiga.

Jill Webster edc

PAN QUE CAE DEL CIELO

Esta señora necesitaba pan, así que los ángeles respondieron a sus
pensamientos y encontraron una forma de conseguirlo para ella.

Cuando llegué a casa después de hacer la compra en el supermercado, me di cuenta de que me había olvidado de comprar el pan. Después, fui a recoger a mi hija al colegio. Me dio su mochila; pesaba muchísimo. Le pregunté: «¿Qué tienes aquí dentro?», «¿por qué pesa tanto?».

Abrí la mochila y no podía dar crédito a mis ojos: ¡estaba llena de pan! Esto me hizo recordar que los ángeles nos cuidan.

Anon

ABUNDANCIA

EL UNIVERSO está encantado de que tengas tanta abundancia y prosperidad económica como crees que te mereces o como realmente quieres.

Aún más, te ayudará a cambiar las creencias subyacentes y los patrones que impiden que recibas algo bueno. No sirve de nada decir que quieres una mansión y, al mismo tiempo, pensar que perteneces a un barrio pobre. O que quieres tener éxito y decir que es difícil mantener un negocio a flote. Si quieres una mansión, piensa en grande. ¡Si quieres éxitos, visualízalos!

LA FE GENERA RESULTADOS POSITIVOS

En la siguiente historia, la señora pide a los ángeles
que sólo quiere dinero para el curso si es para su
mayor bienestar.

Quería hacer un curso específico. Le dije al universo: «Si este curso es lo que realmente debo hacer, por favor, conseguidme los fondos». Inesperadamente, un par de semanas después, me ofrecieron un trabajo a media jornada que pagaba completamente los costes del curso. Esto ya me ha pasado dos veces.

El mensaje es que el universo es abundante y te va a proveer si pides por razones justas.

Karelena Mackinlay EDC

FONDOS PARA EGIPTO

Los ángeles tienen formas maravillosas de proporcionarnos respuestas
y la financiación para hacer lo que es correcto.

Cuando estaba decidiendo si debía ir o no al viaje 2011 de Diana Cooper a Egipto les pedí a los ángeles una señal. Más tarde recibí una llamada telefónica de mi asesor financiero diciéndome que la cantidad de dinero que estaba esperando era ¡2.500 libras, más de la cantidad prevista! Sin duda, ésa era la respuesta a mi pregunta.

Penny Wing EDC

EL CENTRO DEL UNICORNIO

He aquí un ejemplo de peticiones y de estar abierto
a lo que los ángeles te traigan.

~

Teníamos una agradable casa con una edificación en el jardín llamada *El centro del unicornio* donde daba cursos y practicaba terapias complementarias. Mi marido, Les, tenía un enorme garaje donde podía hacer sus trabajos de mecánica. También teníamos una enorme hipoteca y Les tenía un trabajo bien remunerado, pero sólo estaba en casa los fines de semana.

Les pedí a los ángeles que se pagara nuestra hipoteca, que Les encontrara un trabajo bien pagado, pero cerca de casa, y también que me ayudaran a que crecieran las verduras de nuestro pequeño jardín. Pensé que los ángeles iban a ayudarnos a ganar la lotería o algo así. ¡Desde entonces he aprendido que ellos no trabajan en ese sentido!

Vivimos un gran shock cuando Les fue despedido, una semana antes de la Navidad de 2007. Buscó otro trabajo, pero no encontró nada. Era evidente que necesitábamos vender la casa o empezaríamos a contraer deudas. Un agente inmobiliario dijo que conocía a alguien que podría estar interesado en nuestra casa y ¡he aquí que esa persona la compró!

Buscamos una casa de tres dormitorios que tuviera un gran jardín para tener un huerto y un espacio para *El centro del unicornio* y un garaje. Era una tarea difícil, dado que no queríamos una hipoteca. Fuimos a que nos echaran el tarot y nos dijeron que nuestra nueva casa no iba a estar lejos. Estaría sucia y descuidada, pero debíamos mirar bajo la suciedad y veríamos su potencial.

Encontramos una casa a quince minutos. Estaba realmente destrozada pero tenía potencial. Podíamos comprarla sin hipoteca ¡y que nos quedara dinero para *El centro del unicornio*! La estamos restaurando amorosamente. Tiene *El centro del unicornio* con dos cruces de líneas ley,[15] que elevan la energía. Les ha conseguido un trabajo cerca, que le permite de-

---

15. Las líneas ley son alineaciones alegadas de varios lugares de interés, como los antiguos monumentos y megalitos. En 1969, el escritor John Michell asoció el término a teorías espirituales sobre las alineaciones de las formas del terreno, basándose en el concepto chino del feng shui. *(N. de la T.)*

dicarse a sus hobbies y ahora cultivamos nuestras propias verduras. Les estamos agradecidos a los ángeles por traernos abundancia, incluso aunque llegara de un modo que no esperábamos.

Margaret Merrison edc

PEDID Y SE OS CONCEDERÁ
He aquí la historia de alguien que pidió y de lo que recibió
¡en menos de una semana!

Quería perseguir mis sueños, pero estaba preocupada sobre cómo mantener a mi familia. Pedí al arcángel Gabriel que me ayudara. A la mañana siguiente, recibí una llamada de un hombre pidiendo que le arreglara dos ordenadores. No había recibido el encargo de arreglar un ordenador desde hacía semanas. Los arreglé y el hombre se quedó maravillado y me recomendó a sus amigos. Después tuve una llamada de un cliente al que había perseguido durante meses para que me pagara (quería pagar su deuda).

Hacía menos de una semana desde que invoqué al arcángel Gabriel para que me ofreciera ayuda y orientación. Esto me ha demostrado gráficamente el refrán: «Pedid y se os concederá, tocad a la puerta y se abrirá».

Claire Bucknall

PROCURAR EL DESEO DE TU CORAZÓN
Si algo es para nuestra gran alegría, entonces, es también
para nuestro bienestar supremo.

Amo el océano y los cetáceos. He nadado con ballenas jorobadas en el Santuario de los mamíferos marinos, pero nunca he tocado una ballena. Un amigo me envió una foto de alguien tocando una ballena gris. Yo estaba fascinada. Tenía que hacer eso, ¿pero cómo? Tendría que ir a México pero, por el momento, no tenía recursos para hacerlo.

Les pedí a los ángeles: «Si esto es para mi bienestar supremo, entonces, hacedlo posible». Dos meses después recibí una carta de un despacho de abogados con un cheque por 4.500 libras. Suficiente dinero para estar un mes en México, viajando para ver las ballenas azules y grises.

Pude tocar y besar a las ballenas grises. Una vez, la madre de una cría juguetona vino directa a mis brazos. Recibí descargas de un viejo custodio de la sabiduría. Me comuniqué con una ballena azul de tal forma que un experto que estaba mirando comentó con asombro: «¿Cómo diablos has logrado que una ballena azul nadara al lado de tu barco?». Y la mejor parte: el cheque que me permitió que todo esto se hiciera realidad llegó la mañana en la que estaba dictando mi taller «Ángel de la abundancia».

ELIZABETH HARLEY EDC

DINERO INESPERADO

Cuando pides, ¡nunca sabes de dónde puede llegar
la recompensa inesperada!

Fui al banco y encontré dinero extra en mi cuenta bancaria. No tenía ni idea de dónde provenía, pero había estado rezando a los ángeles para que me dieran apoyo financiero.

Mencioné esto a un amigo y me explicó que él había transferido el dinero a mi cuenta. Me dijo que uno de mis estados de cuenta bancarios se había caído de una pila de papeles que había llevado. Se dio cuenta de mi escaso saldo y quiso poner dinero en mi cuenta.

Se rio y dijo que casi puso las iniciales «Ángel G» (ángel de la guarda) en el comprobante de la transferencia. Cada vez que doy un paso adelante para rehacer mi vida, los ángeles en el cielo y en la tierra ¡están justo detrás mí ofreciéndome su amor y su apoyo!

JILL WEBSTER EDC

TARJETA DE EMPLEADO COMPRA
CARTAS ANGÉLICAS

Cualesquiera que sean tus necesidades, los ángeles encontrarán
un modo de brindarte apoyo.

Cuando empecé a interesarme por los ángeles, quería aprender más acerca de ellos, así que leí libros. Nuestro centro espiritual local me mostró cómo usar las cartas angélicas y quería tener un juego, pero no tenía el dinero. Les pedí a los ángeles que me ayudaran. Entonces, la tienda en la que trabajaba trajo artículos New Age para vender –incluidas las cartas de ángeles que yo quería–. Me di cuenta de que podía comprar las cartas con mi tarjeta de empleado; y tenía suficientes puntos en mi tarjeta para conseguir mis cartas de ángeles gratis.

Janis Atwood EDC

RELAJARSE Y MERECER ABUNDANCIA
La vida no es acerca de nosotros mismos trabajando la tierra
para ganar dinero.

Había estado luchando para mostrar más riqueza, pero me preocupaba que rezar por dinero se viera como algo codicioso o superficial. Un amigo me dio un libro sobre los ángeles y maestros elevados. Mencionaba a Abundantia, una bella diosa que ayuda con las finanzas y la buena fortuna. Me di cuenta de que podía pedirle ayuda.

Al día siguiente, mi empresa de catering recibió un gran pedido. Era tan feliz que bailé alrededor de la habitación en agradecimiento. He trabajado muy duro para ganar dinero –y tuve migraña–. Hice un examen de conciencia. ¿Por qué tengo este dolor? Estoy haciendo lo mejor para ganar este dinero, pero no quiero estar enferma.

Les pedí a los ángeles que me guiaran. Abundantia apareció en mi conciencia. Estaba llena de alegría, con monedas doradas cayéndole. «¡Tienes que ser como yo!», me dijo. Deja de preocuparte parecía ser el mensaje y me empecé a reír. Cuando me estaba vistiendo, encontré un billete de diez euros ¡con una hermosa pluma blanca envuelta a su alrededor! Era la confirmación que necesitaba; los ángeles están ayudándome para conseguir mis objetivos. Esta experiencia ha eliminado mis problemas de dinero; cuando me siento ansiosa, me imagino a Abundantia.

Janis Attwood EDC

ABUNDANCIA DE VIVIENDAS

Abundancia viene de tantas formas, y con una madre como ésta
puedes disfrutar del flujo.

~

Me había enterado hacía poco de que le habían dado a mi hijo el apartamento amueblado que él quería en Brisbane, Australia. Había otra persona interesada en él, pero mi hijo me pidió que invocara a mis ángeles de comunicación/vivienda para que se lo aseguraran.

Les pedí a los ángeles de la guarda del agente inmobiliario y de mi hijo que hablaran para favorecerlo. Funcionó. ¡No estaba en absoluto sorprendida!

Angela

UNA LECCIÓN AMABLE

El trabajo espiritual no es sobre cuánto dinero ganamos.

~

Decidí organizar un evento de dos días para despertar la conciencia sobre los ángeles. Era desmoralizante, pero sabía que los ángeles me iban a ayudar. Encontré el lugar perfecto; aunque ¡costaba 300 libras por día! Firmé el contrato, difundí el evento y me relajé. Desafortunadamente, no recibí ninguna reserva y tuve que cancelar los dos días. De todas maneras, el hotel me cobró las 600 libras.

Sabía que tenía que aprender una lección de todo esto, pero no sabía cuál. Más tarde, tuve una visión: «No es sobre ti, no es sobre el dinero; es sobre lo se trataba hoy, de la sanación del planeta y de todo lo que hay en él». Cuando me di cuenta de lo que había estado haciendo, me sentí bastante avergonzada. Me di cuenta de que si sólo hubiera tenido 20 libras por día, hubiera pensado: «Oh, bueno», y habría continuado con la misma actitud.

Fue una forma maravillosa de ayudarme a reconocer lo que es importante. Seguí adelante con el día del despertar la conciencia sobre los ángeles en mi iglesia espiritualista y pasamos un día maravilloso, así que «gracias».

Barbara Howard edc

281

CAPÍTULO 13

Ángeles terrenales

Los ángeles no se reencarnan. Sin embargo, algunas veces sobreiluminan a un ser humano o le motivan para ayudar a alguien más. He aquí algunos ejemplos de personas que han actuado porque un ángel les ha susurrado que lo hagan. Éstos son los ángeles terrenales. Algunas veces, un ángel adopta forma humana durante un tiempo muy corto y luego desaparece; así pues, incluyo algunas de estas historias fascinantes.

LOS ÁNGELES SILENCIOSOS SANAN

*Tu ángel de la guarda siempre está tratando de levantarte
el ánimo y ayudarte.*

~

Durante los días en que trabajé como chef y también era terapeuta a media jornada, tuve un incidente en el que empecé a sentirme realmente enfermo. Me quedaba una hora para acabar mi turno y tenía que hacer dos tratamientos de reiki más tarde. Me sentía débil y temblorosa, pero no quería dejar a mi colega ni a mis clientes abandonados.

Invoqué a los ángeles para una sanación y les pedí que fuera capaz de acabar mi trabajo. Dos segundos más tarde, me llegó un mensaje telefónico de mi hermana Lorraine diciendo: «Creo que los amigos son como ángeles silenciosos que nos elevan sobre nuestros pies cuando nuestras alas se olvidan de cómo volar». Al instante, me sentí inmediatamente revitalizada y centrada; lo extraño fue que mi hermana nunca me había mencionado a los ángeles ¡hasta este momento de mi vida!

Eloise Bennett edc

HOMBRE EN LOS BOSQUES

Los ángeles, algunas veces, imprimen sus energías en los humanos para que actúen con cualidades angélicas, como con esta pareja.

~

Estaba caminando por el bosque cuando me encontré a un hombre en pijama y bata, pantuflas y una boina. Evidentemente, algo andaba muy mal, así que lo detuve y empecé a hablarle. Parecía confuso acerca de dónde iba y de dónde vivía. Me parecía que necesitaba ayuda.

Apareció otra persona que estaba paseando a su perro y el hombre dijo que tenía miedo de los perros y se escapó. Le pregunté a la persona que paseaba al perro si podía prestarme su teléfono móvil para llamar a la policía, pero rehusó y se fue.

Invoqué a los ángeles para que ayudaran al hombre. Llegó una pareja y les hablé sobre él. Estaban preocupados y me dijeron que querían encontrarlo y hablar con él. Les dije que iba a ir en la dirección opuesta con la esperanza de verlo. Lo hice, pero sin ningún resultado.

Al día siguiente vi a la pareja otra vez. Habían encontrado al hombre y lo habían llevado a su casa. Había estado vagabundeando algún tiempo y, cuando lo llevaron a su casa, sano y salvo, su mujer se sintió muy aliviada.

Nunca más vi a la pareja, pero creo que los ángeles la enviaron para ayudar a ese hombre y volvieron para asegurarme de que estaba a salvo.

Diana Cooper

ECHAR UNA MANO

Sí, los ángeles también influyen en la familia para ayudarte. Si la ayuda es enviada con amor, entonces acéptala con elegancia.

~

Sandra me llamó por teléfono y me dijo que le encantaría empezar conmigo la formación de profesora de ángeles. Durante el curso preparatorio

284

de profesores, Sandra me dijo que iba un poco justa de dinero, pero que estaba orgullosa de cómo lo estaba gestionando. No tenía dinero para el curso sobre ángeles, pero lo iba a hacer después. Un día, Sandra abrió su correo y ¡encontró un cheque de su hermana Susan y de su cuñado con el dinero para pagar su curso sobre los ángeles! Sandra les estaba muy agradecida y reconoció que los ángeles le habían echado una mano.

Había nevado donde Susan vivía y cuando Susan miró por la ventana se asombró al ver dos corazones perfectamente entrelazados en la nieve. Le sugerí que los ángeles le estaban dando las gracias a Susan y a su marido por haber ayudado a Sandra a conseguir algo que significaba tanto para ella.

ROSALIND HORSWELL EDC

UNA HISTORIA DE ESPERANZA

El consuelo angelical puede llegar en palabras, acciones
o de ambas maneras.

∼

Cuando estaba en las Tierras Altas de Escocia, decidí dar un paseo por el campo, cerca de Aviemore. Estaba pasando un día muy agradable, disfrutando del silencio y del aire puro, pero desafortunadamente me equivoqué de dirección y, dos horas más tarde, me di cuenta de que llegaría tarde para ir a la biblioteca y al banco.

Les pregunté a los ángeles qué dirección debía tomar y su respuesta fue «a la izquierda». Cuando ya no podía caminar más, me di cuenta de que me faltaba un kilómetro para llegar a Aviemore. Les pregunté por qué me habían enviado por aquí y me dijeron: «Por qué él está ahí». En ese momento, un ciclista pasó y hablamos. Me dijo que yo iba a estar bien; llevaba los zapatos adecuados y mucho tiempo y todo iría bien y, si no llegaba al banco, tendría más días para ir. Me sentí segura y calmada. Mientras él se iba, vi que en la parte de atrás de su camiseta había escrita la palabra ESPERANZA, lo que me hizo sonreír. Minutos después, un taxi se detuvo, me llevó y no quiso cobrarme.

Fui al banco, a la biblioteca y cargué mi teléfono móvil. Mientras estaba allí, me topé de nuevo con mi misterioso ángel terrenal. Le comenté que me encantaba la palabra que tenía escrita en su camiseta. Él contestó:

«Soy yo, eso es lo que soy, Esperanza». Me siento bendecida por haber sido testigo de un mensaje enviado por los ángeles y nunca más dudaré de ellos.

YVONNE WATSON

NO PUEDES TIRAR NADA
Ésta es una historia de una ley espiritual en acción.

Cuando estaba leyendo la historia anterior, me acordé de algo que me pasó hace muchos años, mientras me estaba formando para ser hipnoterapeuta.

En esa época, tenía poco dinero, pero había una mujer en el curso que aún tenía menos. Me desperté una mañana con un sentimiento incontrolable de que debía enviarle algo, así que hice un cheque por todo el dinero que tenía en mi cuenta. Casi no la conocía, pero el sentimiento, que ahora reconozco como un impulso de mi ángel, era muy fuerte.

Más tarde, esa mujer me contó que estaba absolutamente desesperada y que no podía pagar el alquiler. Una médium le había dicho que le estaba llegando dinero y, al día siguiente, recibió mi cheque, ¡que era la cantidad exacta de su alquiler!

Algunos años después me llamó por teléfono y me vendió un cupón que me hizo ganar diez veces más la cantidad que le había enviado. La ley espiritual dice que, cada vez que damos algo incondicionalmente, lo recibimos décuplo. Esto me confirmó que, originalmente, actué guiada por mi ángel.

DIANA COOPER

PERDIDA EN ÁFRICA
Los angélicos llegan de todas las formas, tamaños y colores y cuando más los necesitas.

Había pasado una tarde maravillosa con una amiga; sin embargo, me fui más tarde de lo que hubiera querido y no estaba familiarizada con las carreteras de la zona. Me pasé un desvió imprescindible y me di cuenta de que no estaba en la carretera correcta, pero como también iba a Durban, continué. Me encontré a mí misma en un suburbio africano *(township)*.[16] Era tarde y estaba preocupada. Ni siquiera podía contactar con nadie, ya que en esa época todavía no había teléfonos móviles. Me paré en una gasolinera y pregunté cómo llegar a Durban. Las indicaciones eran confusas y me parecía que me estaba adentrando en el suburbio.

Decidí regresar por donde había venido. Estaba perdida, con miedo, era de noche y no había farolas en las calles. En Sudáfrica, una mujer blanca sola en un suburbio africano negro era la receta perfecta del peligro. Les dije a los ángeles: «Venga chicos, ¿podría recibir alguna ayuda? Me he perdido… Por favor, sacadme de aquí».

Fui a la gasolinera de nuevo y entré. Un hombre negro enorme vino hacia mí y me dijo: «¿Te has perdido, verdad?». Contesté que sí. Sonrió y me indicó que debía seguir la única calle que tenía luz, porque era la única carretera que te llevaba dentro y fuera de Kwadebeka (el suburbio negro). Él me dijo que continuara y que, al final, llegaría a Durban. Seguí sus indicaciones y llegué a Durban sana y salva. Estaba tan agradecida. Solo sé que él era un ángel. Había algo muy especial y hermoso en él.

DAWN CONNELL

UN ÁNGEL IMPROBABLE

Nunca juzgues a nadie, ¡puede ser un ángel disfrazado!

Estaba de compras en Edimburgo. Era justo antes de Navidad, o sea, que estaba muy ocupada. Acababa de salir de una tienda cuando una chica vino hacia mí. Inmediatamente, la prejuzgué por sus piercings, tatuajes y sus cabellos pintados de rosa y azul brillante y porque, además, me miró con el ceño fruncido y me dio un topetazo. Miré hacia abajo y me di cuenta de que mi bolso estaba abierto y que mi cartera no estaba.

---

16. Los *townships*, originarios de Sudáfrica, son suburbios muy pobres reservados a los negros, que deben estar obligatoriamente a unos 30 km de las ciudades de los blancos. *(N. de la T.)*

Presa del pánico, corrí hacia la tienda. Y allí, sobre el mostrador, estaba mi cartera. Si no hubiera vuelto tan rápidamente, podría haber desaparecido. Estoy absolutamente segura de que esa chica era un ángel –y esto también me ha enseñado que los ángeles vienen en todo tipo de formas y tamaños.

LESLEY SORRIDIMI

LOS ÁNGELES INDICANDO A UNA CUIDADORA
*Cuando sigues las indicaciones de un ángel, puedes salvar
la vida de alguien.*

Mi madre vivía sola. Cuando se hizo mayor, le pedimos que empezara a ponerse alrededor del cuello un colgante, con un botón rojo, que era como un teléfono de emergencia. Una mañana, Kate, la señora que la cuidaba, estaba conduciendo por el pueblo. No era el día que solía ir a visitar a mi madre, pero, por alguna razón, decidió ir a verla.

Gracias a los ángeles que lo hizo. Mi madre acababa de tener un derrame cerebral y Kate pudo llamar al servicio de emergencias inmediatamente. Esto le salvó la vida, ya que nadie hubiera podido llamar desde casa en las siguientes 24 horas y mi madre se había olvidado de ponerse alrededor del cuello el colgante con el botón de emergencia. Siempre le estaré muy agradecida a Kate, un ángel humano. Y a todos los ángeles, porque mi madre vivió ocho semanas más, lo que nos dio la oportunidad de pasar un tiempo especial juntas.

SUE WALKER EDC

PEDIR A LOS ÁNGELES QUE AYUDEN
A OTRAS PERSONAS
*Cuando pides ayuda para otras personas, los ángeles crean una
sincronicidad perfecta, con lo que la ayuda llega al instante.*

Estaba fuera caminando con un clima muy invernal y con hielo en la calzada. Un hombre me adelantó con su vehículo y una caravana pequeña. Mientras giraba en la curva, la caravana dio la vuelta y aterrizó en la cuneta. Pedí: «Ángeles, por favor, ayudadlo, por su bien». Y, de repente, cuatro otros hombres llegaron caminando, se pusieron alrededor de la caravana y, sin esfuerzo, consiguieron darle la vuelta. Gracias, ángeles, por ayudarles.

KARI NYGARD EDC

SEGURIDAD VIAL

Esta historia te recuerda que tienes que escuchar cuando te han avisado y ¡tener cuidado!

~

Hace muchos años, un astrólogo alertó a Mary de que no condujera un determinado día. Por desgracia, ese día tenía que salir y estaba muy nerviosa. Conducía lenta y cuidadosamente. En un momento, tuvo que parar ante un semáforo. Cuando el semáforo se puso verde se esperó un momento y empezó a salir muy poco a poco, mirando con cuidado en todas direcciones. Justo en ese momento, un joven en bicicleta se saltó el semáforo y salió disparado delante del vehículo. Si no hubiera ido conduciendo tan cuidadosamente, se hubiera visto involucrada en un desagradable accidente. Les dio las gracias a los ángeles por indicar al astrólogo que me advirtiera.

TAL COMO SE LE CONTARON A DIANA COOPER

ENCONTRAR EL OBJETIVO DEL ALMA

Un recordatorio de que todos podemos ser magníficos si nos abrimos y mostramos nuestro verdadero yo.

~

Durante mucho tiempo no sabía quién era. Creía que no era lo bastante buena. Me veía a mí misma como una persona tímida, poco inteligente e insensata. Mis sueños estaban encerrados en mi interior.

Entonces, conocí a un ángel terrestre llamado Miguel. Me presentó a su mujer, que era una iluminada y una encantadora profesora espiritual. ¡Qué bendición! Mi vida cambió inmediatamente: tuve encuentros con los ángeles y me sentí renacer. Mis sueños están prosperando: cantando para 100 personas, dirigiendo talleres sobre los ángeles y viajando.

Los ángeles me enseñaron que formo parte de la visión global y que tengo un talento que podría llenar mi corazón de alegría y enriquecer la Madre Tierra. Me siento libre y serena con abundancia en cada nivel, como debería ser para cada uno de nosotros.

Daniela Soraya Shanti Marcinno edc

UN ÁNGEL EN EL HOSPITAL

Y los ciegos verán.

Tenemos un hijo de cinco años que, desde el nacimiento, es ciego del ojo izquierdo. Le operaron para atenuar la presión en el cristalino y después tuvo una revisión rutinaria, pero no era la enfermera de siempre, ¡creemos que era un ángel!

Era una señora pequeña con ojos amables. Después de tomarle la presión, le puso una lente externa delante de su ojo y le pidió que leyera el alfabeto. Esto no había pasado antes, y para nuestra sorpresa, ¡veía! ¡Nuestro hijo veía! Leyó cada letra que la enfermera le mostró. Me quedé muy sorprendida porque nos habían dicho que nunca vería con ese ojo. Nuestro ángel dijo: «Puedes comprobarlo tú misma... él puede ver».

El médico no se lo podía creer y, aunque nuestro hijo no puede ver completamente con ese ojo, no hemos perdido la esperanza de una recuperación total. Los milagros ocurren. No hemos visto a esa enfermera más, pero todavía estamos bendecidos por la esperanza, el amor y la fe sagrada.

Katrin

ROSAS DE COLOR AMARILLO

Sigue la indicación de los ángeles y ellos te utilizarán para hacer su trabajo.

Mientras estaba entregando felicitaciones de Navidad a mis vecinos, decidí llamar a un supermercado para comprar una planta, aunque en ese momento no supiera para quién iba a ser la planta. Me sentí dirigida a la sección de rosas en miniatura, pero no podía decidir qué color comprar. Un hombre muy alto, que estaba de pie, detrás de mi hombro derecho, me dijo: «Escoge la rosa amarilla, ya que es un mensaje de nuevos comienzos». Compré la rosa de color amarillo patio.

Después, visité a una vecina que había perdido recientemente a su marido. Le regalé la rosa amarilla. Mientras hablábamos, me contó que su hija, desconsolada por la pérdida de su padre, había ido a una lectura de manos con una clarividente. Ella le dijo que buscara rosas amarillas, como signo de que su padre estaba a salvo. Ahora sé que la rosa amarilla era un mensaje para la familia.

GLENISE

UN ÁNGEL HUMANO

Tú actúas como un ángel cuando realmente escuchas la voz silenciosa y tranquila de los ángeles.

Mi marido, Keith, estaba muy enfermo, sufría demencia senil. Yo trabajaba y una maravillosa señora, Christina, le cuidaba por las mañanas.

Una mañana, Keith se cayó de la cama y yacía medio inconsciente en el suelo. Pesaba mucho y no podía levantarlo. Christina llegó, pero así y todo ¡no podíamos levantarlo! Le pedí ayuda a un trabajador que pude encontrar no muy lejos y enseguida metimos a Keith en la cama.

Lo organicé para que el médico visitara a Keith y llevé a Christina a la parada del autobús. A mi regreso, Keith se había caído otra vez de la cama. Le hice una cama en el suelo, pero no pude llevarlo hasta allí. Invoqué: «Querido Dios, ayúdame, por favor». Un hombre llamado Julián apareció en la puerta, así que le expliqué mi problema. Él respondió: «Por eso estoy aquí». Julián trasladó a Keith del suelo del dormitorio a la cama en el suelo.

Le pregunté a Julián por qué había venido y me contestó que estaba trabajando cerca cuando algo le dijo: «¡Ve por allí!». Después de esto, me refería a él como mi ángel de la guarda. ¡Mi oración fue contestada realmente!

DIANA

BENDICIONES OCULTAS

Si alguien, o algo, aparece como un obstáculo o reto,
bendícelo y tal vez se convierta en una bendición.

~

Cuando tenía 18 años viajé de Inglaterra a Papúa Nueva Guinea. Encontré trabajo de recepcionista en la ciudad de Rabaul. Un día, cuando salí de trabajar, decidí conducir por la carretera Kokope, una bellísima carretera en la costa, que bordea el mar.

Cuando salía de la ciudad me crucé con una señal de stop, pero no había nadie por los alrededores, así que no paré. Inesperadamente, apareció un policía en una moto. Me dijo: «Señora, no se ha parado en la señal de stop, son 40 dólares, por favor». No tenía el dinero conmigo, pero lo tenía en casa. Él me dijo: «Está bien, la seguiré a casa». Conduje hasta casa, le di los 40 dólares y se fue.

Luego, me di cuenta de que los pájaros habían parado de cantar. En eso, hubo un ruido estrepitoso y el suelo de la casa empezó a moverse. Rabaul está en una zona de terremotos, así que sabía que el lugar más seguro en esos casos es ponerse de pie bajo el umbral de la puerta. Lo hice. El terremoto fue de 8,5 en la escala de Richter. Muy potente.

¡La casa sobrevivió, y yo también! Después me enteré de que las personas que iban conduciendo por la carretera Kokope, cuando se produjo el terremoto, murieron. Me di cuenta de que el policía que me hizo volver a casa era un ángel y que salvó mi vida.

Rowena Beaumont

ENTREGA DE UN TELÉFONO MÓVIL

La consideración y la bondad son cualidades de los ángeles y hay
mucha gente maravillosa en la Tierra que porta esas energías.

~

Mi esposo decidió comprar un nuevo teléfono móvil. Dado que vivimos en Creta lo solicitó por Internet y les pidió a los ángeles que le ayudaran para que el teléfono llegara a salvo a nuestra oficina de correos local.

Después de tres semanas, no había llegado todavía, así que pedimos a los ángeles que lo encontraran. Recibimos una llamada de una señora de otra oficina de correos preguntándonos si estábamos esperando un paquete. El teléfono se había entregado en su oficina, una treintena de kilómetros más lejos.

La señora dijo que tenía la sensación de que alguien necesitaba realmente este paquete, así que había decidido buscarnos. Buscó en la guía telefónica y encontró nuestro número. Se ofreció a dejar el paquete en la tienda de su amiga, y así podríamos recogerlo sin problemas. Envolvimos un regalo de ángel, y le escribimos una carta de agradecimiento y se la dimos a su amiga. Agradecimos a los ángeles su ayuda. Si no hubiera sido por alguien tan considerado, jamás hubiéramos recibido el paquete.

Janis Atwood EDC

UN ÁNGEL EN UNA INUNDACIÓN

A veces sólo reconocemos que ha sido una intervención angélica mucho tiempo después. Este bonito ejemplo ilustra cómo los ángeles nos apoyan de maneras inesperadas.

Nuestros compañeros de piso nos despertaron a mi novio y a mí un domingo por la noche, muy tarde, cuando llegaron y vieron que la caldera tenía un escape. El suelo de la cocina estaba cubierto por unos cinco centímetros de agua y el escape seguía.

Todos nos pusimos a buscar la llave de paso del agua, pero en vano. Llamé por teléfono a dos fontaneros de emergencia. Uno me dijo que no podía venir con tan poca antelación. El otro no contestaba el teléfono.

Como último recurso, llamé al teléfono que estaba impreso en la factura del agua, pero no tenía muchas esperanzas porque eran las cuatro de la madrugada. Para mi sorpresa, una mujer con una voz tranquila me contestó y me dirigió a una cubierta de rejilla que había fuera, en la acera, donde estaba la llave de paso, para que cerrase el agua. Cuando abrí la rejilla, me habló tranquilamente para explicarme cómo se cerraba el agua.

El escape paró y todos limpiamos la cocina inundada y caímos rendidos en la cama. No me llamó la atención hasta el día siguiente lo improbable que era que alguien de la compañía del agua pudiera estar ahí a esas horas y, no solamente eso, sino también que me contestara el teléfono y supiera exactamente cómo ayudarme. He contado a varias personas esta historia y me he visto a mí mismo refiriéndome a la mujer como «un ángel»; lo decía un poco a la ligera, pero a veces me pregunto…

ANON

LOS ÁNGELES SALVAN A UNA ADOLESCENTE

Los ángeles tuvieron que influir en mucha gente para que esta adolescente llegara a casa sana y salva.

Cuando era adolescente tenía epilepsia, aunque estaba controlada. Solía viajar en tren hasta Johannesburgo para ir a la universidad. Un día tuve una pequeña convulsión y supe que tenía que bajar del tren. Sin embargo, no era mi estación; era una estación considerada peligrosa. Un ángel se sentó a mi lado y, con firmeza, me dijo: «No te bajes en esta estación, jovencita, bájate en la próxima».

Cuando llegué a mi estación y me bajé del tren, mi madre, que normalmente me esperaba en el aparcamiento, esta vez estaba esperándome en el andén. Huelga decir que, gracias a mi ángel, llegué a casa sana y salva. Ahora tengo 42 años y todavía lo recuerdo con mucha gratitud.

SHARON

UN CANADIENSE EN EL GLACIAR DEL ÁNGEL

Algunas veces, los ángeles pueden trabajar a través de una persona para proporcionarte un momento divino.

Me fui con mi amiga Ita 12 días a Canadá para celebrar nuestro 50 aniversario. El tercer día, fuimos al glaciar del ángel, donde la energía del arcángel Miguel es más fuerte.

Decidimos caminar hacia el monte Edith Cavell y un hombre nos invitó a subir hasta la cima con él. Estaba nevando mucho y yo no paraba de resbalarme, hasta que sentí que no podía continuar; sin embargo, el hombre me prestó su sombrero y sus guantes de repuesto, y tanto él como

Ita me tomaron de la mano hasta que llegamos a la cima. Era un gran logro y una gran emoción.

En el camino de vuelta, la nieve se convirtió en una tormenta de nieve. El hombre sabía que yo tenía problemas y se puso delante y me ayudó sin decir una palabra. Me agarró de la mano hasta que llegamos a un lugar seguro. Mientras él hacía esto parecía que mis miedos desaparecían. Me sentí más fuerte y algo cambió en la manera en que me percibo a mí misma en relación con las mujeres en mi vida. Era liberador y empoderador. Era como un momento «divino». Más tarde, traté de explicarle esto a Ita, y me dijo que ella había sentido lo mismo. Para mí, él era un ángel que me ayudó cuando yo estaba luchando.

MAURA

UN ACTO DE BONDAD
Aquí, el mensaje está en la historia.

⌒

Llegué a Heathrow, en Londres, a primera hora de la tarde, sin reserva en ningún hotel. Cada sitio al que llamé estaba completo o ¡era carísimo! Al final, encontré una habitación y me dirigí a tomar el autobús 555. Tenía una costilla rota, con lo cual llevar las maletas me resultaba bastante difícil, pero un caballero bondadoso me ayudó a llevarlas.

El conductor del autobús me dijo que había llegado y el caballero bondadoso me ayudó de nuevo con mis maletas. Ya era de noche y, mientras el autobús se iba, miré por los alrededores y el hotel no se veía por ningún lado. A lo lejos, vi la señal –¡parecía que estaba bastante lejos!–. Arrastré una de las maletas algunos metros, la dejé y volví a por la segunda… Esta acción continuó un rato. La maleta más grande se rompió y la ropa empezó a salir. ¡El hotel no se veía más cerca! Busqué un taxi, pero estaban todos ocupados. Miré hacia arriba y pedí ayuda a mis ángeles.

De la nada apareció un autocar. El conductor me preguntó si necesitaba ayuda. Le grité «¡sí!», llena de alegría. Tomó mis maletas y las llevó todo el camino ¡hasta el mostrador de la recepción! Le expresé mi gratitud y le llamé mi ángel. Le pregunté si le podía dar algo. Rehusó y dijo: «Si todo el mundo realizara un acto de bondad cada día, el mundo sería un lugar diferente». Dicho esto, mi ángel desapareció. Nunca olvidaré sus palabras.

KALLIOPE EDC

ÁNGELES EVANESCENTES

DESDE EL COMIENZO DE LOS TIEMPOS ha habido historias de extraños que aparecen de ninguna parte para ayudar a alguien y luego se desvanecen antes de poder darles las gracias. He aquí algunos ejemplos.

¡UN ÁNGEL CON GORRO DE BORLA!

Los ángeles terrestres algunas veces envían pensamientos positivos para llevarte a casa de forma segura.

Había conducido hasta llegar a una tienda de cristales, que estaba más o menos a una hora de casa. Había estado nevando, pero luego la nieve se derritió. Mientras estaba en la tienda, volvió a nevar, lo que convertía en traicioneras a las carreteras. No estaba preocupada, dado que iba a conducir por carreteras principales.

Dejé la tienda con una enorme geoda de amatista en el asiento del copiloto. Conseguí avanzar más allá de los vehículos que habían resbalado y caído en la cuneta, fuera de la carretera, y de vehículos abandonados hasta llegar a una cuesta empinada. Subí la cuesta en segunda, pero me arrepentí de mi decisión cuando empecé a oler a quemado. De repente, mi automóvil estaba lleno de humo.

Bajé las ventanas y vi a un señor mayor de pie al lado de la ventana de atrás. Llevaba un gorro con borla y dijo que había salido a dar un paseo. Era extraño, dado que eran las siete de la tarde de una fría noche de enero ¡y a kilómetros de ninguna parte!

A pesar de que tenía el freno de mano puesto, empecé a deslizarme hacia atrás, hacia los vehículos que había abajo, al final de la colina. Me asusté y le pregunté qué debía hacer. «Tienes que ir hacia delante, aunque sea difícil y estés asustada», me contestó. Me reí y le dije que había estado pidiendo ayuda a los ángeles y que, con sus comentarios positivos y mis oraciones, era posible que lo hiciera. Cuando finalmente llegué a la cima de la colina, miré por el espejo retrovisor, pero el hombre se había marchado.

El automóvil olía muchísimo a humo, pero cuando lo llevé al garaje no tenía ninguna avería. Supe que era el ángel con el gorro de borla quien me había ayudado. Mi geoda amatista está en una repisa de la ventana, recordándome siempre que, incluso cuando las cosas parecen imposibles, temibles o peligrosas, siempre hay una mano que ayuda desde el reino angélico.

MAI WORTH

ACCIDENTE DE TRÁFICO

He aquí una historia increíble sobre un rescatador angélico.

⁓

Cuando Yoram, mi pareja, vino por primera vez a visitarme, le llevé en automóvil. Estaba nerviosa pero quería impresionarle. Tenía que girar a la izquierda en un cruce, así que avancé, pero no calculé bien el tiempo. Un vehículo me dio un golpe y durante un momento todo se volvió un poco borroso, pero entonces pensé «todavía estoy viva». Sin embargo, Yoram estaba medio inconsciente. Muerta de miedo, lo saqué del automóvil y lo puse en la hierba.

Un hombre con un aspecto muy pacífico y amable se acercó. Dijo: «No te preocupes. Todo el mundo está bien. Solo han sufrido daños los vehículos».

Vi humo saliendo de otro automóvil, y seguí aterrada. El hombre repitió: «No te preocupes, todo el mundo está bien». Los técnicos sanitarios de la ambulancia nos llevaron a un hospital diciendo: «Normalmente, después de un accidente como éste, la gente no se va a casa».

Yoram tenía tres costillas rotas pero estaba bien. Estaba preocupada por la mujer del otro vehículo, pero me dijeron que también estaba bien. Aparentemente, un hombre llegó cuando estaba atrapada en el automóvil y la sacó. Su vehículo explotó en llamas inmediatamente después.

Supe que había sido el mismo hombre que me había ayudado a mí y que era un ángel.

PHYLLIS

UNA SEÑORA Y SU PERRO

La gente de este autobús lanzadera, indudablemente, necesitaba un poco de ayuda, ya que el conductor estaba somnoliento.

~

Mi marido me compró un billete de avión a Santa Fe para asistir a la fiesta de inauguración de mi artista preferido. Yo hice una reserva para el autobús lanzadera, para que me llevara desde el aeropuerto, en Albuquerque.

Cuando estaba subiendo al autobús, me fijé en una mujer muy guapa, vestida de blanco, que llevaba una jaula para perros. Se sentó a mi lado, con la cabeza de su perro apoyada en mi regazo. Le pregunté cuánto tiempo hacía que tenía a su perro. Me respondió: «No hace mucho». Le pregunté a qué se dedicaba y me dijo «cosmología».

El autobús empezó su trayecto y, después de un rato, le eché un vistazo al conductor por el espejo retrovisor. ¡Sus ojos estaban cerrados! La señora de blanco me dio un codazo y me dijo: «¿Has visto eso?».

Se pasó el resto del viaje hablándole para mantenerle despierto. Cuando el autobús llegó, me di la vuelta para darle las gracias, y ella y el perro habían desaparecido.

VICKI GRABICKI

RESCATADO DE UNA TERRORÍFICA AVERÍA

Si estás en peligro, invoca a Dios y a los ángeles y alguien aparecerá de la nada para ayudarte.

~

En 1991, compré mi primer automóvil. Cuando encontré el que me gustaba, le pedí a un amigo que revisara el motor y la carrocería. Mi amigo me llevó a recoger el vehículo y pensó en seguirme hasta casa. Estaba nerviosa y entusiasmada.

La ruta me obligó a ir por una calzada de varios carriles con semáforos. Inesperadamente, ¡el motor dejó de funcionar! No tenía más remedio que ponerlo en punto muerto y ponerme junto al muro central con las luces intermitentes de emergencia. Estaba temblando, ya que sabía perfectamente la situación de extremo peligro en la que me encontraba. No había otros vehículos a mi alrededor. Sabía que, en cuanto el semáforo cambiase, habría otra vez tráfico. Mi amigo había tomado otro camino para llegar a casa, así que estaba sola. Empecé a rezar: «Por favor, Dios, ayúdame».

Más adelante había una salida con un vehículo azul aparcado en el arcén. Un hombre y una mujer corrieron hacia mí. La mujer dijo: «No te preocupes, tuvimos uno de estos automóviles y nos ocurrió lo mismo». El hombre levantó el capó, tocó algo y, en segundos, me dijo que intentara darle a la llave de contacto. El automóvil se puso en marcha. Me acuerdo que repetí: «Gracias, gracias». Corrieron de vuelta a su vehículo y yo me fui.

La pareja sabía exactamente lo que tenía que decir y hacer. No tengo ninguna duda de que eran ángeles. Cuando encuentras a los ángeles, sabes en lo más profundo de tu corazón que los has hallado. Le doy las gracias a Dios por ello.

LINDA VERYARD

PINCHAZO EN EL PUENTE DE LAS SIETE MILLAS
Una vez más, ayudantes que aparecen y, luego, desaparecen.

Íbamos de camino a casa, desde el aeropuerto de Miami, con mi abuela, Mary, de 86 años y su hija Anona.

Eran las diez de la noche y estábamos en el Puente de las siete millas hacia Cayo Hueso cuando, de repente, la camioneta se detuvo. Tuvimos un pinchazo en una de las ruedas. Estábamos muy cansadas después nuestro viaje y ahora estábamos tiradas sin nadie a la vista.

Inesperadamente, apareció un vehículo y dos hombres jóvenes salieron de él. Uno de ellos dijo: «No se preocupen, las pondremos en la carretera otra vez». Cambiaron la rueda y dijeron: «Las seguiremos hasta Cayo Hueso». No sabíamos cómo agradecerles lo que habían hecho y nos pusimos en camino.

Más adelante, en la autopista, me di cuenta de que no había nadie detrás de nosotros. ¿Dónde estaban nuestros dos amigos? Era imposible dar la vuelta o adelantarnos, así que dónde se habían ido nuestros caballeros de brillante armadura?

Creemos que esos dos jóvenes caballeros eran, en realidad, nuestros ángeles de la guarda y que habían venido en nuestro rescate en un momento de extrema necesidad.

Bernice and Anona

UN ÁNGEL YERY REAL

Cuando tengas confianza, un ángel siempre vendrá para ayudarte.

Llevé a mi padre, que tiene 87 años y sufre de angina de pecho y varias complicaciones más, a ver a un sanador. Durante la sanación, mi padre se puso mal. El sanador me llamó a la habitación y me quedé muy sorprendida de lo que vi. Mi padre estaba quedándose inconsciente. Me quedé hablando con él y parecía que mi voz lo traía de vuelta. Decidimos que mi padre debía ir a un hospital y llamamos a una ambulancia. Mide más de 1,82 m y pesa demasiado para poder con él, especialmente en un estado medio inconsciente. Invoqué a los ángeles para que ayudaran.

Un hombre apareció y dijo que era un técnico sanitario. Me dijo: «Va a estar bien, no te preocupes». Me recuerdo mirando a los ojos más azules que había visto jamás. La ambulancia llegó y se llevó a mi padre. Busqué al hombre para darle las gracias pero no estaba por ninguna parte. Pregunté en la recepción del hospital, pero nadie había visto a un hombre que correspondiera con mi descripción. ¡Él, simplemente, desapareció! Mi padre se recuperó y está bien. Creo que ese hombre era un ángel.

Yvonne Clarke edc

EN AGUAS PROFUNDAS

Los ángeles trabajan con todos los elementos para ayudarnos.

El lugar donde trabajábamos estaba al final del camino, en una vía de acceso unidireccional. Después de unas lluvias torrenciales, hubo grandes inundaciones en la zona y la entrada quedó anegada. Los que habíamos podido llegar al trabajo, estábamos atrapados allí y preocupados por cómo volveríamos a casa.

Mi colega decidió conducir el coche por el agua, pero su automóvil se rompió y la riada se lo llevó. Se dio cuenta de que alguien le estaba ayudando a salir del vehículo por seguridad. Después, esa persona desapareció. Mi colega no fue capaz de decir quién le había ayudado, pero yo creo que fue un ángel.

ELIZABETH STUBBS EDC

A LITTLE LIGHT ON THE SPIRITUAL LAWS

Si estás preparada para leer un libro especial, los ángeles se asegurarán de que te llegue.

En 2001, mi mundo cambió cuando perdí a mi padre, que murió a causa de un cáncer. Tras haber sido terapeuta holística durante muchos años, mis creencias me procuraron un gran consuelo. Mientras buscaba inspiración, descubrí el libro *A Little Light on the Spiritual Laws*, de Diana Cooper.

Mientras estaba echando un vistazo al libro, un hombre apareció y empezó a hablar de él. «Sus libros son realmente buenos, ¿sabes?», dijo. Sonreí a regañadientes, ya que no tenía ganas de hablar. Continuó hablando hasta que coloqué de nuevo el libro en su sitio y me fui. Esperé hasta que se giró, entonces volví y compré el libro. Me di cuenta de que el hombre no estaba en ningún sitio. Ahora sé que era un ángel terrenal, porque ese libro abrió una puerta para mí hacia el desarrollo espiritual y, verdaderamente, cambió mi vida.

DEBBIE PETTITT

UNA MANO QUE NOS GUÍA

Una historia profunda sobre cómo un ángel de la guarda ayuda a esta persona a reconocer sus problemas con el alcohol.

En la semana de navidades de 1984, después de nueve semanas de beber mucho, era el primer cliente en el bar de nuestra localidad. Era por la mañana temprano y pedí una pinta de cerveza, que el camarero puso delante de mí. Entonces me pidió 2,20 libras. Me faltaban sólo 15 peniques pero no me quiso dar la cerveza.

Este camarero me conocía perfectamente, y se rio cuando tomó otra vez la cerveza. Necesitaba urgentemente la bebida. No había más clientes en el bar, pero a mi derecha una «mano» puso un poco de dinero suelto al lado de mi dinero. Pude pagar el precio de la cerveza.

Miré al camarero, puso la cerveza delante de mí y obedientemente le di el dinero. Me di la vuelta para dar las gracias al extraño pero ¡allí no había nadie! Hoy en día sé que era mi ángel de la guarda, y nunca más he vuelto a beber alcohol.

ANON

UN ÁNGEL HUMANO MUEVE MI VEHÍCULO

He aquí otra historia de un ángel desapareciendo
después de ayudar.

~

Vivía en Abu Dhabi. El tema del aparcamiento allí es diferente y la gente suele aparcar en lugares que nosotros consideraríamos ilegales. Un viernes por la mañana temprano fui a recoger mi vehículo. El centro de la carretera estaba lleno de automóviles aparcados y no había forma de retroceder con mi vehículo sin darle un golpe a alguno de los que estaban aparcados. Estaba bloqueada.

Los viernes por la mañana son días muy tranquilos (es el día de oración) y no había nadie que me pudiera ayudar. En su lugar, pedí a los ángeles que me ayudaran. Inesperadamente, un hombre árabe apareció y me ayudó a maniobrar con mi vehículo para poder salir. Fue muy paciente, ¡tuve que dar muchos movimientos al volante! Tan pronto como pude salir del aparcamiento, miré alrededor para darle las gracias pero había desaparecido.

Creo que era un ángel, con forma humana, enviado para ayudarme.

JULIE GREENHALGH

ÁNGELES EN EL METRO

Los ángeles ayudan, protegen y nos apoyan de los modos más increíbles.

~

Después de graduarme en la universidad, me trasladé a la ciudad de Nueva York, donde viví tres años mientras ahorraba para hacer el posgrado. No tenía mucho dinero, así que el metro era mi transporte habitual.

Una tarde estaba en el metro con una amiga. Estábamos enfrascadas en una conversación muy animada, por lo que ninguna de las dos nos dimos cuenta de que un hombre me había robado la cartera. Me quedé estupefacta cuando otro hombre tomó la cartera del bolsillo del ladrón y me la devolvió, absolutamente intacta. Tartamudeé «gracias» y me di la vuelta para seguir hablando con mi amiga.

Cuando me volví a dar la vuelta, mi rescatador se había desvanecido, aunque el metro no se había detenido y no había ningún sitio adonde ir. Creo que el hombre que me devolvió mi cartera era un ángel.

LAUREN BLOOM

CAPÍTULO 14

La muerte y morir

LA AYUDA DE LOS ÁNGELES EN LA MUERTE

Nadie muere solo. Los ángeles siempre están contigo cuando te vas a morir. Tu ángel de la guarda te toma de la mano y el arcángel Azriel, el ángel del nacimiento y de la muerte, también está contigo. Ellos se aseguran de que no sientas dolor y de que tengas el mínimo trauma cuando pases a la luz.

Después de tu muerte, los ángeles se quedan contigo.

Un espíritu nunca viaja solo; incluso si hace muchos años que ha muerto, siempre está acompañado por un ángel. Ni siquiera a un maestro se le permite viajar sin un ángel de escolta.

Si alguien que ha muerto recientemente quiere visitar a sus seres queridos, un ángel irá con él para que pueda volver y, de esta manera, dar el mensaje de que está bien a sus seres queridos y a sus amigos.

CONSUELO

He aquí un recuento detallado de un padre muy querido que se estaba muriendo y que vio ángeles antes de morir.

Después de haber luchado valientemente contra un cáncer de hígado, mi padre fue admitido en un hospital de cuidados paliativos. Durante sus últimos días, estábamos todos con él. Cada momento que pasamos juntos se convirtió en un momento muy valioso.

De vez en cuando, mi padre miraba hacia el rincón de la habitación, aun cuando no había nadie allí. Levantaba tres dedos, pero no entendíamos lo que estaba tratando de decirnos.

No podía hablar, pero yo sabía que él podía ver algo que nosotros no podíamos. Pensé que debía haber visto a un pariente que había fallecido. «¿Puedes ver a tu padre?», pregunté. Movió la cabeza, no. «Puedes ver a tu hermano o a tu madre?». Movió de nuevo la cabeza, no. Estaba perpleja. «Puedes ver a los ángeles?». Asintió. Le pregunté cuántos ángeles podía ver. Papá levantó tres dedos con su mano izquierda. Estaba impresionada. Mi padre nunca había creído en los ángeles. Le dije que se fuera con ellos.

Cada día que pasa es importante. La muerte te hace apreciar más a las personas de tu vida. Todavía nos consuela saber que los ángeles se llevaron a mi padre al otro lado sin problemas.

RUBY

MI ÁNGEL DE LA GUARDA

En esta historia, los ángeles dejaron una señal en el momento de la muerte, para que Elouise supiera que el momento fue exactamente el correcto.

～

Mi familia estaba desolada cuando mi suegro sufrió un derrame cerebral, y yo estaba enfadada con los ángeles por dejar que eso sucediera. Cada noche trataba de comunicarme con mis guías espirituales y con mi ángel de la guarda, pero nadie respondía. Me sentía engañada y herida.

Recibí una llamada telefónica del hospital diciendo que su estado se había deteriorado considerablemente. Corrí a mi automóvil y vi una pluma blanca y brillante delante de la puerta. Miré la hora y eran las diez de la mañana. Llegué a la habitación del hospital sobre las diez y media, pero era demasiado tarde. ¡Mi suegro había fallecido a las diez de la mañana!

Dejándome la pluma, los ángeles quisieron decir que él se había ido de manera segura. Mi fe revivió.

ELOUISE

LA MUERTE DE UN AMIGO QUERIDO

*He aquí dos historias en las que los ángeles han ayudado a la persona
a dejar a sus amigos y a sus seres queridos con tranquilidad.*

⁓

Una amiga muy querida se había puesto muy enferma a causa de un cáncer. Una mañana, estaba en el trabajo y fui a los lavabos del personal. Eran las 3:00. El lavabo no tiene ventanas, pero en el suelo había una pluma blanca. Supe que era una señal de que Jacqui había muerto. Cuando esa mañana me senté con mi familia para tomar el desayuno, se escuchaba una canción en la radio que decía: «*Jackie,* what are you doing now? You're in a better place». La canción se refería a la cantante Jackie Wilson. Mi hijo me llamó la atención y me dijo: «Mami, ¿has escuchado eso?». Sabíamos que era un mensaje de Jacqui.

Vivien Barboteau

LA MUERTE DE MI SOBRINO

*Siempre es una tragedia cuando un niño muere. Su alma ha
acordado la duración de su vida y las experiencias que va a tener y es
reconfortante recibir la confirmación de que ha fallecido
de forma segura en los brazos de los ángeles,
como demuestra esta historia.*

⁓

Mi sobrino de 3 años, Sage, murió en un trágico accidente en una piscina. Una semana después de su muerte lo sentía a mi alrededor. Les pedí a los ángeles que le guiaran y le apoyaran y le rodearan de luz y amor. En una meditación vi cinco ángeles bellísimos que entraron, lo levantaron y después volaron hacia el éter con él.

Les pedí a los ángeles que me enviaran una señal de que estaba bien. Más tarde, esa noche, cuando me iba a dormir, vi algo en las cortinas. Pensé: «Esto es raro». Vi una silueta y, entonces, un par de ojos aparecieron y ¡supe que era Sage! Fue realmente increíble y reconfortante. Cuando se lo conté a mi hermana y le describí la ropa que llevaba, la reconoció como la que llevaba Sage cuando fue enterrado. Ella estaba contenta de que estuviera bien y en buenas manos. Me sentí especial y privilegiada de haber experimentado algo tan mágico. Por supuesto, les di las gracias a los ángeles.

NADINE OLIVER-PIAMSUPHASUP

UNA PLUMA DE UN AMIGO
Algunas veces, la tragedia te abre hacia los reinos espirituales.

~

Tenía una buena amiga llamada Chitra. Estaba loca con los ángeles y siempre estaba hablando de ellos. Me dijo que siempre sabía cuándo estaban cerca porque dejaban pequeñas plumas blancas como señal. En aquella época yo era escéptica.

Chitra fue trágicamente asesinada. Estábamos desconsolados y la echábamos mucho de menos porque era una persona muy especial. Mi hija vino a visitarme; habíamos estado hablando de ella y nos sentíamos tristes. Mi hija encontró una gran pluma blanca; nos reímos y dijimos que debía ser uno de los ángeles de Chitra tratando de animarnos. Nos hizo sentir mejor saber que los ángeles estaban alrededor y que Chitra estaba siendo cuidada.

HEATHER

LOS ÁNGELES VIENEN A CASA PARA LLEVÁRSELO
Ninguna vida de un niño es desperdiciada.

~

Mi primer encuentro con el mundo de los ángeles fue hace 20 años. Estaba trabajando como esteticista con una señora a cuyo hijo mayor le estaban dando quimioterapia porque tenía leucemia. Era una época sensible que conmovía a todo el mundo. Después de que él murió, la señora me contó que su hijo había pasado a la luz. Estaba echado en sus brazos cuando él la miró a los ojos y le dijo: «Mamá, ahora me tengo que ir. ¡Me están esperando!». Ella le preguntó: «¿Quién?», y él le respondió: «¡Los ángeles!».

En ese momento, me di cuenta de que somos más que meros seres físicos. Esta experiencia fue MI despertar angélico.

LORNA

LA MUERTE DE EILEEN CADDY

Muchos arcángeles te van a recoger si asciendes cuando mueres.

~

Estaba con un grupo de profesores de la Escuela Diana Cooper, preparando un nuevo curso, cuando sonó el teléfono. Era para decirme que Eileen Caddy, la fundadora de Findhorn, la comunidad mágica espiritual, en Escocia, había muerto. Inmediatamente, encendimos una vela para rezar por ella, pero, al instante, me di cuenta de que no necesitábamos hacer eso. Éramos conscientes de que Eileen, junto con cientos de ángeles, cantaba e irradiaba amor. Ella había ascendido y los ángeles estaban cantando sus alabanzas. Era un momento glorioso.

Con sincronización divina, al día siguiente estábamos sentados en la misma mesa, continuando con nuestro trabajo, cuando el teléfono sonó de nuevo. Esta vez era para darnos noticias de la muerte de alguien que conocíamos todos. Encendimos una vela y nos sintonizamos para rezar por ella. El contraste era enorme; esta señora necesitaba toda la ayuda que le pudiéramos dar para que los ángeles la llevaran a la luz.

DIANA COOPER

SALVAR UN ALMA QUERIDA

Muchas personas no pueden encontrar la luz cuando mueren y su espíritu se queda atascado. No tienen un ángel con ellos, sino que los guía un elemental llamado wuryl.

~

Cuando mi abuelo murió, me quedé desolada. Sabía que él estaba aterrorizado ante la muerte y sentí que su espíritu se había quedado atrapado y no estaba en un buen sitio. Tenía el fuerte presentimiento de que debía hacer algo, pero no tenía ni idea de qué hacer y me sentía abrumada.

Empecé a ir a una clase con un psicólogo jungiano y le conté lo que sentía sobre mi abuelo. Me recomendó varios enfoques, pero la única palabra que recordaba era «ángeles». De alguna manera, sabía que era lo que tenía que hacer, así que pedí ayuda a los ángeles.

Sentí cómo el aire se agitaba a mi alrededor. Entonces, escuché una voz masculina decir: «No tengas miedo. Hemos llegado para contestar tus preguntas». Pensé: «¡GUAU, que suerte la mía!». Pero me di cuenta de que no me estaban hablando a mí, sino a mi abuelo. Lo sentí rodeado, protegido, literalmente, bajo unas grandes alas. Estaba asombrada del poder y el esplendor de estos seres. No dudaron en pasar a la energía oscura para salvar a un alma en apuros.

Eran Miguel y sus ángeles los que vinieron ese día. Qué regalo darse cuenta de que no importa cuán perdidos estemos de nosotros mismos; nunca estaremos perdidos para Dios o para sus mensajeros. Todo lo que necesitamos es pedir y la puerta se abrirá.

Krista Pergande

EN UN DÍA DE TRABAJO

Hay muchos lugares oscuros donde permanecen las almas terrenales; necesitan a alguien que les muestre la luz.

Trabajo de día en la construcción, pero también libero el espíritu. En mi trabajo de día, me enviaron a una obra que tenía el proyecto de remodelación de un edificio para convertirlo en una biblioteca. Había una presencia de algo que parecía como una gran nube oscura pegada a mi espalda. Sabía que el edificio había sido utilizado como un centro para delincuentes psicóticos.

Vi, con mis ojos espirituales, a cientos de seres terrestres abatidos con una espesa nube negra sobre ellos. Mi profesor espiritual decía que alguien tenía que hacer una abertura en el cielo y abrir la luz para que puedan irse a través de ella.

El lunes siguiente llegué muy temprano, antes que nadie. Les dije a los seres terrenales que si querían se podían ir hacia la luz a través de un hueco que les había hecho en la escalera central; continuar con el propósito de sus almas y ser libres. Visualicé una luz brillante blanca y dorada para que la pudieran seguir. Vi a gente del brazo, agarrándose de las manos, sonriendo y, mientras pasaban, algunos de ellos me daban una palmadita en el hombro.

Más tarde, estaba reflexionando sobre lo que había pasado, cuando sentí una gran presencia a mi espalda. Medía de 2 a 2,50 m de alto y era una presencia cálida y cariñosa, que me abrazaba y me daba las gracias. Me cayeron las lágrimas; ese ángel me estaba abrazando con el amor de Dios y dándome las gracias por estas pobres almas que ahora eran libres y felices. Ahora voy adonde los ángeles me envían.

JOE

ACCIDENTE AÉREO

Esta historia ilustra cómo un niño pudo ver cómo los ángeles se juntaban para recoger y ayudar a los que estaban a punto de morir en un accidente aéreo.

~

Simon me explicó que había entrevistado a alguien cuyo padre murió en 1994, cuando el vuelo USAir 427 cayó y todos los pasajeros murieron. Como médium, él sintió lo que había pasado, pero se preguntaba a sí mismo si no lo había estado imaginando. Un amigo le señaló que el número de matrícula de su automóvil alquilado era 427. Los ángeles proporcionan increíbles sincronicidades para darnos una prueba.

Es más, la mujer que él entrevistó le dijo que uno de los parientes, que estaba esperando el avión, estaba con su hijo de cuatro años, que apuntó hacia el avión antes de que cayera y dijo: «Mami, ¿por qué esos ángeles están siguiendo al avión?

TAL COMO SE LO CONTÓ SIMON LUDGATE A DIANA COOPER

EL ÁNGEL DE LA MUERTE

El arcángel Azriel es el ángel de la muerte que recibe a los que mueren. Aparece negro porque toda su luz está en su interior y no irradia hacia fuera.

~

Asistí a un curso de reflexología en la universidad y, para los estudios de caso que tenía que hacer, contacté con las personas que pensé se iban a beneficiar más con estas sesiones.

Una señora pasó por una desgarradora experiencia y sentí que ya no quería estar aquí. Más tarde, me dijo que sabía exactamente cómo y cuándo iba a quitarse la vida.

Cuando puse mis manos sobre ella, era consciente de que el ángel de la muerte estaba a su lado. Vestía ropa de cuero negro, habitual en los motoristas y ¡tenía plumas! Me encantan las motocicletas y me di cuenta de que esto era para asegurarme.

Cuando vino a la siguiente sesión, me dijo que había pedido una nueva caseta para el jardín. No es una cosa que se hace si planeas no quedarte mucho tiempo. Cuando puse mis manos sobre ella, el ángel se había ido. Ya no era necesario.

Fue un gran consuelo saber que hay un ángel para cada uno de nosotros cuando vayamos a pasar a la luz y que no hay ningún juicio sobre la manera en que decidas pasar.

Elizabeth Harley edc

RODEADO DE LUZ Y PROTECCIÓN

*Ésta es una historia memorable, recordándote lo mucho
que puedes hacer para ayudar a aquellos que se están
muriendo y lo magnífico que es su
verdadero espíritu.*

~

Mi hijo se estaba muriendo y me preguntó: «Madre, ¿qué pecados he cometido?». Le contesté que ninguno. Había sido un buen padre, un buen hijo, un buen marido, un gran trabajador y un hombre honorable. Les pedí a los arcángeles Miguel, Rafael y al ángel de la guarda de mi hijo que lo envolvieran en un círculo de protección.

El día que murió, vi al arcángel Miguel junto a su cabeza, al arcángel Rafael a su derecha y a su ángel de la guarda a su izquierda y se quedaron con él todo el tiempo. Más tarde, en meditación, vi a un tigre blanco con ojos azules brillantes tendido sobre su cuerpo, mirándome.

El sacerdote del hospital de cuidados paliativos preguntó si queríamos rezar y la familia formó un círculo. Mientras el sacerdote dirigía la oración, el centro del círculo se llenó de una luz blanca brillante y se veía una figura de pie. La luz era tan brillante que no podía ver su cara, sólo su barba. Supe que ése era el verdadero espíritu de mi hijo.

SERENA

PLUMA DE CONFIRMACIÓN

Muchas personas necesitan asegurarse de que sus seres queridos han atravesado bien el camino hacia la luz. Pide una señal y se te enviará.

❧

Después de que mi madre falleciera, conduje para hacer un pedido de flores para su funeral. Mientras conducía, estaba llorando y pedí una señal de que ella estaba bien. En ese mismo momento, la pluma más grande y hermosa que jamás haya visto cayó flotando y aterrizó en medio del parabrisas. ¿Coincidencia? No lo creo…

GLYNIS

¡DIOS TE SALVE, REINA…!

Los ángeles organizan sincronicidades para que nuestros deseos divinos nos sean concedidos aun después de muertos.

❧

La madre de una de mis mejores amigas murió. Se llamaba Mary y era una gran persona, con una fuerte fe en Dios. La noche después de su muerte, escuché un ruido. Los dos, mi marido y yo, asumimos que el ruido ¡lo había hecho el otro!

Tenía la sensación de que Mary estaba a mi lado, rodeada por un grupo de ángeles. Era extremadamente feliz y dijo que quería que yo dijera la oración «¡Dios te salve, reina…!».

Llamé al arcángel Miguel para pedirle protección y recé la oración. Mary me dijo que era su oración favorita y que le gustaría que la rezaran en su funeral. Se sentía feliz e iluminada.

Le dije a mi amiga que Mary estaba feliz y en los brazos de los ángeles y que quería la oración «Dios te salve, reina…» en el funeral.

Por casualidad, cuando la otra hija de Mary conoció la muerte de su madre, entró en una iglesia a rezar y la congregación estaba rezando la misma oración.

Para mí, ésta es la confirmación de que cuando nuestros seres queridos mueren, los ángeles los curan y los protegen.

MARTHA MCMANUS EDC

UNA PRESENCIA SE LLEVA A LA ABUELA
Esta mujer vio cómo el espíritu de su abuelo
venía a recoger a su abuela.

~

Me gustaría contarles la experiencia que tuve con la muerte de mi abuela. Tres noches antes, mi abuela sintió que iba a morir. La tercera noche, estaba sudando mucho, pero estaba muy fría. Le di agua y remedio de rescate. Sobre una hora más tarde, sentí una presencia caminando hacia mi habitación y entrando. Me di la vuelta y pude verla. La abuela se dio la vuelta, me abrazó y, entonces, murió. La presencia alzó en brazos el espíritu de mi abuela. La presencia era mi abuelo, que había vuelto para recoger a mi abuela.

SOFIA SILVA

EXPERIENCIAS CERCANAS A LA MUERTE

MÁS Y MÁS PERSONAS informan sobre experiencias cercanas a la muerte. Siguen un modelo: la persona moribunda deja su cuerpo y flota a través de un túnel hacia la luz, donde es recibida por ángeles o seres queridos que han muerto. Algunas veces, reciben mensajes. A menudo, se les dice que tienen que volver a la Tierra, y si lo hacen, son intercambiados. De vez en cuando, se les da a escoger pero, evidentemente, sólo conocemos las historias de aquellos que decidieron regresar a sus cuerpos.

MI ACCIDENTE DE TRÁFICO
Antes de reencarnarnos, llegamos a un compromiso
con nuestras familias.

~

A la edad de 26 años me vi involucrada en un grave accidente de tráfico. Una señora se pasó una señal de stop a toda velocidad y chocó contra mi vehículo. Mi bebé de tres meses estaba en el asiento de atrás, en su canasta, y sobrevivió porque un transeúnte se subió al automóvil y lo rescató.

Flotaba fuera de mi cuerpo y veía la escena desde arriba antes de ser succionada hacia un pasillo. Flotaba en una nube rodeada de amor, luz y paz. Mi familia pasó por delante de mis ojos y se me «dijo» que había llegado a un compromiso con mi hija, que ella me necesitaba y que yo tenía otro propósito. ¡Puf! Volví a mi cuerpo y al dolor. Después de pasar seis meses recuperándome en el hospital, no pensé más en lo que pasó ese día.

Años después, volví a recordar mi experiencia. ¿Había conectado con los seres de luz? ¿Cuál era mi propósito de vivir aquí, en el planeta Tierra?

El ser me llevó a un sorprendente viaje interior para encontrar la conciencia superior de mi alma y abrirme a la vida después de la muerte y a una maravillosa relación con los reinos angélicos. Esta experiencia todavía me sostiene hoy en día. Namaste, todos somos Uno.

Jenny Hart edc

LOS ÁNGELES ME LLEVAN DE VUELTA

Conozco a Truda muy bien y fui uno de los cientos de personas que estuvimos encendiendo velas y rezando por su supervivencia.

～

Estaba gravemente enferma, entre la vida y la muerte. Todo el mundo pensaba que iba a morir, incluida yo misma; pensé: «¡Ya está!». Con ese pensamiento me dormí y caí en un oscuro túnel. Al final, había una luz brillante llena de ángeles. En ese momento supe que iba a vivir. Me recuperé totalmente.

Truda Clarke

VOLVER A NACER

Ésta es una descripción fascinante y detallada de la experiencia de un joven moribundo.

～

Estaba en casa de mi amigo Stuart. En un minuto pasé de estar tomando una taza de té a caer en un estado de somnolencia. Todo se volvió negro y era como si estuviera paralizado. Stuart dijo más tarde que había sido como si alguien hubiera caminado encima de mí y me hubiera desconectado.

Me sentía deslizarme por la pared y caer por la barra y las sillas. Choqué contra el suelo y seguí cayendo, y todo se volvió azul con relucientes colores blancos y plateados que lo atravesaban.

Tuve una visión de mi ciudad en la que yo estaba flotando por encima, observando a las personas. Había una hermosa señora delante de mí, brillando como una estrella. Su cabello rubio ondeaba al viento y su vestido relucía en la luz. Me besó las mejillas.

Todo se puso negro y escuché una voz diciéndome que me despertara. Escuché a la madre de Stuart llamando a una ambulancia y pensé en mi madre y me dije: «¡NO!». Sentí que me levantaban. Tomé un soplo de aire y mis ojos se abrieron. Sentí como si el tiempo se hubiera escurrido y que había vuelto a nacer.

La experiencia nunca me ha abandonado. Creo que, de alguna manera, me había muerto y un ángel me ayudó a regresar a la Tierra.

WILLIAM JOSEPH HENWOOD

HOSPITAL DEL CIELO

Cuando mueres, si realmente amaste tu trabajo en la Tierra, podrás continuar a practicarlo en los planos celestiales.

∽

Tuve fascitis plantar, una enfermedad muy dolorosa en los pies. Un médico me hizo acupuntura y después de dos tratamientos desapareció.

Cinco años después, volví a tenerla, pero el doctor había muerto. Me eché en la cama y dije: «Ok, doctor Ian, necesito su ayuda otra vez con mi fascitis plantar. Por favor, haga lo que tenga que hacer». Me pareció que él había estado en el *Hospital del cielo* el tiempo suficiente como para poder ayudarme desde allí. A la mañana siguiente me sentí mucho mejor y una semana más tarde le pedí otra vez al doctor Ian que hiciera lo que tenía que hacer. A la mañana siguiente, el dolor había desaparecido. Y, desde entonces, nunca más he sentido el dolor. Soy realmente afortunada.

CARMEL

CIRUJANOS ESPIRITUALES

*Después de su muerte, muchos cirujanos continúan ayudando a curar
en la Tierra.*

~

Me ingresaron en el hospital y después de exploraciones y tomografías por ordenador e imágenes por resonancia magnética (IRM), descubrieron que había contraído un virus raro. Se trataba de una situación de vida o muerte y estaba al filo de la muerte. Estuve *fuera* cuatro semanas y en el hospital siete. No recuerdo nada de ese tiempo.

Sufrí dos operaciones en el cerebro en 24 horas. Mi condición se deterioró rápidamente y necesitaba una tercera operación o me moría. Después de estar en la lista de enfermos críticos, increíblemente, empecé a recuperarme. Tuve que aprender a caminar y a hablar otra vez; era como si hubiera vuelto a nacer. Cuatro meses más tarde me desperté y había una figura masculina de pie al lado de mi cama. Recuerdo que pensaba ¿cómo podía estar de pie, al lado, si mi cama estaba arrimada contra la pared?

¿Por qué estaba él allí? No estaba asustada. Él llevaba un gorro de cirujano y una bata. A la mañana siguiente recordaba el sueño vívidamente y cómo era la «persona» que vi.

Una mujer que trataba estos temas me dio su interpretación. Le parecía que era un «cirujano espiritual» que trabajaba junto a los especialistas en el quirófano del hospital. Él volvió para examinarme y, posiblemente, ¡para curarme aún más!

Sé, en lo más profundo de mi corazón, que pasó esto. Me sentí privilegiada. En el fondo de mi alma sé que estaba destinada a verlo.

BERNICE

HISTORIAS DE ÁNGELES

*Algunas veces, a punto de morir, tu alma puede renegociar el
momento de tu muerte, para poder quedarte y ayudar a la familia.*

~

317

El padre de mi amiga estaba gravemente enfermo con un enfisema. Me contó que el médico había dicho que era el momento de llamar a la familia; él estaba muy débil y había llegado la hora de partir.

En el hospital encontré a su padre, que se sentía desconsolado. Tomé su mano y llamé a los arcángeles Rafael y Miguel para que le enviaran energía sanadora. Me dijo que no quería dejar a su mujer enferma y a su familia sola.

Más tarde vi un tubo de luz envolviéndolo con un ángel enorme que mantenía la energía a su alrededor.

Al día siguiente, mi amigo me llamó y me dijo que su padre estaba sentado en la cama comiendo. Todo el mundo estaba asombrado, ya que todos estaban esperando lo peor.

La única persona que recordaba que le había visitado era yo. Se acordaba de haber estado en el otro lado hablando con un ángel. Le dijeron que terminase lo que tenía que hacer y que hablase con todas las personas con quien tuviera que congraciarse. Su familia estuvo ocho meses más con él.

ANON

DESPEDIDA

Los ángeles vienen y nos transmiten una cálida sensación dorada en el corazón cuando estamos despidiéndonos de alguien por última vez.

Cuando era niña había una familia encantadora en nuestro vecindario. Tenían cuatro chicos y nosotras éramos tres chicas. Los chicos eran mayores que nosotras, pero a sus padres les encantaba tenernos alrededor –las hijas que nunca tuvieron–. El marido y padre de la familia era un hombre grande, como un oso de peluche, y recuerdo cuánto nos divertíamos con él.

Un día, cuando mi mamá vino a recogernos, quise decirle adiós, así que le abracé muy fuerte y le besé en la mejilla. Nunca lo había hecho antes; sólo «me salió así». Ésa fue la última vez que lo vi. Murió a la siguiente semana de un infarto. Me había sentido muy cálida, feliz y con semejante necesidad de abrazarlo. Lo recuerdo vívidamente.

CAROLINE CAMERON

OTRA DESPEDIDA

El sentimiento cálido alrededor del corazón, no quiere decir,
sin embargo, que inevitablemente la otra persona
vaya a morir.

～

Estaba en el automóvil con mi padre cuando, de repente, tuve una sensación cálida en mi corazón. Tuve el impulso de abrazarle, de decirle que todo iba bien y que lo quería. Efectivamente, dos días después, murió.

Por supuesto, la próxima vez que sentí esa sensación cálida en mi corazón, me preocupé –cuando vi a mi pequeñita que se iba a una excursión con su escuela– pero al mismo tiempo supe que iba a estar bien.

Caroline Cameron

LIMPIEZA DE UNA CASA

Cuando un alma se ha quedado atascada no pasa a la luz, pero se
queda en su entorno familiar.

～

Después de un maravilloso taller sobre ángeles, aprendí mucho acerca de estos seres. Tuve una experiencia sorprendente cuando regresé a casa. La casa donde viví 12 años siempre la sentí muy «pesada» y mi familia tuvo muchos problemas desde que nos mudamos allí. Me di cuenta de que había un alma atascada y el arcángel Metatrón vino y ofreció llevarse a esa alma perdida a la luz. Primero, el alma perdida era reacia a partir, pero una vez que le aseguró que iba a volver al amor de Dios, se fue feliz con Metatrón.

Entonces, llegaron tres almas perdidas más y pidieron ser dirigidas hacia la luz. Invoqué a los ángeles y también fueron transportadas hacia la luz. Les di las gracias a los ángeles.

Ahora la casa se siente ligera y fácil y la vida de mi familia ha mejorado considerablemente.

Anupama Singh

FELICIDAD ETERNA

*Aquellos que tienen una experiencia cercana a la muerte la describen
a menudo como una sensación de felicidad eterna.*

~

Mi experiencia más próxima a la muerte ocurrió en 2008. Estaba muy baja en hierro y agotada. Las pastillas no me ayudaban y necesité una transfusión de hierro. Durante mi segunda transfusión, estaba tumbada en el consultorio médico y me di cuenta de que no podía respirar.

Aunque sé que esto suena horrible, me mantuve relajada y en paz. El médico me inyectó adrenalina y trató de darme algunas bocanadas de aire con el inhalador. Me sentí como una observadora, mirando. Me apretó los labios, juntos, sobre el inhalador. Todo a mi alrededor era frenético, pero yo estaba lista para irme. Aun cuando no podía respirar, no me molestaba. Me sentía feliz.

NO tenía ninguna preocupación. Ni siquiera pensé en mis hijos. No llegué tan lejos como para ver pasar mi vida como un relámpago ante mis ojos, pero estaba en paz. No hay nada tan tranquilo como ese momento.

Tres años después sigo vivita y coleando, y no tengo miedo a morir.

Caroline Cameron

CAPÍTULO 15

El arcángel Miguel

El arcángel Miguel es el más conocido de todos los arcángeles y su potente luz se extiende por los universos. Lleva una capa de color azul marino y blande su espada de la verdad, con la que cortará las ataduras que te frenan.

Puedes acudir a él para que te dé fuerza y valor y ayudarte en tiempos de dificultad. Si invocas su protección, os rodeará a ti y a tus seres queridos con su capa protectora azul. Es una buena práctica espiritual solicitar su capa protectora azul cada mañana y cada noche. Pide también su protección cuando viajes en automóvil o hagas cualquier cosa que sientas que requiera una ayuda extra angélica. Surte más efecto si solicitas la protección y luego pintas la capa azul con los colores más vivos que puedas.

En este capítulo se incluyen muchos relatos notables sobre las experiencias que han tenido algunas personas con el arcángel Miguel.

EL ARCÁNGEL MIGUEL EN UN FUNERAL
El arcángel Miguel protege y también reconforta y apoya.

Mi padre, un sacerdote querido y poco ortodoxo, había muerto y yo sentía pavor ante el funeral. Sabía que serían muchos los testigos de mi dolor. Se habían previsto tres misas que se celebrarían en dos días.

La primera noche, los familiares más cercanos y el sacerdote estaban de pie alrededor del ataúd de mi padre. Sonaba una pieza de la ópera *Dido y Eneas,* y mi hija y yo llorábamos de una manera más propia de Oriente Medio que del centro de Inglaterra.

El segundo día abrí el corazón al arcángel Miguel. Me llegó su luz y su capa de color azul marino me envolvió. Sus brazos me rodearon y me sentí protegida dentro de este vínculo entre el cielo y la tierra. Ocupé mi lugar en un banco de la primera fila. El arcángel Miguel mantuvo todo el rato su capa protectora a mi alrededor y su espada delante de mí. Cuando no puedes más, necesitas una ayuda muy especial.

Comparto esta historia con una enorme gratitud hacia el arcángel Miguel. Cuando nos sentimos abatidos, siempre podemos contar con una fuerza maravillosa de amor. Sé amor y el amor será. Está ahí para que lo sepamos y a nuestra disposición durante toda la vida.

SUE FENROSE-GOULD

EL ARCÁNGEL MIGUEL AYUDA A UN NIÑO EN EL COLEGIO

*Pide al arcángel Miguel que vele por los niños
cuando están en el colegio.*

Mi hijo se moría de miedo por su profesor de matemáticas, que era muy severo. Cada vez que el maestro le hacía una pregunta, mi hijo se ponía tenso y era incapaz de contestar. Pedí al arcángel Miguel que protegiera a mi hijo mientras estaba en clase. Con el tiempo, mi hijo se tranquilizó y ya no tiene miedo al profesor ni a la clase de matemáticas. Sus notas han mejorado y ahora le encanta ir al colegio. Todo gracias al arcángel Miguel.

MARTINA MARIA SERAPHINA KAMMERHOFER

ENCONTRAR LAS LLAVES DE CASA

Cuando pierdas algo, pide ayuda al arcángel Miguel.

Mi hermana me regaló un llavero azul que representaba al arcángel Miguel. Un día, en la playa, di algunas volteretas y cuando volví a casa no encontré la llave de la puerta. Entonces me di cuenta de que debió de caerse del bolsillo y pedí al arcángel Miguel que me ayudara a encontrarla en la arena.

Pese a lo difícil que era, al final encontré la llave en la playa; las olas no se la habían llevado. ¡Gracias, arcángel Miguel!

Yours Almut

EL ARCÁNGEL MIGUEL HABLA
He aquí una historia impresionante.

Mi tío llevaba una vida «ascética». Trabajaba en una fábrica y cobraba el salario mínimo. Era muy austero y apenas comía. Compraba leche y pan y repartía la comida todos los días al caer la noche, dejándola anónimamente junto a las puertas de entrada de las casas del barrio, donde vivían sobre todo familias pobres desfavorecidas.

Conocí a mi tío cuando yo tenía 11 años de edad y lo primero que me llamó la atención fue esa sensación de serenidad que le rodeaba: parecía «brillar». Podía permanecer todo el día en su dormitorio, rezando. Era intensamente espiritual.

Un día en que él estaba arriba rezando, sentí curiosidad y subí sigilosamente la escalera. La puerta estaba entreabierta y pude verle. Estaba arrodillado de espaldas a mí y «hablaba» con la pared. Miré y no vi nada, pero sí pude sentir una presencia como nunca antes había experimentado. Supe que allí había algo maravilloso. Mi tío estaba conversando en una lengua que yo nunca había escuchado. Me deslicé de nuevo escalera abajo.

Después me llamó. Me dijo que había estado hablando con el arcángel Miguel y que éste le había dicho que yo estaba junto a la puerta. Me contó que hablaba continuamente con los ángeles, incluido Miguel. Sabía que yo lo entendería porque hablaba la lengua de los ángeles y no mucha gente podía oírla, pero yo sí la había oído.

El arcángel Miguel le había contado que yo era «diferente» y que por eso era capaz de «oírles» hablar. Éste fue mi primer encuentro con los ángeles. El arcángel Miguel se me presentaría de nuevo, pero ésta es otra historia.

Ellie Evensong

ZAPATOS DE PLATA

La historia de Ellie continúa muchos años después, cuando se encuentra de nuevo con el arcángel Miguel.

~

Emigré a Grecia. Había allí una diminuta iglesia bizantina del siglo XI dedicada al arcángel Miguel, que se hallaba en una zona apartada a media hora de camino desde casa. La iglesia no se ve desde la carretera y está casi siempre cerrada.

Decidí visitar la iglesia, y al acercarme percibí una energía divina muy fuerte. La puerta estaba cerrada, de modo que miré por la ventana. En el suelo, delante del altar, había un par de zapatos de plata. Nunca había visto nada semejante y sentí que me atraían como un imán. Los tacones estaban cerca del altar y las puntas apuntaban hacia la puerta. El altar estaba separado del resto de la iglesia por una cortina. Tuve la sensación de haber visto algo ajeno a nuestro mundo. No dejé de volver de nuevo, y cada vez que miraba por la ventana, los zapatos estaban en una posición distinta dentro de la iglesia. Pregunté al párroco y éste me dijo que nadie solía ir allí y que sólo la abrían en noviembre, para la fiesta de los arcángeles. Le pregunté por los zapatos. Me contestó que éstos habían estado allí «siempre» y que los habían colocado dentro del altar, detrás de la cortina. Que él supiera, nadie había entrado nunca en la iglesia. Los zapatos eran un misterio.

Le hablé de ellos a mi hijo mayor. Fue a ver la iglesia, pero un enjambre de abejas rondaba alrededor como un guardián y no le dejó entrar. Mi hijo notó la presencia de Miguel y quiso volver allí para comunicarse con él. Cuando volvió, las abejas le dejaron pasar.

Estoy convencido de que Miguel se había refugiado en aquella pequeña iglesia. Allí me dio la oportunidad de notar su presencia. Fue la misma sensación que tuve a los 11 años de edad cuando él estuvo en mi casa hablando con mi tío. ¿Movería él los zapatos para que yo notara su presencia? Esta hermosa experiencia cambió mi vida y me abrió los ojos hacia el mundo angelical.

ELLIE EVENSONG

MIGUEL CONDUCE

El arcángel Miguel es un ser luminoso de frecuencia tan elevada que hace que el tiempo transcurra más rápido.

~

Cuando he estado conduciendo mucho rato a altas horas de la noche, sintiéndome cansada y anhelando llegar a casa, he tenido la sensación de que el arcángel Miguel conducía y yo me limitaba a sujetar el volante. Cuando llego a casa, siempre me pregunto: «Vaya, ¿ya he llegado?».

WENDY

UN ÁNGEL DE AZUL

Cuando aparece el arcángel Miguel, casi siempre se le ve de color azul marino. A veces puede aparecer como una persona vestida con ropa de ese color.

~

Una mañana brumosa, mi hija pequeña, Tara, corría para tomar el autobús escolar cuando la golpeó un vehículo. Vino un vecino y nos informó. Fui al cuarto de baño y recé rápidamente: «Por favor, que alguien se ocupe de ella hasta que lleguemos».

Al llegar allí vi a alguien que estaba junto a ella y vestía de azul. Esta persona se volvió hacia mí y me dijo: «Oh, usted es la madre». En ese momento deje de oír las palabras y sonaron campanas.

Mi hija sufrió una conmoción cerebral y tenía una pierna hinchada, pero por lo demás estaba bien. Más tarde le pregunté a mi marido sobre el accidente y me juró que no había allí nadie más que la policía y nosotros. Entonces recordé mi oración y me di cuenta de que fue atendida por un ángel.

SHARON GAUTHIER

SOLICITAR LA PRESENCIA DE UN ÁNGEL

Esto es un recordatorio de que cuando pedimos que un ángel se ponga en contacto con nosotros, alguno seguro que lo hará.

~

Me contaron que si una desea que un ángel se ponga en contacto con ella hay que pedirlo tres veces antes de acostarse. Así lo hice, le pedí a un ángel que contactara conmigo.

Un par de noches después me desperté y vi la habitación llena de una luz deslumbrante y a un hombre joven de pie junto a mi cama. Era delgado y tenía el cabello oscuro. Se inclinó hacia delante y me acarició la mejilla derecha, pasando suavemente los dedos sobre ella. Todo lo que llegué a pensar es que «¡puedo sentirlo!». Me quedé atónita.

Hace poco, en un grupo de desarrollo psíquico, una de las participantes tenía un mensaje para mí. Había visto a un hombre joven que le tocó la mejilla derecha y dijo que se llamaba Miguel. Creo que esto significa que el arcángel Miguel estaba guiándome por la senda espiritual en que me encuentro ahora.

MARY THOMSON

BÚSQUEDA DE UNA CASA

*Los ángeles nos allanan el camino y nos muestran justo
lo que estábamos buscando.*

Siempre que necesito ayuda acudo a los ángeles y después les doy las gracias. Mi madre y mi hermana, sin embargo, son más escépticas con respecto a los ángeles. Cuando mi hermana se hallaba en avanzado estado de gestación, ella y su compañero decidieron mudarse de su piso frío y húmedo a alguna ciudad de la costa de Cornualles. La búsqueda de una casa de alquiler resultó desesperante: cada vez que encontraban una que les gustaba, de inmediato venía alguien y se les adelantaba.

Mi hermana llamó a mamá llorando; ese día habían visto cinco casas, pero todo fue en vano. Propuse a mi hermana que pidiera ayuda al arcángel Miguel. «¿Qué puedes perder? –le pregunté–. «Pídeselo».

Mi hermana pidió ayuda al arcángel Miguel. La primera casa que vieron esa mañana era perfecta, justo lo que necesitaban, ¡y la consiguieron! Estaban que no cabían en sí de alegría. La casa se hallaba en St. Michael's Road, ¡justo enfrente de la iglesia de San Miguel! Desde luego que dio las gracias al arcángel Miguel y actualmente siempre le pide ayuda.

KATIE

ÁNGEL DE LA LUZ

*Cuando te abres a la luz de un ángel, te puede
cambiar la vida.*

∿

Estaba en la ducha y vi una sombra que no dejaba pasar la luz natural de la ventana. Al levantar la vista vi a un ángel enorme. Me abrí a la energía que irradiaba y me di cuenta de que era el arcángel Miguel. Sentí un amor arrebatador y tuve la sensación de estar totalmente protegida.

DIANE

MENSAJE DE CONFIRMACIÓN
DEL ARCÁNGEL MIGUEL

*He aquí una maravillosa descripción del arcángel Miguel
de alguien que lo vio cuando lo llamó.*

∿

Empezaba yo a desarrollar mi espiritualidad y leía libros como *A Little Light on the Spiritual Laws* y *A Little Light on Angels*. Comencé a sentirme capaz de pedir ayuda a los ángeles y a Dios en todas las situaciones. Siempre he sido especialmente propensa a llamar al arcángel Miguel.

Un día en que llamé al arcángel Miguel, «sentí» que alguien se volvió y se detuvo frente a mí. Con mi ojo mental vi un ser alto y majestuoso de piel tostada por el sol, cabello largo de color rojizo que le llegaba hasta el hombro y una profunda mirada penetrante. Llevaba una bata larga de color hueso. Sus ojos miraban la profundidad de mi alma.

Dado que esto ocurrió en mi trabajo durante la hora de la comida, no pude detenerme a pensar mucho sobre esto. No creía que esa experiencia fuera otra cosa que fruto de mi propia imaginación. Más tarde busqué en internet y vi la imagen exacta del ángel que había visto antes. Me sentí conmovida y sumamente agradecida a los ángeles y a Dios por permitirme verlos y sentirlos. Espero que quien lea esto se sienta inspirado para invitar a los ángeles a entrar en su vida y ser bendecido.

MELODY CHOPHLA

EL ARCÁNGEL MIGUEL ESCUCHA

Cuando rezas insistentemente a un arcángel determinado,
éste estará a tu lado.

～

Estaba loca de contenta porque había leído sobre el acto de rezar al arcángel Miguel en uno de los libros de Diana y estuve rezándole todos los días para que me protegiera y me diera fuerza. Acudí a una médium y lo primero que me dijo era que podía ver al arcángel Miguel a mi lado. Fue estupendo e increíble que me confirmara que mis plegarias eran escuchadas.

ANON

REPARACIÓN DEL TELEVISOR

Los ángeles ayudan a que las máquinas se arreglen por sí solas.
Ten fe y da las gracias cuando te prestan esta ayuda.

～

Un domingo por la mañana encendí el televisor para ver mi programa favorito, *Spirit Sunday,* y me llevé un disgusto cuando vi que la imagen no se veía bien. Llamé a mi hijo para ver si podía arreglarlo, pero no le fue posible venir.

Mientras bajaba por la escalera me dije: «Tiene que haber ángeles electricistas» y recordé que el arcángel Miguel ayuda a reparar electrodomésticos. Le llamé y pensé que sería fabuloso que ahora yo entrara en el salón y conectara el televisor y que éste funcionara. Volví a encender el aparato y ahora se veía perfectamente. Es maravilloso saber que hay ángeles para todo.

CAROL DE VASCONCELOS EDC

FE

LA LLAMA GEMELA DEL ARCÁNGEL MIGUEL es la fe. La llama gemela de los arcángeles representa las cualidades divinas femeninas. Así, el arcángel Fe representa las cualidades de la fe y la confianza que habitan en todos nosotros. Tener fe es una de las energías más potentes que podemos mostrar, como confirma la siguiente historia.

EL MILAGRO DE MOSTRAR FE

He aquí una historia sobre la fe y la confianza y de cómo el arcángel
Miguel respondió de forma milagrosa a esta energía.

~

Dirijo un taller titulado «Un viaje de sanación con los ángeles». Al comienzo, algunos de los participantes se muestran escépticos. Una participante pensaba que hasta el mismo concepto de ángel era demasiado para asumirlo de entrada; sin embargo, a medida que pasaron las semanas, empezó a pedir consejo a los ángeles.

Una semana nos informó de que se iba de vacaciones con la familia y lamentaba que tuviera que perderse una sesión. A la semana siguiente nos contó lo siguiente sobre sus vacaciones.

Acababan de sacar la tarjeta de embarque en el aeropuerto cuando su marido le preguntó si había cerrado con llave la puerta trasera. Ella no lo recordaba, pero dijo: «Si esos ángeles son tan buenos como ha dicho Mariel, pongámoslos a prueba». Pidió al arcángel Miguel que rodeara su casa y su negocio de luz protectora y los mantuviera indemnes hasta que ellos volvieran. Dio las gracias a Miguel.

Cuando volvieron a casa se encontraron con un olor repelente a goma quemada. La caja de disyuntores se había quemado totalmente y los cables estaban chamuscados. El electricista dijo que era un milagro que no se hubieran quemado la casa y el local enteros.

Ella sabía que había sido el arcángel Miguel quien había protegido la casa y respondido a sus plegarias.

MARIEL FORDE CLARKE EDC

REPARACIÓN DE FAROS

El arcángel Miguel también responderá a la fe reparando objetos
materiales si así se le pide.

~

Me subí al automóvil para acudir a un taller y me di cuenta de que uno de los faros no funcionaba. Cuando circulaba hacia mi destino, empezó a nevar. No quería volver a casa y perderme la clase, de modo que pedí al arcángel Miguel que me arreglara el faro. Segura de que ahora funcionaría, puse las luces para comprobarlo y, efectivamente, se encendió. Nunca más tuve problemas con ese faro. Ahora siempre pido la ayuda del arcángel Miguel cuando hay que reparar algo.

Catherine Mcmahon edc

LA ESPADA Y EL ESCUDO
DEL ARCÁNGEL MIGUEL

EL ARCÁNGEL MIGUEL lleva la espada de la verdad y la luz para cortar ataduras inferiores y un escudo para proteger a la gente de las energías inferiores.

LIMPIEZA DE UN DORMITORIO
Si sientes ansiedad o notas la existencia de una presencia negativa,
llama al arcángel Miguel para que la elimine.

Vivo en un bonito apartamento en Múnich. Una noche, al volver tarde a casa, me sentí inseguro y a disgusto en mi hermoso piso. No sabía por qué, pues ese día no había ocurrido nada malo. Me metí en la cama e intenté dormirme, pero no era capaz de cerrar los ojos y apagar la luz, aunque estaba agotado.

Dije al arcángel Miguel: «Arcángel Miguel, limpia y depura esta habitación y todo mi apartamento de toda energía negativa y de bajas vibraciones». De inmediato se produjo un destello de luz blanca azulada frente a la cama y la mala sensación desapareció. Entonces me sentí seguro y capaz de conciliar el sueño. Esta experiencia reforzó mi fe en que los ángeles nos protegen.

Dani

CEREMONIA DE LIBERACIÓN

Las ceremonias de liberación son increíblemente
potentes e importantes.

~

Me disponía a llevar a cabo una ceremonia de liberación y quise montar el altar la noche antes, colocando en él todas las cosas que necesitaba. Tenía que esperar a que mi hijo se acostara, pues yo iba a utilizar un cuarto que compartíamos, pero —cosa poco frecuente en período escolar— mi hijo me pidió permiso para quedarse a dormir en casa de un amigo. Supe que los ángeles estaban conspirando para concederme el tiempo que yo requería para los preparativos. La ceremonia fue bien y obtuve la confirmación de la liberación a través de mis sueños.

Anon

EL PODER DE CORTAR ATADURAS

Los siguientes cuatro relatos muestran
la ley espiritual en acción.

~

Cuando imparto cursos sobre ángeles, a menudo dirijo una meditación con el arcángel Miguel para cortar las ataduras que vinculan a los asistentes con cualquier cosa que no sirve para sus fines superiores. Es un asunto privado y yo no pregunto a nadie qué ataduras quieren cortar, si bien permito que la gente cuente sus experiencias y les presto ayuda y consejo si es preciso.

Un día me llamó una mujer que había realizado una meditación de corte de ataduras conmigo. Estaba llorando porque la habían despedido. Había pedido cortar las ataduras entre ella y su trabajo porque no le gustaba, pero ¡necesitaba el dinero! Esto hizo que me diera cuenta de lo potente que puede ser un ejercicio como éste. Me complace decir que esta mujer pidió a los ángeles otro trabajo, alguno que le gustara, y pronto lo consiguió.

Margaret Merrison edc

CORTAR LAS ATADURAS CON MI CASA

Puedes cortar las ataduras con cualquier cosa
cuando ha llegado el momento de decirle adiós.

~

Habíamos vivido en nuestra casa durante 31 años, y ahora que los hijos se habían ido, teníamos que mudarnos a otra más pequeña. Sin embargo, la casa estuvo en venta durante más de un año y me sentí inquieta ante el futuro y me pregunté si alguna vez lograríamos venderla. Pese a que estuve constantemente en contacto con mis ángeles, nada se movió.

Estaba sentada en el patio hablando con los ángeles y con mi casa, y dije: «Te quiero mucho y me has dado a mí y a mi familia mucha felicidad durante todos estos años, pero tengo que mudarme. Tengo que cortar las ataduras que me unen a este lugar, de manera que pueda irme; ya vendrán otros que te querrán». Realmente, me invadió una gran sensación de liberación y tuve la certeza de que podría mudarme pronto.

Diez minutos después sonó el teléfono y quienes llamaban eran unas personas que llevaban un año ansiando nuestra casa. Me dijeron que por fin habían encontrado un comprador para la suya y que volverían a llamarme. La venta se llevó a cabo con tanta rapidez que casi ni nos enteramos.

Ésta es una de mis preciosas experiencias con ángeles, y ahora pienso en el fondo del corazón que en realidad no quería mudarme debido a lo que significaba la casa para mí y lo que ocurrió fue una lección para el futuro.

Tina Gray

CORTAR LAS ATADURAS CON EL NEGOCIO

A menudo es más fácil cortar las ataduras con personas,
pero este relato nos recuerda la capacidad de desprendernos
de cualquier cosa a la que nos sentimos muy unidos.

~

Una de mis clientes no conseguía vender su negocio y me pidió que sintonizara para averiguar qué era lo que bloqueaba la venta. Vi que existían fuertes ataduras que la unían a su empresa y que impedían la venta. Aunque ella no era consciente de esas ataduras, su negocio le había proporcionado un ingreso estable y el temor a la incertidumbre económica estaba impidiendo la venta a nivel energético.

Con la ayuda del arcángel Miguel cortamos las ataduras y la liberamos de su apego al negocio. Se sintió triste, pero creía que estaba dispuesta a seguir adelante. Tres días después, la empresa estaba vendida.

CATHERINE MCMAHON EDC

CORTAR ATADURAS

Cuando el arcángel Miguel corta ataduras, disipa el miedo
y esto nos hace sentirnos más fuertes.

Trabajaba con dos mujeres que estaban pasando una mala racha, de modo que llevamos a cabo un ejercicio de corte de ataduras con el arcángel Miguel. Una de estas mujeres se desprendió de todos sus miedos y cuando se fue estaba totalmente tranquila. La otra mujer me contó cómo se sentía cuando se cortaron las cadenas que tiraban de varias partes de su cuerpo. Ambas mujeres experimentaron un cambio profundo y se fueron sintiéndose mucho más fuertes.

ANNABELLA ONTONG EDC

LA ESPADA DEL ARCÁNGEL MIGUEL SANA UN LUGAR SAGRADO

He aquí una historia sobre la espada de la verdad
del arcángel Miguel utilizada para sanar la energía
en un lugar sagrado.

Me siento muy unida a Glastonbury Tor. Voy a menudo allí o me siento en el Chalice Wells Garden, al pie de la colina. En una ocasión me uní a un grupo de unos cien trabajadores de la luz que se habían reunido para atravesar con la espada del arcángel Miguel la punta de la colina con el fin de sanar el cristal etéreo que hay en el interior. Por supuesto, se trata de una espada espiritual, no de una espada tridimensional de verdad.

La ceremonia fue muy potente. Esa noche soñé que estaba mirando un caleidoscopio y se juntó un millón de piezas brillantes para formar el cristal del interior de la colina. Sentí que ésa era la confirmación del arcángel Miguel de que nuestro esfuerzo había cumplido su finalidad.

TAL COMO SE LO CONTÓ TRUDE CLARKE A DIANA COOPER

EL ARCÁNGEL MIGUEL NOS PROTEGE

EL ARCÁNGEL MIGUEL SALVA UNA CASA
Lo que me encanta de esta historia es la fe de Melissa.

~

Un cliente me dijo que se avecinaba una fuerte tempestad, así que de inmediato le pedí al arcángel Miguel que protegiera nuestro hogar. Media hora después me llamó un vecino para informarme de que había caído un árbol gigantesco encima de mi casa. Tomé mi bolso y fui corriendo hacia la puerta. Al salir, le dije a uno de nuestros lectores psíquicos que no podía entenderlo, ya que le había pedido al arcángel Miguel que protegiera el inmueble. El lector contestó que Miguel acababa de explicarle que así lo había hecho.

Cuando llegué a casa, vi que el roble caído era tan grande que la cubría por completo. Sin embargo, descansaba sobre sus ramas, de manera que el tronco no tocaba el tejado. No quedó dañada ni una sola teja. No cabe duda de que el arcángel Miguel había protegido la casa.

MELISSA ELLSWORTH

MIGUEL ES UNA LUZ BRILLANTE
Cuando piensas en un ángel o un arcángel, automáticamente se te aparece uno.

~

Estuve hablando con una vecina y me prestó varios libros sobre ángeles. Empecé a leer uno al acostarme y traté de pedir protección y algún consejo para el futuro. Por alguna razón, estuve pensando en particular en el arcángel Miguel.

Alrededor de las dos de la madrugada me desperté debido a una luz increíblemente brillante que parecía un ángel junto a mi cama. Pronto desapareció, pero era increíble. Estoy segura de que fue el arcángel Miguel y ahora me siento segura y protegida.

ANU

NUEVA ZELANDA

He aquí un recordatorio de la importancia de comunicar claramente a los ángeles las necesidades de cada uno.

Viajando por Nueva Zelanda descubrí que me mareaba cuando iba en autocar, de manera que decidí hacer autostop. Me sentí bien y segura visitando todo el país, y conocí a gente increíble, cálida y generosa. Mantenía una rutina estricta con respecto a la ropa que llevaba, calculaba la duración del viaje y siempre llevaba conmigo agua, fruta y un saco de dormir.

Un día, sin embargo, decidí ir a la ciudad siguiente, Takaka, quebrantando todas mis normas. No sé por qué, pero no me informé de antemano sobre el viaje ni me llevé provisiones, ni siquiera agua. Era más lejos de lo esperado, y al ponerse el sol me encontré sola en un valle sin que pasara ningún vehículo. Me sentía fatigada y preocupada, así que llamé a Sananda, al arcángel Miguel y otros ángeles, pidiéndoles ayuda.

¡Formulé mi petición con claridad! Quería un automóvil conducido por una mujer. Quería sentarme en la parte trasera y que me llevaran a un sitio en que pudiera beber y comer algo, ¡y todo esto antes de que anocheciera!

Se detuvo un vehículo. Había dos chicas en los asientos de delante, de manera que me subí detrás. Llegamos a un bar-restaurante estupendo y pasamos una velada maravillosa escuchando música en vivo y bailando. Había un hostal allí cerca, donde me alojé durante un par de días.

Nunca he dudado de la presencia de ángeles y de que estaba protegida en mi vida y mis viajes. Era la confirmación de que si pides, recibirás.

JUSTINE TAYLOR

MIGUEL PROTEGE A LOS CONDUCTORES

Si pides protección, el arcángel Miguel velará por ti. Tu fe y tu confianza son poderosas energías trascendentales que le permiten ayudarte.

～

Todos los días ruego a los arcángeles que protejan la casa, los vehículos y a la familia. Un día al anochecer, mi hija y yo íbamos en automóvil por una calle concurrida cerca de casa. Ella estaba al volante y, de pronto, apareció un deportivo rojo que circulaba a alta velocidad. Me entró el pánico y a mi hija también; pensamos que el choque era inevitable.

De pronto, nuestro vehículo se desplazó al carril de al lado como si lo hubiera empujado una enorme mano angelical, esquivando al automóvil rojo. Vi al conductor del otro vehículo sentado en el suelo, aturdido y desconcertado. Estaba sano y salvo, pero su automóvil había volcado y se dio la vuelta, quedando sobre el techo. Sentí un cosquilleo en el cuerpo y supe que el arcángel Miguel estaba a mi lado. Noté cómo su mano me tocó el hombro durante un segundo y supe que estaba sonriendo. Estaba contenta de que mi hija estuviera conmigo, porque de lo contrario nadie me hubiera creído al contarlo.

CATHERINE HARDIE

AFRONTAR LOS TEMORES

Nos contagiamos de los temores de los demás y automáticamente reaccionamos desde nuestros propios temores subyacentes.

～

Estaba yo viajando en tren con destino a Oslo. La mayoría de los pasajeros se había apeado y me percaté de que el único que quedaba en el vagón, aparte de mí, era un hombre de cabello oscuro. No me fiaba de él y pedí al arcángel Miguel que me protegiera. El hombre empezó a hablarme, pero yo no entendía lo que decía. Confié en que el arcángel Miguel me protegería, de manera que empecé a hacer gestos con las manos para comunicarme con el hombre.

Sacó su teléfono móvil e hizo una llamada y luego me pasó el teléfono. Era su hermano, que estaba muy preocupado de que fuera a perder el avión porque se había extraviado durante horas. Me di cuenta de que no tenía nada que temer y de que mi miedo se debía a que me había contagiado de su temor a perder el avión. Me apeé en una estación anterior a la de siempre y le ayudé a llegar al aeropuerto. Él me besó la mano y entonces me invadió una sensación abrumadora de empatía con él. Le miré a los ojos y percibí su gratitud. Ahora soy consciente de que todos estamos conectados.

KARI NYGARD EDC

PROTEGER LA NATURALEZA

El arcángel Miguel también es capaz de proteger el medio natural, especialmente los lugares en los que la vibración es muy sagrada.

Mi amiga Heather y yo estábamos paseando alrededor del hermoso lago en Fernworthy, donde los árboles son gigantescos. Heather tuvo de pronto la sensación de que no deberíamos estar allí. Vio un enorme ángel con los brazos extendidos. En la cabeza llevaba un yelmo metálico, como el que luce a veces el arcángel Miguel. Era grande y fuerte. Nos quiso decir que ése era un lugar muy especial y muy visitado y que no querían que nadie hiciera algún destrozo.

TAL COMO SE LO CONTÓ MARY A DIANA COOPER

INVOCAR AL ARCÁNGEL MIGUEL

He aquí otro milagro realizado por el arcángel Miguel.

Mi hija menor, Shelley, estaba estudiando para ser enfermera. Siempre pedía ayuda a los ángeles durante los exámenes y las prácticas. Al igual que muchos estudiantes, los fines de semana venía a casa para dejarse mimar y llevarse comida casera.

Decir adiós siempre era difícil, y al término de uno de esos fines de semana, yo estaba junto a la puerta de casa y le pedí al arcángel Miguel que la protegiera y velara por su seguridad. Hubo una tormenta y me preocupé. Invoqué a más ángeles para que la mantuvieran sana y salva.

Más tardé llamó Shelley, hecha un mar de lágrimas y aturdida. Se había acercado con el automóvil a un semáforo y vio que se ponía la luz verde, así que siguió avanzando, pero de pronto surgió de la nada una monstruosa excavadora y ella ya se vio con su automóvil aplastado debajo de la máquina.

De repente, una gran fuerza le arrebató el volante y apartó el vehículo de la trayectoria de la excavadora. Otros automovilistas fueron testigos de lo ocurrido y no podían creer que Shelley hubiera sido capaz de evitar lo que parecía un accidente casi fatal. Ni la policía daba crédito al relato.

Shelley sabe que fue la intervención del arcángel Miguel la que la salvó ese día. Ahora siempre mantiene el asiento del acompañante espiritualmente libre para él.

MARIEL

GENTE ADECUADA EN EL MOMENTO JUSTO

En todas partes hay personas con un corazón maravilloso, cálido y generoso, y el arcángel Miguel se asegura de que se encuentren en el lugar adecuado para ayudarte.

Viajé a Stirling para reunirme con mi excompañero, pero me dejó plantada y yo no tenía más que 8 libras y ningún billete de vuelta. Fui a la comisaría de policía y me dijeron que volviera a la estación de autobuses, y que si él no aparecía me darían cobijo para la noche… ¡en el calabozo!

Le pedí al arcángel Miguel que me ayudara y me protegiera. Vino una mujer con dos niños y dijo: «Es terrible lo que te ha ocurrido». No sé cómo se había enterado de mi historia, pero me cayó muy bien y me acompañó a la estación de autobuses.

Mi ex seguía sin aparecer, de modo que telefoneé a mi hijo, quien me dijo que fuera a un hotel y que él pagaría con su tarjeta de crédito. Sin embargo, no encontré ninguno con alguna habitación libre. Abordé a dos chicas en la calle y les expliqué que no encontraba ningún sitio para pasar la noche. Una de las chicas me acompañó a su piso y me dio las llaves. Me preparó algo para cenar y me ofreció el sofá cama para dormir. Era muy amable.

A la mañana siguiente le hablé de los ángeles y de que les había pedido que me ayudaran. Me acompañó a desayunar y después a la estación de autobuses y me pagó el billete de vuelta. Me apunté su dirección y su número de teléfono para devolverle el dinero. Compré la tarjeta de agradecimiento más grande que encontré y se la envié junto con todo el dinero que se había gastado conmigo. Creo que el arcángel Miguel había atendido a mis plegarias enviándomela y que él siempre está a mi lado.

JANET SKINNER

APARCAMIENTO SEGURO
Cuando le pides al arcángel Miguel que proteja tu vehículo, tu casa o a una persona, pueden ocurrir milagros.

Vivía cerca del aeropuerto, de modo que una vez que mi prima y su marido se fueron de viaje, dejaron su automóvil aparcado junto a la puerta de mi casa. Pensaron que allí estaría más seguro que en el aparcamiento del aeropuerto. Cuando volvieron del viaje, fui a por el coche para recogerlos en el aeropuerto y me percaté de que se había caído una teja de la cubierta del porche sobre el capó del automóvil. Sorprendentemente no había ni un solo rasguño en el capó ni en el parabrisas, nada más un poco de polvo. Le había pedido al arcángel Miguel que protegiera el vehículo mientras se encontrara junto a mi casa. ¡Gracias, arcángel Miguel!

PHIL HARTNETT EDC

TERREMOTO EN BALI
Esta historia ilustra el enorme poder del arcángel Miguel.

Estuve en Bali para un retiro espiritual cuando una noche me desperté al notar que mi cama se movía y oír que la puerta de madera daba sacudidas y crujía, como si alguien tratara de forzarla. Me di cuenta de que se trataba de un terremoto y pedí al arcángel Miguel que me protegiera. No solo acudió al instante y me rodeó con sus enormes alas, sino que el suelo también dejó de temblar, como si su presencia lo hubiera calmado.

Pedí protección para toda la isla y al saber que todos estaban bien, volví a acostarme, tranquila y llena de gozo. Gracias, arcángel Miguel, por mostrarme el amor y el poder de los seres angelicales y demostrarme que siempre estoy segura y protegida.

Anisiya Sheehan

BENDICIÓN EN LA AUTOPISTA
Cuando pides protección, lo imposible deviene posible.

El día del padre estaba llevando a una amiga a casa a primera hora de la mañana, y cuando me adentré en la autopista no pensaba en otra cosa que en llegar a casa y celebrar el día con mi familia.

A mitad de camino, una de las ruedas de atrás se quedó sin aire. Traté de llamar a mi marido, pero no conseguí hablar con él. Sintiéndome vulnerable e incapaz de pedir ayuda a nadie, recé a Miguel y le pedí que «por favor, protegiera mi automóvil y a mí de los demás vehículos».

Se detuvo un coche de policía. El agente me dijo: «Señora, respondemos a su petición de ayuda». ¡No había llamado a la policía! En ese instante me llamó mi marido. Al saber que estaba viniendo, pensé que el agente se iría, pero me dijo: «Esto puede ser peligroso para usted. Pondré las luces de mi vehículo y así protegeré el suyo». En ese momento me di cuenta de quién había acudido a ayudarme: el arcángel Miguel quien, entre otras cosas, es el patrón de los agentes de policía. Ese día le prometí a Miguel que si alguna vez tenía ocasión de contar esta historia, lo haría por escrito.

Anon

LA CAPA PROTECTORA DEL ARCÁNGEL MIGUEL
Si alguna vez te sientes amenazada, reza y pide ayuda. Nunca
subestimes el poder de esta acción.

Me hallaba en un tren en Londres y un hombre ebrio estaba rondando por los vagones, farfullando en voz alta. Rápidamente me envolví en la capa protectora azul del arcángel Miguel, rogué que enviara la luz de Cristo a todas las personas del vagón e invoqué a los ángeles de la paz que lo llenaran de luz. También envié una plegaria al ángel de la guarda de aquel hombre.

El hombre borracho se acercó y se sentó frente a mí y a un pasajero. Explicó que ese día tenía que ir a trabajar, pero se había emborrachado. Puso la mano sobre el muslo del pasajero en un gesto de frustración.

Seguí rezando en silencio por él. Levantó la mano e hizo como si fuera a ponerla sobre mi rodilla, pero cuando la tenía a diez centímetros de distancia se detuvo y retiró la mano. Nos sonreímos. Ese día, estaba convencida de que contaba con la plena protección del arcángel Miguel. Espero que aquel hombre haya escuchado desde entonces a su yo superior y a su ángel de la guarda.

Diana Dudek edc

LA PROTECCIÓN DE MIGUEL FUNCIONA REALMENTE

Hay muchos ejemplos maravillosos de cómo la protección del arcángel Miguel ha salvado casas y propiedades. Como muestra el caso de Penny, ¡recuerda utilizarla todos los días!

Hace poco, a tres de nuestros vecinos les habían robado las bicicletas y otros objetos de sus jardines. La noche en que se produjeron los robos habíamos oído ladrar a los perros, pero no sospechamos nada. Por la mañana comprobamos que alguien había estado en nuestro jardín. Mi marido había olvidado cerrar el trastero, así que fuimos corriendo a ver si se habían llevado algo. La puerta estaba cerrada, pero se veía que alguien había intentado abrirla. Mi marido la abrió, esperando que su preciada bicicleta todavía estuviera allí. Estaba.

Estoy convencida de que el arcángel Miguel impidió a los ladrones entrar en el trastero, pues yo le pido todos los días que proteja nuestra casa y nuestro jardín.

Penny Wing edc

LUZ AZUL DE PROTECCIÓN

Cuando una persona llama a los ángeles, éstos ayudan
a todos los de la zona.

Una noche, mientras caminaba sola por una calle oscura hacia mi casa, desde la distancia vi a dos hombres junto a lo que parecía un gran automóvil de lujo. Esto me causó una impresión tan sospechosa que de inmediato rogué al arcángel Miguel que alumbrara toda la zona con su luz azul de protección. No estoy segura si los dos hombres pretendían robar el vehículo, pero tan pronto pedí la protección, noté cómo cambió toda la atmósfera y los dos hombres se dieron la vuelta y se fueron corriendo. Pude seguir caminando a casa tranquila y protegida por el arcángel Miguel.

KARI NYGARD EDC

EL ESCUDO PROTECTOR
DEL ARCÁNGEL MIGUEL

El arcángel Miguel es capaz de hacerte invisible para los demás.
Esta historia es un buen ejemplo de su poder.

Vivo en Sudáfrica, y no siempre es seguro para una mujer conducir sola. Tengo que atravesar en vehículo parte de un poblado para llegar a mi granja.

Una noche, cuando doblé la esquina para entrar en el poblado, había cientos de personas manifestándose delante de la comisaría de policía. La calle estaba cortada, pero yo estaba cansada y no quería dar media vuelta y tomar otra ruta. Pedí al arcángel Miguel que pusiera su capa protectora alrededor de mi automóvil para hacerme invisible para la muchedumbre y ayudarme a llegar sana y salva a casa.

Ocurrió una cosa sorprendente: comencé a avanzar lentamente y la gente se apartaba para dejarme pasar. No hubo golpes contra la carrocería, ni gritos, ni nada. Era como si no me vieran. ¡Eso sí que es protección! Estoy muy contenta de tener al arcángel Miguel siempre a mi lado.

MARISE VIVIERS

GRACIA SUBLIME

He aquí una historia realmente notable.

~

Me fui a trabajar y dejé a mi hijo Jehan, de 17 años de edad, solo en casa. Por una razón que no comprendí, se me ocurrió pedir al arcángel Miguel y al maestro ascendido Shirdi Sai Baba que velaran por él.

Más tarde, ese mismo día, mi marido me llamó para decirme que nuestro piso estaba ardiendo y que Jehan estaba atrapado dentro.

Antes de llegar a casa, Jehan me llamó para decirme que estaba sano y salvo, pero que todas nuestras pertenencias estaban calcinadas. ¡Me quedé tan aliviada al oír su voz! Una vez allí, el jefe de bomberos me dijo que Jehan parecía estar bendecido, pues nunca había visto a nadie salir incólume de un incendio de esa magnitud.

Bajo las cenizas aparecieron algunas pertenencias intactas. Observé que al lado de la lavadora, que había explotado y provocado el incendio, había un mueble de madera que contenía documentos importantes. Encima había un llavero con una imagen del arcángel Miguel. El llavero se encontraba encima del mueble que, por alguna razón desconocida, no se había quemado. Además de proteger a nuestro hijo, el arcángel Miguel y Sai Baba también salvaron documentos importantes para nosotros.

Desde entonces confío todavía más en los arcángeles, los ángeles, los maestros ascendidos y las fuerzas de la luz y a menudo noto su hermosa presencia en mi interior y mi entorno.

DRA. COOMI S. VEVAINA EDC

SALVADAS EN EL MAR

El arcángel Miguel es capaz de quitarte el miedo y el pánico, para que estés suficientemente tranquila para actuar como es debido.

~

Una mañana, una amiga y yo íbamos nadando a ver a los delfines y conocerlos. De pronto noté un fuerte dolor en el brazo y la pierna izquierdos. Debido a que no veía nada que pudiera explicar ese dolor, me entró el miedo y empecé a preocuparme por mi seguridad en el agua. Le grité a mi amiga que me volvía a la orilla. Ella se había quedado muy atrás y me di cuenta de que algo no iba bien. Cuando se acercó, la vi pálida, y respirando entrecortadamente, me dijo: «Estoy agotada, me cuesta moverme. No puedo volver, no lo lograré».

Invoqué a los ángeles y, en particular, le pedí al arcángel Miguel que nos ayudara. El miedo y el pánico se esfumaron y le aseguré a mi amiga que las dos conseguiríamos volver a la playa, así que nos pusimos a nadar de vuelta tranquilamente. Era como si ambas estuviéramos protegidas cuando llegamos sanas y salvas a la orilla. Muchas gracias, querido arcángel Miguel.

Cornelia Mohr EDC

ATERRIZAJE SUAVE CON LA AYUDA DE MIGUEL

El arcángel Miguel es capaz de salvar a personas de una manera sorprendente. He aquí otro ejemplo de su poder.

Nuestro hijo, Chael,[17] de tres años de edad, se llama así por el arcángel Miguel y siempre rezo al arcángel para pedirle protección.

Un día, mi pareja, Paul, y yo llevamos a Chael a un parque donde hay un tobogán. El tobogán es muy alto. Paul mide casi dos metros y el tobogán es por lo menos el doble de alto. Chael estaba un poco nervioso en lo alto del tobogán, pero Paul estaba con él y yo esperaba abajo. Al descender, el crío apretó el pie contra un lado del tobogán para frenar, pero en vez de bajar más lento se detuvo de pronto y salió disparado del tobogán. Paul y yo estábamos demasiado lejos para agarrarle.

Observamos asombrados cómo su cabeza aterrizó suavemente sobre el suelo y su cuerpo quedó tendido en la hierba como si una mano grande lo hubiera sujetado y depositado con suavidad en el suelo. El niño estaba igual de sorprendido que nosotros y no tenía ni una magulladura. Estamos convencidos de que todo fue obra del arcángel Miguel.

Anon

---

17. Chael es un nombre que viene de *Michael*, Miguel en inglés. *(N. de la T.)*

LLAMAR A MIGUEL

Cuando llamas a un arcángel tres veces, acude de inmediato.

Pasamos las Navidades de 2004 con nuestro hijo y su esposa, y al volver a casa por la autopista, unas señales de tráfico obligaron a todos los vehículos a circular por los dos carriles interiores a una velocidad máxima de 60 kilómetros por hora.

Al cambiar de carril para adelantar, sentimos un golpe contra nuestro automóvil. Vi a un vehículo que rebotó contra la barrera central y chocó de nuevo contra el nuestro. Esta vez nos dio contra la parte trasera inferior, y la fuerza del golpe empujó nuestro automóvil hacia arriba y hacia delante. Mientras dábamos una vuelta de campana, grité: «¡Arcángel Miguel, arcángel Miguel, arcángel Miguel, sálvanos, sálvanos, sálvanos!». El vehículo cayó sobre el asfalto con las ruedas hacia arriba, pero todos de una pieza.

ANN TYLER

CAPÍTULO 16

El arcángel Rafael

El arcángel Rafael es el ángel de la curación y del viaje. Es una brillante esmeralda de color verde, y a veces podemos ver un destello de su luz cuando está cerca de nosotros. Cuando alguien necesita curarse, Rafael responde si se le llama. Si sales de viaje o conoces a alguien que lo haga, pídele ayuda y uno de sus ángeles te acompañará.

Es el encargado del desarrollo del tercer ojo, que se halla en el entrecejo y constituye el chakra de la clarividencia.

Éste está conectado con el planeta Júpiter y su aspecto ascendido, Jumbay. Dicho planeta representa la expansión y la abundancia cósmica. Por consiguiente, puedes llamar al arcángel Rafael para que te ayude con abundancia en cualquier ámbito de tu vida.

Las plegarias y las invocaciones son muy potentes. Cuando se reza con intenciones puras, los ángeles siempre trasladan los ruegos a Dios. Tu amor, tu compasión y tu intención marcarán la diferencia. He aquí algunas historias que muestran que la oración ha dado pie a curaciones milagrosas y otras en que Rafael ha hecho notar su presencia.

CURACIÓN MILAGROSA CON RAFAEL

He aquí una historia realmente asombrosa del arcángel Rafael
trayendo curación, noche tras noche.

Durante un embarazo sufrí un trauma de la pelvis, e incluso años después sentía fuertes dolores. Mi médico me recetó una inyección de esteroides y fui al hospital a que me realizaran el tratamiento. Tres meses después, los dolores eran todavía más fuertes y yo era incapaz de prepararme siquiera una taza de té. El médico me dijo que el tratamiento había agravado la inflamación ósea y la única solución consistía en una intervención quirúrgica para soldar de nuevo las dos partes de la pelvis.

Yo siempre me he interesado por los ángeles y les pido a menudo que me ayuden. El día en que volví a casa leí algo sobre el arcángel Rafael y de cómo invocarlo para que traiga curación. Más tarde efectué una lectura de tarjetas de ángeles y Rafael también apareció en ellas.

Me metí en la cama y apliqué la técnica de invocación de Rafael. De inmediato cambió la energía de la habitación. Solicité la curación de la pelvis y tuve una extraña sensación alrededor de la articulación sacroilíaca, como si millones de pequeñas arañas estuvieran tejiendo una telaraña de un lado a otro. Esto duró algún tiempo.

Al día siguiente, el dolor ya no era tan intenso, así que seguí haciendo lo mismo todas las noches. En ocasiones, la pelvis ardía y otras veces sentía un dolor agudo, así que tuve que pedir a Rafael que frenara un poco. Durante dos meses estuve invocándole y pidiéndole que me curara. Al cabo de dos semanas, ya era capaz de circular un poco con el coche. Después de seis semanas dejé de utilizar el bastón para caminar.

Varios meses después me encuentro mejor de lo que he estado en mucho tiempo. Creo absolutamente que el arcángel Rafael está curándome. Me siento muy privilegiada por hallarme en el extremo receptor del milagro de Rafael.

Anne-Marie

RAFAEL CONFIRMA

Un destello de color esmeralda cuando el arcángel Rafael utiliza la energía de tu plegaria es todo lo que hace falta para activar la curación.

~

Mi amiga Truda estaba gravemente enferma y cientos de personas encendían velas y rezaban por ella. Yo estuve manteniendo permanentemente encendida una vela. Una noche, el informe del hospital fue muy malo; pensaban que no sobreviviría a aquella noche. Puse cantos gregorianos y me senté junto a la vela para enviar la curación a Truda. Cuando me relajé y comencé a enviar, me asustó un destello de luz esmeralda brillante que atravesó mi cuerpo. Supe que era el arcángel Rafael, que aprovechó la oportunidad para enviar su luz curativa a través de mí, y más tarde mi guía, Kumeka, confirmó que fue el propio Rafael, y no otro ángel, el que me había atravesado. Truda se recuperó totalmente.

Diana Cooper

HERMOSA CURACIÓN
Un relato impresionante.

∿

Mi hija estaba en el hospital y se enfrentaba a una difícil decisión. Estaba nerviosa y necesitaba hablar con alguien, pero no consiguió ponerse en contacto con su marido ni conmigo, así que decidió por sí misma y aprobó la intervención quirúrgica. A la mañana siguiente habló con sus ángeles y les pidió curación. Se entregó totalmente a sus cuidados. Se sintió como si se elevara a la luz, donde había un portal y dos mesas delante de él.

Le dijeron que tenía que ir a otra mesa. La condujeron a través de una puerta a una habitación donde había una mesa de mármol. Se acostó y esperó. Apareció su ángel de la guarda y se acostó al través sobre ella, cubriendo la parte superior de su cuerpo con el suyo propio y sus alas.

Aparecieron ángeles por un lado y otro de la habitación y pusieron sus manos sobre su cuerpo. Luego entró un ángel más grande y se situó junto a su cabeza. Se envolvió con algo que cubrió también sus alas y colocó ambas manos sobre el chakra del corazón de ella. Se acercó un ángel y lanzó un rayo de luz de color esmeralda sobre su cuerpo.

Después se fueron los ángeles y ella se levantó y vio a un niño y una niña en la niebla al otro lado del portal. Ella había tenido dos abortos naturales. La niña saludó con la mano y el niño miraba tímidamente. Ella se acostó de nuevo en la cama y empezó a sentir que se hallaba de nuevo en su cuerpo. Escribió todo esto y luego me llamó. Ahora cree realmente en los ángeles.

Susie Cooper

ASOMBROSO RAFAEL

Un relato de curación profunda, donde, una vez más, la fe en el arcángel Rafael crea un milagro.

~

He padecido un cáncer dos veces en los últimos tres años. La primera vez fue cuando descubrí un enorme lunar en mi pierna derecha. Al extirpar el lunar, los médicos descubrieron que se trataba de un tumor maligno. Después de la intervención quirúrgica sentí que el arcángel Rafael me envolvía en una manta de energía verde y me curaba. Los médicos me dieron el alta en buen estado de salud.

Tres años después, noté algunos pequeños bultos en mi pierna; volvía a tener un melanoma y era necesario intervenirme de nuevo. Pedí al arcángel Rafael que guiara a los cirujanos y me proporcionara los mejores cuidados sanitarios. Le rogué que me diera la mano durante todo este proceso y me recordara que estaría bien. Por supuesto que lo hizo. Le llamé todas las noches para calmarme y curarme y eliminar cualquier otro brote de cáncer. Le pedí, asimismo, que me envolviera la pierna con un paño verde y me diera paz de espíritu y la información que necesitaba para curarme.

En mi tercer día en el hospital, vi a los arcángeles Rafael y Miguel a mi lado. Estaban allí para decirme que yo estaría bien. Me sentí en paz. Mi recuperación fue impresionante y los médicos estaban asombrados.

Seguí trabajando con Rafael. Cuatro meses después de la intervención, el oncólogo dijo que no se explicaba cómo me había curado, que era imposible. Estaba yo dos meses adelantada sobre lo previsto. Era un milagro médico. Yo sabía que el hecho de tener al arcángel Rafael a mi lado era lo que me había ayudado a curarme con tanta rapidez.

Heather Vaughan

350

CURACIÓN Y TRANSFORMACIÓN PROFUNDA
GRACIAS A LOS ÁNGELES

Esta increíble historia de coraje, amor y fe
me ha inspirado mucho.

~

En mi temprana adolescencia comenzaron a fallarme los riñones, y cuando cumplí los 16 años de edad habían dejado de funcionar. Lo que siguió fueron 17 años de diálisis, muchos años de hospitalización, innumerables operaciones y tres trasplantes fallidos.

Cuando se tiene una enfermedad grave e incapacitante y no se tiene más remedio que vivir conectado a una máquina y con muchos síntomas desagradables, resulta difícil ver más allá del sufrimiento e imposible creer que los ángeles pueden ayudar.

Tras el fracaso del tercer trasplante, entré en coma y tuve una experiencia cercana a la muerte que me demostró que si optaba por vivir, inspiraría a cientos de médicos en numerosas conferencias. Entonces me vi cerca de dos pacientes de diálisis y cuando les hablé, mi presencia les infundió esperanza. Al instante volví a estar dentro de mi cuerpo. Algo había cambiado en mí.

Al cabo de unos pocos años acepté presidir una asociación relativa a la enfermedad renal, concebida para mejorar radicalmente la calidad de vida de los pacientes de diálisis. Tuve un cuarto trasplante, esta vez exitoso, y empecé a dar conferencias a cientos de médicos y en congresos de medicina, así como a ayudar a aquellos dos pacientes que había conocido.

Mi experiencia cercana a la muerte me ha dado seguridad y me ha ayudado a convertir décadas de sufrimiento inenarrable en un don de esperanza. Sin embargo, ¡los ángeles todavía no me habían dado el alta! Una cistitis grave crónica me dejó tenso, dolorido e incapaz de dormir durante días y noches. Nada de lo que podía ofrecer la profesión médica servía. Durante un viaje para asistir a un taller, la cistitis atacó de nuevo. Algo hizo que mi mujer pidiera ayuda al arcángel Rafael. Éste apareció en color verde directamente delante de ella y envió una luz blanca, depuradora y curativa que parecía un rayo a la zona y la cistitis desapareció… para no volver nunca. Ahora ya no tengo cistitis y todos los días cuento los parabienes que me han ocurrido.

Si tienes una enfermedad crónica, si sientes que no hay esperanza, si te sientes perdido, desesperado y solo, pide ayuda a los ángeles. Has de saber que tan pronto los llamas, ellos acuden, deseosos de ayudar.

Pídeles que te muestren el don en tu sufrimiento y date cuenta de que la enfermedad puede ayudarte a descubrir tu verdadero propósito.

JONATHON HOPE

EL ESCONDITE DE RAFAEL

Los arcángeles nos muestran de muchas maneras
que han escuchado nuestras oraciones.

Durante todo el año 2010 estuve enferma con diversos síntomas, incluidos unos dolores en el pecho y el abdomen. Después de numerosas visitas al médico sin experimentar ninguna mejora, probé diversas terapias autocurativas, como afirmaciones y llamadas a los ángeles. Rafael fue uno de los más reclamados por mí.

Un fin de semana que pasé en mi lugar favorito, el Lake District, fui caminando al círculo megalítico de Castlerigg. Pedí a los ángeles que me enviaran una señal y me decepcioné al no encontrar ni una pluma. Andando de vuelta a Keswick, pasamos junto a varias hermosas casas de campo de pizarra, y una de ellas se llamaba «Escondite de Rafael». Con esto está todo dicho.

ANN DUNN

LA LUZ CURATIVA DE RAFAEL

Pide ayuda al arcángel Rafael y todo puede
ir mejor de lo esperado.

En 2008, a mi padre le aplicaron un bypass cuádruple y llamé al arcángel Rafael para que guiara a los médicos, curara a mi padre y me diera la fuerza para superar todo aquello. El médico me dijo que la intervención había ido mejor de lo esperado y que mi padre se recuperaría. Todos los días envié a mi padre potentes deseos de curación y lo rodeé de una luz verde. Se ha recuperado totalmente y está más contento y más sano de lo que yo le he visto en mucho tiempo.

HEATHER VAUGHAN

REIKI ANGELICAL

Curiosamente, la curandera y su cliente sienten la presencia del ángel al mismo tiempo.

Una amiga estaba pasando una mala época y le ofrecí una sesión de reiki. Pedí a los ángeles y guías que estuvieran a mi lado mientras aplicaba el tratamiento. Llegando al final pedí al arcángel Rafael que me diera un orbe verde de energía curativa para introducirlo en ella. También rogué al arcángel Miguel que pusiera su capa protectora alrededor de ella.

Cuando la miré, vi a dos ángeles de alas doradas, cada uno a un lado de ella. La envolvieron en sus alas, la levantaron del lecho y la rodearon. Ella notó cómo la levantaban. Ambas empezamos a chillar. Mi amiga me preguntó qué había hecho y le dije que era cosa de los ángeles.

Fue la experiencia más increíble que he vivido en mucho tiempo.

JACKIE FLEMING

LUZ VERDE CURATIVA

El arcángel Rafael aparece en forma de luz verde en un cuarto oscuro.

Hace un año, la madre de mi familia egipcia «adoptada» se sometió a una grave operación. Fui a visitarla y a desearle una pronta curación. Mamá Senna es muy receptiva y coincide conmigo en que la curación viene de Dios. Al volver a mi casa me puse a ejecutar mi ritual de cada noche para proteger mi espacio con san Germán y pedí al arcángel Miguel que me protegiera. Di las gracias a los demás ángeles por sus aportaciones y a final pedí al arcángel Rafael que ayudara a curar a mamá Senna.

Apareció una luz verde. Me costaba creerlo, pero estaba viendo la presencia de un ángel. Le di las gracias y me fui a dormir. Mamá se recuperó muy bien.

GLENISE DANIELS

GRACIAS, RAFAEL
Leer un libro sobre la curación puede abrirte a recibirla.

～

Durante el viaje de vuelta de Creta con mi marido, mi padre y dos hijos después de pasar una semana maravillosa de sol y esplendor, sentí un dolor en la garganta y me di cuenta de que había contraído una faringitis. Una afección que me hacía sufrir a menudo, sobre todo cuando era joven.

Estaba leyendo algo sobre el arcángel Rafael y su energía curativa verde esmeralda. Había ejemplos en el libro de «curaciones milagrosas» y la «negativa a sentirse mal». Cerré los ojos e invoqué al arcángel Rafael para que me envolviera la zona de la garganta en su luz de color esmeralda. De inmediato sentí alivio.

El retorno a casa resultó fatigoso, pues se retrasó el avión. Era una situación propensa para que se deprimiera mi sistema inmunitario y no funcionara bien, pero a pesar de ello dejé de encontrarme mal y de sentir dolor, y me mantuve en buen estado de salud. ¡Gracias, Rafael!

Susan

REIKI CON LOS ARCÁNGELES RAFAEL Y MIGUEL
*Los arcángeles Rafael y Miguel anuncian su presencia
y traen curación.*

～

Una de mis clientes me contó que la estaban tratando por depresión. Le ofrecí una sesión de reiki y aceptó. Cuando levanté las manos por encima de su cabeza, oí una voz a mi derecha que dijo «Miguel» y otra a mi izquierda que afirmó «Rafael». Me puse nerviosa, pero miré a un lado y otro y pedí ayuda en la curación. De inmediato sentí unas manos ardientes en mis muñecas y noté cómo estaban trabajando conmigo en el tratamiento curativo.

Cuando acabé, mi cliente me preguntó qué había hecho. Ella había notado un calor increíble que le penetraba en la cabeza y se sintió mucho más ligera que cuando llegó. Ambas creíamos que alucinábamos, aunque al mismo tiempo no pude dejar de llorar.

Lesley Sorridimi

INTERPRETACIÓN DE SUEÑOS

Nuestros sueños pueden darnos mucha información
sobre nosotros mismos.

~

Durante la última luna llena tuvimos una preciosa meditación en la Escuela Diana Cooper. Invocamos al arcángel Rafael y yo me sentí como si estuviera bañándome en su luz verde curativa. Al día siguiente me desperté con dolor y temor en el corazón, aunque al mismo tiempo noté una luz intensa que me rodeaba.

Llevé mi conciencia al corazón y el dolor seguía allí. Sabía que estaba produciéndose la curación en un nivel energético. Cuando observé las sensaciones, el dolor desapareció.

Dos días después me desperté con la imagen de un cajón desordenado, repleto de cosas. Me di cuenta de que el cajón desordenado representaba mi mente: llena de pensamientos, imágenes e ideas. Cerré los ojos y me concentré en el chakra causal y luego pedí ayuda al arcángel Cristiel. Mi ser se llenó de paz. Pregunté al arcángel Miguel si había algún mensaje para mí y entonces ocurrió algo hermoso: alegría y felicidad penetraron en mi cabeza. El cuerpo se relajó y se ablandó. Los momentos de paz se sucedieron. Al cabo de un rato sentí que necesitaba traer la energía a la Madre Tierra para pisar tierra y despertarme suavemente.

CORNELIA MOHR EDC

HABÍA ÁNGELES CON ELLA

Las oraciones pueden ser el vínculo que asegura que una persona se
halle en el lugar apropiado para recibir la ayuda que necesita.

~

Recibí una llamada inesperada para informarme de que habían ingresado a mi prima en el hospital para practicarle una biopsia cerebral. La familia estaba anonadada y no parecía captar la gravedad de la situación. Pedí al arcángel Rafael que permaneciera junto a mi prima y la mantuviera sana y salva, y a todos mis amigos que enviaran luz y curación y guiaran al cirujano.

Mi prima sufrió una hemorragia cerebral en el quirófano y más tarde el cirujano dijo a mi tía que «seguro que había ángeles junto a ella, porque si esto hubiera ocurrido en cualquier otra parte, su hija no habría sobrevivido».

MAIRI BECKETT EDC

UN AURA DORADA

Cuando llamas al arcángel Rafael para pedirle curación
y tu corazón se abre con amor, tu aura adquiere un
color dorado angelical.

～

Una vez que di una sesión curativa a una mujer joven, nada más empezar convoqué al arcángel Rafael para que me ayudara. Durante la curación percibí una conexión muy especial y amor por mi paciente que emanaba del arcángel Rafael. Nos vimos rodeadas por su luz y más tarde ella me dijo que había visto con gran asombro un aura de color dorado a mi alrededor.

CORNELIA MOHR EDC

LOS ÁNGELES DE CURACIÓN DE RAFAEL

Una señal.

～

Yo nunca había sentido ninguna conexión con el arcángel Rafael, pese a que un amigo mío y maestro como yo me hablaba a menudo de sus ángeles de curación.

Un día salí a pasear, preocupada por toda clase de asuntos y sintiéndome decaída. Decidí pedir a Rafael que me enviara una señal de que los ángeles estaban conmigo y de que la vida iría a mejor. Vi a un hombre y una mujer que venían a mi encuentro, con un perrito atado a la correa y dos niños correteando. Al pasar junto a mí, oí a la mujer decir «en lo que a mí me atañe, Rafael se lo merece…». Ésa fue una señal muy clara para mí.

KARIN FINEGAN EDC

VALOR, AMOR Y UN RIÑÓN

He aquí una historia impresionante sobre la manera
en que los ángeles responden a la fe de una mujer,
a su amor y a su firme voluntad de ayudar a una
persona querida.

～

Cuando conocí a mi compañero, ambos supimos que habíamos encontrado a nuestra «media naranja». Me percaté de que los ojos de Bradley no brillaban y de que bebía mucha agua.

Le pregunté si tenía problemas renales en la familia y me dijo: «Sí, mi madre tiene una enfermedad poliquística renal». Yo sabía que era una enfermedad hereditaria.

Meses después descubrimos que Bradley sufría insuficiencia renal y que su única esperanza de sobrevivir era un trasplante de riñón. Ofrecí uno de mis riñones, pero eran incompatibles. Sin embargo, había una tecnología avanzada que podía hacer que mi riñón fuera compatible, así que pedí ayuda a los ángeles y milagrosamente, cuando hicieron la analítica de Bradley, ya no había anticuerpos contra mi sangre. Es un caso inaudito. Así que se procedió con la operación. Me desperté con mucho dolor y esperé a que trajeran a Bradley. Mi riñón no quedó bien cosido y vertía en el cuerpo de él. Lo extrajeron, eliminaron un coágulo y se lo volvieron a colocar.

Después, los médicos nos informaron de que mi riñón había fenecido en el cuerpo de Bradley. Prometieron hacer todo lo posible por conseguir otro riñón. Yo estaba desesperada e irritada. ¡No había pasado por todo esto para ver morir mi riñón!

«Bueno, ya no lo tengo», me dije. Quería que mi riñón funcionara, así que pedí de nuevo ayuda a los ángeles.

En la siguiente exploración, el cirujano observó con asombro que el riñón estaba vivo. ¡Milagro! Dos años lleva ya mi riñón funcionando bien en el cuerpo de Bradley. ¡Gracias, ángeles!

NICOLA KELLEHER

INTERVENCIÓN
DEL ARCÁNGEL RAFAEL

En una crisis, lo mejor es llamar primero al arcángel Rafael,
pues él puede ayudar a todos los afectados.

Estaba yo trabajando con mi ordenador, dando la espalda a mis dos hijas, que estaban dando volteretas en el sofá. De pronto, Paulina gritó que Artemisia se había torcido el cuello. La tomé en brazos; sus ojos giraban y se desmayó. No parecía respirar.

Le dije a Paulina que llamara a una ambulancia mientras yo invocaba al arcángel Rafael. Al cabo de un rato me di cuenta de que Paulina no conseguía ponerse en contacto con el servicio de urgencias. Mi vecina entendía algo de medicina, de modo que le grité a Paulina que abriera la puerta de casa para que yo pudiera subir al piso de arriba con la niña en brazos. En ese momento, Artemisia abrió los ojos y volvió a respirar. Nunca he sentido un alivio tan grande y estoy segura de que el arcángel Rafael había intervenido milagrosamente, ayudándome a mantener la calma.

Estoy muy agradecida con el arcángel Rafael.

FRANZISKA SIRGUSA EDC

DISFRUTAR DE LA VIDA
CON LOS ÁNGELES

Cuando trabajas con ángeles, su energía opera a través de ti
y llega a otras personas, como muestra esta historia.

Había tenido problemas de salud, y aunque conocía las medidas adecuadas para subsanarlos, no las apliqué. Dije en voz alta: «¡Por favor, cúrame!». Entonces mi querida maestra Shalini Kalra me informó de un taller sobre ángeles y supe que debía acudir. El taller fue impresionante y me dio a conocer el poder del arcángel Rafael.

Más tarde le recé: «¡Por favor, cúrame!» Esa noche, mientras dormía, vi una mano verde que me tocaba la frente. Al despertarme me sentí como nueva.

Ahora estoy mejor y he dejado de tomar la medicación. Me siendo mucho más ligera y contenta. Tranquiliza mucho saber que los ángeles siempre están allí, dispuestos a tenderte una mano para ayudarte.

SHYAMALI DEY

MI PRIMER ENCUENTRO CON EL ARCÁNGEL RAFAEL
Un viaje interior que accede a poderes curativos.

～

Descubrí un libro sobre mapas de ángeles y decidí disponer todos los mapas delante de mí. En ese instante me pareció que me hallaba en un profundo barranco y había unos ángeles que me sujetaban. Vi una entrada en una de las paredes; los ángeles me depositaron suavemente y entré por ella.

Apareció un gran ángel verde y me entregó un hermoso vestido verde cubierto de lentejuelas. Me pidió que me acostara en un lecho de piedra y los ángeles me bendijeron con las manos. Después, el ángel verde dijo: «Ahora has recibido la capa de la curación y tu misión es ayudar a otras personas». Yo estaba abrumada.

El ángel que me dio su capa curativa era el arcángel Rafael. Mi vida cambió de rumbo y me convertí en sanadora.

MARTINA MARIA SERAPHINA KAMMERHOFER

CURARSE CON EL ARCÁNGEL RAFAEL
El arcángel Rafael siempre ayudará cuando haga falta curar, pero sólo si la persona está dispuesta.

～

Soy hipnoterapeuta y decidí convocar al arcángel Rafael cuando trabajaba. En la primera ocasión saqué mis cartas de ángeles para ayudarme en mi trabajo. Una de ellas sobresalía: era el arcángel Rafael, que me confirmaba que estaba listo para trabajar conmigo.

Los comentarios posteriores de mis clientes eran positivos. Más tarde, cuando reflexioné sobre la eficacia de mis sesiones, me aconsejaron que no me fijara demasiado en los resultados, ya que esto generaba dudas basadas en el ego. Convenía que los clientes se responsabilizaran por sí mismos de su propia curación.

Ahora invoco al arcángel Rafael en toda mi labor curativa y cada vez que lo hago, la energía se vuelve más potente.

ANON

BENDECIR EL AGUA
En una piscina, si bendices el agua, haces que la frecuencia ascienda a la quinta dimensión.

Cuando voy al gimnasio, suelo nadar un rato. Bendigo el agua cuando entro en la piscina y confío en que todos reciban la luz.

Un día estaba realizando mi último largo cuando me di cuenta de que esa vez no lo había hecho. Inmediatamente solicité una bendición y vi con asombro que el extremo de la piscina se iluminaba con una maravillosa luz verde esmeralda. Sabía que el arcángel Rafael quería indicarme que la bendición había llegado y que se utilizaría para curar a la gente en el agua.

DIANA COOPER

CONECTAR CON RAFAEL
El arcángel Rafael te hace sentir feliz

Estaba leyendo un libro sobre guías espirituales y decidí ponerme en contacto con el mío. Pregunté por su nombre y la respuesta me llegó de inmediato: Rafael. En ese mismo instante vi una luz verde brillante. Desde entonces, esa luz me ha visitado siempre que me hallo en un estado de amor y felicidad.

Leí algo sobre la manera de pedir ayuda al arcángel Miguel y decidí solicitársela. La respuesta no tardó en llegar: «No, no Miguel, sino ¡Rafael!» Apareció la luz verde y yo me sentí muy feliz. Busqué en Internet y descubrí que el arcángel Rafael se presenta en forma de luz verde y que te sientes feliz cuando está cerca. Ahora estoy segura de que los ángeles existen.

MALIN

EL ARCÁNGEL RAFAEL DETIENE LA HEMORRAGIA

*Cuando invocamos al arcángel Rafael y pedimos que se produzca
la curación por el bien supremo, pueden ocurrir milagros,
como el que ilustra el relato de Ann.*

Después de un accidente de tráfico, me llevaron al hospital y me dijeron que me prepararían para una operación con el fin de extirparme el bazo, que estaba sangrando. Recé al arcángel Rafael y le pedí que detuviera la hemorragia y que, si era por mi bien supremo, cancelara la operación.

Me complace decir, y estoy convencida de ello, que la operación fue suspendida gracias a la intervención de Rafael.

ANN TYLER

SIEMPRE RESPONDE

Confiemos en la ayuda de Rafael.

Siempre invoco al arcángel Rafael para pedirle curación. Por ejemplo, mi hijo Nils tenía dolor de estómago y me dijo: «Mamá, haz algo, por favor». Invoqué a Rafael, y pocos minutos después, Nils me dijo que se encontraba bien. Su estómago había mejorado.

RAMA REGINA MARGARETE BRANS

EL ARCÁNGEL RAFAEL VELA POR LOS VIAJEROS

EL ARCÁNGEL RAFAEL vela por todos los viajeros y realmente es útil pedirle ayuda y protección cuando se sale de viaje. Más de una vez he sentido el confort de sus alas de color esmeralda alrededor de mi cuerpo cuando me hallaba en una situación problemática durante un viaje.

UN AUTOMÓVIL PROTEGIDO POR RAFAEL

Es buena idea llevar una imagen del arcángel Rafael en el vehículo.

Cuando mi compañero Michael adquirió un automóvil nuevo, le compré una pequeña estampa del arcángel Rafael para que lo protegiera en sus viajes. Un día, pocos meses después, se levantó a las 5:30 h para ir a trabajar, y vio que habían forzado el vehículo. Habían robado dinero, varios CD y herramientas y habían intentado sin éxito ponerlo en marcha. Michael llamó a la policía, que informó de que esa noche habían robado muchos vehículos y que se trataba de una banda que se dedicaba a robar determinados automóviles. El agente le dijo que había tenido suerte y que algo debió de haberles ahuyentado. Encontraron una gran huella dactilar en la estampa protectora de Rafael y la policía la utilizó para sus comprobaciones.

ELOISE BENNETT EDC

EL PODER DE LA MEDITACIÓN

Esta experiencia fue para mí un fuerte recordatorio del efecto de la meditación y de cómo puede reconfortarnos, devolvernos las energías y hacer que lo que parecía imposible no solo sea posible, sino excelente.

Me desperté a las tres de la madrugada con los senos nasales tapados y la nariz goteando. Tuve que sentarme en la cama para poder respirar. Tenía que tomar un avión para ir a Irlanda y realizar un programa de televisión a las diez de la mañana. Sabía que estaría hecha un trapo si no conseguía descansar un poco.

Pedí ayuda al arcángel Rafael y decidí meditar. La meditación no es mi fuerte, pero tiene un efecto similar al sueño y yo sabía que era la única manera de que yo estuviera en condiciones de realizar el espectáculo televisivo. Decidí concentrarme en la calma al inspirar y en la relajación al espirar. No dejé que nada más me despistara y noté que los ángeles me rodeaban.

Así seguí durante el resto de la noche. Incluso continué con esta respiración en el taxi, el paso por la aduana, en el avión y a lo largo de todo el día.

Una amiga mía habló de la fotografía del aura en el mismo programa de televisión y me hizo una instantánea antes de empezar. «¿Has estado meditando?», me preguntó extrañada.

En el momento de salir en antena me sentí tranquila y con la mente clara, lo que me fue muy bien porque había una persona hostil en el público. Los ángeles habían llenado mi aura de tanta paz que fui capaz de manejar la situación con calma.

DIANA COOPER

DISTANCIA PRUDENCIAL DEL AUTOMÓVIL DE ATRÁS

Un recordatorio útil de que el arcángel Rafael puede convencer a otros conductores de que te dejen espacio suficiente.

Mi marido y yo volvíamos de Hamburgo en moto. En la ciudad de Donauwörth nos percatamos en el último momento de que circulábamos por el carril incorrecto. Mi marido pasó rápidamente al carril de al lado. Fue una maniobra peligrosa. El conductor del vehículo que iba detrás se puso tan furioso que nos persiguió de cerca. Pedí al arcángel Rafael que velara por nosotros y al poco rato el automóvil desapareció. Deseé buen viaje al conductor y di las gracias a los ángeles por su ayuda.

Ahora hago lo mismo cada vez que un vehículo se acerca demasiado al mío. Pido al arcángel Rafael que se haga cargo y dos segundos después el conductor del automóvil de atrás frena y se queda a una distancia prudencial.

URSULA

RAFAEL SALVA UN ALMA BLOQUEADA

En este caso, el «viajero» es un alma en pena que espera recibir ayuda.

En un vuelo a Dublín para asistir a un reencuentro de la Escuela Diana Cooper, noté la presencia de un piloto. Yo sabía que él no estaba vivo en este mundo, sino que era un espíritu perdido que simplemente estaba allí, esperando la ayuda que necesitaba. Envié un ruego al arcángel Rafael para que acudiera en ayuda de esa pobre alma. Vi cómo unas alas de ángel lo envolvían y supe que estaban velando por él.

MARGO GRUNDY

VIAJAR CON ÁNGELES

Una leyenda se hace realidad.

~

Tuve la oportunidad de viajar a la región ártica de Noruega y me propuse colocar un cristal cargado en el punto más septentrional posible. En varios talleres sobre ángeles introdujimos energías positivas en ese hermoso cristal. Tenía que llevar y transmitir la luz de los ángeles a la Tierra y todo lo que hay en ella desde el ártico nevado.

El día en que salí rumbo al punto más septentrional del planeta era el del solsticio de invierno. No había luz, únicamente una mágica penumbra y una luna llena; lo suficiente para ver el extraño paisaje. Nuestro guía no dejaba de exclamar que teníamos mucha suerte. «Es muy raro que haga este tiempo en esta época del año. Normalmente hay tempestad y no hay visibilidad». Esto me habría dificultado colocar el cristal. El guía continuó en un tono serio: «Sabe usted, tenemos aquí un dicho. Cuando hace un día como este en el solsticio de invierno, decimos que viajamos con ángeles».

Elizabeth Harley edc

AYUDA EN VACACIONES

El arcángel Rafael ayuda económicamente
y sincroniza el tiempo.

~

Estuve pensando en ir a visitar a unos amigos en el extranjero, pero no tenía dinero. Ese mismo día dije a mis ángeles: «Si se supone que debo ir, tenéis que ayudarme».

Cuando llegó mi marido a casa me dijo: «Te regalo el billete. Tengo suficientes puntos acumulados para que puedas viajar». Telefoneó a la compañía aérea. Normalmente hay un largo período de espera, pero respondieron de inmediato. ¡Tenían una plaza libre para ese mismo día! ¡Asombroso! Que sí, que los ángeles me lo agenciaron. ¡Gracias!

Kari Nygard edc

LOS ÁNGELES VIAJEROS DE MAMÁ

Puedes enviar a ángeles a ayudar
y proteger a tu familia.

～

Mi hija Jacqui viaja mucho por su trabajo y estuvo en Nueva York para participar en una conferencia. Tras una larga reunión, fue al aeropuerto para volver a Londres. Fue cuando la ceniza volcánica estaba provocando la suspensión de numerosos vuelos.

Subió al avión y hasta que no volvió a conectar su móvil al llegar a Londres no se enteró de que el suyo había sido el último avión en despegar y que los demás se habían quedado bloqueados en el aeropuerto. Me telefoneó para contarme que «los ángeles viajeros de mamá la habían traído sana y salva a casa». Gracias.

JENNY HART EDC

EN LA ESCALERA MECÁNICA
CON RAFAEL

Éste es un recordatorio de que conviene llamar
al arcángel Rafael para viajar mejor.

～

Estaba yo muy estresada porque habían suspendido mi vuelo a Irlanda debido a la ceniza volcánica y tuve que reorganizar mi viaje y salir a toda prisa en taxi, tren, barco y automóvil hasta mi destino. Pedí ayuda al arcángel Rafael, pero durante un rato creo que yo no confiaba realmente en él porque nada ocurrió.

Cuando estaba cruzando Londres para tomar el tren volví a llamarle. De pronto me vi envuelta en una luz verde esmeralda que se extendió sobre mí y ascendió por la escalera mecánica en que me encontraba. Pude ver las alas de Rafael que me rodeaban mientras él me dijo: «Tranquila, estoy contigo».

Me calmé y confié en que llegaría a tiempo, y así fue, por supuesto.

DIANA COOPER

ESCUCHAR LAS INDICACIONES
DE ARRIBA

Cuando se pide ayuda a los ángeles y se escuchan
sus indicaciones, el viaje por la vida resulta
mucho más fácil.

~

En 2003 decidí hacerme maestra en la Escuela Diana Cooper. Esto implicaba tener que viajar a Cornualles desde Alemania para asistir al curso. Durante los preparativos del viaje pedí a mi ángel conductor y a mi ángel anglófono que me ayudaran. El arcángel Rafael se aseguró de que mi viaje se desarrollara sin contratiempos.

Cuando llegó el momento de volver a casa, visité los círculos megalíticos de Avebury, pero mi intuición me dijo que debía volver inmediatamente a casa. Llegué a Alemania tarde en la noche y fui conducida a un hotel. Pedí una habitación y me dijeron que tenía suerte, pues el hotel estaba completo, pero una persona había anulado la reserva y podían darme la habitación.

De nuevo di las gracias a los ángeles por sus indicaciones. Al día siguiente me enteré por la radio de que había atascos en la autopista que tenía que tomar. Pedí al arcángel que me orientara, elegí una ruta diferente y con esta ayuda el arcángel Rafael me trajo sana y salva a casa.

ALEJA DANIELA FISCHER EDC

LOS ÁNGELES SE CUIDAN DEL EQUIPAJE

Éste es un recordatorio de que conviene pedir a los ángeles
que cuiden del equipaje durante el viaje, para que
una pueda ir tranquila.

~

En 2009 tuve la suerte de poder visitar Machu Picchu en Perú. Pasamos por tantos aeropuertos, tomamos tantos autobuses y visitamos tantos lugares que nuestro equipaje tuvo que realizar varios trasbordos. El viaje de retorno se nos hizo largo, debido a los retrasos y las estrecheces.

Después de esperar mucho rato a que salieran nuestras maletas, estaba claro que la mía no estaba. Mi amiga me dijo: «Llama a los ángeles y verás cómo tu maleta vuelve aquí; conserva esta imagen». Después de dar una descripción al personal de la oficina de equipajes extraviados, seguí «conservando la imagen». Tres días después me entregaron mis pertenencias. Ahora siempre envío a un ángel con mi equipaje cada vez que viajo.

Jenny Hart edc

EN HORA CON EL ARCÁNGEL RAFAEL
Siempre es útil mantener una relación fluida y una buena conexión con un arcángel.

~

Hace unos años, la empresa de mi marido nos invitó a él y a mí a unas vacaciones que le regalaron por sus buenos resultados. Estuvimos ocupados hasta el último minuto y salimos de casa más tarde de lo previsto. Pedí al arcángel Rafael que nos llevara con seguridad y en hora a nuestro destino. En la autopista, nuestro carril estaba vacío y avanzamos con rapidez. Llegamos a tiempo, pese a que no corrimos mucho. El arcángel Rafael siempre viaja conmigo y me ayuda a tomar la ruta adecuada para llegar a tiempo a mi destino.

Aleja Daniela Fischer edc

APOYO ANGELICAL
Confía siempre en que estás protegida.

~

Estaba yo viajando a Johannesburgo, adonde llegué tarde en la noche. Nadie me esperaba y tuve que trasladarme por mi cuenta al hotel. Cuando aterrizó el avión, de pronto me sentí vulnerable y asustada. La pasarela que llevaba a la estación de autobuses estaba oscura. Metí la mano en el bolsillo y saqué una imagen del arcángel Miguel. En ese instante, todo cambió y me sentí segura y protegida. Recordemos que siempre hemos de confiar.

Elizabeth Ann edc

ÁNGELES SANADORES

CUALQUIER SER en la séptima dimensión tiene el poder de sanar, de manera que todos los ángeles pueden canalizar la sanación divina hacia nosotros. Si se lo pides, harán lo que puedan para ayudarte, en función de tu karma. Determinadas cualidades, sin embargo, como la fe y la gracia, trascienden el karma, de modo que cuando pides sanación plenamente convencida, ésta tendrá lugar.

MEDICINA ANGELICAL

Oigo decir a menudo que en el mismo instante en que alguien pide ayuda a los ángeles, el malestar desaparece.

~

Mi hija estaba enferma con una afección torácica y se pasó toda la noche tosiendo. Pedí a su ángel que le ayudara a dormir e hiciera que se curara. Apenas dije esto, ella dejó de toser y se durmió tranquilamente. Vi destellos de luz y noté una enorme ola de energía cálida que atravesó mi cuerpo. Permaneció en mí durante unos diez minutos. Creo que eran ángeles.

ANGELA NUR

AYUDA EN EL HOSPITAL

Es maravilloso que te recuerden cuántos ángeles hay en los hospitales esperando simplemente que los llamemos.

~

Tuve insuficiencia renal debido a unos cálculos en el riñón. Estaba hospitalizada y acababan de realizarme la tercera intervención. Esa noche, comencé a temblar y sentí dolores fuertes. Decidí que había tenido suficiente y que iba a concentrarme para ahuyentar los escalofríos y el dolor.

Sentí un breve escalofrío y percibí un brillo que se acercaba al pie de mi cama. Me tocó debajo de las rodillas y al instante sentí calor. Fue maravilloso.

Después de la visita de la enfermera y los médicos, mi ángel volvió a rodearme y aquello fue la gloria. No sé qué vieron la enfermera y los médicos, pero sí sé que aunque no estuviera sonriendo hacia fuera, sí que lo estaba para mis adentros.

Me sentía segura, amor total y felicidad, protegida y absolutamente cómoda. Fue maravilloso.

CATRIONA

PRIMEROS AUXILIOS ANGELICALES

Cualquiera que sea el método de curación que elijas para ti misma,
los ángeles lo apoyarán si se lo pides.

Viajé a Londres para ir a comer con una buena amiga. Ésta me llevó a un encantador restaurante de pescado y me pedí unas vieiras. Después de comer nos despedimos, pues yo tenía que ir en metro a la estación de tren para viajar a Leatherhead, donde tenía estacionado el automóvil.

Empecé a tener náuseas y sudor en las palmas de las manos. Me pregunté si me había intoxicado con las vieiras. Me dije para mis adentros: «¿Qué puedo hacer? ¿Vomitar en la calle, enfermar y perder el conocimiento en el metro, encontrar un hotel, aunque probablemente no me admitan?».

Yo había aprendido técnicas de paz emocional, de modo que decidí probarlas. También invoqué a mis ángeles. Dije: «Si de verdad estáis allí, necesito que me ayudéis AHORA».

Entré en el metro sintiéndome fatal. El convoy se detuvo y se apagaron las luces. Lo que en realidad fueron tres minutos me parecieron horas. Sin embargo, supe que los ángeles me apoyaban. Yo estaba aplicando dichas técnicas, declarando que «estoy a cargo de mi cuerpo y mi estómago está calmándose y empiezo a sentirme mejor». Me autoprogramé con pensamientos positivos. Se encendieron las luces, el metro continuó circulando y yo empecé a sentirme mejor. Gracias, ángeles.

ROWENA BEAUMONT

PLEGARIAS ESCUCHADAS

Los ángeles responden a las plegarias que proceden del corazón.

Mis experiencias con ángeles comenzaron una mañana muy temprano, en la habitación de un hospital donde mi hijo enfermo se hallaba al borde de la muerte. Tenía 3 años de edad y había combatido la enfermedad durante toda su corta vida. Los médicos me dijeron que no podían hacer nada más, de manera que salí y me puse a rezar.

Alguien había hablado de un grupo de rezos en comunidad y les llamé para pedirles que mencionaran a mi hijo en sus oraciones. Al volver a la habitación noté que algo cayó sobre mis pies. Me agaché y recogí la pluma blanca más bella que jamás he visto. En ese momento supe que los ángeles habían escuchado mis plegarias y que mi hijo sobreviviría, como hizo.

Anon

SANAR CON PLUMAS DE ÁNGEL

Este relato demuestra que existen muchas maneras diferentes de sanar y, siempre que la intención sea pura, los ángeles están ahí para ayudarnos.

Cuando comencé a sanar tuve la sensación de que yo no servía. Solicité una señal de que sí servía para esta labor. Estaba disgustada, furiosa e insegura. Tenía miedo de ser ineficaz y me preocupaba que la gente me considerara rara.

Salí de casa y delante de la puerta encontré la pluma blanca más grande que jamás había visto. Medía casi un palmo de longitud y era suave y esponjosa. Era tan ligera que podía sostenerla en la palma de la mano y no notar su presencia. El olor recordaba al perfume de las flores. La guardé y proseguí con mi formación.

Utilizo a menudo la imagen de mi pluma especial para «entrar» en el cuerpo de la gente y eliminar los bloqueos.

Rebecka Blenntoft

ESTATUILLA CURATIVA

Cuando algún objeto está imbuido de energía de los ángeles, la conserva y es capaz de curar.

Mi madre envejece y tiene dificultad para viajar. Cuando estaba de vacaciones en Blackpool, empezó a dolerle la cadera. Su amiga le regaló la estatuilla de un ángel y ella lo llevaba en un bolso colgado de la muñeca. Notó un calor en la cadera que procedía del bolso. Con el paso de las horas llegó a ser capaz de subir escaleras y el dolor de la cadera se disipó. Cree firmemente que el calor de la estatuilla del ángel estaba curando su cadera.

LESLEY SORRIDIMI

ÁNGELES LUMINOSOS BRILLANTES
Cada cual ve a los ángeles de modo distinto. Muchos los ven como orbes, círculos o luces.

～

Durante una década, en la oscuridad de la noche se me aparecían ángeles un par de veces por semana. Los veo en forma de brillantes círculos luminosos o de nubes que avanzan hacia mi cuerpo, aportando ayuda y curación. Entiendo que otras personas puedan tener dificultades para dar crédito a esta historia, pero yo sé a ciencia cierta que es la verdad.

PAUL WILKINS

ÁNGELES DE LA CURACIÓN
Hay muchos ángeles que nos ayudan y nos curan.

～

Soy practicante de reiki y después de leer varios libros sobre ángeles, comencé a invocarlos durante mis consultas. Me sorprendió el equipo que fue apareciendo. Algunos días veía el hermoso resplandor de color esmeralda del arcángel Rafael, o los destellos púrpura y azules del arcángel Miguel. Mis favoritas eras las Glorias de Oro, ángeles pequeños como los querubines. Están especializados en curar la artritis y las dolencias articulares. Los veía con pequeños plumeros transmutando las toxinas de las articulaciones y llenándolas de luz dorada.

ELOISE BENNETT EDC

LAS IMÁGENES DE ÁNGELES
AYUDAN A CURAR

Llena tu habitación de ángeles y escucha sus susurros,
así podrás conseguir lo que quieras.

∽

Hace muchos años yo trabajaba de terapeuta. Aunque me formé como curandera de reiki, la mayoría de las personas querían masajes o reflexología. Yo sabía que la energía curativa del reiki, de los ángeles y del unicornio pasaba a través de mis manos aunque yo no lo pidiera. Los pacientes hablaban de la calidez de mis manos o de lo relajados que se quedaban después de someterse a una sesión terapéutica conmigo.

Yo trabajaba en un centro de ocio, lo cual no era ideal; había baldosas blancas en las paredes y la calefacción nunca funcionaba bien, de modo que siempre hacía frío o demasiado calor. Pedí varias veces a la administración que la repararan, pero esta vez decidí acudir a los ángeles. Me decepcioné al comprobar que no pasaba nada.

Dos semanas después, los ángeles me sugirieron que pusiera imágenes de ellos en las paredes. Esto haría que los pacientes sintieran más su presencia, aparte de alegrar las inhóspitas paredes blancas. Conseguí algunas imágenes hermosas de arcángeles: Miguel, Gabriel, Rafael, Chamuel, Uriel, Zadkiel y Jofiel. ¡Menuda diferencia! La calefacción comenzó a funcionar y aumentó el número de pacientes.

Vi a muchos más ángeles rondando por la sala en forma de brillantes chispas de luz de colores puros. Los clientes comenzaron a hablar de ángeles y un anciano encantador confesó que creía en ellos, pero me hizo prometer que no lo dijera porque nunca se lo había dicho a nadie.

Margaret Merrison EDC

ESPACIO PARA EL DUELO

El dolor por la pérdida de alguien te bloquea espiritualmente a ti y a
tus seres queridos.

∽

Mi marido y yo hemos dirigido talleres encaminados a ayudar a la gente en el proceso de duelo. Utilizamos ángeles como puente entre los dos mundos. Estos talleres siempre han sido bendecidos por los ángeles y se han producido numerosos milagros.

Una de las participantes era enfermera de cuidados intensivos. Tenía 12 años de edad cuando murió su madre, y su padre estaba tan triste por la muerte de su esposa que pensó que la única manera de sobrevivir pasaba por suprimir todos los recuerdos de ella. Prohibió a la niña manifestar su pena o hablar de su madre. De adulta conoció la muerte y la agonía todos los días en su trabajo. Cada muerte era para ella como una repetición de la de su madre.

Durante el taller, los participantes proceden a una visualización del cielo y se encuentran con sus seres queridos. La enfermera mantuvo una conversación muy entrañable con su madre, quien le dijo que había llegado su hora de irse y que velaba por su hija y estaba orgullosa de ella. Su madre le pidió que abriera el corazón y dejara que entrara el amor.

La enfermera lloró de alegría y felicidad. Dijo que ése era el día más feliz de su vida.

MARIEL FORDE CLARKE EDC

RESOLVER CONFLICTOS ENTRE HERMANOS

Hay muchos tipos de curación. Invoca a los ángeles cuando tus hijos se pelean y observa qué sucede.

El pasado verano me visitó una buena amiga. Cuando llegó estaba furiosa con su hijo mayor porque no quería hacerse cargo de su hermano. Habían estado discutiendo y peleándose todo el día. Le propuse invocar la Llama violeta de la transmutación. Además, pedimos a los ángeles que le ayudaran a sentir paz y amor y apoyar su propósito de lograr el resultado óptimo.

Llamó su marido y ella le contó la situación que había dejado en casa. Él se sorprendió, porque había telefoneado a los niños y le habían dicho que estaban sentados juntos y que el mayor le estaba leyendo algo al menor y que parecía que reinaba la paz. Mi amiga y yo pensamos que había ocurrido un milagro y dimos las gracias a los ángeles.

CORNELIA MOHR EDC

373

BAÑADO EN LUZ BLANCA
Cuando gritamos al universo, los ángeles responden.

～

Cuatro meses después del fracaso de una relación, grité al universo para pedir sentido y profundidad para mi vida. Durante toda una noche estuve envuelto en una luz blanca brillante. Sané por completo y durante dos años después de esta experiencia obtuve la ayuda constante de los ángeles.

Aprendí una lengua sorprendente que sigo aprendiendo hoy. Mi vida tiene sentido y profundidad más allá del plano material. Ahora estoy escribiendo la historia de mi asombroso viaje.

Stephen Meakin

CURAR CON LUZ DORADA VERDE
Visualizar el color de los ángeles y perseverar en el propósito de curar permiten a los ángeles hacer magia.

～

Durante un período sabático que pasamos navegando, mi marido se cayó al agua cuando trató de saltar al muelle. Se golpeó el pulgar, que de inmediato se hinchó y se quedó rígido. Invoqué la luz dorada angelical, pedí al arcángel Rafael que ayudara a curar la herida y visualicé una luz dorada verde curativa. Encontramos un taxi que nos llevó al hospital, pero al llegar un cuarto de hora después, la hinchazón se había reducido y mi marido podía mover perfectamente el pulgar. Estaba profundamente agradecido.

Britta

SANACIÓN POR REGRESIÓN A UNA VIDA ANTERIOR
He aquí un hermoso ejemplo de regresión a una vida anterior donde los ángeles y unicornios accedieron para prestar ayuda.

～

Tres de nosotras nos preparamos para la sanación. Meditamos y pude sentir cómo acudía un montón de seres angelicales que rodearon el local y trajeron luz, amor y protección.

Una columna de luz blanca descendió por el centro, y cuando alcanzó el suelo, tres volutas de luz se separaron y se enlazaron con cada una de nosotras. La luz se convirtió en arcoíris y mientras fluía, unas plumas blancas etéreas formaron un círculo a nuestro alrededor.

Unas hadas nos dieron suaves golpecitos en la cabeza con sus varitas mágicas, generando estrellas plateadas. Entonces la escena cambió y apareció un estanque de agua con delfines saltando alegremente. Entraron unicornios con sus hermosas energías. El mensaje era: alegría, felicidad, claridad, diversión, risa y amor. Se formó un cristal en el centro del local y generó una niebla alrededor de nosotras. Vinieron los ángeles y nos dieron golpecitos con sus varitas, creando hermosas estrellas. Fue una experiencia entrañable y aportó mucho alivio a la persona que recibía la sanación.

LINDSAY BALL EDC

ALIVIO DEL DOLOR

Muchas personas realizan labores luminosas durante la noche,
rescatando almas perdidas, curando y ayudando de muchas maneras.
Cuando invocas a los ángeles y pides que curen, lo harán.

~

Una mañana me desperté sintiéndome como si hubiera estado trabajando toda la noche. Me dolía la cabeza y estaba cansada y desanimada. En mi meditación llamé a los ángeles y pude notar su presencia. Les di las gracias por su amor y su apoyo, mientras corrían lágrimas por mis mejillas.

Pedí curación y noté cómo estaban trabajando sobre mi cabeza. Sentí como si estiraran de mi cabeza hacia arriba y me dolió un poco el chakra de la corona. Mi cabeza realizó un pequeño movimiento, como si se soltara. Después sentí ligereza y todas las preocupaciones y temores de la mañana se habían disipado.

CORNELIA MOHR EDC

MI COLLAR DE CORNALINA

Los ángeles no siempre acuden necesariamente en persona.

~

Tuve un sarpullido inexplicable en el tórax y no logré eliminarlo. Una noche sentí tanta molestia que me senté en la cama y me puse a leer. El libro trataba de piedras preciosas.

El capítulo en que abrí el libro hablaba de la cornalina. Me enteré de que puede ayudar ante cualquier problema físico persistente o que no responde a otros tratamientos.

A la mañana siguiente conté la historia de la cornalina a mi amiga cuando volvíamos a casa de una reunión. Ella se entusiasmó y me pidió que detuviera el vehículo ante la puerta de su casa. Luego me dio una bolsa: dentro había un collar de cornalina.

Me explicó que había buscado en su joyero y pensó que el collar me gustaría. Me lo puse, y al segundo día el sarpullido había desaparecido totalmente.

Connie Siewert

LOS ÁNGELES ALIVIAN EL DOLOR

Pide a los ángeles que te alivien el dolor.
Si tu alma lo acepta, lo harán.

~

Una amiga mía tenía cáncer de mama, seguido de un cáncer de estómago. Tuvo que recibir inyecciones muy dolorosas para eliminar el líquido. Otra amiga le dijo que pidiera a los ángeles que le aliviaran el dolor. Ella se lo pidió y durante el resto del tratamiento no sintió ya más dolor y murió en paz.

Christine Marshall

CAPÍTULO 17

Ayudar a las relaciones

Cuando se lo pides, los ángeles pueden cambiar tu perspectiva, darte información nueva y ayudarte a resolver situaciones difíciles. Sentarte en silencio y pedirles que te ayuden pueden transformar tus relaciones.

AYUDAR A RESOLVER DISCUSIONES

Los conflictos crean bajas vibraciones. Cuando las partes, o incluso sólo una parte, elevan su conciencia, debe cesar.

∼

Tengo muy buenas experiencias con la invocación a los ángeles cuando mi marido y yo discutimos y no podemos resolver las diferencias. Los dos somos profesores de reiki, así que nos sentamos para dar reiki a la situación y yo invoco a los ángeles para pedir ayuda. Después de hacer esto, te sientes de otra manera, como si se elevara nuestra energía.

Los asuntos que trajeron las discusiones llegan claramente al subconsciente, o sentimos ligereza, paz, tolerancia o amor. Es milagroso y yo lo aconsejo a las parejas y clientes con los que trabajo.

CORNELIA MOHR EDC

AYÚDAME A VER DE NUEVO A MI HIJO

Incluso cuando una situación parece desesperada,
pide a los ángeles y confía.

~

Les pedí a los ángeles que me ayudaran a ver a mi hijo Kingsley. Hacía años que no lo veía debido a un conflicto con su padre. ¡Ni estaba segura de cómo era! Aquella tarde fui al centro de la ciudad y escuché a un chico hablando de su amigo Lewis. ¡Ése era el nombre del mejor amigo de mi hijo! Me volví y era Kingsley el que hablaba. Fue el comienzo de un cambio y ahora mi hijo vive conmigo.

CHRISTINE MARSHALL

POR FIN LA CLARIDAD

Si necesitas claridad sobre una situación, pide al arcángel
Gabriel que te ayude.

~

Una larga y compleja situación amorosa que me llenaba de confusión me condujo finalmente a una situación de impotencia y a pedir a los ángeles que, por favor, me trajeran claridad. Les dije que ya no era capaz de ver claramente y que el dolor era demasiado grande. Dejé de tratar los asuntos por mí misma y entregué la situación a los ángeles. Más tarde, recibí un mensaje de alguien que revelaba verdades que no conocía. Me ayudó a tomar medidas apropiadas y a librarme de la situación.

GRAIL SIDHE

LOS ÁNGELES CURAN CONFLICTOS

Los ángeles traen la paz a las habitaciones y hacen que los conflictos
se resuelvan de la mejor manera.

~

Hace unos años estaba en una reunión en Findhorn con un grupo de personas, todas ellas interesadas en los ángeles. Durante la reunión se hizo patente que en el grupo había desasosiego y tensión. Teníamos dificultades para ponernos de acuerdo y éramos incapaces de tomar decisiones.

Cuando paramos para comer, decidí quedarme en la sala y le pedí al arcángel Uriel que me ayudara a resolver nuestras diferencias de forma que todos los puntos de vista fueran respetados. Mientras estaba sentada en silencio vi a un encantador y reluciente ángel. Iba zigzagueando por la sala creando una hermosa figura flotante en forma de ocho alrededor de las sillas. Al hacerlo, la energía de la habitación se hizo ligera y vibrante.

Cuando la retomamos, nuestra reunión fue muy diferente. Éramos capaces de cooperar y escuchar con más facilidad, y como resultado llegamos a conclusiones que nos fortalecieron a todos. Me sentí privilegiada de haber sido testigo de ello. Ahora siempre les pido a mis ángeles que estén conmigo en las reuniones y debates.

ELIZABETH ANN EDC

LA MADRE MARÍA

LA MADRE MARÍA es un gran ángel universal cuya luz y trabajo abarca muchos universos. Se la conoce como la reina de los ángeles por el amor y la compasión que irradia. Su iluminación sobrepasa a la de Isis en Atlantis y Egipto, a la de Ma-Ra en Lemuria y a la de María, la madre de Jesús. En la época de oro de Atlantis irradiaba una bella luz aguamarina de alta frecuencia. Hoy en día está rodeada de una luz azul más intensa que vemos a menudo en sus cuadros, pero también se ha visto su luz aguamarina de nuevo. También observamos orbes que, a veces, trabajan en un profundo rayo rosado de energía femenina divina. Se puede hallar más información sobre los orbes en la Ascensión a través de los orbes y en la Iluminación a través de los orbes.

LA MADRE MARÍA SANA EL CORAZÓN

Esta historia habla de mi primera experiencia con la Madre María, que me parece formidable. Desde aquel instante la guardo en lo más profundo de mi corazón. Apelo a ella en momentos de crisis y siempre me ayuda.

~

A los dos años de la primera visita de los ángeles, comencé a practicar como hipnoterapeuta. Trabajando con una clienta llamada María fui consciente de su ángel; estaba con ella. Me contó telepáticamente que tenía que abrir su chakra del corazón para sanar su problema.

Cuando la ayudaba a visualizar cómo se abría su corazón, ocurrió algo extraordinario. Una magnífica luz de color rosa brilló en el corazón del cliente como un reflector rosado. Llenó la habitación de luz y yo miré por la ventana buscando una explicación física. Pero no había nada fuera y la luz continuó durante unos minutos. Sabía que era la Madre María que estaba haciendo que se produjera esta sanación.

Cuando le conté a la clienta lo que ocurrió no se sorprendió –me reveló que a menudo hablaba con los ángeles–. Su problema desapareció.

Diana Cooper

LA VISITA DE LOS ÁNGELES DE LA MADRE MARÍA

En la época de oro de Atlantis, cuando la conciencia de las personas era muy elevada, la Madre María irradiaba una luz aguamarina translúcida de alta frecuencia.

∼

Serena me contó que estaba muy conectada a la Madre María. Una noche fue al cuarto de baño y miró por la ventana. Se extasió al ver varias bolas de unos diez centímetros de diámetro de una bella luz aguamarina que saltaban sobre la piscina. Se quedó dormida observándolas.

Cuando le dije que eran ángeles de la Madre María conectando con ella a un nivel alto, se quedó intrigada y encantada.

Diana Cooper

EL ARCÁNGEL CHAMUEL Y LA MADRE MARÍA

El arcángel Chamuel es el ángel del amor, y durante un tiempo estuve conectada con él como práctica espiritual. Cada día inhalaba su radiante luz rosa en mi corazón y al exhalarla de nuevo lo visualizaba enviando amor a las personas, los árboles, los elementales y las situaciones.

∼

Una noche, después de un mes trabajando con el arcángel Chamuel, caminé fuera y disparé a lo lejos con mi cámara en la oscuridad. Vi un color rosa brillante en la luz del flash que resultó ser unos orbes en forma de corazón de María, Chamuel y el ángel del amor.

Mi guía Kumeka me dijo que estos orbes te envuelven con el más profundo consuelo amoroso para que te sientas bien.

Al día siguiente caminé por un bosque cercano imaginando que estaba en el centro de estos sorprendentes orbes y que la luz rosa irradiaba sobre mí. Sé que tenía conmigo la energía de la Madre María, del arcángel Chamuel y de los ángeles del amor porque una ardilla se detuvo a unos tres centímetros delante de mí y bailó durante cinco minutos. Luego, un ciervo yacía en el camino observándome con sus grandes ojos. Le envié mi amor y me dejó colocarme junto a él con gusto.

DIANA COOPER

LA MADRE MARÍA SANA A BEBÉS Y A NIÑOS

Nunca olvidaré cuando la Madre María me visitó cuando yo estaba sanando a mi hija y lo que me dijo sobre bebés y sobre cómo los ayuda. Esta historia no es sólo sobre bebes y niños, sino sobre el niño que todos llevamos dentro. A menudo, este niño precisa cura y, especialmente, si se estuvo enfermo cuando era joven.

Cuando una de mis hijas era un bebé tuvo meningitis y nos dijeron que tendría graves problemas de sordera, ceguera y estado vegetativo. Estuvo en el hospital un mes; milagrosamente, se recuperó del todo y ahora ella misma es madre.

Un día la estaba curando y, al poner mis manos sobre ella, la Madre María apareció junto a mí. Derramó su hermosa luz azul en el aura de mi hija. Me dijo que cuando los bebés están cerca de su madre, están rodeados y protegidos por la luz azul de María. Sin embargo, si por cualquier razón, se separan, se les priva de la energía protectora que los nutre. Así que ella había venido a reemplazar la energía azul que faltaba al aura de mi hija debido al tiempo que pasó en el hospital cuando era un bebé. Creo que la ayudó de verdad.

La Madre María dijo también que si tienes que dejar un bebé o un niño puedes llamarla para que reparta su luz azul por el aura del niño.

DIANA COOPER

LA MADRE MARÍA AYUDA A MI HIJO

La Madre María lleva las energías de la madre. Protege y abraza a madres e hijos, incluso cuando el hijo es adulto.

Hace algunos años mi hijo estaba con la ayuda humanitaria y trabajaba en todos los puntos de conflicto del mundo, incluyendo tres visitas a Afganistán. Nunca me preocupé por él porque sentía que estaba muy protegido. Sin embargo, cuando llamó para decir que tenía que ir a Afganistán otra vez me sobrevino un sentimiento terrible y sonaron campanas de alarma. Telefoneé a un par de amigas videntes y ambas dijeron que sufriría una emboscada y sería capturado por los talibanes con consecuencias terribles. Le pregunté si podía cancelar la visita debido a mi mal presentimiento y dijo: «Mamá, nunca habías dicho nada semejante. Veré qué puedo hacer».

Volvió a llamar para decir que el contrato estaba firmado y tenía que marcharse dentro de dos días, pero que le diera toda la información posible para que estuviera alerta. Le dije que sí, pero aún me sentía nerviosa.

Fui a una colina cercana cerca de Wellington, Somerset. Estaba totalmente desierta, así que grité: «Madre María, como madre, te pido que ayudes a mi hijo». Más tarde descubrí que estaba sentada en el punto exacto donde se cruzan las líneas ley de María y Miguel.

Mi hijo llamó a la mañana siguiente para decirme que el viaje se había cancelado y sabía que la Madre María había intercedido.

DIANA COOPER

LAS ORACIONES DE UNA NIÑA EN LA IGLESIA

Los niños son puros e inocentes y los ángeles de la Madre María siempre responden cuando se la invoca.

382

Recuerdo una tarde de domingo cuando tenía 5 años; estaba en la iglesia con mi madre rezando en silencio durante una hora. Había unas cuantas personas en la iglesia, todos rezando en silencio. El ambiente era de una paz y un silencio muy bello.

Recé a la Madre María y sentí cómo el amor más bello me inundaba y al llenarme me producía un sentimiento increíble. Era amada y aceptada totalmente. Quería que se quedara conmigo para siempre pero desapareció antes de dejar la iglesia. Seguí pensando en ello después y quería volver a sentirlo. El recuerdo me acompañará siempre.

Anita

LA MADRE MARÍA, EL ARCÁNGEL RAFAEL Y EL FALLECIMIENTO DE MI MADRE

*Todos los arcángeles tienen una parte masculina
y femenina y la Madre María y el arcángel
Rafael son llamas gemelas.*

La Madre María es una santa importante en mi familia. Desde mi primera meditación guiada sentí una maravillosa conexión con ella y con el arcángel Rafael.

Yo vivía en Canadá y mi hogar en Alemania parecía muy lejos, pero siempre que meditaba sentía una conexión espiritual con mi familia.

Mi madre tenía 93 años. Recibí una llamada de teléfono diciéndome que estaba en el hospital y que no sobreviviría. Hice la meditación del arcángel Rafael y le pedí ayuda a la Madre María. Le pedí poder ver a mi madre antes de morir y me sentí en calma y en paz. Mi madre mejoró, se recuperó y celebró su 94 cumpleaños con la familia y los amigos.

Dos meses más tarde recibí una llamada de teléfono diciéndome que mi madre se acercaba a su final y volvimos a Alemania. De nuevo hice la meditación del arcángel Rafael. Para mi satisfacción, mi madre estaba viva cuando llegamos y pasamos una tarde estupenda juntas. Nos dimos cuenta de que esa tarde fue una despedida tranquila.

Le pedí a la Madre María, a Jesús y a los arcángeles Miguel, Rafael, Gabriel y Azrael que se quedaran con ella para que no estuviera sola. Falleció poco tiempo después de mi regreso a Canadá. Sé que está en la luz y rodeada de paz.

Gracias, madre, por tu amor. Gracias Madre María, Jesús, arcángeles Miguel, Rafael, Gabriel y Azrael por toda la ayuda y la guía.

MARGARETE KOESTER

EL AMOR DE UN NIÑO

La Madre María ama a los niños y ellos tienen unos lazos muy especiales con ella.

~

Mi primer recuerdo es de cuando yo tenía 3 años. Recuerdo que caminaba por la playa delante de la casa de mis padres con mi perro. Iba cantando a la Madre María, pidiéndole una señal de su presencia, y encontré una pequeña medalla de oro en forma de flor con la imagen de la Madre María y ángeles a su alrededor. Estaba impresionada y la até alrededor de mi muñeca con un cordoncillo blanco.

Más tarde lo perdí y mi hermana recuerda cómo trató de ayudarme sin conseguirlo. Pero yo sé que la Madre María se me apareció en aquella medalla para decirme que estaba conmigo.

CINZIA TAFFURI

EL TRANSCENDENTAL VIAJE A MEDJUGORJE

Si te sientes arrastrado a visitar un lugar sagrado, normalmente hay un mensaje o un conocimiento muy importante para ti allí, como ilustra la historia de Marjetka.

~

A principios de la década de 1990, descubrí el reiki y comencé a dar clases. En esa época, Medjugorje y sus milagros eran muy conocidos y fui a visitarlo porque quería descubrir si las historias sobre las apariciones de la Virgen María eran ciertas.

Le pedí que me enviara una señal para convencerme, así que miré a la cruz y dije: «Virgen María, envía una señal». La parte del centro de la cruz empezó a cambiar de forma y a girar. Dentro de mí, ardía una llama de esperanza. Luego me puse delante de la estatua de María y le pedí ayuda para mis problemas.

Ya en casa, todas mis oraciones fueron contestadas. Eso me animó a seguir conectada con María y otros seres divinos. Empecé a rezar y a pedir a los ángeles, a los arcángeles y a la Virgen María que me ayudara en mi labor de sanación. La gente estaba emocionada con las sanaciones, lo que probaba que estaba haciendo las cosas bien. Desde entonces, los ángeles han sido mis compañeros constantes.

Un día leí un libro de Diana Cooper y sentí la presencia de los ángeles mientras lo leía. Después decidí matricularme en su escuela. Ni que decir tiene que los ángeles han mejorado mi vida en todos los aspectos. Espero que los invitéis a vuestra vida y les permitáis que os ayuden.

Marjetka Novak edc

AYUDA PARA MI MATRIMONIO

Es maravilloso saber que la Madre María ayuda a las personas en sus relaciones y que siempre puedes invocarla para pedirle ayuda.

~

Llamé a gritos a la Madre María desesperada, después de una dura pelea a bordo de un barco. Ella me llenó de amor y luz y ese momento continúa siendo el más maravilloso de mi vida. Después, la dinámica cambió radicalmente en el barco y todavía me siento agradecida por la experiencia.

Desde entonces, la Madre María me ha ayudado muchas veces, simplemente, abrazándome con amor. Ella no juzga y me da la seguridad necesaria para encontrar el camino adecuado para enfrentarme a las situaciones. De alguna manera, arropada por su amor, puedo buscar nuevas y mejores soluciones, mientras que antes me sentía abrumada.

Britta

DAR A LUZ

El arcángel Azriel, ángel del nacimiento y la muerte, está presente en cada nacimiento y la Madre María aparece si se la necesita.

~

Cuando estaba en el hospital intentando dar a luz a mi hijo, no hubo ningún progreso en bastante tiempo. La doctora me dijo que quería forzar la salida del bebé empujando y presionando mi vientre.

Sentí a la Madre María junto a mí diciendo: «NO», muy claramente. Así que le dije que no a la doctora y mi esposo apoyó mi decisión.

Tuvieron que hacerme una cesárea, pero todo salió bien. Un año después me caí y me dañé el coxis, y me tuvieron que hacer una radiografía. El doctor me dijo que nunca podría tener hijos de manera normal debido a una fractura en el coxis que arrastro desde la infancia.

Inmediatamente el dolor emocional y físico desapareció y le estaba muy agradecida a la Madre María por su protección.

Mariam

EL AMOR DE LA MADRE MARÍA

El amor incondicional significa ser capaz de mandar bendiciones tanto a las víctimas como a los criminales y saber que todos nosotros somos parte de Dios.

Me desperté sintiéndome triste pero no sabía por qué. El mismo día, un poco más tarde, me enteré de una masacre ocurrida esa mañana. Pensaba en los niños y en los adultos relacionados con el suceso y me sentí cansada y emocionada. Decidí meditar.

Invoqué a los ángeles y a la Madre María y después de veinte minutos me sentí en paz y en calma. Sentía amor en mi corazón y con la ayuda de los ángeles pude enviar luz y amor a todos los que estaban relacionados con el suceso. ¡Gracias, amados ángeles, y amada Madre Divina!

Cornelia Morh edc

LA AYUDA DE LA MADRE MARÍA

La Madre María posee tanta energía de curación misericordiosa que sólo tienes que mencionar su nombre y la curación fluye hacia la persona en la que estés pensando.

Una amiga me llamó por teléfono para decirme que su nieto estaba muy enfermo y que necesitaba una operación para salvar su vida. Me pidió que rezara por él.

Le pedí inmediatamente a la Madre María que lo rodeara y lo guiara en la operación. Mientras me centraba en ello, apareció delante de mí una luz azul preciosa y cayó una pluma.

Supe que el nieto de mi amiga estaría bien. Su operación salió bien y la Madre María aún lo rodea con su luz mientras se recupera.

ELIZABETH ANN EDC

LA ESTATUA DE LA MADRE MARÍA SE MATERIALIZA

Puede ocurrir en un segundo. Una estatua se hace humana o angelical y sólo tú puedes verla.

～

Desde niña he sentido gran devoción por los ángeles y la Madre María y siempre he rezado a mi ángel de la guarda. Cuando tenía quince años tuve una experiencia espiritual profunda en la cueva de un antiguo monasterio.

Mientras rezaba, la estatua de piedra de Nuestra Señora se hizo humana delante de mis ojos. Movió su bella cabeza y me sonrió. Aunque esta cueva ya no existe, aún recuerdo la sensación de estar dentro de ella. El agua goteaba por las paredes húmedas formando un charco en las rocas bajo sus pies. Las velas brillaban creando una energía palpitante que no puedo explicar.

Empecé a confiar en mi intuición. Mi devoción por la Madre María me había ayudado en muchos desafíos y me mantenía centrada. Ahora, después de cuarenta años, me siento capaz de contar mis experiencias.

MARIEL FORDE CLARKE EDC

LA MADRE MARÍA Y EL ARCÁNGEL RAFAEL

La Madre María está en todas partes y puedes verla u oír su voz en cualquier momento.

～

Fui a Hawái para un retiro espiritual. Mientras me preparaba para una ceremonia, vi una bella luz aguamarina y verde esmeralda. Sabía que me estaba poniendo en contacto con la energía de la Madre María. Sentía su amor y le oí decir que estaba conmigo. Hice una foto y capturé la energía de la Madre María y del arcángel Rafael. Después celebramos la ceremonia en el lugar y la energía fue maravillosa. Gracias, Madre María.

MARTINA MARIA SERAPHINA KAMMERHOFER

DESEOS

Invocar la energía de la Madre María
puede hacer milagros.

~

Dirijo una clase nocturna de ángeles. Una noche estábamos trabajando con la Madre María y cada persona tenía que pedirle, a ella y a sus ángeles, un deseo. Una joven pidió a la Madre María que le ayudara a concebir un hijo; llevaba años intentándolo sin resultado. Había tanto amor a su alrededor cuando lo pedía que muchos estudiantes vieron una bella luz azul. Seis semanas después estaba embarazada. ¡Los milagros ocurren!

ANON

CAPÍTULO 18

Arcángeles y maestros

EL ARCÁNGEL BUTYALIL

Hay muchos arcángeles poniendo luz a este planeta mientras nos adentramos en la quinta dimensión. Entenderlos y trabajar con ellos ayudará de manera inconmensurable a nuestra ascensión.

⁓

Tuve una lectura espiritual en la que me dijeron que mi guía era el arcángel Butyalil, encargado del flujo del universo. Le hablé durante días pero sentía que era una conversación de una sola dirección. Por último, desesperada, pedí saber con claridad a quién debía hablar y luego tomé una carta de orbes. Era Butyalil. Ésa era la confirmación que necesitaba.

Sharon Ralph

SERES ANGELICALES DE OTRAS DIMENSIONES

Esta maravillosa historia ofrece mayores perspectivas sobre los ángeles.

⁓

El día 11 del 11 de 2011 estaba en Avebury. Iba caminando por la calzada con amigos y familiares. Los cuervos nos acompañaban, lo que antes hubiera sido un augurio de muerte, pero para mí significaba un mensaje de transformación.

Cuando llegó el momento cósmico, vi una luz que subía de la infratierra llena de seres superiores en un lugar cercano. Sentí que conocían la energía del arcángel Metatrón y pertenecían a otra dimensión. Fusionaron su energía con la mía y desde aquel momento he estado en contacto con ovnis y con el comandante Ashtar.

Una escalera descendió del cielo y los ángeles bajaban por ella. Este portal está localizado cerca de la roca central. Yo me sentí honrada, humilde y agradecida de ser testigo de aquello.

JEEVAN

LOS ÁNGELES ILUMINAN EL CAMINO
Mientras que el arcángel Miguel nos protege, el arcángel Zadkiel está a cargo de los ángeles violetas, que transmutan las bajas frecuencias.

Viajaba a Mozambique con dos mujeres que no conocía. Iba conduciendo y estaba exhausta —llevaba sin dormir cuatro noches y habíamos empezado el viaje a las tres de la mañana—. Le pedí a una de las mujeres que se mantuviera despierta para hablarme y no quedarme dormida, pero las dos se habían quedado dormidas y me sentí muy sola. Antes de comenzar el viaje, les había pedido a los ángeles que nos protegieran y como conducía yo les recé de nuevo, en especial al arcángel Miguel, para que nos mantuviera a salvo e impidiera que me quedara dormida. Sabía que los ángeles estaban con nosotros esa noche porque mientras conducía por la carretera la línea blanca de la carretera brillaba todo el tiempo. ¡Increíble!

LESLEY MORGAN

EL ARCÁNGEL URIEL QUEMA NUESTRAS «COSAS»
El arcángel Uriel trabaja con el plexo solar y nos ayuda a disolver y a transmutar nuestras energías bajas.

El día que estábamos en la casa de Diana filmando la conferencia en línea, preparándonos para el momento cósmico, salimos al patio para quemar toda nuestra negatividad y sentí un ángel enorme que creí que era Uriel. Él nos ayudó a deshacernos de nuestras «cosas».

CATHY BOLTWOOD

390

LOS ARCÁNGELES MIGUEL Y METATRÓN

Tener una práctica espiritual regular te ayuda a abrirte a la energía de los arcángeles. La vibración del arcángel Metatrón es de un naranja brillante que muchas personas pueden ver o sentir a su alrededor.

~

Era consciente de la presencia de energía negativa a mi alrededor, así que le pedí protección a Miguel. Todas las noches antes de irme a dormir le pedía que me rodeara, a mí, a mi familia y a mi casa, con su energía azul.

Después de hacerlo unas semanas, empecé a ver cómo una energía azul llenaba mi habitación. Una noche vi un orbe azul en el rincón sobre la puerta. Sigo con esta práctica hasta el presente y considero que la energía visual es muy fuerte.

Ahora hay un color naranja mezclado con azul. Sé que se trata de Metatrón, que trabaja conmigo.

MARY THOMSON

LA HISTORIA DEL DIENTE DEL TIBURÓN

El arcángel Gabriel es un ángel blanco puro que trae claridad, alegría y mucha luz a tu vida. En este caso, también trajo abundancia.

~

Decidí ir a dar un paseo por una playa cercana a casa, en Sudáfrica. Los últimos diez años había encontrado docenas de dientes de tiburones fosilizados. La mayoría están astillados o rotos y el color va del gris al negro, pasando por el azul metálico.

La marea estaba alta y yo caminaba por la arena húmeda. Consideraba mi futuro preguntándome cómo iba a ser capaz de hacer lo que me apasionaba y de cumplir los propósitos en la vida mientras sostenía a mi familia.

Decidí conectar con el arcángel Gabriel en busca de orientación. Mientras lo hacía, mis ojos se fijaron en un lugar donde había un diente de tiburón perfecto. Era de un color tan claro que apenas era visible en la arena blanca. Como la energía del arcángel Gabriel es blanca, supe que era un mensaje suyo. Estaba emocionada y agradecida, recogí el diente y le di las gracias.

El diente era la confirmación de que estaba en el camino correcto y de que Gabriel aclaraba mi camino. A los pocos días recibí la abundancia inesperada y me di cuenta de que había pedido ayuda y había llegado.

CLAIRE BUCKNAL

EL TOQUE DEL ÁNGEL SOLAR

Un arcángel del sol es un ser dorado bello y poderoso.

～

Estaba en una reunión de iluminadores cerca de Glastonbury. Nuestra profesora Patricia Cota-Robles dijo: «Ahora vais a ser tocados en el hombro por un arcángel solar». Sentí que era tocada en mi hombro por unas manos enormes, aunque ligeras; me llené de alegría y de dicha, y todas las células de mi cuerpo se encendieron. Me convertí en luz. Grité de alegría. Fue la experiencia más bella, la guardo en mi corazón y doy las gracias por ello todos los días de mi vida.

ROWENA BEAUMONT

REIKI ANGELICAL

A los arcángeles les encanta regalarnos pruebas
de su presencia, como hacen los ángeles.

～

Enseño reiki angelical. Los ángeles están siempre ahí y siento su magnífica presencia, al igual que mucha de la gente que atiende que asiste a los cursos. Un día después de un curso hice fotos del grupo. Estábamos delante de una pared donde había colgado mi cuadro de Lord Melchizadek.

Cuando miré la primera foto me di cuenta de que una bola de luz entraba por un extremo. En la segunda foto, la bola de luz estaba en el centro de Melchizadek, en el cuadro. Ese día, una participante dijo que había sentido la poderosa sabiduría de lord Melchizadek y las fotos eran la prueba. ¡Qué sorprendente confirmación de su presencia!

ROWENA BEAUMONT

EL ARCÁNGEL GABRIEL CAMINA POR MI SALA

Los arcángeles aparecen como quieren, no necesariamente
se ajustan a nuestras expectativas, pero siempre
están de servicio para ayudarte.

~

Bajaba las escaleras de casa cuando vi a un hombre caminando por la sala, muy pensativo. Casi me desmayo del susto. De repente, se esfumó. Mi perra *Venus* estaba completamente tranquila. He notado que ladra a los espíritus, pero no a los ángeles. No podía entender quién era porque no se mostró en forma de luz radiante como los ángeles, aunque tenía una cualidad angelical.

Luego, mi guía Kumeka me dijo que era el arcángel Gabriel, que venía a examinar mi casa para ver cómo podía ayudarme en mi camino. El amor y el cuidado de los arcángeles nunca deja de sorprenderme.

DIANA COOPER

LA AYUDA DE LOS ÁNGELES

Cuando le pides al arcángel Sandalfón que sitúe la burbuja de la
quinta dimensión a tu alrededor o alrededor de otra persona,
aumenta la frecuencia. Si alguien no está preparado para esta
vibración, aumenta su energía demasiado rápido, así que no
la pongáis alrededor de casas o de personas sin su permiso.

~

Mis hijos habían estado portándose mal y les pedí a los ángeles que pusieran una burbuja de luz de la quinta dimensión alrededor de la casa. El menor, William, estaba deprimido, se negaba a ir al colegio y no salía con sus amigos; ésa era una mala señal. No tenía hambre y tenía insomnio.

Estaba desesperada y les pedí a los ángeles que nos devolvieran a la tercera dimensión y nos pusieran el azul del arcángel Miguel alrededor de la casa. ¡Resultado instantáneo! William se levantó, desayunó copiosamente y se fue a su trabajo a media jornada. Así que supongo que todavía nos queda trabajo que hacer en nuestra casa para prepararnos para la quinta dimensión.

KARIA

EL ARCÁNGEL METATRÓN TRABAJA MIS CHAKRAS

Éste es otro recordatorio de que cuando pides, los ángeles y los arcángeles vendrán a ayudarte y a trabajar contigo.

~

En febrero de 2012 descubrí los nombres de algunos de mis ángeles y conocí a una persona maravillosa que canaliza a los ángeles. Empecé a hablar con mis ángeles porque quería encontrar mi propio camino verdadero. Pedí a mis ángeles que limpiaran mis chakras y que me ayudaran a oír sus mensajes.

Una noche, mientras estaba en la cama, oí campanas. Apague la televisión pero todavía podía oírlas. Era un sonido muy suave y me sentí en calma. Al día siguiente descubrí, mediante mi canal de ángeles, que había sido el arcángel Metatrón y algunos ángeles blancos trabajando mis chakras. Estaba emocionada de alegría y amor. Sé que si pides, los ángeles te ayudarán. Es maravilloso saber que están ahí.

Stacy Knox

LA CAPA DE METATRÓN

El arcángel Metatrón se encarga de la ascensión de nuestro planeta y del universo entero. Si has sido un alto sacerdote o sacerdotisa en cualquier civilización, en cualquier vida, puedes llevar la capa de Metatrón en tu campo áurico. Si no has sido antes un alto sacerdote o sacerdotisa y tu alma considera que está preparada, puedes tener acceso a ella. Te capacita para sintonizarte con la sabiduría de las Pléyades, Orión, Neptuno y Sirio, y a conectar con la Gran Pirámide de la Infratierra.

~

Un sábado, en un taller, pasé la capa de Metatrón dorada y naranja a varias personas. El domingo, una de las asistentes volvió resplandeciente de felicidad. Dijo que había funcionado. Había estado con algunas personas y había visto su oscuridad dirigiéndose hacia ella. Cuando llegó a su capa de Metatrón, simplemente se detuvo y no pudo acercarse más. Su negatividad no pudo impactarle ni quitarle energía.

Diana Cooper

SANTA TERESA

Los grandes maestros también nos vigilan y nos ayudan. Al igual
que los ángeles, nos pueden enviar mensajes y señales,
como ilustra esta historia.

Cuando comencé a enseñar reiki sospechaba que tenía la ayuda de guías y maestros pero quería una prueba. Me dijeron que una de mis guías era santa Teresa. Sabía que estaba asociada a las rosas; durante su vida había dicho: «Después de mi muerte, dejaré caer una lluvia de rosas. Gastaré mi cielo haciendo el bien en la Tierra».

La mañana de mi siguiente taller le pedí que, si me estaba guiando, me diera una señal. Estuve pendiente todo el día, pero no pasó nada. Estaba un poco decepcionada, pero me olvidé de ello –quizás se trataba de aprender a confiar o de aumentar mi sensibilidad. Aquella noche salí a comer con una amiga y decidí terminar la comida con un helado. Era precioso, ¡esculpido en forma de rosa! Le dije a la camarera que le transmitiera mis gracias al chef por la maravillosa forma del helado. Ella dijo que no le había dado ninguna forma, que le había servido una bola de helado. Me llegó el mensaje.

Elizabeth Harley Edc

CALMAR EL TIEMPO CON LOS ELEMENTOS

El pensamiento humano tiene influencia sobre los elementos. Podemos
trabajar con ellos y con los seres superiores que se encargan de ellos
para cambiar de manera positiva el tiempo.

Cuando las noticias anunciaron un huracán en nuestra zona, levanté de inmediato una protección alrededor de nuestra propiedad y de todo el pueblo. También tuve la precaución de retirar todo lo que era móvil. Contacté con los elementos de la naturaleza para calmar los vientos y pedí al arcángel Zadkiel que limpiara la zona con la Llama violeta platea-da y dorada para que el viento no tuviera que hacerlo. Nunca vimos la tormenta; hacía un poco más de viento de lo habitual, pero todo estaba bien.

Cayeron tejas del tejado de nuestro vecino y en el pueblo de al lado cayeron árboles. Así que la tormenta pasó muy cerca. Di las gracias a los elementos y a los seres superiores por su ayuda. Si nos mantenemos en calma, nos hacemos responsables y visualizamos cómo debería ser, entonces podemos tener influencia sobre el tiempo.

ALEJA DANIELA FISCHER EDC

EL ARCÁNGEL METATRÓN

Esta historia ilustra cómo centrándonos en nuestros sentimientos y pidiendo a los ángeles ayuda, juntos, ellos y nosotros podemos anular el dolor y las emociones de todo tipo.

∿

Una mañana me desperté con miedo y con la impresión de «sombras internas». Medité e invoqué al arcángel Metatrón; sentí su presencia con fuerza. Aunque el miedo crecía, seguí centrándome y visualizando luz dorada fluyendo hacia mi mente. Le pedí al arcángel Metatrón que me guiara y me dijo que el miedo era mi miedo al poder.

Continué sentada en silencio, observando mi miedo. Disminuyó. Me di cuenta de que este dolor estaba conectado con mi misión divina. Le pedí a Metatrón ayuda para desarrollar mi misión divina y el dolor desapareció.

ANON

AMOR DIVINO

El arcángel Chamuel es el maravilloso arcángel rosa de los corazones que dirige a los ángeles del amor.

∿

Estaba de vacaciones con mi marido y después de una estupenda velada nos fuimos tarde a la cama. Me quede dormida pero me desperté al oír voces. Sin embargo, no eran voces normales; sabía que eran ángeles. Tuve una sensación de amor maravillosa. El amor divino fluía por mi cuerpo y me sentí flotando sobre la cama.

Sentí cómo el arcángel Chamuel se acercaba y decía: «Te doy la fuerza del amor divino para el trabajo de tu nueva vida». Ya había realizado el curso de formación de profesores sobre ángeles en la Escuela Diana Cooper y desde entonces sabía, sin ninguna duda, que estaba conectada con los ángeles.

Martina Maria Seraphina Kammerhofer EDC

AMOR DE ARCÁNGEL
El arcángel Zadkiel es violeta y ayuda a transmutar las energías bajas para abrirnos a las energías altas.

Una mañana me despertó la energía más maravillosa. Sentía un amor profundo y arrollador y pensé: «Debe ser un arcángel». Pregunté quién era y en mi ojo de la mente vi la palabra ZADKIEL y sentí el nombre en mis labios.

Nunca había oído este nombre antes. Lo miré en Internet y descubrí que había un arcángel Zadkiel.

Cuando Zadkiel vino a visitarme, yo pasaba por un período difícil de búsqueda espiritual pero, después de su visita, me sentí alegre y bendecida. ¡Gracias, Zadkiel!

Wenche Milas

EL AUTOMÓVIL DE MI HIJA
A los arcángeles les encanta darnos pruebas de que han hecho lo que les pedimos.

Mi hija Nicola es vidente y está frecuentemente en comunicación con sus ángeles. Su pasión son los automóviles y el favorito entonces era un deportivo Hyundai coupé, de color púrpura. Iba a ir a Australia durante cinco semanas y su única preocupación era este vehículo. Preguntó a los ángeles qué podía hacer para mantenerlo seguro.

La noche antes de irse, salimos y nos paramos junto al Hyundai. Invocamos la Llama violeta del arcángel Zadkiel y de san Germain para que lo sellara y lo protegiera. Pedimos que fuera invisible para todos.

Nicola se fue feliz a su viaje. Después de volver hizo una foto su automóvil. Cuando me la enseñó había un bello lazo de luz violeta/púrpura rodeando el vehículo. Ella estaba estupefacta y dijo que era la manera de los ángeles de decirle que estaban ayudándola y protegiéndola, a ella y a su posesión, incluso cuando estaba a miles de kilómetros.

MARIEL FORDE CLARK EDC

CURAR CORAZONES CON LA LLAMA VIOLETA

La Llama violeta es una herramienta de curación muy potente que transmuta la energía estancada y vieja en vibraciones positivas altas.

~

Hace dos años, mi hermana sufrió un infarto. Nunca había estado enferma, ni siquiera con un resfriado. Después de la operación, le implantaron un estent en la arteria. Cuando se estaba recuperando, me senté una mañana y trabajé sobre ella con la Llama violeta.

Dos días más tarde me llamó y me dijo que había tenido una experiencia extraña esa tarde. Oyó una voz, cerró los ojos y dijo: «¿QUÉ?». Luego vio a dos ángeles llevando un corazón. Preguntó qué ocurría. Le contestaron: «Llevamos tu corazón para ponerlo mejor». Mi hermana no sabía nada de mis ángeles y mi trabajo espiritual. Se quedó muy sorprendida y ahora viene a todos mis talleres.

MARGOT GRUNDY EDC

CAPÍTULO 19

Unicornios

Los unicornios son caballos ascendidos de la séptima a la novena dimensión de los reinos angélicos. Son conocidos como los más puros de los puros y su luz es blanca reluciente. Buscan la luz sobre tu cabeza, y si brilla con el mensaje de que estás preparada para ayudar a los demás, trabajarán contigo. Ellos ayudan a llevar a cabo los deseos más profundos de tu alma.

Conoce más sobre ellos en mi libro *The Wonder of Unicorns*.

UN UNICORNIO CON MENSAJE

*Cuando se te aparece un unicornio, es un momento
de cambio en tu vida.*

Hace muchos años construí una «rueda medicinal» en un montículo de hadas en el bosque. Un día estaba sentada meditando con los ojos abiertos, cuando se abrió una «ventana» delante de mí. Había algo que siempre creí que era un mito: ¡un unicornio! No sabía qué hacer, ni qué decir o pensar. Del ser emanaba un gran sentimiento de amor, y dijo telepáticamente: «¡Sé sincero contigo mismo!». Luego la ventana se esfumó. Estaba estupefacto, fascinado, porque nunca había creído en tales criaturas ni había leído que ocurriera nada parecido.

DAN CHANEY

CONECTAR CON GABRIEL
Y LOS UNICORNIOS

¡Los unicornios y los ángeles tienen formas maravillosas
de dar mensajes a las personas!

~

Cuando me enteré de que había un taller de ángeles en el Festival Mind Body Spirit supe que tenía que ir. Había buscado sin éxito un anillo de piedra lunar, pero encontré uno perfecto en el festival. Sé que la Luna y la plata están conectadas con el arcángel Gabriel, muy cercano a mí. ¡Un comienzo de día muy alentador!

Durante el taller, teníamos que imaginarnos en un campo y yo vi a un bello unicornio blanco que venía hacia mí. Rechacé la visión, aunque, creyendo que sólo era mi ego, quise comprar *The Wonder of the Unicorns*. Sin embargo, los libros se habían agotado. Me sentí decepcionada y lo tomé como una señal de que no merecía conocer a los unicornios.

Al regresar a mi asiento vi que quedaba un ejemplar del libro en la tarima. Diana había escrito un mensaje en él: «Gabriel y tu unicornio están contigo. Diana». Mi corazón se llenó de alegría, gratitud y sorpresa cuando lo compré y lo leí: me sentí abrazada por puro amor y voces amorosas me animaban a que confiara en mí misma y en mis visiones.

Siempre que tengo miedo o dudas, miro este maravilloso regalo y una luz gloriosa brilla en mi corazón. Me recuerda que soy amada. Doy gracias a los ángeles, a los unicornios y a todos esos maravillosos seres de luz.

MARTA ISABELLA

REGALO DE CUMPLEAÑOS

Los unicornios, con su sola presencia,
dan esperanza.

~

Siempre he amado a los unicornios. En una terrible ocasión, el corazón de mi pareja se paró y entró en coma. Estaba con él en el hospital cuando nos visitó mi hermana. Ella no sabía nada de los ángeles ni de los unicornios, ni de mi amor por ellos.

Era mi cumpleaños, así que fue a comprarme una tarta y un regalo. Regresó con una figura de unicornio preciosa, y cuando la vi, supe que mi pareja se pondría bien, y así fue.

TAL COMO SE LO CONTÓ NANCY A DIANA COOPER

UNA CARTA DE UNICORNIO Y UN SUEÑO

Las cartas de unicornios tienen una frecuencia muy alta y ayudan con una exactitud certera.

Empecé a visitar la página web de Diana y a elegir cartas de unicornios todos los días. Una mañana desperté de un extraño sueño con dolor de cabeza. Había soñado que estaba oscuro y que caminaba hacia un arroyo claro en un bosque, pero el arroyo se convirtió en un río caudaloso que fluía por rocas que habían estallado en su orilla.

Fui a la web para ver una carta de unicornio. La carta que apareció fue AYUDA. Esta carta muestra a un hombre sentado en la orilla de un río; no puede cruzarlo porque el puente está roto y tiene las manos sobre la cabeza. Un unicornio está cerca. Entendí la imagen como algo muy relevante teniendo en cuenta mi sueño y el dolor de cabeza. Me dio seguridad y confirmación.

KAREN SPRING-STOCKER

GOLES Y UNICORNIOS

Si quieres que alguien mejore, pide a los ángeles y a los unicornios que le ayuden.

El capitán de nuestro equipo nacional de fútbol, en Suiza, tenía dificultades para meter goles. Es el mejor jugador que hemos tenido, pero durante más de un año no podía meter goles. La prensa y sus fans se estaban metiendo con él semanas y decidí enviarle un unicornio y muchos ángeles para el próximo partido importante. ¡Huelga decir que aquella noche metió dos goles!

SABINA

UN ARCOÍRIS DE UNICORNIOS

Ésta es una preciosa historia de amor y consuelo debida
a señales de unicornios.

～

Mientras visitaba a mi anciana madre, me pillé el dedo meñique con la puerta del automóvil. En vez de sentir dolor, experimenté una reacción profundamente emocional. De repente, supe que ya era hora de que mi madre viniera a vivir con nosotros. Ella era muy independiente pero tenía ya casi 90 años.

Como mi marido y yo estamos jubilados, acordamos que era mejor que ella viviera con nosotros. Sin embargo, nosotros vivimos en el noroeste de Inglaterra y ella en el sur; sería mucho esfuerzo para ella trasladarse tan lejos de su familia y amigos. Pensé que había aceptado las implicaciones de que mi madre viviera con nosotros de modo que mi reacción emocional fue como un shock doloroso.

Al día siguiente aún me sentía emocionalmente delicada. Mi marido y yo fuimos a una exposición en la Tate Modern. Mientras hacía unas fotos fuera del edificio me fijé en una nube en forma de estatua de unicornio. Le hice algunas fotos. Luego vi un pequeño arcoíris entre las nubes y cuando buscaba la fuente de luz, vi un unicornio que creaba el arcoíris con su cuerno. Estaba apuntándolo con su pezuña delantera.

Yo tenía una fuerte conexión con los unicornios y sabía que era mi unicornio que me enviaba un arcoíris para decirme que las cosas saldrían bien. Aquello me consoló y tengo las fotografías del arcoíris de mi unicornio para recordármelo en caso de necesitar más seguridad.

Mi madre vive ahora con nosotros y se ha integrado en su nueva vida. ¡Y la uña de mi dedo está creciendo muy bien!

Kathy EDC

NUESTRO PEQUEÑO UNICORNIO

Cuando los caballos evolucionan, se vuelven de color blanco.
Éste, verdaderamente, se está preparando para convertirse
en unicornio.

～

Me encanta trabajar con cartas y libros de ángeles. Sin embargo, los unicornios eran un poco extraños para mí y no me sentía atraída hacia ellos hasta que un día que estaba en una librería para comprar otro libro de ángeles vi cartas de unicornios. ¡No podía dejar de mirar! TENÍA que tener las cartas y el libro donde venían.

Mi marido, mi hija y su amiga fueron a comprar un caballo. Llegaron a casa con *Millie,* un joven pony negro Shetland. Escribí un libro sobre *Millie,* la princesa unicornio, y puse unas bellas fotos de ella. ¿Por qué inventé la historia? Entonces no lo sabía.

Llegó la primavera y todos los caballos cambiaron de pelaje, menos *Millie.* De la noche a la mañana, mudó el pelo y pudo verse más pelo blanco debajo. Cuando *Millie* se haga adulta será blanca como la nieve aunque sus padres son marrones y negros. ¡Imposible, pero cierto! ¡Ahora tenemos nuestro propio unicornio!

ESTHER WILLEMS-KRÄMER

EL UNICORNIO SORPRESA

*Llegado el momento adecuado, un unicornio
se imprimirá en tu mente.*

Durante los últimos años he recibido mensajes de que tengo que prestar atención a mi camino espiritual y a mis habilidades videntes. Me han dicho en dos ocasiones que empiece a trabajar con los ángeles.

He tomado la decisión de dejar la carrera empresarial para formarme como terapeuta. También he decidido prestar atención a los mensajes que me están llegando, desarrollar mis habilidades videntes y aprender a canalizar las energías angelicales.

Estaba haciendo una meditación guiada en la que teníamos que visualizar un animal. Lo primero que me vino a la mente fue un unicornio. Estaba sorprendida. Tengo que aprender mucho todavía, pero sé que son especiales. Si alguien hubiera dicho: «Piensa en un animal», normalmente, ¡un unicornio no hubiera sido lo primero que se me hubiera venido a la mente!

HILARY ALEXANDER

¡TODO REMOVIDO!
Los unicornios tienen sentido del humor

～

Liz Roe French es una médium y sanadora que trabaja con una máquina e-LIBRA. Cuando te enchufas a ella, te dice lo que ocurre en tu cuerpo físico y en el imperceptible y los alinea. Vino a una conferencia que yo daba en la que ayudaba a cada uno a conectar con sus unicornios.

Al día siguiente se enchufó a la máquina y resultó esta descripción de su estado: ¡enfermedad en el cuerno frontal! ¡Cuando me lo contó nos reímos! Claramente, su unicornio con su cuerno –que, por supuesto, está en la parte frontal de su cabeza– había removido sus campos de energía.

Margaret Merrison edc

LA MEDITACIÓN CON UNICORNIOS
Esta historia es para recordarnos que debemos confiar
en las imágenes que nos llegan.

～

Vi un unicornio en mi meditación. Era muy brillante y bello: muy vívido y aun así casi no lo creía y pensé que lo había imaginado. Luego tuve un tratamiento de reiki y, para mi sorpresa y agrado, la sanadora dijo que yo tenía un unicornio conmigo. ¡Entonces lo creí!

Anon

UNICORNIOS Y PANTERAS NEGRAS
Las panteras negras son seres de la quinta dimensión
que simbolizan una gran fuerza.

～

Mi buena amiga Cathy me estaba haciendo reiki. Cuando empezó, sentí como si sujetaran mis piernas y algo estuviera estirado sobre mí. En el ojo de mi mente veía una pantera negra y me sentía muy protegida.

Luego sentí que mis brazos estaban atados con cuerdas negras. El dolor era increíble. Les pedí a mis ángeles que me desataran y lo hicieron, pero eran reemplazadas de nuevo. Cada vez, mis ángeles las quitaban con luz blanca. Pregunté a mi ser superior por qué ocurría esto y me vino a la mente un amigo que trataba de controlarme. Justo cuando el dolor era excesivo, vino galopando hacia mí un bello unicornio y el dolor desapareció. Me llenó de amor y reposó su cabeza contra la mía. Usó su cuerno para cortar las cuerdas de nuevo. Luego se fue galopando. Después del tratamiento de reiki elegí algunas cartas de ángeles y ¡salió el unicornio!

ROSIE

EL ARCOÍRIS DEL UNICORNIO
Los unicornios traen inspiración creativa.

~

Estaba meditando y apareció un caballo alazán. El caballo giró hacia la luna y se transformó en un unicornio con cuerno de cristal. Tomaba energía de la luna, creando muchos arcoíris.

Se me invitó a montarlo y flotamos por los colores. Recibí curación de los colores. Me sentí inspirada por lo que había visto.

JULIE GILBERT

LLAMAS VIOLETAS TRAEN MI UNICORNIO
Los unicornios algunas veces vienen a nosotros
cuando dormimos y en sueños.

~

Diana Cooper y yo habíamos decidido tomarnos unos días de vacaciones en las Tierras Altas de Escocia. Llovía mucho pero la energía era maravillosa. Nos quedábamos en un hotel en Roybridge. Me dormí pronto, pero me desperté a las tres de la madrugada. Decidí aprovechar el tiempo para enviar llamas violetas a personas, lugares y al planeta. Mi tercer ojo comenzó a vibrar y vi un bello unicornio de un blanco puro, sonriendo y danzando a mi alrededor, lleno de amor y de energía. Vino hacia mi cara y puso su cuerno espiral en mi tercer ojo. Fue una experiencia maravillosa que me relajó y me devolvió el sueño. Por la mañana, me sentí viva y llena de energía. Sabía que el unicornio había venido para ayudarme con un proyecto importante que tenía que realizar. Qué dicha tener la ayuda de estos seres potentes y suaves para guiarnos en nuestras misiones.

ROSEMARY STEPHENSON EDC

SEGUIR LAS SEÑALES DE LOS UNICORNIOS

Vibraciones positivas atraen a los unicornios
y ellos nos mandan señales.

Me encanta la ayuda que recibo de ángeles y unicornios. Los libros de Diana y las cartas de unicornios son una valiosa fuente de orientación.

Recientemente, mi vida sufrió un gran cambio con la pérdida de mi trabajo. Los unicornios me habían enviado una señal de cómo reconstruir mi vida. Las cartas indicaban que habría nuevas oportunidades más adelante. También me advirtieron de cuándo dejar una situación perjudicial en mi lugar de trabajo. Seguí sus señales, lo que me condujo a formarme de nuevo y a dejar una situación muy inquietante. La buena oportunidad y el curso se presentaron cuando yo no estaba segura de qué giro dar.

Ahora, si estoy preocupada por el futuro, llamo a los ángeles y a los unicornios. Rogaría a todos que trabajen con ellos porque ofrecen inspiración y ayuda cuando menos te lo esperas. Tienes que estar abierto a las señales y confiar en tus instintos. Transmitir amor y vibraciones positivas ayuda a atraerlos.

JOANNA

MI GUÍA DE UNICORNIOS

Los clientes de Debbie han dicho que sus sesiones de sanación ahora
son más sólidas porque le fluye la energía del unicornio.

Mientras caminaba por el bosque reconocí a una señora que llevaba a su perro de paseo y me di cuenta de que era Diana. Nuestros perros jugaron juntos mientras charlábamos sobre sanación, viajes y temas espirituales. Diana me dijo que tenía un unicornio guiándome. No sabía mucho de ellos pero leí su libro de unicornios. Me dijo que buscara señales –caballos blancos y plumas. Siempre estoy rodeada de plumas, ¡así que creí que el caballo blanco sería algo nuevo!

Mi hermano había planeado para nosotros un gran viaje de 80 kilómetros en bicicleta por la montaña. Yo necesitaba todo el apoyo que pudiera obtener. Llamé a los unicornios para que me ayudaran a subir las cimas. Cuando llegó el día del viaje todos se quedaron sorprendidos de ver lo bien que lo hacía, ¡especialmente yo misma!

Nos dirigimos hacia una carretera llena de curvas con montañas a cada lado. Al girar en una curva vi, en un saliente empinado, un magnífico caballo blanco que nos miraba. Grité a mi marido: «¡Mira, la señal!». «¡Sí!», gritó él, y casi me caigo de la bicicleta de la sorpresa de que él también lo viera.

La vida está llena de señales y creo que las fuerzas angelicales nos guían siempre. Cuando se confía y se les pide, ellos están ahí. Soy consciente de la guía de mi unicornio y me emociona el futuro mientras continúo aprendiendo y desarrollando espiritualidad para ayudar y empoderar a otras personas.

DEBBIE PETTITT

LA ENERGÍA ELECTROMAGNÉTICA

Es importante comprender el impacto de la energía electromagnética, y el ejemplo de Margaret puede ayudar a elevar nuestra conciencia de forma que todos podamos crear un planeta más saludable.

He estado trabajando con energías electromagnéticas y auras y creo que la gente necesita conocer el efecto de las energías electromagnéticas, especialmente las generadas por los teléfonos móviles, en sus auras y en el de la Tierra. Para que los móviles funcionen, necesitan una estación base que emita constantemente energía electromagnética hacia el aura de la Tierra. La Tierra lucha por elevar las vibraciones en toda esta niebla tóxica electromagnética.

También el aura de las personas está menguando por el uso de los teléfonos móviles pero puede recuperarse —en realidad, con más fuerza de la que tenía— llamando a los ángeles para tener protección. Las auras se hacen más fuertes si llamas a los unicornios para tener su protección mientras usas tu móvil. Pide a los ángeles y a los unicornios ayuda para proteger el aura de la Tierra y de todos nosotros.

MARGARET MERRISON EDC

EL CONSUELO DE LOS UNICORNIOS
*Los unicornios realmente quieren que Debbie sepa
que estaban allí para ayudarla.*

~

Me sentía muy triste por un asunto personal mientras visitaba Florencia con mi marido Neil y nuestro hijo. Vi algunos cuadros de caballos y le dije a Neil: «Mira, los caballos de nuevo». Cinco minutos más tarde pase por un hotel, ¡y se llamaba Hotel El Unicornio! Hice una foto. Luego visitamos un palacio. Mi hijo corrió hacia mí y dijo: «Mira, mamá», y delante de nosotros había una estatua de un Pegaso blanco.

DEBBIE

CAPÍTULO 20

Elementos y elementales

P uedes comunicarte e influir en los elementales que trabajan con los elementos. El gran ser a cargo del agua es Poseidón y bajo él está el maestro de los elementales, Neptuno. Él dirige a los espíritus del agua, las ondinas, que mueven el flujo de los ríos, océanos y la lluvia; y las sirenas, que cuidan de la flora y de la fauna.

Los unicornios están a cargo del aire. El maestro elemental es Dom y los elementales son sílfides y hadas.

El arcángel Gabriel está a cargo del fuego. El maestro elemental es Thor y los elementales son los dragones de fuego y las salamandras.

Lady Gaia está a cargo de la Tierra. La maestra elemental es Taia y los elementales son duendes y elfos. Algunos de los elementales contienen más de un elemento pero ninguno contiene todos.

DESTELLOS EN LA HIERBA

Los elementales son importantes para el futuro del planeta.
Es reconfortante saber que los niños, intuitivamente,
entienden la importancia de su trabajo.

~

Al crecer me sentía fascinada con las historias de hadas. Creía realmente en ellas y sentía su presencia en las flores. Ahora vivo en una casa con una vibración de elementales muy intensa. Siempre he sido capaz de sentirlo pero fue encantador que mis nietos lo confirmaran.

Un día soleado, mis nietos me visitaron y decidimos jugar en el jardín y mirar todas las flores. Una de mis nietas dijo: «Abuela, ¿por qué tienes tantas hadas en el jardín?». Antes de que pudiera contestar, añadió: «Bien, tenemos que ayudar a las hadas con su trabajo, así que ¿por qué no cantamos a las flores?».

Así lo hicimos, cantamos a las flores y les dijimos que las amábamos. Ni que decir tiene que el jardín floreció de tal manera que todo el mundo lo comentó.

Elizabeth Ann edc

DETENER LA LLUVIA

Los unicornios están a cargo del elemento del aire. Aunque Jenny no pidió conscientemente a los unicornios que parara la lluvia, ellos respondieron a su petición.

Estaba en un retiro de una semana en un camping. Toda la semana hubo tormentas. La lluvia azotaba y el viento rugía. La última mañana la lluvia paró pero había humedad y niebla y todo estaba mojado. La previsión del tiempo era mala; no había esperanza de cambio.

Decidí hablar con los elementos. Dije: «Ya está bien. No quiero recoger una tienda húmeda. Por favor, necesito el sol y el viento para que la seque. Voy a desayunar y a limpiar, volveré dentro de dos horas para desmontar la tienda».

El sol salió de pronto, sin esperarlo. El viento empezó a soplar suavemente. La tienda se secó y pude recogerla fácilmente.

Jenni

SENTIR LAS HADAS

Qué ejemplo más maravilloso de conexión con los espíritus de la naturaleza. No todo el mundo los ve, pero ellos siempre encuentran

la manera de hacernos saber que están ahí. Sólo se necesita
preguntar y prestar atención, como hizo Margaret.

～

Estaba en mi jardín una tarde de verano; no había viento y había calma y magia. Sabía que había espíritus de la naturaleza alrededor. Los podía sentir junto con su energía, pero no era capaz de verlos. Anhelaba vislumbrar uno. Les pedí que me ayudaran a verlos para confirmar su presencia.

No hacía viento esa tarde pero noté que una hoja se movía cuando miraba un matorral de plantas montbretia. Luego se movió otra hoja, y otra, y otra. Pronto las hojas de otras plantas se movieron, y aunque no veía ningún espíritu de la naturaleza, sabía que eran las hadas haciendo patente su presencia. Era magnífico sentir su presencia juguetona mientras se divertían moviendo las hojas para mí.

MARGARET MERRISON EDC

GUARDIÁN DE LA TIERRA

Los dragones son elementales maravillosos, protectores y poderosos
de la cuarta dimensión. Proteger la tierra, como en esta historia,
es una de las muchas cosas que pueden hacer.

～

Hubo un incidente en un hotel de la localidad donde hubo disparos durante un robo. El dueño tenía niños pequeños y estaba muy asustado, así que me llamó pidiendo ayuda. Entré en el hotel y limpié todas las habitaciones. También fui al jardín y pedí hablar con el guardián de la tierra. Un enorme dragón apareció y pregunté qué podría hacer para ayudar a proteger la tierra. Me dijo que plantara cristales en las cuatro esquinas de la parcela; así lo hice y el hotel nunca más ha tenido problemas.

SERENA

JUGAR CON LOS ELEMENTALES

Cuando amas la naturaleza y los elementales, y los respetas,
puedes jugar con los elementales y ellos responden.

～

Me senté bajo un árbol y lo agradecí. Luego vino una brisa suave y las hojas tintinearon y danzaron. Observé un momento y luego pedí al viento que parara; el aire se quedó quieto y las hojas en silencio. Luego pedí al viento que jugara con ellas de nuevo y el aire comenzó inmediatamente a moverse de nuevo, haciendo que las hojas tintinearan de nuevo.

Jenny

LAS HADAS AYUDAN

Las hadas, muchas de las cuales están muy evolucionadas, nos traen curación y alegría, suavidad y risa. Trabajan con los unicornios y ayudan a las flores a crecer.

～⌒

Estaba pasando una época terrible de sufrimiento. Una noche muy intranquila tuve una experiencia mágica: vi bellas hadas multicolor que bajaban. Se sentaron en cada uno de mis chakras y los sanaron. Fue maravilloso. Estaba dormida y aun así, despierta. De niña siempre había creído en el mundo sobrenatural, así que lo tomé como una experiencia normal. Me daba cuenta de que el mundo era un lugar sagrado y bello y que era muy afortunada por recibir una curación tan mágica.

Anon

LA COMUNICACIÓN CON LOS ESPÍRITUS
DE LA NATURALEZA

Ésta es una historia llena de gracia y de sabiduría sobre cómo un humano se comunica con un árbol y los espíritus de la naturaleza.

～⌒

Caminando por el bosque me llamó la atención un árbol sicomoro. Parecía triste, así que conecté y le pregunté si le gustaría que lo curara. Tenía el tronco doblado y torcido. Le puse las manos y sintonicé. Me di cuenta de que el árbol se sentía culpable. Le hablé al árbol diciéndole que era realmente bello. Miré su corteza, hojas y ramas con amor y admiración. Le dije que era maravilloso que hubiera encontrado la forma de sobrevivir a pesar de las circunstancias adversas. Me recordaba a mí misma y a otros que han madurado con el dolor y la dificultad.

Terminé la curación y me despedí. Me di cuenta de que se acercaban espíritus de la naturaleza. Su energía no era buena y llevaban artefactos extraños en forma de red. Les pregunté qué hacían y contestaron que estaban cosechando energía de los árboles. Sentí que tomaban lo que querían de los árboles sin preguntar.

Les insinué que la energía obtenida por la fuerza sería una energía de mala calidad y si se donaba libremente sería más poderosa y necesitarían menos. Tuvieron esto en cuenta y uno dijo: «Los árboles no nos van a dar la energía libremente». No sabía qué contestar. Una voz detrás de mi dijo: «Yo os daré parte de mi energía». Era el árbol que acababa de curar.

Volví al bosque hace poco y vi un bello árbol y me sorprendió reconocerlo como el árbol «feo», pero que ahora era todo menos feo. Se había transformado totalmente.

ELIZABETH HARLEY EDC

CONECTAR CON LA ENERGÍA DE LOS ÁRBOLES

Los árboles son seres sensitivos y gentiles que mantienen la historia y el conocimiento de su zona.

～

Solía conectar con la naturaleza y todas las plantas de mi pequeño patio. Planté un pino junto a la casa y enseguida creció muy alto. Solía hablarle y abrazarle y me dio mensajes de que siempre me ayudaría.

Un día me acerqué al pino (lo llamaba Piny) y le pedí que me ayudara a enraizarme. El mensaje que obtuve fue: «Espera y tendrás la respuesta». Esa tarde encontré en internet un ejercicio que me ayudó e hizo que me enraicera. Lo que me resultaba increíble es que fuera Piny quien me lo dijo.

ANON

EL ELFO VERDE

Conectar con los elementales puede traer a nuestra vida risas, curación y dicha, como lo demuestra la historia de Beverley.

～

413

Asistí a un taller increíble con Diana Cooper. El mejor momento fue cuando, después de una meditación, fuimos recompensados con una habitación llena de elementales. Diana dijo que cada uno de nosotros tenía un espíritu sentado al lado. Un elfo vestido de verde saltó a mis rodillas y parecía muy contento columpiando las piernas. Cuando me miró, mi corazón se llenó de dicha y mis ojos se llenaron de lágrimas de gratitud. ¡El amor incondicional que puso en mi corazón era abrumador! Qué momento tan fabuloso. Qué afortunadas somos de trabajar con ángeles y estos otros hermosos seres.

Beverley

LA TRANSFORMACIÓN
DE LA NUBE DE CENIZA

Como demuestra esta historia,
todos podemos ayudar a todos.

~

Mi marido y yo íbamos a salir a un viaje de negocios y nuestros socios en toda Alemania iban a ir a Italia para reunirse con nosotros. Una semana antes del viaje, el volcán de Islandia se puso en erupción y la nube de cenizas afectó a nuestro vuelo. Pensé que si era nuestro destino ir, entonces, podríamos volar, si no, no pasaba nada. Pudimos volar porque los aeropuertos del sur de Alemania habían abierto de nuevo. Sin embargo, nuestros socios del norte todavía no podían viajar.

Trabajé con los seres superiores y con los elementales del aire para limpiar el aire. Le pedí al arcángel Zadkiel que limpiara el aire sobre Alemania. Vi la nube de cenizas marcharse y transformarse en luz dorada divina. Cuando estaba hecho, les di las gracias a los ángeles y a los seres superiores. Cuando aterrizamos en Italia nos enteramos de que los aeropuertos en el norte de Alemania habían abierto de nuevo después de hacer mi trabajo con los ángeles y los seres superiores. Estoy muy agradecida a mi trabajo con los seres superiores por el bien de todos.

Aleja Daniela Fischer edc

DRAGONES DE FUEGO

Los dragones de fuego son bellos elementales de la cuarta dimensión.
Pueden alcanzar y quemar energías extrañas que los ángeles
no pueden conseguir.

~

Un grupo de nosotras estábamos soltando nuestra energía negativa y llamamos a los dragones para que quemaran la energía mala. Después, una de las participantes, Katie Curtis, me dio un dibujo en el que aparecía lo que había visto cuando invoqué a los dragones de fuego. Había visto un enorme dragón que rodeaba con su cuerpo a todo el grupo y escupía llamas sobre nosotras.

Diana Cooper

OÍR LOS LATIDOS DEL CORAZÓN
DE LA MADRE TIERRA

Ésta es una historia encantadora sobre la conexión con la Madre
Tierra o Lady Gaia (como se la llama a menudo), el poderoso ser
angélico que está a cargo del planeta. Cuanto más conectamos con su
latido, más sintonizamos con la Tierra. Entonces, podemos abrirnos
a la gran sabiduría que guardan los planos interiores.

~

Una tarde de agosto me senté en una playa de Hengistbury Head. Me relajaba escuchando las olas y entré en un estado de ensoñación. Tuve una sensación de espacio enorme y estaba en una oscuridad que me envolvía de forma totalmente segura. Fui consciente del volumen y eco del corazón de la Madre Tierra. Fue una conexión total y yo era el latido. Fue suficiente para hacer explotar mi corazón y aún puedo imaginarlo. Fue magnífico.

Deanne Sheppard

TRABAJAR EN ARMONÍA CON LA NATURALEZA

Cuando trabajas en armonía con la naturaleza, estás conectado con
los elementales que ayudan con las condiciones atmosféricas.

~

Tenemos una granja y dependemos mucho del clima. Siempre que necesito hacer trabajos como sembrar semillas o fertilizar y preciso mucha agua pido que llueva. Luego, espero hasta obtener la respuesta de cuándo debo hacer el trabajo.

Un domingo me llegó el mensaje para fertilizar y estaba preparada para comenzar. Parecía que iba a llover pero dije: «Por favor, espera hasta que termine y luego puede llover». Mientras trabajaba cayeron gotas y dije: «Por favor, espera, aún no he terminado». La lluvia cesó y permaneció seco hasta que se hizo el trabajo.

En cuanto llegué a casa, dije: «Ahora puedes dejar que llueva. Gracias». Inmediatamente, la lluvia comenzó y continuó durante dos días. ¡Tuvimos exactamente la cantidad de agua que necesitábamos!

Aleja Daniela Fischer edc

CAPÍTULO 21

Orbes de ángeles

Durante años, los ángeles nos han prometido pruebas físicas de su presencia. Con el desarrollo de la tecnología han sido capaces de trabajar con los científicos; por ejemplo, les han convencido para que creen cámaras digitales que pueden grabar la frecuencia de la sexta dimensión. Los ángeles son, en realidad, de la séptima dimensión, así que tienen que ralentizar su vibración para que, incluso una cámara digital, los pueda fotografiar. Cuando se captura un orbe con la cámara, vemos la «versión» de la sexta dimensión de un ángel.

ORBES DE ARCÁNGELES

Los ángeles y los arcángeles se reúnen en un orbe para ayudar a la gente a prepararse para la enfermedad y la muerte.

Cuando murió la madre de mi amiga Mary, pusieron su fotografía en el féretro. La foto había sido tomada dos meses antes de su muerte. En el funeral, mi amiga me mostró la foto y vi que en la chaqueta de su madre había un orbe que contenía muchos de los colores de los arcángeles. Mi amiga dijo: «Sí, me preguntaba qué era». Mary estaba, realmente, bendecida por los ángeles; creo que le enviaron ese orbe para que todo el amor y la luz de los arcángeles poderosos estuvieran con ella, preparándola para la muerte.

Martha Mcmanus edc

ORBE

Los ángeles envían su orbe como prueba visible de que están curando.

~

Un nuevo cliente llegó para un tratamiento de reflexología; me dijo que tenía cáncer y que actualmente seguía un tratamiento en el hospital.

Le dije que no podía hacerle reflexología hasta que tuviera un permiso escrito de sus especialistas y que le ofrecía la opción de cancelar o de tener una sesión de reiki en su lugar. Se decidió por el reiki.

Cuando comenzamos, invoqué a los ángeles, especialmente la energía sanadora del arcángel Rafael. Apareció un orbe cuando trabajaba en la zona del cuerpo donde tenía el cáncer. El orbe permaneció visible durante cinco minutos; era blanco y tenía unos cien milímetros de diámetro. Fue sorprendente. No tenía ninguna duda de que el orbe estaba allí para que viera que mi cliente disponía de toda la ayuda posible de los ángeles, especialmente de Rafael.

PAULINE GOW EDC

MI MADRE

Un orbe ofrece pruebas de que un ser querido
está bien y seguro en el otro lado.

~

Mi madre falleció hace un año. Me preguntaba qué podía hacer con sus cenizas y si estaba bien en el otro lado. Le hablé a mi madre y le dije: «Por favor, dame una señal de que estás bien y con El Origen. Voy a hacer una foto para mostrarla a los demás». Hice una foto del altar donde descansaban sus cenizas. Cuando lo miré resplandecía sobre él la luz del orbe más brillante y supe que la estaban cuidando.

CAROL DE VASCONCELLOS EDC

EL PONI *PRINCESA*

Cuando ves un orbe en un animal sabes que los ángeles
le están bendiciendo.

~

Había pensado comprar un poni para mí, pero no había podido encontrar el adecuado. Me llamó la atención un poni anunciado en el periódico, pero estaba muy lejos, en el otro extremo de Irlanda. De todos modos, llamé a la dueña y le pedí que me enviara fotos del poni.

En todas las fotos había un orbe ángel sobre el poni. ¡Compré el poni sin ni siquiera verlo! Su nombre es *Princesa* y es el mejor poni que podría desear.

SUE WALKER EDC

LLAMAS VIOLETAS PLATEADAS

Cuando se combina la Llama violeta de transmutación con la Llama plateada de la gracia, la llama es muy poderosa. Cuando la invocas con una afirmación, «YO SOY», todavía es más efectiva. YO SOY hace referencia a tu mónada o primera chispa divina.

Yo era la mentora de Eileen, que estudiaba el curso sobre los ángeles de Diana por correspondencia, trabajando con la Llama violeta dorada y plateada y con el arcángel Zadkiel. Un día, Eileen fue a su jardín pronunciando la siguiente frase durante diez minutos: «YO SOY la Llama violeta dorada y plateada, YO SOY la llama de la misericordia, YO SOY la llama de la dicha, YO SOY la llama de la transmutación, YO SOY san Germain, YO SOY el arcángel Zadkiel».

Pronunciar la afirmación hizo que se sintiera feliz y en paz. Luego Eileen notó muchos orbes, así que les hizo fotos. Los orbes no aparecieron en las fotos, pero la segunda foto mostraba un precioso rayo violeta con un aura plateada que bajaba del universo a su jardín. ¡Qué gran confirmación de que el arcángel Zadkiel y la Llama violeta dorada y plateada estaban trabajando con ella!

MARGARET MERRISON EDC

MI HIJO

Cuando la frecuencia del planeta se traslada totalmente a su quinta dimensión crea un ambiente que permite que los videntes más

desarrollados y los niños se personifiquen.
La siguiente historia ilustra estos dones.

~

Un día, mi hijo Mikael me preguntó si durante la noche estaba oscuro porque para él nunca estaba oscuro, ni siquiera cuando cerraba los ojos. Le pregunté qué veía y dijo que siempre era púrpura o azul claro y veía esferas de diferentes colores a su alrededor durante el día. No sabía qué eran hasta que oí hablar de los orbes; entonces me di cuenta de lo talentoso y sensible que era.

HÉLÈNE GONELLA

ORBES EN LA GRANJA

Caras sonrientes en los orbes son espíritus llevados por los ángeles.
Anillos azules alrededor de un orbe indica que el arcángel Miguel
te protege. Muchos orbes en tu casa sugieren que puede ser un portal
angelical. Ello crea una resonancia muy bella que Roz
describe en su historia.

~

Tras problemas de fertilidad durante años, en el año 2009, tuve la sorpresa más inesperada, pero más dichosa, al descubrir que estaba embarazada. Quería vivir junto a mi familia y en el campo, así que me alegré al encontrar una granja.

Fui a verla con mis padres. Mi madre hizo muchas fotos, y cuando las miramos, vimos orbes por toda la granja. Cuando las amplié vi que algunos orbes incluso sonreían y otros tenían anillos azules a su alrededor.

Sabía que la granja era un lugar espiritual y mágico y el lugar perfecto para que mi hijo se criara. El gran día llegó el 19 de mayo de 2009; fui al hospital para dar a luz y de nuevo se tomaron muchas fotos. Una de mis favoritas es la de mi madre con bata de quirófano, con un orbe en su cabeza.

Los orbes están con nosotros en la granja. Siento la presencia de hadas en nuestro jardín. Creo, sinceramente, que mi precioso hijo Douglas es un regalo de los ángeles. Desde que nació, es un niño feliz y sano que nos ha traído, a mí y a mi familia, mucha felicidad y dicha.

ROZ JORDAN

ORBES EN UN VUELO

Esta historia es un sorprendente ejemplo de cómo un ángel puede sostener un avión para mantenerlo a salvo.

~

En un vuelo de Málaga a Bristol nos dijeron que tuviéramos abrochados los cinturones todo el trayecto porque se esperaban turbulencias. Pedí al arcángel Gabriel ayuda y visualicé millones de ángeles ayudando al avión. No me sorprendió que las turbulencias se aplacaran, pero lo que sí me sorprendió fue que cuando miré por la ventana vi un perfecto círculo pequeño, dentro del cual había un reflejo de todo el avión. Los colores eran fuertes, pero el círculo era transparente, excepto el extremo que era blanco. Supe que era un orbe. Permaneció con nosotros durante todo el viaje. Me sentí apoyada y muy conectada con los reinos angélicos.

CHRISTINA

LA CURACIÓN DE METATRÓN

Ésta es una historia sencilla, pero profunda, de curación por medio de orbes.

~

Creo que todo tiene vibración, pulso e intensidad, que crea un ritmo único. Es una canción del corazón de cada estrella, de cada piedra, de cada aspecto de la creación. Estaba leyendo el libro de Diana *Ascension Through Orbs* cuando me encontré con el orbe del arcángel Metatrón.

Metatrón me inspiró para comunicarme directamente con él. Le expliqué a Metatrón que tenía prediabetes y le pedí si podía curarla. Sentí su poder y sabía que había respondido a mi llamada. Le di las gracias a Metatrón por su ayuda y analicé el nivel de azúcar en sangre. Era normal, el nivel más bajo desde que fui diagnosticada. Los niveles de azúcar en sangre se mantienen normales desde entonces y bebo y como lo que quiero.

Gracias al arcángel Metatrón y a Diana y a Kathy por la foto del orbe de Metatrón. Me comunico con él todos los días. Es una inmensa ayuda para mí.

KATHY FITZGERALD

RAYOS DE LUZ VERDES Y NARANJAS

*Ésta es una maravillosa historia que describe cómo un orbe del
arcángel Rafael y uno del arcángel Metatrón visitan e
irradian luz de forma activa.*

Una hermosa mañana de domingo murió mi suegro. Le fuimos a ver y
fue un momento de serenidad. A la noche siguiente desperté y vi en el
aire, junto a mí, una bola de luz verde brillante del tamaño de un balón
de fútbol. Brillaba con rayos como de platino.

Mi primera reacción fue de miedo, pero tenía la sensación de que no
tenía que tener miedo de nada. Después de un rato me quedé dormida,
luego desperté de nuevo y vi otra bola en el aire. Era naranja y brillaba
con los mismos rayos platino. A la mañana siguiente desperté feliz y llena
de energía.

Tarja Suhonen

UNA BOLA DE LUZ DORADA

*Esta historia nos recuerda que los ángeles ayudan en el dolor y a
mantener en contacto a los que han fallecido con los que se quedan.*

Una amiga íntima murió de repente dejando un marido y un bebé. Su
niño y el mío nacieron sólo con tres semanas de diferencia y sentí dolor
por ella y por su familia. También sentí la pérdida de lo que podría haber
sido: disfrutar de nuestros niños juntas, ir al parque, a los cumpleaños,
salidas y todas las cosas que ya no haríamos nunca.

Algunos meses después, mi marido y yo invitamos a casa a su marido
y al bebé. Cuidé de los bebés cuando los hombres salieron. Sentí que mi
amiga estaba alrededor y esperaba que, como su bebé estaba conmigo,
dejaría sentir su presencia. Pero todo permanecía tranquilo.

Desperté durante la noche. Merodeando delante de mi pecho, había
una bola de luz dorada. Reconocí la energía de mi amiga en ella, pero
también la sentí angelical. Creí que un ángel la traía para verme. ¡Lo sentía tan cariñoso como un abrazo! ¡Fue tan tranquilizador!

Susan EDC

422

UN DESPLIEGUE DE ORBES SORPRENDENTE

Los orbes magenta son ángeles del arcángel Mariel. Los orbes azules
son ángeles del arcángel Miguel, los turquesas son de la Madre
María; los verdes con ribete rojo son los del arcángel
Rafael y Metatrón.

~

Fui a dar un paseo con mi amiga por unos viñedos. Acababa de terminar el libro de Diana Cooper *Ascension Through Orbs* y pensé: «Eso está muy bien, pero hay que ver para creer». Al girar en un camino mi amiga me preguntó: «¿Ves eso?».

Lo que vi era extraordinario. Parecían como los tres constituyentes del ADN en un color magenta, girando, de forma hexagonal, y en tres dimensiones. Mi amiga había visto orbes anteriormente pero dijo que nunca había visto nada parecido. También había enormes orbes turquesa y azul intenso y racimos de orbes verdes con bordes rojos. Algunos se movían lentamente delante de nosotros, sobre nuestras cabezas. Cuando desaparecía un grupo de orbes venía otro.

Más adelante, en un viejo olivo, había un gran orbe rojo rodeado de cuatro pequeños, todos rojos y llameantes. Me reí y di las gracias por una experiencia tan magnífica. Me alegra decir que ahora veo orbes con regularidad y, por supuesto, ¡creo en ellos!

Ann

ORBES PARA PROTEGER Y SANAR

Una historia de intervención angelical para mantener
a una persona sana.

~

Durante las últimas semanas han aparecido orbes en mis fotos y me he sentido protegida por ellos.

Hace diez años me operaron del corazón, pero me recuperé totalmente. Hace poco tiempo, empecé a sentir pesadez en el pecho y pensé que estaba relacionado con la respiración, pero el médico me hizo un electrocardiograma y me enviaron a urgencias. Por las fotos de los orbes sabía que estaba protegida por los ángeles y recé pidiendo ayuda.

Me pusieron suero y otro electrocardiograma mostró que necesitaba otra operación. Estaba preparada para oír que mis arterias se habían estrechado pero me asombré cuando el doctor dijo que las venas y el bypass estaban abiertos y tan impecables como cuando los pusieron.

El doctor no sabía cuál era la causa de la pesadez, pero me dijo que estaba sana. Creo que los ángeles intervinieron y me protegieron.

Jean Ferratier

UNA SORPRESA AGRADABLE

La decepción se convierte en alegría cuando te das cuenta de que las manchas que estropean las fotos, de hecho, ¡son ángeles!

~

Hace unos años, en la reunión familiar de Navidad, hice muchas fotos con mi cámara digital. Quería conservar el momento, ya que nuestro padre todavía estaba con nosotros y toda la familia estaba allí.

Cuando llegué a casa me decepcionó ver muchas manchas en las fotos. Se lo achaqué a la falta de luz y a una cámara barata. Sólo cuando leí sobre los orbes me di cuenta de que los ángeles habían mostrado su presencia y yo no me había dado cuenta. ¡Qué regalo! Ahora miro esas fotos y me siento feliz.

Elaine

LA INSPIRACIÓN DE LOS ORBES

Y aquí un sencillo recordatorio de que cuando conectas con los ángeles mediante CD, libros, fotos o conversaciones, les estás llamando para que se muestren.

~

Había estado escuchando un CD de meditación sobre orbes y esa noche hice la foto del orbe más sorprendente. Me llena de dicha y ¡me parece precioso mirarla!

Judy Higginson

CONFIRMACIÓN DE LOS ORBES

*Los ángeles pueden ayudar a confirmar que has tomado
la decisión adecuada.*

∽

Compré unas cortinas, pero no quedaban bien y decidí devolverlas a la tienda. Pero pensé que sería más fácil hacerles una foto y enseñársela a la vendedora de la tienda en lugar de tratar de explicarles lo que fallaba. Fotografié las cortinas y había un orbe en medio de la foto. Sentí que los ángeles me confirmaban que necesitaba devolverlas.

KEVIN KELLOND

VEINTICUATRO HORAS EN BRAZOS DE LOS ÁNGELES

*En esta extraordinaria historia, la amabilidad de una mujer
hacia un hombre moribundo es reconocida por los ángeles.*

∽

Una mañana salí a trabajar como de costumbre. En el camino presencié un accidente de moto y ayudé al conductor a respirar hasta que llegó la ambulancia. Era incapaz de respirar ni de moverse, pero cuando le pregunté si me veía, hizo un movimiento con los ojos que indicaba que sí. Sonrió de la manera más hermosa y cálida –una sonrisa que me acompañará hasta el final– y falleció. Sentí cómo su alma lo abandonaba y era hermoso. Me sentí honrada de ser parte de su tránsito.

Tengo una cafetería, así que tuve que continuar con mi cotidianeidad. Cuando fui al baño, había un orbe en el centro del espejo de color blanco con un ribete ligeramente más oscuro. Oí el nombre Derek, y durante el día, oí este nombre tres veces. Cuando la policía vino a tomarme declaración sobre el conductor de la moto, me dijeron que su nombre era Derek.

Esa noche, una médium me dio el mensaje de que estaba rodeada de luces y me daban el signo del pulgar levantado. Un hombre que había muerto recientemente de un problema de pecho me daba las gracias y me decía que había hecho un buen trabajo.

DAWN BRIDGWOOD

ORBES EN MI VIDA
Cuando la gente ve orbes empieza a creer.

～

Estaba pasando por unos momentos difíciles en mi vida. Encontré una capilla metafísica y comencé a ir allí a meditar. Invocaba a los ángeles para que me ayudaran y les pedía que me dieran señales de que oían mis oraciones. Cada vez que pedía, me encontraba bellas plumas blancas en el vehículo, en el trabajo o en mi porche. ¡Mi perro me trajo una el día de la madre!

Después de un año recogiendo plumas les pedí a los ángeles otra señal. En esa época yo tenía que hacer fotos de mi casa para mi compañía de seguros y, para mi sorpresa, aparecieron orbes en las fotos que hice en el dormitorio, donde medito. Di las gracias a los ángeles por la señal.

He hecho cientos de fotos en mi dormitorio y los orbes salen cuando se les pide. Viene mucha gente a mi casa a hacerse fotos con los orbes ángeles. Algunas veces puedo hacer una foto y no ocurre nada hasta que les pido a los ángeles que aparezcan en las próximas fotos; siempre lo hacen. Me sorprende. La gente vuelve a su casa creyendo.

Mary Stone

CONFIRMACIÓN ANGELICAL
PARA MUDARSE DE CASA
Esta historia extraordinaria demuestra cómo los ángeles nos ayudan
de forma diferente y, si actuamos, puede ayudar
a otros a seguir adelante.

～

Soy agente de una inmobiliaria y fui a hacer fotos a la casa de un cliente. La pareja había estado en la casa desde la década de 1970 y les daba pena dejarla. Empecé a hacer las fotos y apareció un enorme orbe. Seguí haciendo fotos y el orbe ángel aparecía siempre.

Medité y pregunté a los ángeles quiénes eran y ellos me contestaron que los ángeles habían traído a la madre de la señora y a la madre del caballero. La pareja recibió una oferta de la casa, pero estaban reticentes y no querían seguir adelante. Los ángeles me dijeron que les hablara de los orbes. Les mostré las fotos y ambos lloraron. Le dije a la mujer que el espíritu de su madre quería decirle que estaba haciendo lo correcto al vender la casa y que la madre del caballero decía que los quería y estaba orgullosa de que se mudaran. ¡Estaban tan felices! Firmaron el contrato y siguieron con sus vidas. He vendido más de seiscientas casas y nunca he visto nada parecido. Doy las gracias a los ángeles.

MARY STONE

VER ORBES CON MIS PROPIOS OJOS
Los orbes vienen de muchas formas y tamaños.
Siempre es maravilloso verlos físicamente con los ojos,
no sólo en fotografías. A continuación hay una experiencia
de El a este respecto.

La semana pasada vi un orbe por primera vez. La puerta de cristal de la sala de estar estaba abierta hacia el balcón y había un orbe fuera; era una noche oscura sin luces, así que el orbe era muy visible. Era un disco grande blanco brillante con una banda o anillo de luz de alrededor de unos cinco o seis centímetros de ancho.

EL EDC

EL CONO SANADOR DE MI AMIGO
Los orbes angélicos alivian el dolor.

Desde hacía dos meses, tenía un dolor agudo en la parte izquierda de mi cuerpo, en la mano izquierda y en el pie izquierdo. El dolor era tan intenso que me sentía deprimida y negativa. Una tarde estaba jugando con mis hijos, Gayatri y Erasmo, en la playa. Erasmo hizo algunas fotos y en la mía había un cono de luz de bellos colores justo debajo de mi mano.

Unas semanas más tarde, mi dolor había desaparecido y pensando sobre ello entendí que había desaparecido cuando el orbe apareció. Estoy segura de que me había dado la sanación que necesitaba.

CINZIA TAFFURI

¡VAMOS, EILEEN!

Me encanta esta historia; muestra cómo Eileen Caddy todavía está
haciendo su trabajo en el mundo espiritual.

~

Llegué temprano a la reunión anual de la EDC en Findhorn. El santuario estaba vacío, así que entré y canté algunos cánticos sagrados. Un enorme orbe blanco con luces rosas y doradas entró y planeó delante de mí. Me llenó de energía. Me vi cantando «Vamos Eileen». Entendí que Eileen Caddy, la fundadora de Findhorn, estaba en el orbe y había venido a verme. Me sentí abrumada.

Eileen se había impresionado sobre mí para tomar mis cuencos cantores en el santuario y grabar las canciones.

Supe que tenía que hacer algo sobre el mensaje. Pregunté si podía grabar en el santuario y me dijeron que no podían reservarme el lugar para mí sola pero que podía grabar.

Otra profesora me acompañó para hacer la grabación pero, tan pronto como empecé, se durmió profundamente –para ser más exactos, su espíritu dejó su cuerpo. Maravillada por la grabación en el santuario perdí el sentido del tiempo. Doy las gracias a Eileen por guiarme y formarme para producir mi CD *Celestial Chanting*.

ROSEMARY STEPHENSON EDC

ORBES DEL ARCÁNGEL MIGUEL

Ésta es una historia maravillosa de los orbes del arcángel Miguel.

~

Después de asistir a la clase de Diana de preparación para 2012, volví a casa exultante y lista para volver a la clase magistral sobre la ascensión.

Esa noche me desperté sintiendo una explosión de energía en mi cara, luego una sensación que venía de mi plexo solar. Vi cientos de orbes entrelazados como una cortina que se tejía junto a mi cama. Me di la vuelta y vi que todo el techo estaba iluminado con luces azules. Era como un fuego azul que se agita y mueve alrededor.

GLORIA PROPHET

PARTE II

Ejercicios de ángeles y visualizaciones

Enraizamiento y protección

Antes de pedir protección, es importante que nos enraicemos y nos protejamos a nosotros mismos cada día, idealmente por las mañanas y por las noches. A continuación, exponemos algunos ejemplos de cómo hacerlo.

EJERCICIO 1: *enraizamiento y protección con el arcángel Sandalfón.*
Para enraizarte, tienes que asegurarte de tener los pies sobre una superficie plana. Es más eficaz si se hace descalzo sobre la hierba.
1. Visualiza raíces introduciéndose de tus pies a la Tierra.
2. Pide al arcángel Sandalfón que ancle tus raíces en el centro de la Tierra.

EJERCICIO 2: *enraizamiento y protección con Lady Gaia.*
Quizás prefieras pedir que te enraíce a Lady Gaia, el gran ángel a cargo de nuestro planeta.
1. Visualiza raíces introduciéndose de tus pies a la Tierra.
2. Míralas introducirse y recubrir un gran cristal en el centro del planeta.
3. Pide a Lady Gaia que te envíe su alimento y amor usando tus raíces para que llenen tu cuerpo y tu vida.
4. Relájate un momento y siente esa energía que te invade.

PROTECCIÓN

Una vez enraizada, elige uno de los siguientes métodos de protección, o si ya tienes tu método propio, evidentemente, lo puedes usar.

EJERCICIO 3: *protección básica con el arcángel Miguel.*

Todas las noches, antes de irme a dormir, hago este ejercicio. También lo hago por la mañana y visualizo su protección en mis animales y en mis seres queridos.

– Pide al arcángel Gabriel que ponga su capa azul de protección sobre ti y visualiza el azul a tu alrededor.

EJERCICIO 4: *la invocación del aura dorada de Cristo.*

Invoca el aura dorada de Cristo para obtener una protección completa. Repite tres veces «Invoco el amor, la sabiduría, la curación y la protección del aura dorada de Cristo», luego visualiza un arroyo de luz dorada que va de ti hacia la Tierra.

EJERCICIO 5: *la invocación del arcángel Gabriel.*

1. Invoca al arcángel Gabriel.
2. Pídele que sitúe una burbuja de luz blanca pura para hacer que todas las energías más bajas vuelvan al sitio de donde provienen.
3. Visualízate a ti mismo sobre esta burbuja.

EJERCICIO 6: *para proteger tu hogar.*

1. Invoca al arcángel Miguel para que ponga una burbuja de protección azul sobre tu hogar.
2. Visualízalo *in situ.*

EJERCICIO 7: *protege tu camino.*

Cuando vayas en automóvil, ya sea como conductor o como pasajero, es útil pedir protección a los ángeles, tanto para ti mismo como para las demás personas que estén en la carretera. Las oraciones de agradecimiento, como si ya hubieras recibido lo que pediste, tienen mucha fuerza, ya que presuponen tu fe en lo que ya se ha producido.

– «Gracias arcángel Miguel por proteger mi camino».

Quizás quieras añadir alguna otra cosa de las siguientes:

- «Te ruego que me ayudes a llegar sin contratiempos a mi destino antes de las diez».
- «Te ruego que me ayudes a encontrar un aparcamiento grande en la entrada del supermercado».
- «Te ruego que te asegures de que tomo la ruta más segura».

Tu ángel de la guarda

A continuación, presentamos algunas técnicas maravillosas para que te ayuden a conocer y a profundizar tu conexión con tu ángel de la guarda.

EJERCICIO 8: *conectando con tu ángel de la guarda.*
1. Siéntate en un lugar tranquilo. Inspira profundamente y espira toda la tensión.
2. Poco a poco, relaja tu cuerpo, desde la cabeza hasta los pies.
3. Enraízate sintiendo y visualizando unas raíces fuertes y gruesas que van desde la planta de tus pies hacia el mismo centro de la Tierra.
4. Invoca al arcángel Miguel para que te proteja poniendo su capa azul protectora sobre ti.
5. Visualiza un rayo de luz blanca dorada que viene del universo y desciende por tu propio chakra, llenándote y purificándote por completo, y que fluye hacia la Tierra.
6. Invoca a tu ángel de la guarda pidiéndole que se ponga cerca de ti.
7. Tómate tu tiempo para sentir o ver la presencia de tu ángel de la guarda.
8. Imagina que tu ángel de la guarda te sonríe e irradia un amor que te rodea y te hace sentir seguro. Siente que tu ángel de la guarda te ama incondicionalmente.
9. En este momento, puedes preguntar a tu ángel de la guarda cualquier cosa que necesites saber relacionada con tu vida o simplemente preguntarle si tiene un mensaje para ti.
10. Cuando has recibido su mensaje o su respuesta, agradéceselo a tu ángel de la guarda.

11. Vuelve a enraizarte mediante la visualización de raíces fuertes y gruesas que crecen desde las plantas de los pies hasta el propio centro de la Tierra. Absorbe la energía de la Tierra varias veces a través de las plantas de tus pies.

12. Golpea el suelo con tus pies, mueve los dedos de los pies y de las manos y, cuando estés preparado, abre los ojos lentamente.

VISUALIZACIÓN 9: *descubre el nombre de tu ángel de la guarda.*

1. Encuentra un lugar donde puedas estar tranquilo y que no te molesten.

2. Si es posible, enciende una vela para elevar la energía.

3. Cierra los ojos y siéntate cómodamente.

4. Como decíamos antes, imagínate que hay raíces creciendo desde tus pies hacia la Tierra para enraizarte en ella.

5. Pide una capa de protección azul sobre ti.

6. Céntrate en tu respiración y relájate en cada espiración.

7. Cuando estés bien relajado y cómodo, siente o imagina a tu ángel de la guarda poniendo luz dorada a tu alrededor. Tómate tu tiempo para sentirlo.

8. Pregunta a tu ángel su nombre, y en silencio espera a que el nombre venga a tu mente.

9. Si recibes un nombre, acéptalo y agradéceselo a tu ángel con educación. Si no recibes el nombre de tu ángel de la guarda, no te preocupes porque puede que venga por la noche cuando duermes.

10. Quizás necesites repetir estos pasos varias veces antes de que recibas el nombre de tu ángel de la guarda.

11. Abre los ojos y vuelve a la habitación.

La comunicación con los ángeles

EJERCICIO 10: *sintonizando con las ondas angélicas.*
Los ángeles encuentran la forma de avisarte del peligro. Sin embargo, es más fácil para ellos si ya estás sintonizado con su longitud de onda. Este ejercicio te ayudará a sintonizarte con ellos. Es muy sencillo y sólo te llevará unos minutos, pero debes hacerlo todos los días.

1. Enciende una vela para aumentar la vibración y para tener algo en lo que centrarte.
2. Fíjate en la llama.
3. Recita en voz alta o mentalmente: «Ángeles, deseo conectar con vosotros».
4. Espera unos minutos, observando la llama. Percibe tus sensaciones y los pensamientos que te lleguen.
5. Luego afirma con contundencia. Di o piensa: «Ángeles, estoy conectando con vosotros. Ángeles, estoy conectando con vosotros. Ángeles, estoy conectando con vosotros».
6. Cierra los ojos y percibe de nuevo tus sensaciones.

A continuación, una preciosa canción/cántico de Rosemary Stephenson:
Invoco a los ángeles, invoco a los ángeles
Luces de ángeles, brillo de ángeles
Siempre conmigo, siempre conmigo
Noche y día, noche y día.

EJERCICIO 11: *la creación de tu espacio sagrado.*
Cuanta más energía inviertas en un ejercicio, más recompensas tendrás. El siguiente ejercicio puedes hacerlo de forma rápida y sencilla o puedes

ponerle energía creando un espacio con un altar sagrado, poniendo flores y objetos bellos y libros.

1. Enciende una vela y dedícala a los ángeles que te cantan.
2. Relájate.
3. Canta una canción angelical, cántico, mantra, o pon música bella.
4. Puedes escuchar a los ángeles cantando mientras lo haces.
5. Cuando pare la música, escucha el silencio en tu interior. ¡Ellos te están cantando aunque no puedas escucharlos!
6. Agradéceselo a los ángeles y prepárate para que ocurran buenas cosas.

EJERCICIO 12: *escritura automática.*
Antes de empezar, declara tu intención de conectar con los ángeles y de grabar sus mensajes mientras meditas. Si deseas preguntar, escribe la pregunta o piénsala.

1. Prepara papel y bolígrafo en un lugar donde te puedas relajar.
2. Enciende una vela para aumentar la frecuencia.
3. Imagina que tus raíces se introducen en la tierra para enraizarte.
4. Pide al arcángel Miguel que te envuelva con su capa de protección azul.
5. Céntrate en la frescura del aire al inspirar.
6. Sigue tu espiración al relajar tu cuerpo.
7. Continúa haciéndolo mientras te vas relajando y te centras en tu interior.
8. Cuando estés preparada, toma el bolígrafo y comienza a escribir lo que te venga a la mente. No te autocensures ni pienses en ello. Deja que las palabras fluyan libremente.
9. Cuando sientas que has acabado, da gracias a los ángeles y termina la meditación.
10. Disfruta con la lectura de lo que has escrito.

EJERCICIO 13: *Usando las cartas de los ángeles.*
Trabajar con las cartas de los ángeles y del unicornio puede ser una buena ayuda como guía e inspiración. La información que sigue te ayudará a crear un espacio sagrado donde trabajar con tus cartas.

1. Prepara un espacio sagrado con una vela, flores, incienso —cualquier cosa que eleve la frecuencia.

1. Toma las cartas respetuosamente mientras piensas en tu pregunta.
2. Pide a los ángeles una respuesta clara.
3. Reparte las cartas.
4. Elige una carta con la mano izquierda.
5. Lee la carta o mira el dibujo, luego cierra los ojos y asimila el mensaje.
6. Da las gracias a los ángeles.

Pedir ayuda

EJERCICIO 14: *pide claridad al arcángel Gabriel.*

Se invoca al arcángel Gabriel cuando se desea tener clara una situación, una relación o el camino a tomar. Puede que necesites hacer este ejercicio varios días —o incluso varias semanas— pero es muy sencillo y él te dará la respuesta. No esperes que la respuesta venga necesariamente cuando meditas (aunque puede ocurrir), sino que debes ver los momentos de calma como el momento en el que el arcángel Gabriel puede plantar semillas en tu conciencia para que crezcan y florezcan a su debido tiempo.

1. Busca un lugar donde estar tranquilo y con calma.

2. Enciende una vela para elevar la energía.

3. Cierra los ojos y relájate.

4. Pide al arcángel Gabriel que te dé claridad para tomar el camino.

5. Céntrate en calmar la mente.

6. Cuando termines, da las gracias al arcángel Gabriel y abre los ojos.

7. Repite los pasos todos los días hasta que te otorgue claridad.

VISUALIZACIÓN 15: *pide una pluma como guía.*

Los ángeles nos ofrecen plumas en el mundo físico como señal de su presencia. Pero también podemos recibir mensajes y señales en nuestro mundo interior. En esta visualización puedes recibir una pluma de color. El blanco representa la pureza. El azul la curación. El azul oscuro representa la comunicación y la fuerza. El naranja representa la ascensión. El dorado representa la sabiduría. El rosa la sabiduría. El verde el equilibrio.

Elige el objetivo de este ejercicio. ¿Quieres que los ángeles te toquen? ¿Quieres una guía para algún ámbito de tu vida? ¿Buscas claridad? ¿Necesitas fuerza, valor u otra cualidad?

1. Busca un lugar donde estés en calma.

2. Enciende una vela para elevar la energía.

3. Siéntate o túmbate cómodamente.

4. Imagina que hay raíces adentrándose en la Tierra.

5. Pide al arcángel Miguel que te envuelva en su capa azul.

6. Piensa en una situación, relación u otra parte de tu vida para la que necesites guía o consuelo.

7. Extiende tus manos o imagina que lo haces.

8. Pide a los ángeles ayuda ofreciéndote una pluma. Usa tu intuición para sentir su tamaño y su color.

9. Cuando recibas la pluma, permanece abierto para recibir cualquier otro mensaje.

10. Da las gracias a los ángeles y abre los ojos.

EJERCICIO 16: *atraer lo que deseas.*

Una forma intensa de atraer la ayuda de los ángeles y obtener ayuda para una situación concreta es escribir o dibujar lo que deseas. Añade siempre la condición: «Otórgame esto sólo si es para el bien de todos».

1. Enciende una vela y pide a los ángeles que usen la energía para ayudarte.

2. Escribe o dibuja lo que quieres. Pon en ello energía.

3. Pide a los ángeles que te ayuden a obtenerlo sólo si es para bien.

4. Puedes poner el papel debajo de la almohada o quemarlo.

EJERCICIO 17: *suelta lo viejo y trae lo nuevo.*

Si estás en la relación o el trabajo equivocado, o alejado de la senda espiritual, sentirás insatisfacción. Si al leer esto reconoces que necesitas despertar a una nueva vida, el siguiente ejercicio te ayudará. A veces sólo se necesita un ligero ajuste.

1. Escribe en un papel las cosas de tu vida que te producen aburrimiento o insatisfacción.

2. Quema el papel y dile a los ángeles que estás dispuesta a despertar a lo nuevo.

3. Escribe en otro papel lo que deseas en la vida y ponlo debajo de la almohada.

4. Espera un sueño que te guíe o que los ángeles te acompañen al tomar decisiones.

EJERCICIO 18: *guía para los primeros pasos.*

A menudo, las personas están presas dentro de una relación o de una situación; ello es comprensible, ya que cada paso que se toma para cambiar produce dolor, miedo o tiene algún tipo de dificultad. ¡Si no fuera difícil ya lo hubieras intentado! Por eso te presentamos cómo los ángeles te pueden ayudar a cambiar. Recuerda que todo viaje comienza con un paso.

1. Escribe tu problema, por ejemplo: quiero dejar esta relación pero no tengo suficiente dinero y los niños se disgustarían.
2. Escribe o dibuja tu mejor visión; por ejemplo, vivo en una casa magnífica donde soy muy feliz, y como yo soy feliz, mis hijos también lo son.
3. Escribe una lista con las soluciones o los pasos que podrías dar para alcanzar este resultado, cada uno en diferentes papeles. Luego dobla o arruga los papeles.
4. Enciende una vela y dedícala a la guía que te ofrecen los ángeles para tus próximos pasos.
5. Siéntate relajado, respira cómodamente mientras tienes los papeles en la mano.
6. Pide a los ángeles ayuda para dar los mejores pasos en el futuro. Luego, toma uno de los papeles y léelo.
7. Da gracias a los ángeles.
8. Actúa sobre ello.

EJERCICIO 19: *escribe una carta a una persona.*

Si hay algo que quieras decirle a una persona, ¿por qué no escribirle ahora? Pide a los ángeles que lo lleven y se aseguren de que la otra persona recibe la energía. Nunca es demasiado tarde, incluso, aunque la otra persona haya muerto.

¿Desearías haber dicho a alguien que lo quieres o que sientes haber dicho o hecho algo? ¿Quieres confesar algo y pedir perdón? ¿Quisieras dar las gracias a tus padres o amigos que han fallecido o están demasiado enfermos o seniles para oírlo?

1. Escribe simplemente «Querido…» y diles lo que sientes en el corazón.
2. Luego firma con tu nombre.

3. Pide a los ángeles que se aseguren de que la otra persona recibe la energía de tu mensaje.

Recuerda estar atento a las señales de los ángeles que avisen de que tu mensaje ha sido escuchado.

EJERCICIO 20: *pide a tu ángel que hable con el ángel de otra persona.*
Si sientes que la persona a la que quieres dar tu mensaje no te va a escuchar, puedes pedir a tu ángel de la guarda que hable con su ángel de la guarda, que puede «pasarle» el mensaje.

Por ejemplo, tu jefe no te escucha, pero puedes escribirle por medio de tu ángel de la guarda para decirle que mereces una subida de sueldo, un día libre, o que quieres cambiar de turno.

Si tus hijastros, expareja o algún familiar te están bloqueando, escribe cuidadosamente que los amas y que deseas cambiar la situación.
1. Escribe «Querido ángel…».
2. Explica con cariño cómo te sientes y qué deseas.
3. Añade que desearías que tu ángel pasase el mensaje al ángel de la guarda de la otra persona.
4. Firma con tu nombre.
5. Puedes guardar la carta o quemarla.
6. Debes estar alerta a las señales o usar tu intuición si sientes que necesitas hacer algo.

Ser un ángel

EJERCICIO 21: *pedir a los ángeles que ayuden a otras personas.*

Cuanto más pidas a los ángeles que ayuden a los que lo necesitan, más ayuda recibirás. Sin embargo, debes hacerlo con el corazón lleno de compasión. Añade siempre la condición: «Que el resultado sea para el bien de todos».

«Sé un ángel»: actúa como si tuvieras cualidades angelicales y ayuda a los demás hoy. Permanece atento a los necesitados –quizás alguien en una silla de ruedas, un ciego, un mendigo, o unos padres haciendo la compra y batallando con niños. Abre tu corazón y pide a los ángeles que les ayude.

VISUALIZACIÓN 22: *usa las alas de tus ángeles.*

Cuando abres tu corazón, irradias energía y ésta puede ser percibida o sentida por los demás como alas. Puedes pedir a los ángeles que te ayuden a desarrollar alas para que las puedas emplear en el consuelo de los demás. Es maravilloso hacer esto al aire libre y aún mejor descalzo sobre la hierba o en la tierra.

1. De pie, con los pies firmemente plantados.
2. Imagina tus raíces introduciéndose en la tierra.
3. Céntrate en tu corazón y en cada exhalación imagina que el amor fluye de ti y crea alas magníficas a tu alrededor.
4. Nota la forma, el color y el tamaño de tus alas.
5. Extiende tus alas para albergar a los que necesitan consuelo. Permite que las alas se extiendan tanto como desees.
6. Siente el amor, la paz, el disfrute y el consuelo que eres capaz de transmitir a los demás.
7. Cuando hayas terminado, permite que tus alas se replieguen hacia tu corazón sabiendo que puedes usarlas cuando lo desees.

EJERCICIO 23: *ríe y serás bendecido.*

Los ángeles aman la risa, así que diviértete y ríe mucho. Luego abre los brazos y recibe su bendición en tu corazón.

EJERCICIO 24: *actúa como si fueras el arcángel Miguel.*

1. Sé consciente de que si haces este ejercicio con la intención apropiada, el arcángel Miguel estará contigo.
2. Ponte de pie estirado y recto. Imagina que llevas la capa azul del arcángel Miguel. Portas su espada de la verdad en la mano derecha y su escudo de protección en la izquierda.
3. Camina como si fueras el arcángel Miguel. Siente su fuerza. Imagínate a ti mismo usando su espada para el bien, quitando la energía más baja y ayudando a los que son más débiles que tú.
4. Presta atención a lo que sientes.
5. Cuando hayas hecho esto durante un tiempo apropiado, permanece de pie en silencio o siéntate y considera cómo puedes usar esta energía en tu vida.

Limpiar y soltar

EJERCICIO 25: *limpiando la energía negativa de una casa.*
La mayoría de las casas necesitaría de vez en cuando una limpieza de energía. Éstas son algunas de las cosas que pueden ayudar a limpiar energía no deseada.

1. Enciende una vela.
2. Pon varitas de incienso en todos los rincones.
3. Toca unos cuencos o incluso tambores.
4. Da palmadas en todos los rincones para deshacer la energía encerrada.
5. Abre las ventanas para permitir que pase el aire.
6. Canta canciones o mantras en las habitaciones.
7. Invoca a los arcángeles y pídeles que limpien el espacio.

VISUALIZACIÓN 26: *soltando y entregando algo a los ángeles.*
Los ángeles no pueden realizar su trabajo bien si nos aferramos a alguien o a algo con nuestros pensamientos y emociones. Podemos retener a las personas e impedir que fallezcan, o impedir que las personas tomen la decisión correcta, o que un niño crezca, o que se tomen buenas decisiones en los negocios porque estamos preocupados por ellos.

A menudo, el mayor regalo que le puedes ofrecer a otra persona –y a ti mismo– es liberarlo y pasarlo a los ángeles. Luego tienes que abstenerte de pensar sobre ello mientras los ángeles realizan su parte.

1. Busca un lugar donde estar en silencio y en calma.
2. Enciende una vela para elevar la energía.
3. Cierra los ojos y relájate.
4. Pide al arcángel Miguel que te envuelva en su capa azul para protegerte.
5. Envía raíces al fondo de la tierra para arraigarte.

6. Imagina a la persona, la situación, el negocio o el lugar y sitúalo en la cesta de un globo aerostático.

7. Visualiza la subida del globo. Luego corta las cuerdas que lo sujetan al suelo.

8. Pide a los ángeles que lo tomen para bien y mira cómo rodean el globo.

9. Obsérvalos flotando en el cielo azul y desapareciendo.

10. Abre los ojos.

11. Si vuelves a pensar en ello de nuevo, di: «Entrego esto a los ángeles para el mayor bien». Luego, suéltalo de nuevo.

VISUALIZACIÓN 27: *cortando las cuerdas a una persona.*

Antes de hacer este ejercicio, decide a quién quieres soltar. Recuerda que soltar las cuerdas sólo puede cambiar las cosas a mejor, porque sólo las emociones más bajas forman cuerdas. Puede ocurrir que cuando sueltes las cuerdas veas a la persona de forma diferente y te acerques más, o que te liberes emocionalmente y te alejes. Cualquier cosa que ocurra siempre es para bien. El arcángel Miguel se asegura de ello.

1. Busca un lugar donde estar en silencio y en calma.

2. Enciende una vela para elevar la energía y cambiar lo viejo.

3. Siéntate con los ojos cerrados e imagina raíces saliendo de tus pies y conectándote al fondo de la tierra.

4. Respira suavemente hasta conseguir la calma.

5. Invoca al poderoso arcángel Miguel y siente cómo viene hacia ti. Siente o visualiza cómo te envuelve en su capa azul para protegerte.

6. Visualiza a la persona a la que desees cortar las cuerdas sentada frente a ti. Dile suavemente lo que te propones hacer.

7. Siente dónde están las cuerdas y cómo son. ¿Son cables finos o cuerda gruesa; negra y pegajosa como melaza o colgantes como tentáculos? Si no puedes sentirlos o verlos, relájate y confía en el arcángel Miguel para que haga lo necesario.

8. Pide al arcángel Miguel que corte las cuerdas con su espada de la verdad y disuelva la energía hasta las raíces.

9. Cuando termine, imagínate a ti mismo y a la otra persona bajo un haz de luz y totalmente limpios.

10. Puede que notes que llevas ropa diferente en la imagen.

11. Observa cómo la otra persona atraviesa una verja hacia una carretera dorada y dichosa.
12. Obsérvate a ti mismo pasando la verja, ciérrala y visualízate en una bella carretera dorada subiendo una colina hacia un camino superior.
13. Da las gracias al arcángel Miguel y abre los ojos.

VISUALIZACIÓN 28: *cortar las cuerdas a una casa, un negocio, una idea, un proyecto u otra cosa.*

Antes de hacer este ejercicio, decide qué quieres soltar. Si es una idea o proyecto, quizás quieras elegir un símbolo para representarlo. Es posible que te sientas un poco cansado, o emocionado después de este ejercicio. Planea el ejercicio para cuando dispongas de tiempo y de un lugar para reflexionar en silencio. El arcángel Miguel se asegurará de que el resultado sea siempre para bien.

1. Busca un lugar donde estar en silencio y en calma.
2. Enciende una vela para elevar la energía y cambiar lo viejo.
3. Siéntate con los ojos cerrados e imagina raíces saliendo de tus pies y conectándote al fondo de la tierra.
4. Respira suavemente hasta conseguir la calma.
5. Invoca al arcángel Miguel y siente cómo viene hacia ti. Siente o visualiza como te envuelve en su capa azul para protegerte.
6. Visualiza aquello de lo que te desees separar, o su símbolo.
7. Como antes, siente dónde están las cuerdas y cómo son. ¿Son cables finos o cuerda gruesa; negra y pegajosa como melaza o colgantes como tentáculos? Si no puedes sentirlos o verlos, relájate y confía en el arcángel Miguel para que haga lo necesario.
8. Pide al arcángel Miguel que corte las cuerdas con su espada de la verdad y disuelva la energía hasta las raíces.
9. Cuando termine, imagínate a ti mismo y a la otra persona bajo un haz de luz y totalmente limpios.
10. Puede que notes que llevas ropa diferente en la imagen.
11. Obsérvate a ti mismo atravesando una verja hacia una carretera dorada y dichosa. Abre los brazos para recibir lo nuevo y lo mejor.
12. Da las gracias al arcángel Miguel y abre los ojos.

Sanación

EJERCICIO 29: *dar sanación con el arcángel Rafael.*
Si quieres dar a alguien sanación formal con el arcángel Rafael, ésta es la forma de hacerlo:

1. Prepara tu espacio para esta tarea sagrada.
2. Enciende una vela para elevar la energía.
3. Pide a la persona que estás sanando que se siente o se tumbe y ayúdala a que se sienta cómoda, segura y relajada.
4. Sitúa tus manos en sus hombros; esto abre sus chakras en los pies y les ayuda a enraizarlos.
5. Pon protección alrededor de los dos.
6. Reza una oración para que te dediques al servicio de tu amigo o cliente y pide que se haga lo divino.
7. Invoca al arcángel Rafael y quédate quieto mientras recibes la energía en tus manos.
8. Si se te da bien imaginar colores, visualiza el verde esmeralda atravesando tus manos hacia la persona con la que estás trabajando. No te preocupes si no puedes imaginarlo.
9. Sitúa las manos en cada uno de los 12 chakras, o unos 2,5 centímetros sobre ellos. Otra alternativa es situar las manos donde te guíe la intuición.
10. Cuando la energía cese de fluir, despréndete simbólicamente de tu compañero y da las gracias al arcángel Rafael. Luego siéntate en silencio reteniendo la visión de su divina perfección.
11. Cuando tu compañero abra los ojos, ambos debéis beber un vaso de agua bendita pura.
12. Compartid vuestra experiencia, si lo deseáis.

EJERCICIO 30: *oraciones para sanar una relación.*
Si te encuentras en una situación difícil con un amigo o compañero y te sientes decepcionado, furioso, triste o impotente, hay bellas oraciones que puedes ofrecer a los ángeles.

Encuentra tus propias palabras para expresar, ante todo, tu objetivo de una relación afectuosa con la otra persona (si quieres continuarla y crees realmente que será bueno) y luego tu objetivo de alcanzar una solución por el bien de todos los involucrados.

Éste es un ejemplo de oración:

Querido ángel:

Te ruego me/nos ayude/s a encontrar una solución buena por el bien de todos los que participan en esta situación.

¡Gracias por tu ayuda!

Prácticas espirituales

EJERCICIO 31: *cuaderno para los ángeles.*
Este ejercicio es muy sencillo. Compra un cuaderno, el más bonito que encuentres.
1. Todas las mañanas pide a los ángeles señales de su presencia.
2. Escríbelas. ¡Puede que te sorprendan!
3. Recuerda dar las gracias a los ángeles cuando te acuestes.

EJERCICIO 32: *en la ducha.*
Bendecir el agua la lleva a la quinta dimensión, lo que eleva la frecuencia de tu aura y las células de tu cuerpo.
1. Cuando estés en la ducha, bendice el agua con las palabras: «Te amo. Te bendigo. Te doy las gracias».
2. Luego llama a los unicornios y siente cómo te rocían con su luz.
3. Llama a la Madre María y pídele que llene tu aura de femineidad divina.
4. Llama al arcángel Butyalil, el ángel cósmico.
5. Llama al arcángel Metatrón para que te sostenga en tu camino de ascensión.

VISUALIZACIÓN 33: *la alineación del chakra de la quinta dimensión.*
Todas noches cuando me acuesto hago lo siguiente. Cuando te acostumbres a los ejercicios, verás que puedes practicarlo con rapidez:
1. Cierra los ojos y relájate.
2. Pide a los unicornios que toquen y equilibren cada uno de tus doce chakras y ponlos alineados en la quinta dimensión.
3. Luego céntrate en cada uno de los chakras así:
4. Céntrate en el chakra de tu Estrella de la Tierra bajo tus pies.

5. Céntrate en el chakra base.
6. Céntrate en el chakra sacro.
7. Céntrate en el chakra umbilical.
8. Céntrate en el plexo solar.
9. Céntrate en el chakra del corazón.
10. Céntrate en el chakra de la garganta.
11. Céntrate en el tercer ojo.
12. Céntrate en el chakra de la coronilla.
13. Céntrate en el chakra causal sobre tu cabeza.
14. Céntrate en el chakra de la estrella del alma sobre el causal.
15. Céntrate en el portal estelar.
16. Finalmente pide a los ángeles que te canten mientras duermes para sostenerte en la quinta dimensión.

EJERCICIO 34: *soñando con los ángeles.*

Los ángeles se ponen en contacto con nosotros mientras dormimos pero normalmente no recordamos los sueños. Es más probable que recuerdes la experiencia cuando no duermes profundamente. El agua es el medio de los sueños y una vejiga llena significa que duermes menos profundamente y te levantas durante la noche. El siguiente ejercicio puede ayudar; cuanto más frecuentemente lo hagas más probable será que recuerdes tus sueños.

1. Declara durante el día que deseas soñar con los ángeles.
2. Come poco a las seis de la tarde y nada después.
3. Bebe mucha agua y bendice cada vaso.
4. Pon un bolígrafo y un cuaderno junto a la cama.
5. Que tu oración última sea para conectar con los ángeles mientras duermes.

EJERCICIO 35: *empodera tu voz*

La audición de forma psíquica es una función del chakra de la garganta. Éstas son algunas cosas que ayudan más eficazmente a la función del chakra.

1. Practica decir lo que sientes de verdad.
2. El arcángel Miguel se encarga de este chakra, así que pídele que te eleve la frecuencia en este punto.

3. Inhala el color azul intenso de Miguel por tu garganta diez veces cada mañana y cada noche.
4. Escucha para oír lo que los demás quieren decir de verdad.
5. Habla para empoderar a los demás y ayúdales a sentirse mejor.
6. Confía en ti mismo.
7. Rinde homenaje a la grandiosidad de quien de verdad eres.

Consuelo

EJERCICIO 36: *transmutando emociones con las piedras.*

Las rocas y las piedras poseen sabiduría ancestral. Absorben y desprenden energía y pueden adoptar y transmutar tus sentimientos.

1. Ten la intención de encontrar una piedra que se quede con tu tristeza. Pide a los ángeles que te ayuden. Puedes encontrar una en el jardín, el parque, el bosque, la montaña o la playa.
2. Sopla sobre la piedra para limpiarla.
3. Pide a los ángeles que la bendigan.
4. Sostén la piedra en tus manos mientras piensas en tu tristeza. Puedes sentir que la piedra absorbe tus sentimientos.
5. Da gracias a la piedra cuando hayas terminado.
6. Entiérrala en el suelo o métele en agua para que los elementos de la tierra o del agua puedan transmutar los sentimientos que has colocado en ella.
7. Inhala cualidades positivas de alegría, felicidad, amor y tranquilidad.

EJERCICIO 37: *invoca a los ángeles para darte consuelo.*

Una invocación es muy poderosa, y cuanto más pura y más clara sea tu intención, más importante será la respuesta de los reinos superiores. Tómate el tiempo que necesites para la invocación y permite la ayuda de los arcángeles. También puedes invocar a otros ángeles, si lo deseas.

1. Busca un lugar donde estés en silencio y en calma.
2. Enciende una vela para que los ángeles te traigan lo que necesitas. Díselo mentalmente.
3. Siéntate cómodamente y respira con suavidad.
4. Imagina que hay raíces adentrándose en la tierra.

5. Invoca al arcángel Miguel. Imagina su capa azul de protección y percibe cómo te cuida. Inhala el azul intenso.
6. Invoca al arcángel Gabriel y siente su luz blanca pura flotando a tu alrededor, dándote esperanza. Inhala el blanco puro.
7. Invoca al arcángel Rafael y siente cómo te rodea su luz sanadora esmeralda. Inhala verde esmeralda.
8. Invoca al arcángel Uriel y permite que su dorada luz te dé seguridad. Inhala oro.
9. Invoca a la Madre María y permite que su luz aguamarina de compasión y consuelo te toque. Inhala aguamarina.
10. Relájate con la energía de estos arcángeles y permite que te ayuden.
11. Cuando hayas terminado, da las gracias a los arcángeles.
12. Abre los ojos y vuelve a la habitación sabiendo que los ángeles te ayudan.

Trabajar con animales
y pájaros

EJERCICIO 38: *sintonizando con animales.*

Si tienes un animal en casa o en el trabajo puedes sintonizar; eso es excelente. De lo contrario, piensa en un animal que conozcas. Puede ser un animal doméstico que pertenezca a otra persona, o un animal salvaje que hayas visto en un zoo o en un programa de televisión.

1. Siéntate en silencio, si es posible, al aire libre.
2. Pide al arcángel Miguel que te envuelva a ti y a tu animal en su capa protectora azul y siéntela.
3. Concéntrate en la respiración hasta que tu mente esté tranquila y silenciosa.
4. Sintoniza con los sentimientos y los pensamientos del animal.
5. Envíale un mensaje de amor y paz o esperanza.
6. Puedes recibir un mensaje de respuesta del animal.
7. Pregunta a los ángeles qué mensaje quieren enviar a tu animal a través de ti. Luego, pásalos.
8. Cuando hayas terminado, bendice al animal y abre los ojos.

EJERCICIO 39: *dibuja un animal.*

Cuando dibujas accedes a la parte derecha del cerebro (intuitiva/creativa) y pueden venirte ideas o pensamientos inesperados. ¡No es necesario que dibujes bien! Es divertido hacerlo con otras personas y compartir, cuando terminas, el significado que tienen los dibujos para ti.

1. Prepara papel y lápices.
2. Enciende una vela.
3. Pide a los ángeles que trabajen contigo al hacer el dibujo.

4. Dibuja algo que contenga animales. Puede haber un animal o varias clases.
5. Cuando hayas terminado, mira los animales y siente el mensaje que tienen para ti. ¿Están libres? ¿Están seguros o en peligro? ¿Cómo son tratados por los seres humanos? ¿Cómo es su hábitat? ¿Cómo se sienten?
6. Da las gracias a los animales y a los ángeles por acercarse a ti.

Ten en cuenta que puedes hacer este ejercicio con pájaros. Puedes hacerte las siguientes preguntas: ¿Vuelan libres? ¿Flotan pacíficamente? ¿Están enjaulados? ¿Posados en una valla? ¿Azotados por la lluvia? ¿Escondidos en un árbol?

EJERCICIO 40: *sintoniza con los pájaros.*
1. Sal al aire libre en un lugar tranquilo y siéntate en un banco, en la yerba o contra un árbol. Pide a los pájaros que te traigan mensajes de los ángeles.
2. Pon la mente lo más relajada posible y escucha a los pájaros. Trata de no pensar. Sólo ser.
3. Luego observa a los pájaros y trata de no pensar, sólo observa.
4. Permanece abierto a cualquier mensaje de los pájaros.
5. Cuando hayas terminado, bendícelos y sé consciente de que tus canales con los ángeles han sido purificados.

Conclusión

Espero que te sientas inspirado y entusiasmado por las historias de este libro y, más importante, espero que tengas ese «saber» interior de que los ángeles están en todas partes y, sobre todo, de que tu ángel de la guarda está contigo. Ambos, pájaros y mariposas, son mensajeros de los ángeles y transmiten alguna de sus energías más hermosas, y sabes que los pájaros y las mariposas nos rodean; así pues, los ángeles, de verdad, están siempre con nosotros.

Me encanta la forma en que los ángeles nos ayudan en nuestra vida diaria. Mi nieta es muy sensible al ambiente y a las energías. Me llamó por teléfono una tarde porque se sentía insegura; así pues, le sugerí que invocáramos al arcángel Miguel para que nos ayudara. Mi nieta ama al arcángel Miguel, así es que aceptó rápidamente. Visualizamos juntas su hermoso manto azul de protección que iba envolviendo a mi nieta, a su perrito, a su madre, padre y hermanos y a la casa. Cuando terminamos, se sentía bien y estaba totalmente relajada; e incluso, desde la distancia, podía sentir un cambio total de la energía en la casa.

Los niños son particularmente receptivos a los ángeles, arcángeles, unicornios y a todos los elementales. Si conoces a un niño, léele alguna de estas historias. Es una forma maravillosa de presentarles a sus ayudantes invisibles y también es un gran impulso a su camino espiritual. Ten confianza en que vas a elegir la historia que necesitan oír y nunca se sabe, ¡tal vez te bendigan en los años venideros!

Mientras estoy escribiendo esto, mi perra *Venus* y mi gatito *Ash-ting* están jugando a mi lado, en el sofá. Están fingiendo morderse el uno al otro y revolcándose por todas partes y, de vez en cuando, se paran para lamerse el uno al otro. Son buenos amigos y es muy reconfortante ver el cariño y el amor que se tienen el uno por el otro. El gato corre hacia *Venus* en cuanto aparece y se frota contra ella. El perro, si es el momento de entrar en casa, corre por el jardín buscando a *Ash-ting* y, a menudo, no entrará hasta que no lo haya encontrado. Luego, los dos corren juntos hacia la puerta trasera. Cada mañana y cada tarde le pido al arcángel Fhelyai, el ángel de los animales, que ponga uno de sus ángeles de turno con cada uno de ellos. Visualizo al perro y al gato con un círculo de luz amarilla a su alrededor y entonces sé que estarán protegidos. El arcángel Fhelyai también les ayuda a conservar esa relación tan estrecha. Los ángeles están alrededor dondequiera que haya amor entre dos criaturas, independientemente si son animales o humanos.

Recuerda que los ángeles están contigo mientras lees estas páginas. Derraman su luz sobre ti y te ayudan a absorber los mensajes. Los ángeles me han dicho que este libro te va a ayudar a facilitar un vínculo entre tú y los reinos angélicos.

Te ofrezco este libro con amor.

Colaboradores de este libro

Mi mayor gratitud a todos aquellos que han enviado sus propias experiencias en forma de pequeñas historias. Si bien no ha sido posible enumerar aquí a cada colaborador, puedes encontrar más información sobre los maestros y los talleres de la Escuela Diana Cooper en la web de la escuela: *www.dianacooperschool.com*

ALEMANIA

Rama Regina Margarete Brans
Maestra en la Escuela Diana Cooper
(Alemania)
Correo electrónico: *info@cometorelax.de*
www.cometorelax.de

Escuela de la Divina Luz
Aleja Daniela Fischer
Maestra en la Escuela Diana Cooper
(Alemania)
Tel.: +49 (0) 8284 928 95 93
Fax: +49 (0) 8284 928 95 92
Correo electrónico:
aleja.d.fischer@web.de
www.schoolofdivinelight.de
www.schoolofdivinelight.com

Cornelia Maria Mohr
Maestra en la Escuela Diana Cooper
(Alemania)
Tel.: +49 (0) 9120 8285
Correo electrónico:
praxis.c.mohr@t-online.de
www.mohrcornelia.de
www.dasinnerezuhause.de

AUSTRIA

Martina Maria Seraphina Kammerhofer
Maestra de la Escuela Diana Cooper
(Austria)
Tel.: +43 (0) 664 497 77
Correo electrónico:
Martina@balance-des-lebens.at
www.balance-des-lebens.at

CHIPRE

Susan Rudd
Tutora de maestros en la Escuela Diana Cooper (Chipre)
Tel.: +357 (0) 97648218
Correo electrónico:
spiritandsole@hotmail.com
www.spiritandsole.com

ESLOVENIA Y CROACIA

Marjetka Novak
Maestra en la Escuela Diana Cooper
Academia del despertar de los ángeles y Toque de despertar de los ángeles,
Ljubljana (Eslovenia)
www.svetangelov.com

ESPAÑA
Pauline Gow
Maestra en la Escuela Diana Cooper
(España)
www.spirituallightacademy.com

Penny Wing
Tutora de maestros en la Escuela Diana
Cooper (España)
Correo electrónico: *pennyjon@live.com*
www.pennywing.com

ESTADOS UNIDOS
Carol Guy
Estados Unidos
Reverenda, Consejera angélica,
Consejera preparadora para la vida,
autora; fundadora y presentadora de la
emisora *Earth Angels Radio*.
www.carolguy.com
www.earthabgelsradio.com
www.aperfectbodyforme.com

Tammy Marinaro
Ciencias curativas
Brennan®Facultativa, Nueva Jersey
(Estados Unidos)
Móvil: +1 (0) 7814 790016
Correo electrónico:
corexpressions@yahoo.com
www.corexpressions.com

Christy Richards
Maestra en la Escuela Diana Cooper
(Estados Unidos)
Correo electrónico:
corepeace@gmail.com

FRANCIA
Ann Quinn (Francia)
Correo electrónico: *hqelec@gmail.com*

IRLANDA
Mariel Forde Clarke-
City of the Tribes
Maestra en la Escuela Diana Cooper
Galway (República de Irlanda)
Tel.: +353 (0) 879185421
Correo electrónico:
iggyc@gofree.indigo.ie
www.marielscircleofangels.ie

Sue Walker,
Guardián de la Madre Tierra
Tutora de maestros en la Escuela Diana
Cooper, tutora/maestra de reiki
Tipperary (República de Irlanda)
Tel.: +353 (0) 87 218 6148
Correo electrónico:
suewalker@eircom.net

ITALIA
Franziska Siragusa
Maestra en la Escuela Diana Cooper
(Italia)
Correo electrónico:
angeldolphins@gmail.com
www.angeldolphins.com

REINO UNIDO
Janis Attwood
Maestra de ángeles en la Escuela Diana
Cooper (Inglaterra)
Correo electrónico:
janscuisine@gmail.com

Lindsay Ball
Maestra de la Escuela Diana Cooper
(Inglaterra)
Correo electrónico:
info@lindsayball.co.uk
www.*lindsayball.co.uk*

Rowena Beaumont
EFT, maestra de reiki angélico
(Inglaterra)
www.rowenabeaumont.com
www.angelicreikiassociation.co.uk/
RowenaBeaumont.html

Eloise Bennett
Directora de la Escuela Diana Cooper
(Gales)
Tel.: +44 (0) 1437 711404
Móvil: +44 (0) 7977 583224
Correo electrónico:
seraphinatempleoflight@btinternet.com
www.seraphinatempleoflight.com

Diane Hall
Maestra de la Escuela Diana Cooper
(Inglaterra)
www.dianehallsbooks.com

Elizabeth Harley
Reiki, tutora de maestros de la Escuela
Diana Cooper (Escocia)
Tel.: +44 (0) 1343 830052
Correo electrónico: *elizpeace@live.co*
www.reikitraining.org.uk

Karelena MacKinlay
Maestra de la Escuela Diana Cooper
(Escocia)
Móvil: +44 (0) 7976 525455
Correo electrónico:
km@beingatone.co.uk
www.beingatone.co.uk

Margaret Merrison
Directora de la Escuela Diana Cooper
(Inglaterra)
Correo electrónico:
margaret@unicorncentre.co.uk
www.unicorncentre.co.uk

Elizabeth Ann Morris
Directora de la Escuela Diana Cooper
(Escocia)
Tel.: +44 (0) 7904 182542
Correo electrónico:
ann@elizabethannmorris.com
www.elizabethannmorris.com

Krystyna Napierala (Inglaterra)
www.london-angels-olympics.com

Jillian Stott
Directora adjunta y directora UK en la
Escuela Diana Cooper (Inglaterra)
Tel.: +44 (0) 1926 851898
Tel.: +44 (0) 7989 676 648
Correo electrónico:
jillianstott@btopenworld.com;
jillian@authenticfengshui.org.uk

Jill Webster (Escocia)
Correo electrónico:*jill@jillwebster.com*
www.jillwebster.com

SUDÁFRICA

Jenny Hart
Somerset West (Sudáfrica)
Tel.: +27 (0) 828908789
www.sacredharthealing.wozaonline.co.za

Hettie van der Schyff
C/o Hettie Nawa
Curación holística y enseñanza
(Sudáfrica)
Móvil: +27 (0) 82 4960 145
Correo electrónico:
3g.hettie@gmail.com

www.holistichealingsa.co.za

Índice